Von der Einheit
in der Vielfalt
oder
der Lust am Subjektiven

DIE MUSIK GERHARD SCHEDLS

dargestellt an seiner Instrumentalmusik

Daniel Hensel

Von der Einheit
in der Vielfalt
oder
der Lust am Subjektiven

DIE MUSIK GERHARD SCHEDLS

dargestellt an seiner Instrumentalmusik

Daniel Hensel

ibidem-Verlag
Stuttgart

Bibliografische Information der Deutschen Nationalbibliothek
Die Deutsche Nationalbibliothek verzeichnet diese Publikation in der
Deutschen Nationalbibliografie; detaillierte bibliografische Daten sind im
Internet über http://dnb.d-nb.de abrufbar.

Bibliographic information published by the Deutsche Nationalbibliothek
Die Deutsche Nationalbibliothek lists this publication in the Deutsche Nationalbibliografie;
detailed bibliographic data are available in the Internet at http://dnb.d-nb.de.

Die vorliegende Arbeit wurde vom Fachbereich Lehrämter und Komposition an der Hochschule für
Musik und Darstellende Kunst Frankfurt am Main als Dissertation zur Erlangung des Grades einer
Doktorin oder eines Doktors der Philosophie angenommen.

∞

Gedruckt auf alterungsbeständigem, säurefreiem Papier
Printed on acid-free paper

ISBN-13: 978-3-8382-0278-5

© *ibidem*-Verlag
Stuttgart 2011

Printed in Germany

Inhaltsverzeichnis

Danksagung

Bei der Abfassung einer solchen Arbeit ist man naturgemäß vielen Leuten zu Dank verpflichtet. Aus der Reihenfolge der genannten soll bitte keine Wertigkeit schlußgefolgert werden! Zu Dank verpflichtet bin ich Herrn Prof. Dr. Ackermann für seine Betreuung und Unterstützung während der gesamten Promotionsdauer. Ohne seinen Einsatz für dieses Projekt wäre mir die Promotion nicht möglich gewesen. Aber ohne die Unterstützung meiner Frau Dorota Ewa, meiner Mutter Roselinde Hensel und meiner Großmutter Rosemarie Eckert hätte ich mir für dieses Projekt nicht die möglichen Freiräume schaffen können, also sei auch Ihnen gedankt. Außerdem bin ich Jutta, Johannes und Andreas Schedl für ihre Unterstützung dieses Projekts verpflichtet, auch dem Musikverlag Doblinger in Wien, der diese Arbeit gefördert hat, indem er unentgeltlich Schedl´sche Partituren zur Verfügung stellte, namentlich Herrn Dr. Peter Pany, Herrn Helmut Pany, Frau Dr. Angela Pachovsky, Herrn Mag. Michael Publig, Herrn Mag. Martin Sima für die unkomplizierten und freundlichen Genehmigungen der Schedl´schen Notenbeispiele, Frau Renate Publig M.A., Frau Katharina Knessl, Herrn Mag. Walter Weidringer, der mir die Handschriften Schedls und Urbanners eingescannt hat, Frau Mag. Claudia Böckle, Herrn Thomas Veinfurter. Außerdem bin ich Herrn Dr. Christian Heindl, Herrn Dr. Josef Tichý, Herrn Christian Altenburger, sowie Herrn Dr. Peter Keuschnig als Ansprechpartner die Zusammenarbeit mit Gerhard Schedl und die Österreichische Neue Musik betreffend zu Dank verpflichtet und Herrn Mag. Roman Pawollek für die Überlassung des von ihm seinerzeit durchgeführten Interviews mit Gerhard Schedl, sowie Herrn Dr. Hannes Heher, der mir seinen Artikel über die Kompositionsklasse Erich Urbanners zur Verfügung stellte. Frau Aygün Lausch von der Universal Edition Wien danke ich für die unentgeltlichen und freundlichen Genehmigungen der Musikbeispiele Gustav Mahlers und Alban Bergs. Meiner ehemaligen Oberstufen-Tutorin, Frau Hildegard Schlaugk, sei herzlich für die sprachlichen Korrekturen gedankt. Ich danke auch Herrn Prof. Heinz Winbeck und seiner Frau Gerhilde Winbeck für Ihre tatkräftige Beratung über die Erfahrungen der jungen Generation in den 1970er Jahren und auch in germanistischer Hinsicht. Frau Rosemarie Weber, sowie Frau Carolin Stahlhofen und Frau Kornelia Fischer danke ich für ihre Geduld, die sie die Rückmeldungen betreffend aufbrachten. Außerdem muß ich Frau Carola Finkel für ihre organisatorische und Frau Dr. Kerstin Helfricht für ihre beratende Unterstützung danken.

– Für Jutta, Johannes und Andreas –

Vorwort

Der Autor der vorliegenden Studie ist selbst Komponist und war Kompositionsschüler von Gerhard Schedl, Heinz Winbeck, Manfred Trojahn und Michael Obst und hat ein Kolloquium bei Wolfgang Rihm besucht. Die meisten der zeitgenössischen Komponisten, die hier als Komponistengeneration der 1970er Jahre bezeichnet werden, sind ihm persönlich bekannt. Der Autor traf im Alter von 15 Jahren auf Gerhard Schedl, der ihn bis zur Aufnahmeprüfung bei Heinz Winbeck in Komposition, Kontrapunkt und Tonsatz unterwies, darüber hinaus wurde Gerhard Schedl eine Vaterfigur für ihn und es verband ihn eine Freundschaft mit seinem 1. Kompositionslehrer, die auf Bewunderung fußte. Der Autor war also fünf Jahre lang der Schüler Gerhard Schedls und ist auch noch heute mit der Witwe und den Söhnen Schedls freundschaftlich verbunden. Ihm verdankt er seine gesamte ästhetische Prädisposition. Ohne diese Begegnung wäre der Autor wahrscheinlich niemals Komponist geworden. Auch gibt es noch eine erwähnenswerte Besonderheit: der Autor ist nach jetzigem Kenntnisstand der letzte Schüler, den Gerhard Schedl zum Musikstudium auf einer Musikhochschule anregte. Die Uraufführung des Violinkonzerts, der „Schubertoper" „...fremd bin ich eingezogen..." und die Wiener Premiere von „Glaube Liebe Hoffnung" gehören zu seinen größten musikalischen Erlebnissen. Leider wurde die Uraufführung Schedls letzter großer Oper um zwei Jahre verschoben. Das wirkte sich auf seine von schweren Depressionen heimgesuchte Seele negativ aus und forcierte die Suizidgedanken Gerhard Schedls. Dieses Werk entstand nach August Strindbergs „Fräulein Julie." Der Titel dieser Schedl-Oper lautet: „Julie & Jean."[1]
Der Autor sah sich einer überwältigenden Fülle an Material gegenüber: allein das Frühwerk, oder Gerhard Schedl als Zeitungsrezensent, als Musiktheoretiker, oder die Entstehungsgeschichte von Werken, die Frage, welche Projekte realisiert wurden und welche nicht, wäre eine Dissertation wert. All das sowie Schedls biographisches und autobiographisches Material wird in Zukunft in der Österreichischen Nationalbibliothek der Forschung zugänglich sein. In der vorliegenden Studie schien es sinnvoll – auch aufgrund der immensen Werkfülle – sich analytisch auf die großen Instrumentalwerke zu beschränken: einerseits, weil Schedl seine neue Ästhetik das erste Mal in der 2. Sinfonie vollends verwirklicht sah, andererseits, weil der Autor der Meinung ist, daß die Werke Schedls ohnehin permanent dramatische Werke sind und die Opern musikalisch nichts Neues hinzufügen, außer daß das Dramatische nun auf die Bühne verlegt wurde. Die Neugier der Wissenschaft durch eine Auswahl der zeitlich überschaubaren Werke durch akribische Analyse

---

[1] Schedl selbst sprach immer vom „Fräulein Julie". Anm.d.Verf.

zu wecken, könnte sinnvoller sein. Das gelingt besser bei den großen Instrumentalwerken als bei seinen Opern, die einer eigenen Studie vorbehalten bleiben sollten. Die frühen Kammeropern und seine erfolgreichsten Werke wie „Der Großinquisitor" und „Der Schweinehirt" müssen ebenfalls ausgeblendet werden, so leid es dem Autor auch tut. In ihnen sucht und findet Schedl noch immer zu seinem Stil, seine Musik soll aber am Reifestil dargestellt werden. Die frühen Kammeropern sind – bei aller Musikalität – stilistisch zu unausgewogen, um an ihnen die Musik Schedls umfassend darzustellen. Bei aller kompositorischer Vollendung, die Schedl schon als junger Mensch in sich trug: Eine allererste Monographie über Beethoven würde man auch nicht an dessen Frühwerken fest machen. Es ist dem Autor bewußt, welchen Aufschrei er damit in der noch kleinen Schedl-Welt bewirkt. Aber auch in der kleinen Schedl Gemeinde fehlt der kritische Umgang, denn der Großteil der heutigen Interpreten hat Schedl noch persönlich gekannt. Gerade weil durch den persönlichen Kontakt die Distanz fehlt, muß ein umso kritischerer und fachlich harter Umgang mit dem Werk Schedls in dieser Arbeit erfolgen! Auch bedeuteten ihm selbst die Frühwerke nicht mehr allzuviel. Dem Autor der vorliegenden Studie gestand er geradezu jammernd, er würde beständig mit den beiden *„Lyrischen Stücken"* (auch wenn Frau Schedl mit diesen beiden Stücken Erinnerungen an die frühe Ehe verbindet und Schedl diese als junger Mann im Fernsehen spielte), den *„Zwölf Impressionen für Klavier"* und der *„Fantasie über einen ostinaten Baß für Gitarre"* von Studenten des Konservatoriums mit diesbezüglichen Fragen der Interpretation und des Sinngehaltes geradezu gequält. Er sagte immer wieder zum Autor der vorliegenden Studie, und dafür ließe sich dieser sogar unter Eid nehmen: „Sie sind gar nicht mehr wahr!" Schedl wollte auch immer das 1. Quartett zurückziehen: „Ich dachte mir immer, ich zieh´s zurück. Es ist einfach zu einfach." Auch der viel gerühmte *Tango für großes Orchester* ist nicht rundum gelungen, die Tangorhythmen, mit denen das Stück begann, die aber im Schlagzeug noch einmal am Schluß aufkommen, zerstören fast die gesamte dramatische Entwicklung, die vorher stattgefunden hat. Es klingt dann fast so, als belustige er sich über die vorangegangene Musik. Aber gerade das wollte er nicht. „Übrig bleibt der Rhythmus – die letzten vier Trommelschläge stehen für ihn; allein oder als Aufforderung?"[2] Dies wird aber im Kontext nicht verständlich! Solche „Fehler" hat er später nicht mehr wiederholt. Deswegen sollte er auch an seinen großen und besten Werken gemessen werden und nicht an Arbeiten, die noch im ohnehin sehr kurzen Studium oder kurz danach getätigt wurden! Die Werke wurden anhand ihrer Bedeutung für das Gesamtoeuvre ausgewählt: so beginnt der eigentliche Schedlsche Stil mit der 2. Sinfonie. Auf die Darstellung der 3. Sinfonie wurde verzichtet, da sie einerseits nicht zu den wirklich stimmigen und geglückten Werken Schedls zählt,

---

[2]Gerhard Schedl, Tango (1981), in: Neue Musik aus Österreich IV, Edition Zeit-Ton, ORF-CD325, CD-Booklet, S.24

denn die beiden ersten Sätze wurden nach der Fertigstellung eines eigenen Stücks „...So zu Licht und Lust geboren...“ zu diesem hinzu komponiert – ironischerweise sind diese beiden Sätze die geglückteren, bei dem früheren eigenständigen und daraus folgenden 3. Satz der Sinfonie ist die Singstimmenbehandlung ernsthaft zu kritisieren, denn die Singstimme ist recht merkwürdig gestaltet und macht im Verhältnis zum Orchester wenig Sinn – andererseits bringt die gesamte 3. Sinfonie stilistisch nichts Neues. Schedl äußerte auch stets, eigentlich Singstimmen nur wirklich in der Oper zur Geltung bringen zu können, das Lied und liedhafte Behandlung hätten sich überlebt, umso merkwürdiger, daß er diesen Satz dann überhaupt schrieb und in seine 3. Sinfonie aufnahm, von der er sehr viel hielt. Dabei ruiniert der 3. Satz die beiden vorhergehenden geradezu.

Kurzum: Die 3. Sinfonie ist in sich stilistisch zu uneinheitlich.

Auch das Belfast-Projekt der 4. Sinfonie, von der es nur einen Satz gibt, soll hier nicht behandelt werden. Man würde eine Mahlermonographie auch nicht mit dem Fragment der X. Sinfonie eröffnen. So blieb die Konzentration auf die Werke, auf die Schedl entweder in Texten explizit hinwies oder die eine sinnvolle Hierarchie bilden, um das Schaffen Schedls vielschichtig darstellen zu können. Die drei Konzerte eignen sich besonders, weil man an ihnen auch eine Entwicklung vom überbordend expressiven hin zu einem klassischen Stil beobachten kann. An jedem dieser Werke werden uns andere Aspekte interessieren, je nachdem die Sprache überhaupt, Klangkomposition, Motivableitungen und Form, oder Zahlenspiele und Semantik. Das 3. Quartett wurde repräsentativ für die Schedlsche Kammermusik herangezogen. Es schmerzt den Autor zwar, nicht auch noch das wundervolle „a cinque“ behandelt zu haben, aber eine eigene Arbeit über dieses Stück würde sich sicherlich lohnen, denn Schedl machte dies zur Serie „a cinque“, „a tre“ und „a due“, so daß eine Behandlung dieser drei Stücke in einer gesonderten Arbeit erfolgen sollte. Der Aufbau des „a cinque“, das ein sehr freies Klangstück ist, würde eine Art von Analyse erfordern, die den Rahmen dieser Arbeit in Verbindung mit den anderen Analysen sprengen würde. Auf das letzte Stück „a due“ und die „Shortcuts“ mußte ebenfalls in der Analyse verzichtet werden, weil diese den Weg der „Lust am Subjektiven“ zu einer zunehmenden Objektiviertheit wieder verlassen und damit geradewegs auch das Dissertationsthema verlassen worden wäre. War die Arbeit ursprünglich nur als Dissertation über die Instrumentalkonzerte geplant, so wurde sie rasch zur Arbeit über Schedls kompositorische Tätigkeit insgesamt, sowie deren Herkunft und deren Bedeutung im zeitgenössischen Kontext und darüber hinaus, so daß auch die Werkauswahl wie beschrieben erfolgen mußte.

Der persönliche Kontakt zu Gerhard Schedl hat dem Autor die Arbeit nicht gerade leicht gemacht: Viele Erinnerungen gibt es auch an den Kompositionsunterricht bei Winbeck und Trojahn, einzig allein mein ehemaliger Lehrer Michael Obst gehört nicht in die gleiche ästhetische Richtung. Deshalb erlaubt sich der Autor hier und da etwas von den „Werkstätten" zu vermitteln. Was kann für einen Leser lebendiger sein, als einen authentischen Einblick in die Kompositionswerkstätten zu bekommen? Viele Äußerungen Schedls sind dem Autor natürlich durch den Unterricht noch geläufig, doch darf man sie nur durch das Wort des Autors abgesichert in eine Dissertation einbeziehen? Um die Aussagekraft dieser dem Autor mündlich mitgeteilten Äußerungen Gerhard Schedls zu untermauern, werden Texte Schedls mit herangezogen.

Als Dank für die erworbenen Fähigkeiten in der Jugend und als ein weiterer Versuch des Autors, das Werk Gerhard Schedls populärer zu machen, soll also diese Arbeit von der Musik Gerhard Schedls handeln. Die Auseinandersetzung mit Schedl mußte auf eine ganz andere Art und Weise erfolgen, als sie normalerweise erfolgt wäre, denn es fehlte die Distanz. Deshalb möchte der Autor Spurensuche betreiben, sich Schedl in dessen Denkkategorien auf dem Wege des historischen Kontexts mit aller nötigen Breite nähern, und ihn dadurch einengen, um ihn im historischen Kontext einordnen zu können.[3] Nahm Schedl selbst immer auf die Serialisten Bezug und zeigte, was ihn von ihnen unterschied, so mußten der Serialismus und auch die Dodekaphonie zumindest reflektiert werden, um Schedls Musik aus diesen Erfahrungen heraus betrachten zu können. Diese Bezugnahme findet dann in den Analysen statt. Es soll durch verschiedene Texte, die zum Teil von Schedl selbst stammen, zum Teil von anderen Komponisten, versucht werden, Schedls ästhetische Haltung zu positionieren und anhand des historischen Kontexts herauszuarbeiten, daß die „neue" ästhetische Haltung der jungen Generation in den 1970er Jahren des vergangenen Jahrhunderts keineswegs nur aus einer Verweigerungshaltung der seriellen Musik gegenüber zu verstehen ist, sondern daß sie das durch serielle und postserielle Kompositionsmethoden veränderte Bewußtsein miteinschließt.[4]

---

[3]Es mag vielleicht verwundern, daß der Autor dieser Studie gelegentlich auch ältere Literatur benutzt. Das liegt einerseits daran, daß Schedl dem Autor früher gewisse Bücher empfahl (wie das Strawinsky-Buch von Burde) oder gar schenkte und andererseits daran, daß es über Schedl bislang keine nennenswerten musikwissenschaftlichen Studien gibt, so daß die Verwendung dem Autor gerechtfertigt erschien. Anm.d.Verf.

[4]Wenn im Verlauf des Buches im Fließtext ausführlicher als gewöhnlich zitiert wird, so liegt das daran, daß die jeweiligen Autoren den oft überaus komplexen Inhalt bereits so knapp formuliert haben, daß eine Zusammenfassung in eigene Worte oft nur schwer möglich war oder nicht sinnvoll erschien. Anm.d.Verf.

Teil I.
Über Gerhard Schedl

Weil die Musik nicht, gleich allen andern Künsten, die Ideen oder Stufen der Objektivation des Willens, sondern unmittelbar den WILLEN SELBST darstellt; so ist hieraus auch erklärlich, daß sie auf den Willen, d. i. die Gefühle, Leidenschaften und Affekte des Hörers, unmittelbar einwirkt, so daß sie dieselben schnell erhöht, oder auch umstimmt.

Arthur Schopenhauer, Die Welt als Wille und Vorstellung II, Kapitel 39*

Foto: Renate Publig, © Musikverlag Doblinger

1. Zur Biographie Gerhard Schedls

Gerhard Schedl wurde am 5. August 1957 in Wien geboren. Er besuchte ein altsprachliches Gymnasium und lernte ab 1967 Violine und Gitarre. Ab 1972 entstanden auch die ersten Kompositionen. Der Komponist Thomas Daniel Schlee wohnte „ums Eck", wie man in Wien sagt, und beide hatten den gemeinsamen Schulweg. Beide studierten später gemeinsam Musikwissenschaft an der Universität Wien. 1976 wurde Schedl dann Kompositionsschüler von Erich Urbanner an der Hochschule für Musik und Darstellende Kunst Wien. Am 27. Mai 1980 heiratete er seine Frau Jutta, 1980 legte er auch das Diplom in Komposition ab, Prädikat „mit Auszeichnung." Musikwissenschaft schloß er übrigens nicht ab. 1978-1980 lehrte er an der Volkshochschule Wien. Da am 29. November 1980 sein Sohn Johannes in Wien geboren wurde, mußte Gerhard Schedl schnell eine Arbeit finden, die der kleinen Familie dauerhaft die Existenz sichern konnte. 1981 wurde er schließlich an das Hoch´sche Konservatorium in Frankfurt am Main berufen. Dort erhielt er eine Dozentur für Komposition und Musiktheorie, die er bis zu seinem Tode behielt. Dr. Christian Heindl schreibt:

> „Als markantes Datum brachte das Jahr 1981 den Durchbruch für den 24jährigen: die erfolgreichen Uraufführungen seines szenischen Oratoriums „Der Großinquisitor", der Kinderoper ‚Der Schweinehirt' und des Orchesterstücks ‚Tango' fielen ebenso in dieses Jahr, wie der Beginn der permanenten Zusammenarbeit mit dem Verlag Doblinger und die Übersiedlung nach Frankfurt am Main, wo er eine Dozentur für Komposition am Hoch'schen Konservatorium antrat." [5]

Die Anfangszeit war sicherlich nicht gerade leicht für ihn, da er im Schnitt fünf Jahre jünger war als seine Studenten, bzw. höchstens gleich alt wie diese. Der erste seiner Kompositionsschüler war Klaus Wiede, der heute in Finnland lebt. Weitere Schüler der ersten Stunde waren Dr. Dieter Hermsdorf und Stefan Thomas. Die Zahl der Schüler ist so groß, daß hier nicht alle aufgezählt werden können, weil dies den Rahmen sprengen würde.

Von 1982-1985 war Gerhard Schedl zusätzlich zu seiner Dozentur am Frankfurter Konservatorium Lehrbeauftragter für Musiktheorie an der Gutenberg-Universität in Mainz. Am 11. Mai 1984 wurde in Bad Schwalbach sein Sohn Andreas geboren. Von 1987 bis 2000 leitete er zusammen mit Claus Kühnl die Frankfurter Kurse

---

[5]Chr. Heindl, Gerhard Schedl, Portrait auf der Doblinger Webseite und im Katalog: http://www.doblinger-musikverlag.at/dyn/kataloge/wv_SCHEDL.pdf

für Neue Musik. Außerdem hielt er Gastvorlesungen an den Musikhochschulen Salzburg und Hannover und beim Musikprotokoll im Steierischen Herbst in Graz. Die wichtigsten Auszeichnungen waren 1979 der „Förderungspreis der Theodor-Körner-Stiftung, ein Arbeitsstipendium der Stadt Wien"[6], 1980 der Dritte Preis des „Hausmusik-Kompositionswettbewerbes der Wiener Volksbildung"[7], der Dritte Preis des „Carl-Maria-von-Weber-Wettbewerbes der Stadt Dresden für Kinderopern"[8], hier wurde „Der Schweinehirt" uraufgeführt. Schedl erhielt 1981 den „Würdigungspreis"[9] des BMWF, das „Staatsstipendium für Komposition der Republik Österreich"[10], 1982 den Zweiten Preis des „Carl-Maria-von-Weber-Wettbewerbes der Stadt Dresden"[11] für Kammeropern („der Kontrabaß"), 1984 den „Förderpreis des BMUK"[12], sowie den „Förderungspreis"[13] der Stadt Wien und den „Sonderpreis"[14] der „Wiener Symphoniker".[15]

Eine Auswahl an Aufführungen:

Schedl nahm an den Dresdner Musikfestspielen in den Jahren 1981 und 1984 teil, im Jahre 1982 in Turin beim „Europa Musica-Festival di Musica Contemporanea". Es folgten Aufführungen bei den Frankfurt Festen in den Jahren 1982\1987\1988, bei den Tagen „Sacraler Musik Wien", beim „Warschauer Herbst", in den Jahren 1983\1987\1990 beim „Musikprotokoll im steierischen Herbst" Graz, 1983 dann in New York beim österreichischem Musikfest, 1984 bei den „Wiener Festwochen", dem Sommerfest „Showcase" in St. Luis, 1984 und 1986 beim internationalen „Brucknerfest Linz", 1989 bei den Saalfeldner Musiktagen für „Österreichische Musik nach 1945", 1990 bei den Salzburger Kulturtagen, 1997 im Rahmen der „klangspuren" Schwaz Tirol und im Jahr 2000 beim Carinthischen Sommer Villach.[16]

Aufträge erhielt er von der Alten Oper Frankfurt\ Main, dem Salzburger Landestheater, der Kölner Philharmonie, der Köln Musik GmbH, der Jeunesse musicales Wien, der Gesellschaft der Musikfreunde Wien, dem Internationalen Brucknerfest

---

[6]http://www.doblinger-musikverlag.at/Komp/cmp_detail.php?compID=164&sp=1

[7]http://db.musicaustria.at/node/63742

[8]http://db.musicaustria.at/node/63742

[9]Ebda.

[10]Vgl. http://www.doblinger-musikverlag.at/Komp/cmp_detail.php?compID=164&sp=1

[11]http://db.musicaustria.at/node/63742

[12]Vgl. http://www.doblinger-musikverlag.at/Komp/cmp_detail.php?compID=164&sp=1

[13]http://db.musicaustria.at/node/63742

[14]Ebda.

[15]Ebda.

[16]Vgl.http://db.musicaustria.at/node/63742 und Vgl. http://www.doblinger-musikverlag.at/Komp/cmp_detail.php?compID=164&sp=1

Linz, dem ORF und vielen mehr.[17]

Sein Opus 1 war die Cellosonate, an der er fünf Jahre lang arbeitete. Er sagte dem Verfasser der vorliegenden Studie, daß er an diesem Stück „lange rumgeschrieben hätte" und dies heute – damals 1998 – nicht mehr tun würde. „Immer wieder neu schreiben" war seine Devise. Den internationalen Durchbruch erlangte er mit dem szenischen Oratorium „Der Großinquisitor", nach Dostojewskis „Die Brüder Karamasoff", in dem das Cello die unaussprechlichen Töne Christi zum Klingen bringt. Seine erste Kinderoper, „Der Schweinehirt" – nach dem Märchen von Hans-Christian Andersen – wurde nach der Uraufführung am 25. Mai 1981 noch an dreizehn Bühnen inszeniert, darunter waren die Wiener Volksoper, das Jugendtheater, die Münchner Staatsoper und die Oper Frankfurt. Die erste Kinderoper ist seinem Sohn Johannes Schedl gewidmet. Die zweite Kinderoper „Zwerge, Riesen, Menschenfresser", die im Jahr 2000 in Villach uraufgeführt wurde, schrieb er für seinen zweiten Sohn Andreas. Seine 3. Sinfonie war ein Auftragswerk des Wiener Musikvereins und wurde von den Wiener Symphonikern am 5. Februar 1992 uraufgeführt (Leitung: Horst Stein). Große Erfolge waren sicherlich die Produktion des Cellokonzertes „Slow", sowie die Wiederaufführung von „GLH" in Wien. Dabei ist interessant, daß Schedl, je mehr er zu seinem persönlichen Stil fand, immer weniger Anteil am Musikleben der Stadt hatte, in der er lehrend wirkte. Es war immer sein Wunsch, eine Professur an einer Musikhochschule für Komposition zu bekommen. Schedl wurde 1998 zur Lehrprobe, ohne daß er sich dafür beworben hätte, an die Musikhochschule nach Hannover eingeladen. Er freute sich sehr darauf, allerdings wurde danach ein anderer Kandidat ausgewählt, was ihn sehr schmerzte. Ähnlich erging es ihm einige Jahre zuvor am Mozarteum, als er sich für eine Professur in Kirchenkomposition bewarb. Nachdem er zu Glaubensfragen keine Stellung nehmen wollte, zerschlugen sich die Hoffnungen auf diese Professur. Der Carinthische Sommer in Villach 2000 sollte mit „Zwergen, Riesen, Menschenfresser" die letzte Opernaufführung Schedls werden, der er beiwohnte. Die Uraufführung von „Julie & Jean" wurde wie gesagt um zwei Jahre verschoben, was er wiederum als persönlichen Rückschlag ansah. Das letzte aufgeführte Werk, das er noch erlebte, war „a due" für Violine und Violoncello. Seine 4. Symphonie blieb leider unvollendet. Um die Komplettierung dieser Symphonie hat sich fast das gleiche Drama wie um Mozarts „Requiem" oder Bergs „Lulu" abgespielt, doch das wäre ein neues Kapitel.

Gerhard Schedl nahm sich nach jahrelangen schweren Depressionen, die sich immer wieder mit manischen Phasen abwechselten, am 30. November 2000 in Frankfurt am Main das Leben. Seine Frau und sein Sohn Andreas fanden ihn in einem Waldstück in Eppstein im Taunus; er hatte sich erschossen.

---

[17]Vgl. http://db.musicaustria.at/node/63742

2. Voraussetzungen

Schedl hat sich immer in der Tradition der Wiener Schule gesehen. Dabei lag ihm Schönberg zwar klanglich sehr fern, er schätzte aber in ihm umso mehr den Lehrer und Theoretiker und hatte eine Vorliebe für den frühen Webern, seine Liebe galt aber Alban Berg. Das dodekaphonische Denken beschäftigte Schedl zeitlebens, auch wenn orthodoxe Dodekaphonie in seinen Werken nicht zur Anwendung kommt, und so blieb er auch Reihentechniken treu. Sein Lehrer Urbanner machte laut Schedl eine dodekaphonische Phase durch, im Unterricht analysierten wir Urbanners Oboenkonzert, das aus dieser Phase stammt. Auch sprach Schedl im Kompositionsunterricht viel über Adorno und äußerte sich stets positiv über dessen Schriften, sowohl über die philosophisch-soziologischen als auch über die musiktheoretischen oder musiksoziologischen. Schedl hatte ein Schlüsselerlebnis: Die Rezeption der Dodekaphonie durch Strawinsky. Dieser war für Gerhard Schedl in seiner ganz auf das handwerkliche Können gerichteten Kompositionsweise ein großes Vorbild. Und trotz aller Subjektivität blieb Schedl immer einem besonders verhaftet: der Bearbeitung musikalischen Materials. Der Materialbegriff spielt bei ihm immer eine große Rolle. Darum soll es nun in diesem Kapitel gehen: Um Material und den Umgang damit und die daraus gewonnenen ästhetischen Einsichten.

2.1. Strawinsky und dessen Rezeption der Dodekaphonie

Strawinsky setzte sich auf seine Weise, bei seiner Neigung musikalische Stile zu sezieren, mit der Zwölftontechnik auseinander. Für Gerhard Schedl wurde diese Rezeption nach eigenen Aussagen deshalb so wichtig, „weil Strawinsky es anders" mache. Wolfgang Burde berichtet:

> „Mit Orpheus und Rake waren ihm noch einmal zwei große Werke gelungen, die auf so verblüffende wie faszinierende Weise die Fruchtbarkeit jener neoklassizistischen Denkweise bewiesen, eines kompositorischen Verfahrens, das längst und mehrfach totgesagt worden war. Und selbst Strawinsky konnte nicht erhoffen, auf der Basis dieser stilistischen Haltung noch einmal Vergleichbares zu schreiben. So lag es nahe und war seiner Charakterdisposition auch gemäß, das kompositorische Handwerk und damit auch die eigenen musiksprachlichen Möglichkeiten noch einmal und in der Tat ein letztes Mal von Grund auf zu überdenken. Denn an Courage,

kompositorisch gleichsam radikal neu zu beginnen, hat es ihm, wie sein Werk beweist, zeitlebens nie gemangelt. Die Perspektiven seiner kompositorischen Zukunft freizulegen, mag also einer der Beweggründe gewesen zu sein, Webern zu studieren – neben Werken Schönbergs und Bergs. Die Hinwendung zur Zwölftontechnik bedeutete für Strawinsky zugleich aber auch, Methoden zu entwickeln, die seiner Musik einen wesentlich größeren Konzentrationsgrad sicherten, wie er mehrfach bezeugte. [...] Die Zwölftontechnik ermöglichte ihm nicht nur, jener seit den frühen zwanziger Jahren, vom Oktett an favorisierten kompositorischen Ausarbeitung kontrapunktischer Beziehungen intensiver denn je nachzugehen oder jener grundsätzlichen Methode korrespondierenden anstatt kontrastierenden musikalischen Bildens. Zwölftontechnik forderte ihn heraus, bereits in der Disposition seines musikalischen Materials die vielfältigen Beziehungen einzukalkulieren, die das Netzwerk der motivischen Relationen im Verlauf des kompositorischen Prozesses eingehen würde."[18]

Burde schreibt weiter, daß Strawinsky bisher ohnehin immer selektiv aus dem kompositorisch Möglichen gearbeitet habe und der Zwang, durch die Dodekaphonie die musikalische Form intensiver als bisher ins Detail zu bedenken, auf Strawinsky einen großen Reiz ausgeübt haben müsse.[19] Strawinsky meinte hierzu:

> „Die Anwendung der Reihentechnik zwingt mich zu größerer Disziplin. Die Musik von der Sie sprechen (Canticum sacrum), ist harmonisch sicherlich schwieriger zu hören als meine frühere Musik. Dies gilt aber für jede serielle [Strawinsky meint hier reihentechnisch, aber auch Schedl unterschied die Begriffe nicht! Anm.d.Verf.] Musik, weil sie vertikal gehört werden soll. Die Regeln und Einschränkungen der seriellen Komponisten unterscheiden sich wenig von der Strenge der großen alten kontrapunktischen Schulen. Dabei erweitern und bereichern sie den harmonischen Gesichtskreis: man hört plötzlich mehr und anders als früher. [...] Meine vergangenen und gegenwärtigen Zeitbegriffe können nicht dieselben sein. Ich weiß, daß Teile meines Agon dreimal soviel Musik dessen enthalten wie manches andere meiner Werke von gleicher Dauer."[20]

Einblicke in seine Verfahrensweise gibt Strawinsky über die Behandlung der Zwölftontechnik in den Movements:

> „Wenn ich schon von meinem neuen Werk spreche, so sollte ich auch erwähnen, daß ich mich auch in der Sprache der Rhythmik viel weiter als bisher vorgewagt habe; vielleicht mögen einige Hörer sogar hier eine Auswirkung der Reihentechnik wahrnehmen. Meine polyrhythmischen Kombinationen sind indessen so zu verstehen, daß sie, ungleich denen einiger meiner Kollegen, vertikal gehört werden sollten.[...]

---

[18]Wolfgang Burde, Strawinsky, Monographie von Wolfgang Burde, Mainz 1982, S.214ff.

[19]Vgl. ebda., S.216

[20]Igor Strawinsky, in Gespräche mit Robert Craft, Zürich 1961, S.177; zitiert nach Wolfgang Burde, 1982 S.216, Fußnote 129

Jeder Teil der ‚Movements' hat seinen besonderen Instrumentalcharakter (ein weiterer Anklang an die Reihentechnik?), aber die Sätze sind mehr durch das Tempo miteinander verbunden als durch Unterscheidung von Farbe, ‚Stimmung', ‚(mood)', Charakter und dergleichen; in der Spanne von 12 Minuten würde der Gegensatz eines Andante zu einem Allegro nicht recht zur Geltung kommen; Kontraste müssen hier durch Konstruktion ersetzt werden.

Die wichtigste Neuerung in den ‚Movements' besteht aber wohl in der Tendenz zur Anti-Tonalität – trotz der langen Orgelpunkte (wie dem C des ersten Schlusses), trotz der Klarinettentriller am Ende des dritten Satzes und der Streicherharmonien im vierten Satz. Ich bin darüber selbst verwundert, gibt es doch in ‚Threni' einfache Dreiklangsbeziehungen in jedem Takt."[21]

Strawinsky über die Wiener Schule

Strawinsky stellte als einer der ersten Schönbergs Neoklassizismus in dessen dodekaphonischer Phase fest. Über die Tonalitätsvermeidung und den Formalismus befand Strawinsky:

„Was Sie den Rückzug auf feste Formeln (formulation) nennen, setzte erst in den späten zwanziger Jahren ein, mit dem Auftreten des sogenannten Neoklassizismus – dem von Schönberg, Hindemith und mir selbst. Während der anderthalb Jahrzehnte von 1930-1945 bewegten sich diese drei neoklassizistischen Schulen immerhin in aufsteigende Richtung, und schon alleine die Tatsache, daß man dabei von Schulen spricht, zeigt den Beginn fester Regeln (formulae). Die Schönberg-Schule, oder, wie man sie heute nennt, die Schule der Dodekaphonisten, war bei all ihren großen Verdiensten besessen von dem künstlichen Bedürfnis, jede Andeutung der Dreiklangs-,Tonalität' zu verleugnen – was recht schwer zu verwirklichen ist. Und sonderbarerweise war ihre Musik fest verwurzelt in einem höchst schwülstigen und anmutslosen Brahms."[22]

Schönberg wurde von Strawinsky ambivalent beurteilt:

„Schönbergs Gesamtwerk hat zuviel schwache Seiten, als daß wir es als Ganzes erfassen könnten.[...] Wir – und damit meine ich die Generation, die heute sagt ‚Webern und ich' – sollten uns nur der vollkommenen Werke erinnern: ‚Fünf Stücke für Orchester' (sie ausgenommen könnte ich auf die ersten neunzehn Opuszahlen verzichten), ‚Herzgewächse' , ‚Pierrot' , ‚Serenade' und ‚Orchestervariationen'. Dank dieser Werke zählt Schönberg zu den großen Komponisten. Noch lange Zeit werden sich die Musiker an ihnen orientieren. Sie bilden zusammen mit einigen wenigen Werken die wahre Tradition."[23]

---

[21]Igor Strawinsky, in Gespräche mit Robert Craft, Zürich 1961, S.137; zitiert nach Wolfgang Burde, Strawinsky, 1982, S.217ff.

[22]Strawinsky, Gespräche, zitiert nach Wolfgang Burde, Strawinsky, 1982, S.270

[23]Strawinsky, ebda., S.252ff.

Es scheint fast, als habe Schedl schlicht Strawinskys Meinung über Schönberg übernommen. Er äußerte sich im Gespräch dem Autor der vorliegenden Studie gegenüber stets in ähnlicher Art und Weise. Über Berg urteilte Strawinsky:

„Wäre ich in der Lage, die Schranke des Stils zu durchdringen (nämlich Bergs überaus fremdartiges emotionales Klima), ich glaube, er würde mir als der begabteste Formkonstrukteur aller Komponisten des Jahrhunderts erscheinen. Er übertrifft sein eigenes, sehr offensichtliches Modell. Tatsächlich ist er der einzige, dem eine Größenentwicklung von Formtypen gelang, ohne jegliche Andeutung neoklassizistischer Heuchelei. [...] Bergs Formen sind thematisch (in dieser Hinsicht wie auch in manch anderer, steht er im Gegensatz zu Webern). Sie bilden die Essenz seines Werkes und sind für die Unmittelbarkeit der Formen verantwortlich. Wie komplex oder mathematisch auch ihre Struktur sein mag, immer sind es freie thematische Formen, geboren aus Expression und reinem Gefühl. Um dies zu studieren, sind die ‚Drei Stücke für Orchester' das vollkommene Werk."[24]

Diesem Phänomen werden wir bei Gerhard Schedl noch begegnen. Alban Berg ist der Komponist, mit dem man Schedl am meisten vergleichen kann. An Webern schulte Schedl die Rücksicht auf das kompositorische Detail, die Steigerung des Ausdrucks durch die Reduktion des musikalischen Materials. Auch hier war für ihn die Rezeption durch Strawinsky essentiell.

Und schließlich Strawinsky über Webern:

„Webern ist der Entdecker eines neuen Abstands zwischen dem musikalischen Objekt und uns, und damit eines neuen Maßes der musikalischen Zeit – schon dadurch ist er für uns äußerst wichtig. [...] Er gleicht darin einem Dorfpfarrer, daß seine Welt nicht über sein Dorf hinausreicht – wahrhaftig eine Welt, die von meinigen eine Million Meilen entfernt scheint. Auch seine Art, sich zu geben, war ganz ‚villageois' und . . . priesterlich. Der Fachjargon über technische Fragen in seinem Vokabular fremd (an Berg: ‚Kunst muß einfach sein'), und er kümmert sich nicht um Ästhetik[25] (‚. . . habe ich nie verstanden, was *klassisch*, *romantisch* und dergleichen ist'). Er ist grenzenlos geduldig, natürlich scheut er keinerlei Mühe, dabei ist Komponieren für ihn das Natürlichste der Welt. (Daß ihm seine Musik schreckliche Geburtswehen verursacht hat, steht für mich außer Zweifel. Die wenigen Notenbeispiele in seinen Briefen zeigen, wie intensiv ihn bei seinen späteren Werken die Beziehungen der Notenwerte zur musikalischen Substanz – und Tempo, Metrum, Schlag – beschäftigt haben, und allein schon dieses Problem ihn dazu veranlaßte, dasselbe mehrfach umzuschreiben.)

Er hat nicht das Herz eines Revolutionärs – die Musiktradition, in die er hineingeboren ist, nimmt er kritiklos hin, und er betrachtet sich keineswegs als ein Neuerer. Er war das, was er war, ganz fern vom sogenannten Zeitgeist. Dieser Webern wird

---

[24]Strawinsky, Gespräche, zitiert nach Burde, 1982, S.253

[25]Ganz im Gegensatz zu all jenen, die seine Reihenmodelle nachgebetet haben. Anm.d.Verf.

den ‚Webernisten' nicht passen. Sie werden erröten über die ‚Naivität' und den ‚Provinzialismus' ihres Meisters."[26]

Selbstbeschränkung

Gerhard Schedl sprach immer davon, daß sich ein Komponist aus der Überfülle der Möglichkeiten durch Selbstbeschränkung schützen müsse. Hierin zeigt er sich als Schüler Strawinskys. In der von Strawinsky beschriebenen Furcht liegen Schedls rigide Formkonzepte begründet:

„Die Funktion des Schöpfers besteht darin, daß er die Elemente, die ihm die Einbildungskraft zuträgt, aussiebt, denn die menschliche Aktivität muß sich selbst ihre Grenzen auferlegen. Je mehr die Kunst kontrolliert, begrenzt und gearbeitet ist, um so freier ist sie. Was mich betrifft, so überfällt mich eine Art von Schrecken, wenn ich im Augenblick, wo ich mich an die Arbeit begebe, die unendliche Zahl der mir sich bietenden Möglichkeiten erkenne und fühle, daß mir alles erlaubt ist. Wenn mir alles erlaubt ist, das Beste und das Schlimmste, wenn nichts mir Widerstand bietet, dann ist jede Anstrengung undenkbar, ich kann auf nichts bauen, und jede Bemühung ist demzufolge vergebens. [...]Man gebe mir etwas Bestimmtes, Begrenztes, eine Materie, die meiner Arbeit dienen kann, als sie im Rahmen meiner Möglichkeiten liegt. Sie bietet sich mir mit ihren Grenzen dar. [...] Meine Freiheit besteht also darin, mich in jenem engen Rahmen zu bewegen, den ich mir selbst für jedes meiner Vorhaben gezogen habe. Ich gehe noch weiter: meine Freiheit wird um so größer und umfassender sein, je enger ich mein Aktionsfeld abstecke und je mehr Hindernisse ich ringsum aufrichte."[27]

Musik der Ereignislosigkeit

Schedls dialektisches Denken kreiste um die Probleme von Zeit und Zeitgestaltung, Ereignis und Ereignislosigkeit, Dichte und Durchlässigkeit, Statik und Dramatik, Zitat und Personalstil. Auch in diesen Fragen zeigt er sich tief beeindruckt von der Ästhetik Strawinskys.

Nach Burde wurde im „Sacre" Strawinskys, das auch für Gerhard Schedl ein Schlüsselwerk war (so sind seine Taktgruppenstrukturen in rhythmisch bewegten Sätzen, vor allen Dingen in den Opern, nicht ohne das „Sacre" zu denken), die „Ereignislosigkeit der Musik Strawinskys radikalisiert"[28], das „Sacre"[29] gerinne „immerfort zur Zuständlichkeit von Atmosphären"[30]. „Die Musik des Sacre"[31] ist

---

[26]Strawinsky, Gespräche, zitiert nach Burde, S.256-257

[27]Igor Strawinsky, Musikalische Poetik, übersetzt von Heinrich Strobel, Mainz 1949, S.44-45

[28]Burde, Strawinsky, S.381

[29]Burde, ebda., S.381

[30]Ebda., S.381

[31]Ebda.

[ein festes Ganzes, gleichsam einem Zustand, Anm.d.Verf.] „denn Strawinsky"[32] gestatte ihr „nicht zu werden oder zu verdämmern".[33] „Kompositionstechnisch"[34] würde dies möglich, „weil Strawinsky bis zu Wagner und Mahler und selbst bis zu den expressionistischen Miniaturen der Schönbergschule hin noch wirksame empfindliche Balance der dimensionalen Seiten des Klangs – Diastematik, Zeitordnung, Dynamik und Klangfarbe"[35] – zerbreche, womit „aber auch die Eigenschaft der Sprachähnlichkeit traditioneller Musik"[36] verloren ginge. So schössen „selbst in Weberns Bagatellen op.9 [...] die musikalischen Gesten noch zu einem Ausdrucksganzen zusammen"[37], entfalte „sich die Musik als Integrationspunkt der aufeinander bezogenen Gestaltkomponenten"[38]. Strawinsky habe versucht, „den historisch gewachsenen Integrationstrieb der Gestaltkomponenten aufzuheben, Bewegungen der Tonhöhe, Tondauer, Tonstärke und Tonfarbe desintegrativ zu behandeln, sie gegeneinander zu isolieren, den einen großen Klangraum kompositorisch zu segmentieren."[39] Es ist von hier in Kombination mit der Dodekaphonie kein großer Schritt mehr bis zum Serialismus! Die Ereignislosigkeit führt uns in Felder von Zuständen, von Statik. Das führt uns zu Stockhausen.

Statistische Form

Stockhausen beschreibt anhand der Musik Debussys und Weberns ein formales Phänomen, das auch manchmal bei Schedl[40] anzutreffen ist, der sich mit dem Impressionismus intensiv auseinandergesetzt hat. Stockhausen beschreibt es als „statistische Form". Diese statistische Formvorstellung arbeite mit „annähernden Bestimmungen".[41] „Es"[42] gehe dabei „um Grade der Dichte von Tongruppen; Grade der Tonhöhenlage, der Bewegungsrichtung; der Geschwindigkeit, der Geschwindigkeitsveränderung, der durchschnittlichen Lautstärke, der Lautstärkenveränderung; der Klangfarbe und der Klangfarbenpermutation".[43] Das bedeute, träten „in einer solchen Komposition gleiche Grade der eben genannten Kriterien auf, so"[44] würde „ein Zusammenhang entstehen. Man"[45] spüre z.B. „in einer Komposition,

---

[32]Burde, ebda., S.381

[33]Ebda., S.381

[34]Ebda.

[35]Ebda.

[36]Ebda.

[37]Ebda.

[38]Ebda.

[39]Ebda.

[40]Schedl, der die Schriften und auch die Klavierstücke Stockhausens intensivst studiert hatte, legte mir bei meiner Bewerbung nach Würzburg nahe, die Schriften ebenfalls zu studieren. Anm.d.Verf.

[41]Karlheinz Stockhausen, Texte zur elektronischen und instrumentalen Musik, Band 1, Köln 1963, S.77

[42]Stockhausen, Band 1, Köln 1963, S.77

[43]Stockhausen, ebda., S.77

[44]Ebda., S.77

[45]Ebda.

jetzt"[46] sei „es wieder so dicht, wie in der entsprechenden früheren Bewegungsform, aber die Dichte"[47] sei „jetzt mit höheren Tongruppen, höherer Geschwindigkeit und dunkler Klangfarbe verbunden."[48] Die Statik der Musik Debussys wird nach Stockhausen im weiteren Kontext als Voraussetzung für das Formempfinden der seriellen und elektronischen Musik gesehen. Schedl arbeitet immer wieder mit „statistischen" Formkomplexen, und zwar dort, wo es tatsächlich vor allen Dingen um Klangflächen und Dichtefelder geht. So kann man die beiden Solokadenzen des Cellokonzertes als statistische Komplexe sehen, deren Farben und Dichtefelder formale Analogien ergeben. Sie spielen auch noch eine ganz andere Rolle. Auch in der 2. Sinfonie gibt es „statistische" Formkomplexe, vor allem im 3. Satz. Allerdings komponiert Schedl hauptsächlich traditionelle dynamische Formen, in denen statistische Komplexe eingeflochten sind.

Neoklassizismus

In den 20er Jahren des 20. Jahrhunderts kam es zu einem Phänomen, das sich Neoklassizismus nennt. Mit ihm setzt sich Schedl später intensiv auseinander. Dabei wird ein Interesse an der Musik des 18. Jahrhunderts deutlich, an ihrer ausgewogenen Formgestaltung und Tonsprache, nur sich selbst genügend. Es werden Elemente der Musik des 18. Jahrhunderts verwendet, neu beleuchtet, anders harmonisiert, Phrasen verkürzt, verlängert, verzerrt, kontrastiert, aber nicht verwirrt.[49] Die Neoklassizisten sahen Schönberg und die Atonalität als letzte Konsequenz der Romantik und forderten einen von der Chromatik bereinigten diatonischen Stil, eine reine feste Tonalität als Voraussetzung der Architektur. Im Grunde genommen geht es hierbei um einen Objektivierungsprozeß in der Musik, nach der äußersten Subjektivierung im Expressionismus.

Einem Laien könnte man dies als eine verfremdende Malerei mit Motiven des 18. Jahrhunderts erläutern, man malt z.B. Städte des 20. mit Techniken und Formsinn des 18. Jahrhunderts. Strawinsky, Bartók, Prokofiew, die „Groupe des Six" und auch der späte Hindemith schrieben einen modernen, weniger chromatisierten neoklassizistischen Stil, wie Schedl in seinem Vortrag „Die Welt ist Zahl und die Musik auch", feststellt. Einer der Väter des Neoklassizismus des 20. Jahrhunderts ist sicherlich Richard Strauss: denn dieser nimmt mit dem „Rosenkavalier" die gesamte Entwicklung des Neoklassizismus bereits zehn Jahre voraus. Die Handlung spielt im 18. Jahrhundert, und Strauss bedient sich klassischer Motivik und Formarchitekturen. Das blieb von der Musikwissenschaft erstaunlicherweise bis Ende des 20. Jahrhunderts unbeachtet.[50] Weder die Neoklassizisten noch Gerhard Schedl sahen es. Er schätzte zwar Strauss´ Opern „Salome" und „Elektra" außerordentlich, verachtete aber alle späteren Werke. Ferruccio Busoni forderte in einem offenen Brief an Paul Bekker im Jahre 1920 eine „Junge Klassizität"[51]

---

[46]Stockhausen, ebda., S.77

[47]Ebda., S.77

[48]Ebda.

[49]Vgl. Hans Heinz Stuckenschmidt, Neue Musik, Berlin 1951, S.125

[50]Vgl. Volker Scherliess, Neoklassizismus, Dialog mit der Geschichte, Kassel 1998

[51]Ferruccio Busoni, Von der Einheit der Musik, von Dritteltönen und junger Klassizität, von

und schrieb den „Entwurf einer neuen Ästhetik der Tonkunst.“[52] Gustav Mahler wurde sogar in seiner IV. Sinfonie zum Neoklassizisten, wenigstens für dieses eine Werk.

Hier die Stellungnahme Strawinskys zum Neoklassizismus:

„Mein ‚Oktett‘ ist für Bläserquintett geschrieben. In meiner Musik besteht die Form aus Kontrapunkt. Nur in der Auseinandersetzung mit dem Kontrapunkt vermag der Komponist sich mit rein musikalischen Problemen zu beschäftigen.[...] Diese Art von Musik hat nur den Anspruch sie selbst zu sein. Nur die Musik vermag die musikalischen Probleme zu lösen. Keine literarische noch visuelle Hilfe kann von Interesse sein. Das Spiel der musikalischen Elemente ist das Wesentliche.“[53]

Man könnte meinen, das hätten die Serialisten verinnerlicht. Es besteht dabei auch ein direkter Zusammenhang zwischen den Stilzitaten und der Komposition mit traditioneller Motivik und Harmonik, bzw. mit der Komposition von Vorgefundenem der postmodernen Komponisten und dem Neoklassizismus, obwohl die Intention eine andere ist. Strawinsky verwendet aus einem anderen Grund Formsprache und Motivik des 18. Jahrhunderts. Sein Beweggrund ist seine „musikalische Nekrophilie.“[54]

Rudolf Stephan meint, die Musik Strawinskys wolle „durch Verfahren der verfremdenden Parodie eine neue Stufe musikalischen Bewußtseins erreichen“[55], dabei "nichts sein als Musik, und ganz konsequent“[56] bestimme der Komponist „das einzelne Werk als ‚musikalisches Objekt‘. Die strukturelle Eigenart dieses Objekts“[57] soll „im Vergleich mit den Vorlagen apperzipiert werden“[58], nur „so“[59] könne „sie verstanden werden: bei (sei es bewußter oder sei es unbewußter) Würdigung der angewandten Verfahrensweisen, die der Vergleich erkennen“[60] ließe.

Adorno meinte, Strawinsky und seine Gefolgschaft habe „sich davon verlocken lassen, der Musik durch Stilprozeduren ihr verpflichtendes Wesen aufs neue einzubilden.“[61] Der Prozeß der „Rationalisierung der Musik, der integralen Beherrschung ihres Materials.“[62] sei der „organisatorischen Herrschaft zuliebe“[63] „mit dem ihrer

Bühnen und Bauten und anschließenden Bezirken, Berlin 1922, S.275 und 344

[52]Ferruccio Busoni, Entwurf einer neuen Ästhetik der Tonkunst, kommentierte Neuausgabe, hrsg. von Martina Weindel, Wilhelmshaven 2001

[53]Strawinsky, in: Strawinsky Monographie von Wolfgang Burde, Mainz 1982, S.390

[54]Vgl. Heinz-Klaus Metzger, Strawinsky und die Nekrophilie, in: Igor Strawinsky, Musik Konzepte 34/35, München 1984, S.99-106

[55]Rudolf Stephan, Zur Deutung von Strawinskys Neoklassizismus, ebda., S.87

[56]Rudolf Stephan, ebda., S.87

[57]Ebda., S.87

[58]Ebda.

[59]Ebda.

[60]Ebda.

[61]Theodor W. Adorno, Strawinsky und die Restauration, in: Philosophie der neuen Musik, Gesammelte Schriften Band 12, 1. Auflage 1975, Frankfurt am Main 7. Auflage 1995, S.127

[62]Adorno, ebda., S.127

[63]Ebda., S.127

Subjektivierung"[64] zusammengefallen. Dies scheine, „kritisch hervorgehoben, ein Moment von Willkür"[65] zu sein. Der Fortschritt der Musik zur vollen Freiheit des Subjekts stelle sich nach dem Maße des Bestehenden selber als irrational dar, „insofern er mit der umfangenden musikalischen Sprache die faßliche Logik des Oberflächenzusammenhangs weithin"[66] auflöse. Adorno sieht auch Probleme der Authentizität:

> „Strawinskys Artistenklugheit und raffinierte Meisterschaft war seit den Anfängen von solcher Naivetät frei. Er hat seinen Restaurierungsversuch ohne das Ressentiments des Nivellierungsdranges, im urbanen und die Sache selbst durch und durch bestimmenden Bewußtseins des Fragwürdigen, Gauklerischen unternommen, mag das auch im Angesicht der blanken Partituren vergessen worden sein. Sein Objektivismus wiegt darum soviel schwerer als der aller an ihm Orientierten, weil er das Moment der eigenen Negativität wesentlich begreift. Trotzdem ist kein Zweifel daran, daß sein traumfeindliches Werk vom Traum der Authentizität inspiriert ist, einem horror vacui, der Angst vor der Vergeblichkeit dessen, was keine gesellschaftliche Resonanz mehr finde und gekettet sei ans ephemere Schicksal des Einzelnen.[...]"[67]

Weiter meint Adorno, daß Strawinsky auf die angemessenste Objektivierung, die nicht über die Objektivität des Gehalts, „über Wahrheit oder Unwahrheit der Bewußtseinslage"[68] entscheide, geradewegs „nicht aufs Gelingen des Ausdrucks der Situation"[69] ziele, „die er eher überblicken als fixieren"[70] wolle. „Seinen Ohren"[71] klänge „die fortgeschrittenste Musik nicht, als sei sie von Anbeginn der Zeiten dagewesen"[72], und so wolle er, daß Musik klinge. Adorno meint, die „Kritik solchen Zieles"[73] ergebe „sich aus der Einsicht in die Stufen seiner Realisierung."[74] Strawinsky habe „den leichten Weg zur Authentizität verschmäht."[75] Dieser sei der „akademische, die Beschränkung auf den approbierten Vorrat des musikalischen Ideoms, das während des achtzehnten und neunzehnten Jahrhunderts sich ausgebildet und für das bürgerliche Bewußtsein"[76], dem es zugehöre, „das Cachet des Selbstverständlichen und ‚Natürlichen' angenommen"[77] habe, gewesen.

---

[64] Adorno, ebda., S.127

[65] Ebda., S.127

[66] Ebda.

[67] Ebda., S.128ff.

[68] Ebda, S.129

[69] Ebda.

[70] Ebda.

[71] Ebda.

[72] Ebda.

[73] Ebda.

[74] Ebda.

[75] Ebda.

[76] Ebda.

[77] Ebda.

Gerhard Schedl verdankt seiner intensiven Beschäftigung mit dem Neoklassizismus Strawinskys seinen spielerischen Umgang mit Stilen als Versatzstücke in seinen musikdramatischen Werken. Auch empfahl er zur Herausbildung einer eigenen Ästhetik immer Busonis Buch sowie eine Beschäftigung mit dessen Werken. Authentizität war für Gerhard Schedl immer mit Emotionalität verbunden, wie wir später noch sehen werden. Schedl hätte Adorno deshalb widersprochen, da der akademische Weg für ihn einfach eine Setzung von Vokabeln bedeutete, deren Bedeutung bereits in den Worten selbst liegt, ohne dies kompositorisch erreichen zu müssen und deswegen nicht authentisch sein kann, da nicht selbst erlebt und durchlebt. Wobei Schedl in seiner Emotionalität zu musikalischen Äußerungen kommt, die dann durchaus zu eben jenem „approbierten Vorrat des musikalischen Ideoms"[78] passen, allerdings dem des späten 19. Jahrhundert. Alles andere ist bei Schedl ein Stilzitat. Aber: Ihm bedeuteten der Palestrina-Kontrapunkt und der klassische, vierstimmige Satz sehr viel. Gerade die Musik der Wiener Klassik galt ihm als die Erfüllung der architektonischen Formprinzipien der Renaissance in der Musik und das Streichquartett galt ihm nach eigenen Aussagen als „Königsdisziplin".

Musik als gestaltete Zeit

Schedl sprach immer von Musik als gestalteter Zeit. Dabei bezog er sich immer auf die Musikalische Poetik Strawinskys, auch auf Struktur und Erlebniszeit von Stockhausen. Strawinskys Text war nach Aussagen Schedls für ihn ein Schlüsselerlebnis:

> „Der integrale Mensch allein ist der Anstrengung der hohen Spekulation fähig, mit der wir uns jetzt beschäftigen wollen. [...] Die Elemente, auf die notwendigerweise diese spekulative Tätigkeit zielt, sind die Elemente des *Tones* und der *Zeit*. Die Musik ist jenseits dieser zwei Elemente nicht denkbar. Die bildenden Künste bieten sich uns im Raum dar: wir haben einen Gesamteindruck, bevor wir nach und nach in Ruhe die Einzelheiten entdecken. Aber die Musik ereignet sich im zeitlichen Ablauf und erfordert die Wachsamkeit des Gedächtnisses. Folglich ist die Musik eine Zeitkunst, während die Malerei eine Raumkunst ist. Sie setzt vor allem eine gewisse Ordnung der Zeit voraus, eine Chrononomie, wenn man uns diese Wort Neubildung gestatten will. [...]"[79]

Strawinsky sagt, daß „eine Beschleunigung doch nur den Zeitablauf entstellen"[80] kann. Die beiden Solokadenzen des Cellokonzerts Schedls sind mit ihren psychoakustischen Komplexen *entstellte* Zeitabläufe im Sinne Strawinskys.

> „Weit verwickelter und wahrhaft wesentlich ist das eigentliche Problem der Zeit, des musikalischen *chronos*. [...] Suwtschinsky versteht unter der musikalischen Schöpfung einen Komplex aus angeborenen Institutionen und Möglichkeiten, die vor allem

---

[78]s.o.

[79]Igor Strawinsky, Musikalische Poetik, übersetzt von Heinrich Strobel, Mainz 1949, S.20ff.

[80]Strawinsky, Poetik, S.22

auf einer spezifisch musikalischen Auseinandersetzung mit der Zeit - dem *chronos* beruhen, als dessen folgerichtige Verwirklichung das musikalische Kunstwerk anzusehen ist. [...] Die Erwartung, die Langeweile, die Angst, die Freude und der Schmerz, die Besinnlichkeit erscheinen so als verschiedene Kategorien, zwischen denen unser Leben abläuft; jede von ihnen bewirkt einen besonderen psychologischen Prozeß und hat ihr eigenes *Tempo*. Diese Veränderungen der psychologischen Zeit sind nur wahrzunehmen durch die Beziehung auf das (bewußte oder unbewußte) Grundgefühl der wirklichen Zeit – der ontologischen Zeit. Das besondere Wesen des musikalischen Zeitbegriffs besteht darin, daß dieser entweder jenseits der psychologischen Zeitkategorien oder gleichzeitig mit ihnen entsteht und sich entwickelt. Jede Musik [...] schafft eine besondere Beziehung, eine Art Kontrapunkt zwischen zeitlichen Ablauf, ihrer eigenen Dauer und den klanglichen und technischen Mitteln, mit deren Hilfe sie sich manifestiert. Suwtschinsky zeigt uns somit zwei Arten von Musik: die eine entwickelt sich parallel zum Ablauf der ontologischen Zeit und durchdringt ihn; sie erweckt im Hörer ein Gefühl des Wohlbehagens, der ‚dynamischen Ruhe‘ sozusagen. Die andere eilt diesem Ablauf voraus oder stört ihn. Sie haftet nicht am tönenden Augenblick. Sie verschiebt die Anziehungs- und Schwerpunkte und richtet sich im Unbeständigen ein, was sie befähigt, die Gemütszustände ihres Autors wiederzugeben. Alle Musik, in der der Ausdruckswille vorherrscht, gehört diesem zweiten Typus an. [...] Die an die ontologische Zeit gebundene Musik wird gewöhnlich vom Prinzip der Analogie beherrscht.“[81]

Schedls Musik gehört somit dem 2. Typus an! Überdies zeigt sich, daß der Einfluß Strawinskys auf die Musik nach 1945 nicht groß genug bemessen werden kann. Vor allem der Neoklassizismus und die kritische Rezeption der Dodekaphonie scheinen eine Voraussetzung für die Serialisten zu sein und nicht nur die Musik Weberns.

2.2. Bartók

Schedl hat sich in seinen jungen Jahren exzessiv mit Bartók und dessen rigiden Formkunstruktionen vor allen Dingen in den Quartetten und der Musik für Celesta und Saiteninstrumente auseinandergesetzt. Schedl sagte immer, daß er von Bartók nicht nur die Neubewertung des Rhythmischen, sondern auch den besonderen Wert für das musikalische Detail, dessen Bewältigung in einem – wenngleich traditionellen – Formkonzept zu verdanken habe. Auch die Komposition von Intervallen und die außerordentliche Expressivität der Bartókschen Musik bei rigider formaler Strenge habe ihn außerordentlich fasziniert. Sein Stil, seine Linien im Kontext der Form-Modelle, sei ohne Bartók nicht denkbar. Mit den Erfahrungen aus seinen analytischen Betrachtungen der Musik Bartóks und Strawinskys habe Schedl sich dann mit der Musik Lutosławskis und Ligetis auseinandergesetzt. Von Schostakowitsch habe er für sich selbst nur wenig ableiten können. Was Schedl mit Bartók teilt, ist das elegische und melancholische Moment in langen melodi-

---

[81]Strawinsky, ebda., S.22ff.

schen Bögen; man denke nur einmal an Bartóks Violinsonate und vergleiche diese mit Linien aus Schedls Violakonzert. Die Parallelen werden einem sofort auffallen. Boulez[82] weist auf die Diskrepanz in Bartóks Schaffen zwischen der Welt der Folklore und der gelehrten Kultur hin. Dieses Problem hat Schedl nicht interessiert, ihm ging es immer nur um Musik, ihre Aussage und ihre Konstruktion. Auch bei Strawinsky interessierte ihn die Folklorebehandlung überhaupt nicht.

2.3. Neue Musik in Österreich nach 1945

Dieser Abriß erhebt keinen Anspruch auf Vollständigkeit und soll nur einen kurzen Überblick bieten, welchem Umfeld sich der junge Gerhard Schedl Anfang der 70er Jahre gegenübersah. Es soll auch an der Musik Schedls herausgearbeitet werden, was das spezifisch Österreichische an seiner Musik ist.

Musikalisch gibt es Wechselwirkungen zwischen der BRD und Österreich, wie es sie seit Jahrhunderten im deutschsprachigen Raum schon immer gab. Kann man vorher die Musik der Wiener Schule noch der deutschen Musik zurechnen, da die Protagonisten sich selbst als ihr zugehörig betrachteten, muß aber ab 1945 von einer durchaus eigenen Österreichischen Neuen Musik gesprochen werden. Als wir als junge Studenten mit Gerhard Schedl in Wien waren, wurden wir durch den Doblinger Verlag geführt. Der frühere Direktor des Doblinger Verlages Helmuth Pany sagte uns bei dieser Führung, daß sie als Verlag an eine eigene österreichische Neue Musik glaubten. Das blieb dem Autor der vorliegenden Studie brennend im Gedächtnis und hat ihn seither beschäftigt. Diese Neue Musik Österreichs wurde auch wesentlich vom Verlagshaus Doblinger und von der Universal-Edition Wien betreut und unterstützt. Während die UE auch Nicht-Österreicher im Programm hatte wie Stockhausen und Boulez und von vorneherein international agierte, konzentrierte sich der Musikverlag Doblinger vor allem auf die Österreicher. Nach 1945 gingen Impulse statt von Wien nach Deutschland nun eher von Darmstadt nach Wien. Es bildete sich eine neue eigene Musik-Szene heraus.

An der Musik Schedls soll herausgearbeitet werden, was das spezifisch Österreichische an seiner Musik ist. Dieses österreichische Moment ließe sich in den 50er Jahren indes durch einen Konservativismus einerseits und einem Festhalten an der Wiener Schule andererseits charakterisieren. Das heute noch auftretende Phänomen eines Festhaltens an der Wiener Schule wiederum ist ein neuer Konservativismus. Man hatte, nicht ohne ein wenig recht zu haben, die Zeit nach 1945 mit Konservativismus oder Stagnation[83] in der Neuen Musik Österreichs gebrandmarkt. Dabei vergaß man, daß es zunächst die Generation der Spätvierzigjährigen, Fünfzig- bis Siebzigjährigen, war, die bis Mitte der 50er Jahre in Österreich den Ton angab und nicht die Generation der Zwanzigjährigen und Dreißigjährigen wie in Deutschland. Die Komponisten Angerer, Rapf und Heiller hatten die Neoklassizisten wieder hervorgeholt. Dabei orientierten sich die genannten Komponisten

[82]Pierre Boulez, Leitlinien, Gedankengänge eines Komponisten, Kassel 2000, S.212ff.

[83]Markus Grassl, Reinhard Kapp und Eike Rathgeber, Österreichs neue Musik nach 1945: Karl Schiske, von Markus Grassl, Reinhard Kapp und Eike Rathgeber (Hg.), Wien-Köln-Weimar 2008, S.9

vor allem an der „Groupe des Six" und dem Neoklassizismus eines Hindemith[84] und Strawinsky. Sie wollten eben nicht an der Wiener Schule anknüpfen. Der „Schöpfer der 3. Tonalität", Paul Kont, wurde ironischer- oder besser pragmatischerweise neben Gerhard Schedl beigesetzt, weil innerhalb weniger Wochen in zwei Ehrengräbern beerdigt werden mußte. Kont orientierte sich zunächst an den Neoklassizisten, dabei spielte sicherlich sein Tonalitätsverständnis eine Rolle. Schönberg war und blieb in Amerika. In einer Anfrage per Email an den österreichischen Musikwissenschaftler Dr. Christian Heindl antwortete dieser an den Autor der vorliegenden Studie:

> „[...]Primär wohl, weil ihn niemand ernsthaft zurückholte, wie auch die anderen Vertriebenen nicht geholt wurden! Der einzige der sich vehement darum bemühte, der damalige kommunistische Wiener Kulturstadtrat Viktor Matejka (er liegt in ca. 70 Meter Entfernung von Schedl und Kont...), scheiterte am erbitterten Widerstand der politischen Amtsträger aller anderen Parteien."[85]

Berg war 1945 seit zehn Jahren tot und Webern gerade gestorben. Es gab aber noch Schüler der 1. und 2. Generation. Ein Schüler der 1. Generation, der das Musikleben aus der Ferne allerdings kaum beeinflußte, war Egon Wellesz. Dieser emigrierte 1938 nach England, nahm die britische Staatsbürgerschaft an und ging auch nach 1945 einer Professur in Oxford weiter nach, wurde zwar mit Preisen und Ehrungen der Republik Österreichs überhäuft, aber nicht an die Wiener Musikuniversität zurückgeholt. Heindl meinte im Gespräch, Wellesz sei vielleicht bewußt nicht zurückgeholt worden:

> „[...]Weil alle relevanten Posten natürlich besetzt waren (in der Regel von Personen, die im Dritten Reichen entweder ‚unverdächtig' waren oder Mitläufer bzw. Sympathisanten des Regimes – diese waren umso mehr nicht daran interessiert, den Vertriebenen zu weichen."[86]

---

[84]Alfred Brendel äußert, daß der strenge Klassizismus auch im Interpretentum zu jener Zeit dominiert habe:
„Im musikalischen Unterricht Wiens dominierte dagegen ein strenger Klassizismus. Ich war damals mit Busonis Schriften bekannt geworden, bewunderte seine Ästhetik, die dem Wiener Buchstabenglauben zuwiderlief, und staunte über die unglaubliche Noblesse, mit der er auf Pfitzners polemischen Angriff ‚Futuristengefahr' reagiert hatte. 1954 spielte ich Busonis ‚Fantasia contrappuntistica', die ich vorher für eine kleine, inzwischen verschwundene Schallplattenfirma aufgenommen hatte, vor einem spärlichen Wiener Publikum. Busonis Vorstellung von einer ‚Jungen Klassizität' hatte mit dem akademischen Klassizismus Wiens ebensowenig zu tun wie mit einem Großteil der Neuen Musik, die in dieser Stadt aufgeführt wurde. Die Beziehungen zur Musik des zwanzigsten Jahrhunderts mußten, nach der Unterbrechung von 1938, erst wieder geknüpft werden. Der Nachholbedarf wurde eine Zeitlang mit Werken des Neoklassizismus oder Neobarock übersättigt. Klavierschüler spielten Beethoven, als hätte er bei Hindemith komponieren gelernt. Romantik galt als etwas Vages, Unordentliches, Verträumt-Utopisches, das dem philharmonischen Publikum, nicht aber fortschrittlich gesinnten Naturen entsprach."
A. Brendel, Nachdenken über Musik, Nachtrag zur ‚Werktreue', München 1977, S.29ff.

[85]Christian Heindl auf Anfrage nach der Entwicklung der Neuen Musik in Österreich nach 1945 in einer Email.

[86]Heindl, ebda.

Herbert Vogg schreibt über Wellesz:

„Die Namen Bruckner[87], Mahler[88] und Schönberg sind gefallen. Egon Wellesz hat nicht neben und nach ihnen, sondern durch sie hindurch seinen Weg zur Symphonie gefunden. Im hohen Greisenalter ist ihm die Rundung auf die klassische Neunzahl gelungen; ein ‚Symphonischer Epilog', vor die Neunte gestellt, spiegelt des Meisters Ehrfurcht vor verpflichtender Tradition. Die neunte Symphonie von Wellesz nun, 1972 rechtens von der Wiener Gesellschaft der Musikfreunde in deren Standardzyklus ‚Die große Symphonie' als Uraufführung herausgebracht (Carl Melles mit den Wiener Symphonikern), ist Resümee einer Zeit, ist tiefste Resignation und atmet doch Zuversicht: ein weiser Abgesang eines erfüllten Lebens nicht nur, sondern die Summe einer reichen Aussage. Musikkritik und Publikum waren nach dieser Uraufführung davon überzeugt, einem bedeutenden Ereignis beigewohnt zu haben."[89]

Dr. Christian Heindl berichtete dem Autor in der gleichen Anfrage, daß man Wellesz „erst ab der Mitte der 1960er wieder in Wien wahrgenommen"[90] habe, „insbesondere die damaligen Nachfolger der Wiener Schule Robert Schollum und Eugene Hartzell setzten sich dankenswerter Weise für ihn ein (ebenso wie bald Vogg)."[91]

Es müßte freilich auch Jenö Takács erwähnt werden, den es in der Tat in die weite Welt verschlug, und der eine überaus interessante Biographie hatte und das stolze Alter von 103 Jahren erreichte! Er spielte aber von 1945-1970 in der Österreichischen Neuen Musik kaum eine Rolle, was sich erst ändern sollte, als er sich nach 1970 wieder im Burgenland niederließ. In Wien verblieben Hanns Jelinek

---

[87]Schedl wies immer auf das Buch von Dika Newlin „Bruckner, Mahler, Schönberg" hin, in welchem beschrieben wird, daß Schönberg in der Linie Bruckners und Mahlers stünde und eben nicht Brahms ´. Schedl war Brahms geradezu feindlich gesonnen und favorisierte Bruckner als Vater der Wiener Schule. Anm.d.Verf.

[88]Nach der Uraufführung des „Gesang des gesegneten Lebens" in Stuttgart durch Manfred Honeck, erzählte dem Autor der vorliegenden Studie der Dramaturg Honecks und frühere Leiter der Werbe- und Informationsabteilung des Doblinger Verlages, Herr Dr. Josef Tichý, wie ihm die Frau von Egon Wellesz in äußerst lebendiger Erinnerung von der Uraufführung einer Sinfonie Gustav Mahlers berichtete! So sehr war im 70er Jahren des vergangenen Jahrhunderts das Erbe Bruckners und Mahlers noch allgegenwärtig, was sich natürlich auch auf Gerhard Schedl auswirkte! Heinz Winbeck wiederum besuchte gar als Student die Frau Alban Bergs, Helene. Er schrieb sie an, ob er ihr sein Klavierquartett widmen dürfe. Sie antwortete in einem lieben Brief, daß sie seit dem Tode Bergs keine Widmungen mehr annehme. Sie lud ihn aber ein, sie mit seiner Frau gemeinsam in Wien zu besuchen. Als Frau Winbeck – es war die Zeit um 1968 – nach Adorno frug, antwortete sie sinngemäß: „Ja, der kleine Wiesengrund. So ein lieber Bub." Winbecks hatten den Eindruck, als sei in der Wohnung Helene Bergs die Zeit stehen geblieben: Pullover Alban Bergs hätten über dem Stuhl gelegen, als sei er eben noch im Raum gewesen. Sie schenkte Heinz Winbeck einige Originalphotographien. Auch die Zeit Bergs und Schönbergs war in den 60er und 70er Jahren noch lebendig. Anm.d.Verf.

[89]Herbert Vogg, 100 Jahre Musikverlag Doblinger, Wien 1976, S.186ff.

[90]Christian Heindl in einer Email an den Verfasser.

[91]Heindl, ebda.

und Karl Schiske. Jelinek war ein Schüler der 2. Generation von Schönberg und nahm auch Unterricht bei Alban Berg. Hier sei auf das Buch Hanns Jelineks „Anleitung zur Zwölftonkomposition nebst allerlei Paralipomena" hingewiesen, das die Dodekaphonie zur Norm erhebt, dabei aber – wie auch im Serialismus – die Materialbehandlung über die musikalische Aussage stellt. Nach Ansicht des Autors dieser vorliegenden Studie und seinem persönlichen Fazit aus Jelineks Werk verstaubte die Dodekaphonie regelrecht. Sie wurde zum trockenen Substrat, nach dem man zu komponieren hatte. Es ist ein gut gemeintes Buch, das aber auch im Kontext seiner Zeit keine Relevanz mehr hatte. Jelinek suchte weniger nach dem Neuen in der Musik, sondern verwaltete nüchtern das Bisherige. Die Diskrepanz wird klar, wenn man seine dodekaphonischen Werke mit jenen der jungen Generation vergleicht, also mit denen von Cerha und Urbanner, aber auch mit denen des bereits mehrfach erwähnten deutschen Webern-Schülers Hartmann, der allerdings in München wirkte und eine Synthese aus Hindemithscher- und Schönberg-Schule erreichte. Wien, einst Hort des Avantgardismus *par excellence*, wurde von Darmstadt in seiner Führungsposition der Neuen Musik unweigerlich abgelöst. Allerdings schrieb Jelinek auch Unterhaltungsmusik, und sein Schaffen war insgesamt von großem handwerklichen Können und Universalität bestimmt.

> „Als sowohl von der Zahl und Individualität seiner Schüler als auch von der Unterstützung fortschrittlicher Tendenzen her wahrscheinlich wichtigster Lehrer blieb Karl Schiske."[92]

Dieser war kein Schönbergschüler mehr, sondern studierte beim „Selberaner" Dr. Ernst Kanitz[93] und promovierte 1940 mit der Arbeit „Zur Dissonanzverwendung in den Symphonien Anton Bruckners". Herbert Vogg schreibt über das Schaffen Schiskes:

> „Schiske war nur 53 Jahre alt geworden. Das motorische Ungestüm seiner Jugendwerke hatte zu immer stärkerer polyphoner Verknappung geführt und sich zuletzt der Abstraktion genähert. Mit seinem (frühen) Klavierkonzert ist ihm ein Meisterwerk in jedem Sinn gelungen, Aufführungen in jüngster Zeit haben es bewiesen. Das kammermusikalische Schaffen Schiskes ist nahezu vollständig bei Doblinger verlegt."[94]

Schiske war Lehrer des Schedl-Lehrers Erich Urbanner sowie Lehrer von Kurt Schwertsik und vielen anderen. Schiske war 1957 für die Gründung des „Studio für elektronische Musik" mitverantwortlich.[95] Sein Schüler Kurt Schwertsik wiederum gründete mit dem Komponisten Friedrich Cerha 1958 das Ensemble „die

---

[92]Christian Heindl in einer Email an den Verfasser.

[93]Christopher Haley, Ernst Kanitz, Kulturlage eines „Selberaners", in: Österreichs Neue Musik nach 1945: Karl Schiske, ebda., S.83

[94]Herbert Vogg, 1876-1976: 100 Jahre Musikverlag Doblinger, Wien 1976, S.187

[95]Vgl. http://db.mica.at/composerdb/details/Composer/composer24553.asp?cat=composer&-letter=s
Die Daten sind dem mica-Archiv entnommen, sämtliche hier aufgeführten Komponisten sind Mitglieder des Österreichischen Komponistenbundes und verwalten ihre Daten selbst. Anm.d.Verf.

reihe", das sich der Werke der Neuen Musik annahm, da sie im österreichischen Konzertprogramm außerordentlich unterrepräsentiert war. Hilfreich war, daß Cerha als Geiger und Schwertsik als Hornist sowohl als Instrumentalisten mitwirken konnten, gleichzeitig als Komponisten das nötige Hintergrundwissen mitbrachten.

„Damit verhalfen sie ihrem Ensemble ‚die reihe' zu einer soliden Basis aus dem Geist instrumentaler Musizierpraxis und zu einer Standfestigkeit, die selbst dem nun losbrechenden Sturm im aufgescheuchten Wiener Musik- und Gemütsleben noch einigermaßen gewachsen war."[96]

Schwertsik wiederum studierte bei einem Aufenthalt in Köln 1959-60 bei Stockhausen. Zuvor fuhr er fast jährlich nach Darmstadt und besuchte bei Boulez, Leibowitz, Cage und Maderna Kurse.[97]

Das bestätigt, daß die wirklichen Entwicklungen in der Neuen Musik nicht mehr von Wien ausgingen. Vogg schreibt über Schwertsik:

„Mit feinem Humor gewinnt die Musik eines anderen ehemaligen Schiske-Schülers das Vertrauen des Hörers: Kurt Schwertsik, mit Friedrich Cerha Mitbegründer des Wiener Avantgarde-Ensembles „die reihe", hat, als in einem Komponistensymposium die Diskussion um eine auf jeden Beziehungspunkt verzichtende Musik hochbrandete, für sich und für sein musikalisches Denken auf den Primat der Fundamentlinie hingewiesen und (aus gegebenem Anlaß bewußt überspitzt erklärt: „Ich bin kein Inder oder Chinese. Bei mir muß der Baß stimmen", was (von stilistischen Detailfragen abgesehen) nicht mehr und nicht weniger bedeutet als ein Bekenntnis zur abendländischen Mehrstimmigkeit (und zu den eigenen Ohren)."[98]

Auch der Komponist Friedrich Cerha, der bereits 1950 zum Dr. phil. promoviert wurde, Seminare des Tropenerfinders Josef Matthias Hauer besuchte und auch Schüler Alfred Uhls war, fuhr in den 50er Jahren nach Darmstadt und besuchte die Ferienkurse. Cerha sollte in Österreich zu einer über Jahrzehnte dominierenden Komponistenpersönlichkeit werden. Cerha war für Schedl ein ständiges Ärgernis, da er gerne seine Stellung und Reputation innegehabt hätte. Über die Frage des Autors im Kompositionsunterricht, warum er bei Urbanner und nicht bei Cerha studiert habe, ärgerte sich Gerhard Schedl sehr.

Der Jelinek- und Schiske-Schüler und Schedl-Lehrer Erich Urbanner selbst fuhr von 1957-1960 nach Darmstadt und besuchte Kurse bei Wolfgang Fortner, Stockhausen und Bruno Maderna.[99] Die Liste der Schüler Urbanners ist lang, ihr wird

---

[96]Ulrich Dibelius, Moderne Musik nach 1945, Erweiterte Neuausgabe 1998, München 1998, S.266

[97]Vgl. http://db.mica.at/composerdb/details/Composer/composer24885.asp?cat=composer&-letter=s

[98]Vogg, 100 Jahre Musikverlag Doblinger, S.192

[99]http://db.mica.at/composerdb/details/Composer/composer25865.asp?cat=composer&-letter=u

im nächsten Abschnitt ein größerer Raum beigemessen, Schedl hat im persönlichen Gespräch auf die Frage hin, warum er nicht bei Cerha studiert habe, Urbanner immer außerordentlich gelobt. Urbanner muß ein guter Lehrer gewesen sein.

Cerha sollte später mit dem großen österreichischen Opernkomponisten Gottfried von Einem in persönlichen Konflikt geraten, als dieser die Komplettierung des III. Aktes der Oper Lulu von Alban Berg auf das heftigste kritisierte und sie als höchst verbrecherisch geißelte, da Berg noch vieles habe ändern wollen und die Komplettierung nicht im Sinne Bergs gewesen sei.

Gottfried von Einem hatte vor allem mit der Oper „Der Prozeß" nach Franz Kafka in Salzburg 1953 außerordentliche Erfolge feiern können, pflegte aber eine sehr gemäßigte Tonsprache. War es nicht vielmehr ein stilistischer Konflikt zwischen von Einem und Cerha, jenes Problem zwischen Konservativismus und Festhalten an der Wiener Schule? Denn ein „Generationenkonflikt" konnte dieser Konflikt nicht sein, da von Einem Jahrgang 1918 und Cerha aber Jahrgang 1926 war. Jedenfalls wagte sich ein Vertreter der österreichischen Avantgarde an ein „Heiligtum der Neuen Musik" heran, was einem Sakrileg gleichgekommen zu sein scheint. Heindl hält es für fraglich, in jenem Kontext von der „Lulu" als einem „Heiligtum der Neuen Musik"[100] zu sprechen, denn sicherlich nur wenige hätten das Werk damals als solch ein „Heiligtum" betrachtet.[101] Der Autor ist allerdings durchaus der Ansicht, daß es sich um ein zentrales reihentechnisches Werk handelt, das mit der Entstehungsgeschichte und der Existenz als Torso entfernt an die Geschichte von Mozarts „Requiem" erinnern mag. Doch sollte „Lulu" einer der beiden Kontrahenten als ein „Heiligtum" betrachtet haben, dann eher Cerha als von Einem.[102] Die Komplettierung der Lulu wurde 1979 in Paris uraufgeführt.

Cerha ist wahrscheinlich der österreichische Komponist, der sich den Strömungen der Avantgarde der 50er Jahre am meisten öffnete. Dibelius:

> „Er sorgte für eine kräftige Durchlüftung der reichlich verstaubten Wiener Musikszene, verschaffte dem internationalen Gegenwartsgeschehen Einlaß und stärkte die Entfaltungsmöglichkeiten der eigenen, lokalen Ressourcen, hob die Tradition der Wiener Schönberg-Schule in den Stand allgemeiner Bewußtheit und wurde darüber selber zu einer Art maßstabsetzender Instanz. Dabei ist er genaugenommen von reflexiver Wesensart. Nicht von ungefähr heißt sein siebenteiliger, fast anderthalbstündiger Orchesterzyklus Spiegel (1960/72); er fängt nicht nur Facetten miterlebter Zeitgeschichte ein, auch die Spuren damit verknüpfter Gedanken und Überlegungen, sondern projiziert sie zugleich in das differenzierte Geflecht kontinuierlicher Klangtexturen, die durch ihren Verzicht auf Kontrast allem Aktuellen seine charakteristische Gespanntheit nehmen und es gleichsam in betrachtende Reminiszenz umwandeln. Cerha wurde sich klar, daß konturierte Aussagekraft, beteiligteres Eingreifen in die Probleme zwischen Individuum und Gesellschaft nur über die Restitution von spezifischen melodischen, harmonischen oder rhythmischen Kennmarken

---

[100]Heindl in einer Email an den Verf.

[101]Ebda.

[102]Ebda.

möglich sei und daß ihn dies, ‚unweigerlich zu einer intensiveren Berührung mit der Tradition' führen mußte"[103]

Jedenfalls finden sich in seinem Werk alle Erscheinungsformen Neuer Musik wieder. Dibelius schreibt über Schwertsik und Cerha:

> „Schwertsik steuerte seine Fähigkeit bei, Leute mit Humor und der Überraschung durch Unerwartetes – à la Cage – aus ihrer Reserve zu locken; Cerha seine Sensibilität für ‚die Kunst des kleinsten Schritts, entweder in Gestalt des kaum merklichen, langsamen, kontinuierlichen Übergangs oder der minimalen Variation von Block zu Block. Feine Schattierungen innerhalb einer Farbe haben mich immer mehr bewegt als dramatisches Gegeneinander.'[...]"[104]

Und weiter über Schwertsik:

> „Die Leitung des ‚reihe' Ensembles hat Cerha inzwischen an den einstigen Mitgründer Kurt Schwertsik (*1935 Wien) abgegeben und damit gleichsam jene ganz andersartige, bei ihm selbst nur sporadisch aufscheinende Komplementärseite des musikalischen Wienertums inthronisiert: die keineswegs lauthalsige, eher zärtliche Clownerie, die Lust am sich überschlagenden Widersinn, das intelligente Schelmenspiel mit Masken, Haltungen, Zitat und Sentiment. Schwertsik war vielleicht als Orchester-Hornist (ab 1968 bei den Wiener Symphonikern) einfach zuviel mit den aufgeputzten Schablonen des Kulturbetriebs konfrontiert worden, um nicht verschmitzt aufklärerisch dahinterleuchten zu wollen. Und dabei entdeckte er – von avantgardistischer Rechthaberei und Intoleranz ebenso angeekelt–, ‚daß hinter jedem Stil letzten Endes die gleiche Bemühung steckt', man ihn also nur von Mißbrauch und Banalität befreien muß. Und er praktizierte, auf den wahren Kern zielend, stilistische Weitherzigkeit unter Einschluß von Tonalität und C-Dur, als dies noch (Anfang der sechziger Jahre) ein böses Sakrileg und fern aller Mode war."[105]

Schwertsiks Essay über die *„anfänge der reihe"* sind übrigens äußerst unterhaltsam zu lesen, leider ist kein Raum, um alle Anekdoten wiederzugeben.[106] Der Österreicher ungarischer Herkunft György Ligeti sagte gar über „die reihe":

> „Das war 1958, die ersten Konzerte dieses Ensembles bedeuteten die ‚Stunde Null' für die Neue Musik im Nachkriegs-Wien. Und dadurch kam Wien von der konservativ scheinenden Peripherie gleich in den Mittelpunkt der europäischen musikalischen Avantgarde [...] Man kann sich heute gar nicht mehr vorstellen, welche Faszination

---

[103]Dibelius, Moderne Musik, S.720ff.

[104]Dibelius, ebda., S.267

[105]Ebda., S.721ff.

[106]Kurt Schwertsik, die anfänge der reihe, in: Markus Grassl: Friedrich Cerhas Beziehung zur alten Musik, in: Friedrich Cerha Analysen-Essays-Reflexionen, Lukas Haselböck (Hg.), Wien 2006, S.237-243

die Konzerte der ‚reihe' ausstrahlten. [...] Bei vielen Konzerten, wie der zweiten europäischen Aufführung von Cages Klavierkonzert (unmittelbar nach Köln), wirkte Kurt Schwertsik, der sonst Horn spielte, auch als Dirigent mit. [...] Später dirigierte dann immer häufiger Cerha, und es kam auch zur ersten Uraufführung eines seiner Werke – das waren die ‚Relazioni fragili', und Traude Cerha spielte das Cembalo-Solo. Das Stück für Cembalo und Kammerensemble beeindruckte mich noch mehr: im Kontext der ‚Darmstädter' Avantgarde war es der erste wichtige Beitrag aus Österreich, gleichrangig mit den Werken von Boulez und Stockhausen. [...]"[107]

Cerha setzte sich auch zunehmend mit der Alten Musik auseinander. Er, der auch Gründer und Leiter der *Camerata Frescobaldiana* war, verfolgte mit diesem Ensemble das gleiche Ziel wie mit „der reihe", nämlich dem Publikum unbekannte Musik, diesmal vor allem des *Seicento,* näher zubringen.[108] Er geriet in den 50er Jahren mit seinen Kompositionen auch in Opposition zum „altertümelnden Neoklassizismus"[109] des Paul Kont.
Markus Grassl berichtet, „wenn Cerha in der Selbstbeschreibung seines Verhältnisses zu Strawinsky von eher äußerlichen Ähnlichkeiten spricht und den Umstand, daß sich in seinem Werkverzeichnis alte Formen und Instrumente [...] finden, eher der direkten Auseinandersetzung mit alter Musik als den manchmal altertümelnden Tendenzen im Neoklassizismus"[110] zuschreibe, so zeige sich, „daß er seinen real im neoklassizistischen Gesamtkontext der Nachkriegszeit stehenden Rekurs auf Altes zugleich als Mittel der Distanzierung von den dominierenden neoklassizistischen Modellen"[111] empfunden hat. Grassl bemerkt, daß „in dieselbe Richtung einer Abgrenzung vom Neoklassizismus auch Cerhas Bemerkung"[112] weise, „daß die [...] emotionsgeladene Musik des frühen 17. Jahrhunderts [...] in einem bemerkenswerten Gegensatz"[113] stehe „zu der Anfang der Fünfzigerjahre vorherrschenden Ästhetik des Neoklassizismus und zu jener, die der erwähnte Kreis um Kont vertrat"[114] gestanden hatte, „insofern diese nämlich durch eine betont anti-pathetische, an der französischen Gruppe der Six orientierte Haltung

---

[107]György Ligeti in der Österreichischen Musikzeitschrift 1996 zu Friedrich Cerhas 70. Geburtstag, entnommen: mica-Interview mit Gertraud und Friedrich Cerha, http://www.musicaustria.at/musicaustria/neue-musik/mica-interview-mit-gertraud-und-friedrich-cerha

[108]Vgl. M. Grassl, Friedrich Cerhas Beziehung zur alten Musik, in: Friedrich Cerha Analysen-Essays-Reflexionen, Lukas Haselböck (Hg.), Wien 2006, S.233

[109]Grassl, Cerha, ebda., S.233

[110]Ebda., S.233

[111]Ebda.

[112]Ebda.

[113]Ebda.

[114]Friedrich Cerha, Schriften, S.29-30 in: Markus Grassl: Friedrich Cerhas Beziehung zur alten Musik, in: Friedrich Cerha Analysen - Essays - Reflexionen, Lukas Haselböck (Hg.), Wien 2006, S.233, Fußnote 74

gekennzeichnet war."[115] „Und insofern"[116] sei „Cerhas Dialog mit der alten Musik einem Grundbedürfnis der Nachkriegsgeneration entgegen"[117] gekommen, nämlich „einen eigenen Weg zu finden."[118]
Auch habe der Rückgriff auf Altes einen tieferen Grund gehabt, wenn z.b. Lothar Knessl die Besprechung eines Konzerts des *Convivium musicum* mit der Überschrift „Das Neue der alten Musik" versehen und darin festgestellt habe,[119] „daß auf dem Umweg über die alte Musik auch die Qualitäten der Gegenwartsmusik erkannt und geschätzt"[120] würden. Man bedenke, daß Nicolaus Harnoncourt in jenen Jahren auch seinen *Concentus Musicus Wien* gründete! Auch der österreichische Komponist ungarischer Herkunft Iván Eröd machte sich in der Folgezeit einen Namen, „indem er ähnlich Schwertsik Ende der 1960er Jahre von einer ausgeprägt progressiven Ästhetik abkehrte und in Hinblick auf breitere Verständlichkeit seiner Musik zu einer tonal zentrierten Sprache zurückkehrte."[121]
In den 70er Jahren hielt eine neue Richtung in Wien Einzug, die schließlich auch Einfluß auf Schedls Tanztheater „...fremd bin ich eingezogen..." nehmen sollte. Es ist mit seinen Moritaten und den Brechungen durch die Travnicek-Figur aus dieser Tradition heraus zu erklären. Dibelius:

> „Da gesellschaftliche Satire, parodistischer Märchenzauber, die ganze lächelnd über-
> nommene Erbschaft von Satie, Dada oder Cage aber immer auch ins Literarische
> und Szenische drängt, schufen Schwertsik und der gleichgesinnte Otto M. Zykan
> (*1935 Wien), nebenbei Pianist, sich schon früh (1965) das eigene Wiener Forum
> der ‚Salonkonzerte'. Ihre muntere Aufwertung von Lokaltraditionen zwischen Walzer
> und Dialekt-Chanson fand rührige Mitarbeit und Fortsetzung in der ebenso doppel-
> gesichtigen, Ulk und Anspruch verquirlenden Musik von HK (Heinz Karl) Gruber
> (*1943 Wien), der zugleich Kontrabassist (ORF-Symphonieorchester) ist und außer-
> dem der ideale Sänger-Darsteller in seinem makabren *Pandämonium Frankenstein!!*
> (1976/78) nach Texten von H.C. Artmann. Überhaupt zeichnet sich da ein musi-
> kalisches Pendant zu jener literarischen ‚Wiener Gruppe' ab, aus der ja nur Ger-
> hard Rühm (*1930 Wien) die experimentellen sprachlichen Ansätze auch selbst,
> wie ins Grafisch-Bildnerische, so mit einfallsreicher Konsequenz ins Phonetisch-
> Kompositorische weiterverfolgt hat."[122]

Zu Cerha und Kont berichtet allerdings Heindl:

---

[115]Cerha, in: Grassl, ebda.

[116]Ebda.

[117]Ebda.

[118]Ebda.

[119]Vgl. ebda, S.230

[120]Neues Österreich, 15 Dezember 1962, S.12, in: Markus Grassl, Friedrich Cerhas Beziehung zur alten Musik, in: Friedrich Cerha Analysen-Essays-Reflexionen, Lukas Haselböck (Hg.), Wien 2006, S.230

[121]Heindl in einer Email an den Verfasser.

[122]Dibelius, Moderne Musik, S.722

„Cerha stand nie in Opposition zu Paul Kont, und die beiden wurden auch nicht gegeneinander ausgespielt. Ganz im Gegenteil. Die beiden waren gut befreundet, haben im ‚Strohkoffer' (einer Künstlerbar der 1950er) ordentlich das Publikum aufgemischt (Cerha an der Geige, Kont am Klavier), und einander auch öffentlich immer hohen Respekt entgegen gebracht. Trotz – oder weil sie in ihrem Werk so verschieden waren. Cerha meinte erst vor zwei Jahren einmal in einem Gespräch, bei dem ich ihn auf Kont ansprach, dass man viel mehr Kont spielen sollte, und dass er überlegen wolle, ob er nicht etwas von ihm ansetzen könne (wozu es dann in der Praxis mangels eines entsprechenden Auftritts nicht kam)."[123]

Heindl meinte, wenn von Gegenpolen gesprochen werde, dann eher bei von Einem und Cerha. Es ist aber eher in eine persönlich-politische Dimension gegangen. Kont habe auch keinerlei Breitenwirkung gehabt.[124]

Wie man den Schilderungen entnehmen kann, nimmt man aus der durch die politische Eigenständigkeit gewonnenen Distanz zu Deutschland die Entwicklung in Darmstadt und Donaueschingen zwar wahr, versucht jedoch bereits gleich nach 1945 eigene Wege auch in musikalischer Hinsicht zu gehen, nicht zuletzt auch in den 50er Jahren durch die Gründung der „reihe" als Gegenstück zu Darmstadt. Die Entwicklung wird sozusagen gefiltert, nicht blind übernommen.

Das österreichische Moment ist sicherlich sowohl in der beschriebenen Gegenüberstellung zwischen dem Alten und dem Neuen bei Cerha zu suchen, als auch in der Auseinandersetzung mit der absoluten Gegensätzlichkeit: einerseits Auseinandersetzung mit der Entwicklung der Neuen Musik, andererseits Hinwendung an die Satire, an die Lyrik und den bissigen, grantigen, oft aber auch zugleich bitteren Humor eines H. C. Artmann. Dessen Humor und Melancholie scheinen symptomatisch für die Österreichische Neue Kunst zu sein. Man denke an die bittere Melancholie eines Thomas Bernhard, aber auch an die Verklärung der K.&K. Monarchie und der daraus entstandenen Sehnsucht. Humor und Melancholie finden wir indes in den Werken, die zu jener Zeit in Darmstadt und Donaueschingen gespielt wurden, kaum.

Zur Mentalität der Wiener noch ein Satz, den Alfred Brendel in seinem Buch „Musik beim Wort genommen" bei der Besprechung der Schubert-Sonaten anführt und der zumindest die Wiener treffend charakterisiert:

„Die Lage ist hoffnungslos, aber nicht ernst."[125]

Widmen wir uns nun der Person, die Gerhard Schedl am entscheidendsten geprägt hat: Erich Urbanner.

2.4. Erich Urbanner

Der österreichische Musikwissenschaftler Christian Heindl, ein wirklicher Kenner der Neuen-Musikszene Österreichs und früher Leiter der Werbe- und Informations-

[123] Heindl, ebda.
[124] Ebda.
[125] Vgl. Alfred Brendel, Musik beim Wort genommen, München 1992

abteilung des Doblinger-Verlags schreibt in einem Aufsatz:

„Gemeinsam mit Iván Eröd, Ingomar Grünauer, Gösta Neuwirth, Kurt Schwertsik, Otto M. Zykan u. a. zählte Erich Urbanner zu jener Gruppe junger Musiker, die sich ab Mitte der 50er-Jahre um den Komponisten Karl Schiske scharte, der als Lehrer an der Wiener Musikakademie einen wesentlichen Kontrapunkt zu den das damalige Musikleben dominierenden konservativen Kreisen bildete. Wie seine Kollegen beschäftigte auch Urbanner sich zunächst mit Avantgardetechniken, stand unter dem Einfluss der 2. Wiener Schule und der Erfahrungen der Darmstädter Ferienkurse für Neue Musik. Zu seinen dodekaphon und seriell organisierten Arbeiten der 60er-Jahre gehören etwa die – Parallelen zu Anton Weberns ‚Vier Stücken für Geige und Klavier' op.7 aufweisenden – Fünf Stücke für Violine und Klavier (1961), das Adagio für Klavier (1966) sowie das Orchesterwerk Thema, 19 Variationen und ein Nachspiel (1968), das noch einmal alle von Urbanner bis dahin angewandten kompositorischen Mittel zusammenfasst. Beginnend mit Improvisation III für Kammerensemble (1969) bediente sich Urbanner einer freieren Schreibweise unter Einbindung improvisatorischer Elemente (zunächst sogar mit einer eigens dafür entwickelten ‚Streckennotation').[126] Im Violinkonzert (1971) und im Kontrabasskonzert (1973) wird der improvisatorische Gestus um klangliche Ereignisse vermehrt und durch betonte Formgestaltung klarer strukturiert. In der Folge war es für Urbanner wesentlich, neben dem strukturell Durchdachten auch breiteren Raum für melodische Entwicklung zu lassen. Dies und das Überdenken alter Formmuster prägen z. B. die Retrospektiven für Orchester (1974/75; Neufassung 1979), die u. a. einen in seinem Rhythmus aufgelösten Trauermarsch und ein Rondo mit einem nur einmal in der ursprünglichen Gestalt auftretenden Ritornell enthalten. Auch in späteren Werken Urbanners finden sich Elemente wie Clustertechnik oder Mikropolyphonie. Um musikalische Inhalte aus neuer Sicht reflektieren zu können, steht er aktuellen Entwicklungen stets offen gegenüber und prüft sie auf die Möglichkeit der Anwendung in seinem eigenen Schaffen: ‚In einer Zeit vielfältigster Strömungen, aber auch in einer Zeit der Unsicherheit, was noch Avantgardismus und was Konservativismus ist, ist es wichtig, sich klar vor Augen zu führen, dass Innovationen weniger denn je im Materialbereich als im Grad kompositorisch zu gestaltender Bewältigung zu setzen sind.' (Erich Urbanner, 1993) Mehrfach hat sich Urbanner mit größeren Formen auseinandergesetzt. Hervorzuheben sind insbesondere das anlässlich der 175-Jahr-Feiern des Tiroler Freiheitskampfes komponierte Requiem für Soli, Chor und Orchester (1975) mit seinem ausdrucksvollen, teils in komplexer Polyphonie geführten Chorsatz und die 1988 am Tiroler Landestheater erfolgreich uraufgeführte Oper Ninive (1987)."[127]

---

[126]Mehr dazu um Kapitel 8.2 „Urbanner und Schedl, ein Handschriftenvergleich". Anm.d.Verf.

[127]Christian   Heindl,   Erich   Urbanner,   Portrait   auf   der   Doblinger   Webseite,
http://www.doblinger-musikverlag.at/Komp/cmp_detail.php?compID=206&sp=1

Erich Urbanner und Darmstadt

Dem Interview mit Erich Urbanner, es ist im Anhang zitiert, läßt sich entnehmen, daß Darmstadt für die jungen Österreicher fast ein Kulturschock war. Denn wenn man liest, wie stark der Schönbergeinfluß auf der einen und der Einfluß des Neoklassizismus auf der anderen Seite war, so kann man zurecht von einer Stagnation und einem Konservativismus in der Zeit der 50er Jahre sprechen. Denn die Auseinandersetzung mit Neuer Musik bedeutete in den 50er Jahren die Auseinandersetzung mit der Musik Stockhausens, Boulez´, Nonos und John Cages. Man suchte bewußt die Nähe nicht nur zu den Aufführungen sondern auch zu den Komponisten, um diese Musik kennenzulernen, hatte aber das Gefühl, nicht zu dieser Avantgarde zu gehören und Schwertsik hatte nach einiger Zeit keine Lust mehr, sich den Vorgaben Stockhausens zu beugen. Auch interessant ist, daß Erich Urbanners Cage-Erlebnis ihm den Weg in die kompositorische Freiheit gewiesen hat. Man liest auch, daß er sich nahezu sämtlichen damaligen Erscheinungsformen der Neuen Musik aussetzte, um dann seinen ihm eigenen Weg zu suchen. Man könnte fast sagen, Urbanner öffnete sich den Erscheinungsformen mit jener kritischen Distanz, die der Österreicher gegenüber den Bundesdeutschen und der Tiroler gegenüber den anderen Österreichern empfindet. Diese sehr gesunde Skepsis fungierte gleichsam als Filter, nicht jede Modeerscheinung unbedingt mitmachen zu müssen, sie aber kennen zu lernen! Interessant ist auch, daß Urbanner sehr früh die Begabung Schedls erkannte und förderte und Schedl als Musikdramatiker ansah.

Urbanners Kontrabaßkonzert

Schedl zeigte sich von diesem Werk tief beeindruckt. Vogg schreibt über Urbanners Kontrabaßkonzert:

„Für den Wiener Kontrabaßvirtuosen Ludwig Streicher entsteht eine eigene Literatur. [...] Die Uraufführung des Kontrabaßkonzerts von Erich Urbanner unter der Leitung des Komponisten 1973 in Innsbruck läßt alle bisherigen Maßstäbe, die man an das Instrument und seine Interpreten hat, vergessen: ‚Was Ludwig Streicher hier an hals- beziehungsweise fingerbrecherischen Kunststücken vollbringt, ist schlechthin ohne Beispiel. . . Daß dies aber alles nicht zum rein Artistischen wird, sondern von Form und Substanz einer musikalischen Logik her zwingend erscheint, ist eben die Kunst daran – an der Erfindung wie an der Interpretation‘, schreibt die ‚Neue Tiroler Zeitung‘. Erich Urbanners Aufstieg zu einem der führenden österreichischen Komponisten der Gegenwart vollzog sich stetig und geradlinig. Mit seinem Lehrer Karl Schiske, dessen Nachfolger an der Wiener Musikhochschule er wurde, hat er sowohl die souveräne Beherrschung des Handwerks als auch die Kunst gemeinsam, das, was gesagt sein soll, prägnant und knapp zu formulieren und dabei musikantisch zu bleiben. Die Kluft zwischen dem schöpferischen Menschen und dem Publikum erscheint wieder überbrückbar, Verständigungsschwierigkeiten werden abgebaut."[128]

---

[128]Vogg, 100 Jahre Musikverlag Doblinger, S.192

In diesem Sinne folgt Schedl Urbanner.

Der Lehrer Urbanner

Da Gerhard Schedl zwar immer gut über Urbanner selbst gesprochen, mir allerdings nie berichtet hat, wie denn der Unterricht aussah, wird hier auf einen Aufsatz Hannes Hehers aus der Österreichischen Musikzeitschrift zurückgegriffen.[129]

Hannes Heher berichtet, daß Urbanner den Lehrerberuf ergriff, weil er genug Zeit zum Komponieren und in seinem „Brotberuf" wenn möglich mit Komposition und nicht nur mit Interpretation zu tun haben wollte. 1969 nach dem frühen Tod Karl Schiskes hat Urbanner dessen Klasse übernommen. Der Unterrichtsstil Schiskes faszinierte Urbanner vor allen Dingen durch dessen Toleranz und die „uneingeschränkte Förderung von Kreativität."[130] Diese hätte er „sogar im Hinblick auf den Tonsatzunterricht" gefördert, „den Schiske als ‚kreatives Abenteuer' und nicht nur als die Befolgung von vorgegebenen Regeln"[131] gesehen habe. [132] Dennoch sei dem Lehrer Schiske „die Vermittlung einer grundlegenden Beherrschung des Handwerks, insbesondere einer ordentlichen Stimmführung, und die gründliche Beschäftigung mit den Meisterwerken aller Epochen wichtig"[133]gewesen.[134]

---

[129]Vgl. Hannes Heher, EIN PLÄDOYER FÜR PLURALISMUS UND TOLERANZ Die Kompositionsklasse Urbanner an der Wiener Musikuniversität, in Oesterr. Musikzeitschrift, Ausgabe 10/2002, S.24-26

[130]Hannes Heher, EIN PLÄDOYER FÜR PLURALISMUS UND TOLERANZ, S.25

[131]Heher, EIN PLÄDOYER, S.25

[132]Ähnlich war es bei Gerhard Schedl, der noch in den Anfängerkursen am Konservatorium alle Kreativität aus den Schülern herausholen wollte. Schedl arbeitete im Tonsatzunterricht vollkommen frei, man mußte eigene Beispiele entwerfen. In seinem Unterricht war er von der Stufentheorie durch die Doktrin des Konservatoriums zum Unterrichten von Funktionstheorie genötigt, die er jedoch immer heftigst kritisierte, da kein ernstzunehmender Komponist nach dieser komponiert habe, nicht einmal Reger, wie immer behauptet würde. Dabei geriet er immer in fachlichen Konflikt mit den anderen Dozenten. Aber positiv bewertete er, die Darstellungsmöglichkeit von Zusammenhängen in der Funktionstheorie, dachte aber immer zugleich in Stufen. Zur Durcharbeitung für die Komponisten empfahl er Schönbergs Harmonielehre. Im Kontrapunktunterricht wurde nach Jeppessens Lehrbuch gearbeitet. Hatte man die Arten überwunden, er sprach immer von Gattungen. Er forderte im Entwerfen der freien Sätze ebenfalls wieder außerordentliche Kreativität. Analyse wurde mittels der Schenker´schen Theorie betrieben. Schedl suchte immer nach Grundlineamenten, wie er sie nannte. Die absolute Beherrschung von Kontrapunkt und Harmonielehre war ihm Voraussetzung zum Komponieren überhaupt. Im Tonsatz verfuhr Schedl immer so, daß er ein Beispiel als „Schulbeispiel" entwarf und im Anschluß eine künstlerische Lösung präsentierte. Im Analyseunterricht ging er diesen Weg in umgekehrter Richtung: Der individuellen Leistung eines Schubert´schen Beispiels stellte er die schulmäßige gegenüber. Anm.d.Verf.

[133]Heher, ebda., S.25

[134]Schedl forderte stets, sich mit den Alten zu beschäftigen. Er forderte wie Schönberg, sich zuerst mit den Alten zu beschäftigen. Allerdings sagte Schedl auch, daß es mittlerweile bereits so viele „Uraltklassiker der Neuen Musik" gebe, die man ebenfalls studieren müsse, würde man sich nur auf die Alten versteifen, würde man ja nie fertig. Er nannte u.a. immer Varéses Ionisation und Antheils Ballet Mechanique, die Kenntnis sämtlicher Werke der Wie-

Auch habe Urbanner der „herzliche Umgangston"[135] mit den Schülern sehr beeindruckt.[136]

Urbanner habe alle diese Grundsätze beherzigt und sei noch einen Schritt weiter gegangen: „Strenge Regeln sind dazu da, gebrochen zu werden."[137] Heher berichtet weiter, daß Urbanner der Meinung gewesen sei, daß die „Förderung der Kreativität der jeweiligen Schüler"[138] „nicht durch festgefahrene Vorschriften behindert werden" dürfe.[139] Stets sei Urbanner bemüht gewesen, „jeden Schüler als eigenständige Persönlichkeit zu sehen, dessen Stärken und Schwächen zu erkennen und ihm diese in beratender Form auch begreiflich zu machen."[140] Dazu sei „oft ein spontanes Reagieren auf den jeweiligen Schüler notwendig"[141] gewesen, als Lehrer habe er „immer wieder neue Strategien vermitteln"[142] müssen. Deshalb habe der Kompositionsunterricht größtenteils als Gruppenunterricht stattgefunden, da der Rest der Klasse „diesen vom Lehrer große Geduld und Einfühlungsvermögen erfordernden Prozess mitverfolgen – und daraus lernen"[143] sollte, denn nur so könne „sich laut Urbanner die Persönlichkeit des angehenden Komponisten möglichst frei entwickeln."[144]

Ein gewisser Praxisbezug[145] seines Unterrichtes sei ihm laut Heher wichtig gewesen[146], wobei in diesem Kontext Urbanner „auf das Sonderbudget der Wiener Musikuniversität für Aufführungen von neuen Werken bei den Klassenabenden"[147] hinweise.

Auf die Frage hin, wer seine wichtigsten Schüler gewesen seien, habe Urbanner geantwortet: Gerhard Schedl und Herbert Lauermann, „die beide wie wenige ihrer Kollegen mit einer expressiven Tonsprache auch auf dem Gebiet des Musiktheaters erfolgreich gewesen waren."[148] Außerdem nennt Urbanner laut Heher den ‚politischen' Komponisten Wilhelm Zobl, den mit einem „herausragenden Klangsinn"[149]

---

ner Schule, Bartóks und Strawinskys wurde stillschweigend vorausgesetzt, wobei er einmal einen einjährigen Wozzeck-Analysekurs gab. Auch die Stockhausen Klavierstücke, Ligeti und Penderecki-Quartette wurden analysiert. Die Werke Trojahns und Rihms dagegen kannte er kaum. Die Zeitgenossen interessierten ihn nicht mehr. Anm.d.Verf.

[135]Heher, EIN PLÄDOYER, S.25

[136]Vgl. ebda., S.25

[137]Erich Urbanner in Hannes Heher, ebda., S.25

[138]Ebda.

[139]Ebda.

[140]Heher, ebda., S.25

[141]Ebda., S.25

[142]Ebda.

[143]Ebda.

[144]Ebda.

[145]Urbanner war auch ausübender Musiker. Schedl rühmte immer dessen pianistische Fertigkeiten, vor allen Dingen das Prima-Vista-Spiel; außerdem war er Aufnahmeleiter. Anm.d.Verf.

[146]Vgl. Heher, ebda.

[147]Ebda.

[148]Ebda.

[149]Ebda.

begabten Griechen Christos Samaras, Kurt Estermann und Thomas Herwig Schule, dem „sich einer neuen Tonalität"[150] annähernden Wolfram Wagner, den Festival Veranstalter der „klangspuren" Schwaz.[151]

Urbanner führt laut Heher noch den „sein südländisches Temperament mit avantgardistischen Methoden"[152] zu verbinden versuchenden German Toro, „den zwischen Weltmusik und Experiment changierenden"[153] Lukas Ligeti, oder „die die Errungenschaften der neuesten Musik erfolgreich integrierenden"[154] Clemens Gadenstätter und Olga Neuwirth, sowie die jüngeren Schüler Lukas Haslböck und Bernd Richard Deutsch an.[155]

Eine solche Lücke sei „natürlich mehr als lückenhaft, sie zeige jedoch den Erfolg des Urbanner´schen Unterrichtskonzeptes: Alle diese KomponistInnen"[156] seien „völlig eigenständige, nicht zu vergleichende Persönlichkeiten"[157] und hätten „internationale Bedeutung"[158] erlangt, oder seien „auf dem besten Weg dorthin."[159] Es sei niemals Urbanners Bestreben gewesen, eine Schule zu bilden.[160]

---

[150]Heher, ebda., S.25

[151]Hier wurde u.a. das Cellokonzert Schedls uraufgeführt. Anm.d.Verf.

[152]Heher, ebda.

[153]Ebda.

[154]Ebda, S.25ff.

[155]Vgl., ebda, S.26

[156]Ebda., S.26

[157]Ebda.

[158]Ebda.

[159]Ebda.

[160]Vgl. ebda.

3. Ästhetische Postulate Gerhard Schedls

Im Folgenden soll das Schedl´sche Denken untersucht werden. Zunächst werden zwei Aufsätze verglichen, die Manfred Trojahn und Gerhard Schedl im Abstand von zehn Jahren in den Studien zur Wertungsforschung veröffentlichten und die erstaunliche Übereinstimmungen sowohl in ästhetischer Hinsicht als auch im Textaufbau aufweisen. Der erste Text Schedls handelt vom formalen Gedanken, der zweite von der Musik als einer Sucht. Diese beiden Säulen, eben der formale Gedanke und die Sucht an Musik bilden die Grundlage des Schedl´schen Werkes: nämlich höchste Expressivität bei radikaler kompositorischer Durchorganisation. Freiheit in der Knechtung durch sich selbst. Schedls im Kompositionsunterricht oft geäußertes Postulat war, daß Emotion und Konstruktion sich die Waage halten sollten. Auch sind die Erläuterungen Manfred Trojahns zum Begriff der Subjektivität höchst aufschlußreich und sollen als Verständnishilfe der Aufsätze Schedl herangezogen werden, ebenso Texte anderer, die helfen können, die ästhetischen Aussagen Schedls und Trojahns im zeitlichen Kontext zu begreifen.[161]

Als erstes berichten beide Komponisten über die Situation der jungen Komponisten in den siebziger Jahren. Trojahn bezeichnet es als eine Zeit des Zwischen-den-Stühlen-Sitzens, zwischen einer ungebrochenen akademischen Avantgarde, dem Erwachen politisch gesellschaftlicher Verantwortung und einer damit beginnenden Überprüfung der Fortschrittsbegriffe.

---

[161] Manfred Trojahn und Gerhard Schedl haben sich übrigens ein einziges Mal Ende der achtziger Jahre in Frankfurt am Main getroffen, wie mir Manfred Trojahn selbst und Jutta Schedl berichteten. Anm.d.Verf.

3.1. Gerhard Schedl über seine Kompositionspraxis

3.1.1. Der „formale Gedanke im permanenten Konflikt der zeitgenössischen Material-Klang-Diskussion" Gerhard Schedls verglichen mit Manfred Trojahns „Formbegriff und Zeitgestalt in der *Neuen Einfachheit*"

Über Kunst als utopisches Potential, das Experiment und den Fortschritt

Gerhard Schedl:

> „Daß das Experiment von Anfang an nicht meine Sache war, gebe ich zu, daß dagegen Kunst als utopisches Potential menschlicher Träume und Hoffnungen formuliert wird, dazu stehe ich. Daß der Aufbruch der jungen Komponistengeneration in den siebziger Jahren aus einer in eigener Regression gefangenen Kunstästhetik einer völlig determinierten Kompositionspraxis als notwendig empfunden wurde, gleichsam als Ausweg in einen neuen ‚Fortschrittsbegriff', scheint für mich unvermeidlich und wünschenswert gewesen zu sein. Gewandelt hat sich in dieser Generation das Verhältnis zum Vergangenen, ebenso wie zum Fortschritt."[162]

Gerhard Schedl steht also dazu, „daß Kunst als ein utopisches Potential menschlicher Träume und Hoffnungen formuliert"[163] werde. „Der Aufbruch der jungen Komponistengeneration in den siebziger Jahren aus einer in der eigenen Regression gefangenen Kunstästhetik und einer völlig determinierten Kompositionspraxis"[164] sei „als notwendig empfunden"[165] worden. Er deutet die Bewegung der Komponistengeneration der 70er Jahre als einen Aufbruch, damit wäre es schon eine Form des Sich-Abgrenzen-Wollens vom Serialismus, und er deutet diesen Aufbruch als einen Ausweg in einen neuen „Fortschrittsbegriff". In seinem Aufsatz „Formbegriff und Zeitgestalt in der *Neuen Einfachheit*" berichtet Manfred Trojahn, daß „Hans Heinz Holz das Werk als *Abstraktion einer Utopie des Seins*"[166] benannt habe. „Da"[167] sich ihre „Seins-Utopie mit jeder gewonnenen Erfahrung"[168] verändere, „also prozeßhaft"[169] sei, könne „ein Werk nur Ausschnitt aus diesem Prozeß

---

[162]Gerhard Schedl, *Der formale Gedanke im permanenten Konflikt der zeitgenössischen Material-Klang-Diskussion*, in: Musikalische Gestaltung im Spannungsfeld von Chaos und Ordnung, Studien zur Wertungsforschung, Bd.23, Otto Kolleritsch (Hg.), Wien-Graz 1991, S.114

[163]Schedl, Der formale Gedanke, S.114

[164]Schedl, ebda., S.114

[165]Ebda.

[166]Manfred Trojahn, *Formbegriff und Zeitgestalt in der „Neuen Einfachheit"*, in: Zur „Neuen Einfachheit" in der Musik, Studien zur Wertungsforschung, Bd. 14, Otto Kolleritsch (Hg.), Wien-Graz 1981, S.84

[167]Trojahn, *Formbegriff und Zeitgestalt*, S.84

[168]Trojahn, ebda., S.84

[169]Trojahn, ebda.

sein, eine Abstraktion, ein Kompromiß mithin, aber einer, ohne den nicht zu den-ken"[170] sei. „Im Werk"[171] würde „ihre Utopie greifbar, der Abschluß, ohne den gerade dies verloren"[172] ginge, sei „Spielregel, unausgesprochene Absprache. Im Werk"[173] formuliere „sich der momentane Stand der Utopie eines Individuums, nur ungleich komplexer. Schöpferische Euphorie"[174] ermögliche „das Formulieren dieses Momentes, indem die Konsequenz des fortdauernden Veränderns durch das während des Schaffensprozesses neu Erfahrene beinahe gewaltsam"[175] werde, „um umso geballter der nächsten Formulierung zuzufallen. Nur so"[176] sei „verständli-ches Sprechen, das die Existenz des Individuums"[177] ausmache, „möglich."[178]

Die Situation eines jungen Komponisten in den 70er Jahren

Über die Situation eines jungen Komponisten in den siebziger Jahren meint Man-fred Trojahn, daß man sich „[...]als junger Komponist Anfang der siebziger Jahre zwischen den Stühlen eines beinahe ungebrochenen akademischen Avantgardis-mus"[179] befand, sowie zwischen „dem Erwachen politisch-gesellschaftlicher Verant-wortung und dem damit verbundenen Beginn der Überprüfung der Fortschritts-begriffe, durch die sich vor allem in aufgeklärten Kreisen so etwas wie ein ‚pro-gressiver Konservativismus' entwickelt"[180] habe, „dessen Wirkung schnell über den Ausgangspunkt ‚Umwelterhaltung' hinausgegangen"[181] sei, „und weitere Dimen-sionen des Denkens vereinnahmt"[182] habe. „Das Aufarbeiten und Bewältigen der Probleme, die die Generation der Väter in den fünfziger und sechziger Jahren ausgelassen"[183] habe, „bzw."[184] habe „auslassen"[185] müssen, sei „durch diese Denk-weisen zur zentralen Aufgabe der Komponisten der unmittelbaren Gegenwart"[186] geworden.

[170]Trojahn, ebda., S.84
[171]Ebda., S.84f.
[172]Ebda., S.85
[173]Ebda.
[174]Ebda.
[175]Ebda.
[176]Ebda.
[177]Ebda.
[178]Ebda.
[179]Ebda., S.88
[180]Ebda.
[181]Ebda.
[182]Ebda.
[183]Ebda.
[184]Ebda.
[185]Ebda.
[186]Ebda.

Reaktion auf das Schaffen der jungen Komponisten, Form als Ordnungsfaktor

Beide Komponisten sprechen über die Reaktion, die ihr kompositorisches Tun auslöste. Schedl spricht dem experimentellen Bereich die Künstlerschaft durchaus nicht ab, findet aber, daß der pure Ansatz, „Vergangenes vermieden zu haben"[187], auch zum Preis der bewußten Isolation, schon bald in Materialfetischismus mutiert sei. Gerhard Schedl:

> „Gleichzeitig trat als Reaktion massive Kritik auf, die bis heute nicht verstummt ist: daß die Komponisten meiner Generation versagt haben gegenüber dem Politischen, der gesellschaftlichen Realität und einer daran geschärften Ästhetik des Ausgrenzens, des Negierens und Abstrahierens traditionell überkommener Wertvorstellung und dessen, was Komponieren in reflektierter, kritischer Distanz zu leisten habe. Das daraus entstehende Neue habe sich dann als materiell Neues darzustellen und als Modellfall durch das schon anfangs erwähnte Experiment legitimieren zu lassen. Natürlich ist nicht von der Hand zu weisen, daß bei derartigen Versuchsanordnungen Künstlerisches – rein Intellektuelles oder auch rein Zufälliges – entstehen mag, nur ist der Ansatz, ‚Vergangenes' vermieden zu haben, auch zum Preis der bewußten Isolation, schon bald in Materialfetischismus mutiert."[188]

Und Manfred Trojahn meint hierzu, „[...] daß die Funktion von Form als Ordnungsfaktor des, in unserem Falle, in der Zeit sich konstituierenden Vorganges, in dem Moment"[189] pervertiere, „in dem eine die physischen Möglichkeiten des Hörens überfordernde, gleichwohl konstruktiv unerläßliche Dichte von formalen Ereignissen"[190] erscheine, und das „zur Vorlage für analytische Fleißarbeit. Daß aus dieser Erkenntnis heraus der Umschlag serieller ‚Überorganisation' in aleatorische Beliebigkeit sich vollzogen"[191] habe, bleibe „angesichts der Ausführungen des vorigen Abschnittes hier ohne Belang. Über die formale Strukturierung"[192] erhalte „der Rezipient einen großen Teil der möglichen Zugänge zum Erklingenden, und der Komponist"[193] werde „zu versuchen haben, diesem Umstand Rechnung zu tragen. Dabei"[194] würde „hier kein kompositorisches Schrebergartenniveau gefordert, sondern hermeneutische Unzugänglichkeit angegriffen, die letztlich Rezeption von Musik allein durch Erstellung monströser Berechnungen oder Verlaufszeichnungen noch"[195] ermögliche.

---

[187]s.u.

[188]Schedl, Der formale Gedanke, S.114-115

[189]Trojahn, Formbegriff, S.86

[190]Trojahn, ebda., S.86

[191]Ebda., S.86

[192]Ebda.

[193]Ebda.

[194]Ebda.

[195]Ebda.

Die Kritik Gerhard Schedls und vor allem Manfred Trojahns an der avantgardistischen Musik der siebziger Jahre liegt also an einer Pervertierung der kompositorischen Ordnungsfaktoren, die zu einem Materialfetischismus geführt habe. Serielle Überorganisation sei umgeschlagen in aleatorische Beliebigkeit. Insbesondere mahnt Manfred Trojahn an, daß auf die „physischen Möglichkeiten des Hörens durch eine überfordernde, gleichwohl konstruktiv unerläßliche Dichte von formalen Ereignissen"[196] keine Rücksicht genommen werde.

Serialität und die Folgen

Pierre Boulez berichtet über die Problematik deterministischen Komponierens, resultierend aus dem Wiederholungsverbot der Dodekaphonie:

> „Schon unmittelbar nach Schönberg und in seiner Nachfolge gab es so etwas wie eine Totalitäts-Obsession. Das Werk sollte von einer einheitlichen Gesamtorganisation der verschiedenen Parameter beherrscht sein. Das Ins-Spiel-Setzen dieser Parameter bestimmte in der Hauptsache die Phasen einer Struktur. Außerdem, und immer in der Nachfolge Schönbergs, wurde die Nicht-Wiederholung als entscheidendes, aus der geschichtlichen Notwendigkeit hervorgegangenes Phänomen angesehen. In dieser Zwangslage gefangen, hatte der Komponist ständig zu erfinden, aber immer von der gleichen Arbeitseinheit aus. Da die Ressourcen dieser Einheit nicht unerschöpflich waren, zeigte sich natürlich, dass die Nicht-Wiederholung innerhalb eines so begrenzten Feldes keine ausreichende Biegsamkeit besaß. Man stieß auf den Widerspruch zwischen einer zu zentralistischen Technik und einem an den Augenblick gebundenen Ausdruckswillen, was einem Sprengsatz gleichkam. Es mussten innerhalb einer zu geschmeidigen allgemeinen Determination örtlich wirkende Mittel gefunden werden, die diese oder jene Polarisation herbeiführen: bevorzugte harmonische Felder, bevorzugte Verwendung begrenzter Gegebenheiten, Bevorzugung der vertikalen auf Kosten der horizontalen Schreibweise usw."[197]

Boulez spricht also wie Trojahn von einer konstruktiven Notwendigkeit, die den Komponisten veranlaßte, ständig neu zu erfinden, da Wiederholungen verpönt waren. Schedl und Trojahn mahnen an, daß serielle Überorganisation umgeschlagen sei zu aleatorischer Beliebigkeit. Arnold Feil sagt:

> „Wie sich Adornos Kritik als Prognose anhört, genauso ist es gekommen: als Folge allzu starker Zwänge im musikalischen Denken und in den Systemen für die Komposition hat sich, als eine Art von Freiheit, eine gewisse Beliebigkeit ausgebreitet, die fatal einebnet und zugleich die Maßstäbe für das Urteil außer Kraft zu setzen scheint."[198]

---

[196]Trojahn, ebda., S.86

[197]Pierre Boulez, *Leitlinien. Gedankengänge eines Komponisten*, Kassel 2000, S.108-109

[198]Arnold Feil, *Metzlers Musik Chronik. Vom Frühen Mittelalter bis zur Gegenwart*, Stuttgart 1993, Zit. S.757f.

Insbesondere kritisiert Manfred Trojahn, daß auf die „physischen Möglichkeiten des Hörens durch eine überfordernde, gleichwohl konstruktiv unerläßliche Dichte von formalen Ereignissen keine Rücksicht"[199] genommen werde. Dem Trojahn-schen Ansatz könnte man allerdings entgegnen, auch Beethoven seit seiner I. Sinfonie (die bekanntlich mit einem Dominantseptakkord auf der I. Stufe beginnt), Wagner mit dem „Tristan" (das Tristanvorspiel steht zwar in a-Moll, aber nicht ein einziges Mal wird ein a-Moll angespielt) und Bruckner mit allen seinen Werken (man denke an die Sechsklänge der IX., an die konstruktivistische Dichte der VIII. Symphonie) kümmerten sich nicht um die physischen Möglichkeiten des Hörers. Die Aufnahmefähigkeit des Hörers wächst mit dem Aufzunehmenden! Der Hörer heute nimmt die Musik der 50er Jahre anders wahr als der damalige Zeitgenosse. Heute muten die Klavierstücke Stockhausens fast klassisch an. Boulez weiter:

„Es hat sich also eine ganze Technik herausgebildet, um den *Zufall*, ein wesentliches Element jeder Entwicklung, einbeziehen zu können. Auch entdeckte man Dimensionen der *freien* gegenüber der *strengen* Schreibweise neu; es gab nicht mehr nur *eine* Lösung, sondern es gab mehrere, und da man sie alle behalten, wo nicht sogar auswerten wollte, griff man zu jenen Formen, in denen bestimmte Elemente dem Zufall der spontanen Wahl unterworfen waren. Diese *Unbestimmtheit* der Form war eine der Möglichkeiten, und wahrscheinlich die fruchtbringendste, um das Problem der Gegenüberstellung von freien und strengen Dimensionen zu lösen. Übrigens hat sich die Unbestimmtheit nicht ohne Gefahr auf ein weiteres Element der Sprache übertragen, denen dies mehr oder weniger gut bekam. Doch mit der Unbestimmtheit tat sich eine andere Schwierigkeit auf:

Kann man hinfort, selbst wenn man die expressive Geste erkennt, die formale Geste erkennen, durch die sich die expressive überträgt? Kann diese formale Geste einen Sinn haben, wenn sie nie gleich bleibt?"[200]

Für Boulez war also der Schritt in die Aleatorik ein Ausweg, eine Gegenüberstellung der freien und der strengen Dimension, allerdings zugleich auch wieder ein neues Dilemma, da die formale Geste keinen Sinn mache, wenn sie nie gleich bliebe. Denn eine Geste wird nur verständlich, wenn sie gleich bleibt, wenn man auf die gleiche Art und Weise gestikuliert. Die Zeit zwischen 1945-1975 mag manch einem scheinen wie die Zeit der Vorklassik; es wird experimentiert, es werden neue Vokabeln gefunden, es werden Dinge umgedeutet. Und in den 70ern beginnt etwas wie eine neue Klassik: Das gesamte Vokabular wird nutzbar gemacht! In der Musik Schedls werden wir soviel Experimentelles, soviel Geräuschhaftes wie bei Lachenmann, soviel Durchorganisation wie bei Ligeti, soviel Freiheit wie bei Rihm, eine Expressivität in Verbindung mit konstruktivistischer Strenge wie bei Alban Berg, eine Musikdramatik wie bei Wagner, eine Sensibilität wie bei Debussy finden!

---

[199]Manfred Trojahn, Formbegriff und Zeitgestalt, 1981, S.86
[200]Boulez, Leitlinien, S.115

Die neue Ästhetik

Schedl über die „neue" Ästhetik:

> „Also:
> Die neue Ästhetik äußert sich nicht mehr primär nach objektivem geschichtlichen
> Verständnis und objektiven Notwendigkeiten, sondern vielmehr in der Kategorie
> der Unzulänglichkeit der Person des Komponisten in seinem Erleben und Erfah-
> ren, die nun genauso das Erleben der musikalischen Tradition und ihr Verständnis
> miteinschließt, wie das Bewußtsein der Existenz der Avantgarde der jüngeren Ver-
> gangenheit und ihrer Folgen."[201]

Hier wird zum ersten Mal deutlich, daß es sich nicht um eine Antibewegung zur
Avantgarde handelt, sondern daß „das Bewußtsein der Existenz der Avantgarde
der jüngeren Vergangenheit und ihrer Folgen"[202] sich in der neuen Ästhetik miteinschließt. Das geschieht nicht nach objektivem geschichtlichem Verständnis und
Notwendigkeiten, sondern in der „Unzulänglichkeit der Person des Komponisten",
in dessen Erleben und Erfahren auch der musikalischen Tradition äußere sich also
die „neue" Ästhetik.

> „Der Begriff der Subjektivität ist nun umschrieben und ihr Primat in meinem Kom-
> ponierverständnis dezidiert erklärt. Dennoch ist mir klar, daß gerade dieses Wort als
> schon abgegriffenes Schlagwort in der zeitgenössischen Kunstdiskussion nicht mehr
> zu gebrauchen ist. So komme ich nicht umhin, mein Statement zum Thema des
> diesjährigen Musikprotokolls *Revolutionäre Prozesse* zu zitieren:
> Die Revolte gegen das Konventionelle, Abgeschmackte und gegen die Verkrustung
> im zeitgenössischen Kompositionsprozeß liegt nicht im Hirn allein, vielmehr ist Visi-
> on einer permanent im Wandel begriffenen Neuen Musik Sache einer ungebändigten
> Lust am Subjektiven. Das Wie (Material und Technik) ist schon dogmatische Spe-
> kulation."[203]

Schedl spricht hier also zum ersten Mal von der „Lust am Subjektiven". Das „Wie
(Material und Technik)"[204] seien schon „dogmatische Spekulation"[205]. Über die
Subjektivität muß allerdings gesagt werden: Auch das Auswählen einer Serie und
das Komponieren einer Serie bleibt ein subjektiver Vorgang, obwohl die Kompo-
sitionspraxis objektiv nachvollziehbar – für Nichtmusiker wohlgemerkt – bleibt.
Nichtmusiker könnten nach dieser „objektiven" Kompositionsmethode ebenfalls –
wenngleich wohl keine gute – serielle Musik komponieren. Auch die Lösungen eines
Stockhausen sind höchst individuell und höchst musikalisch und subjektiv. Doch

---

[201]Schedl, Der formale Gedanke, S.115

[202]Ebda., S.115

[203]Ebda.

[204]Ebda.

[205]Ebda.

scheint der Unterschied in der neuen Kompositionspraxis darin zu liegen, daß eine Innerlichkeit, nach Schedl Subjektivität-Emotionalität-Authentizität (s.u.), zur Voraussetzung des Kompositionsprozesses wird. Sie hat sich die für den Kompositionsprozeß notwendige Technik erst zu formulieren, gegenüber der seriellen Kompositionspraxis. Sie legt nämlich die Technik als Primat zugrunde – die sich dann dennoch individuell in der Komposition artikuliert.

Es kann nicht sein, daß Stockhausen wie Boulez komponiert. Daß die Technik vor der „Innerlichkeit" oder besser gesagt der „Stimmung" zur Grundlage eines Stück genommen wird, gilt auch für die postseriellen Kompositionen. Doch ist gerade die Kompositionspraxis nach 1970 eine Praxis gegen die Konvention. Die serielle und postserielle Musik sei laut Schedl und Trojahn zur Konvention erstarrt. Im Widerstand gegen die Konvention ist nun für uns also der „Fortschritt" zu suchen. In der seriellen Musik ist die Gefühlsebene scheinbar vernachlässigt, die Intention zur musikalischen Gestaltung bestimmter Affekte scheint in der Tat auch gar nicht vorhanden zu sein. Es scheint wirklich mehr um eine objektivierte Kompositionspraxis zu gehen. Stockhausen wandte sich erst später wieder Ausdrucksgebärden zu.

Der emotionale Aspekt spielt dann aber in der Musik der jungen Generation der 70er Jahre eine entscheidende Rolle in der Revolte gegen die Serialität. Die serielle und auch postserielle Musik gibt sich mit der Einhaltung der Regeln der Ästhetik zufrieden, ein gewisser Ästhetizismus ist in der Tat nicht abzusprechen. Allerdings lehnte Stockhausen Goeyvaerts Vorstellung von den toten Tönen ab. Er war doch genug Musiker und hatte auch ein Herz. Und: die wahre Konstante im Werk Stockhausens ist nach Hermann Sabbe die völlige Unterordnung des Materials unter den Willen des Komponisten. Die Idee des Komponisten sei souverän, als Material könne er sich suchen, was er wolle.[206] Also doch auch hier Individualität. Manfred Trojahn erklärt im ähnlichen Kontext, daß *„[...]Individualität dort erkennbar"*[207] werde, „rezipierbar, wo ein immanenter Regelkontext, dem Objektives"[208] anhafte, „auf spezielle, subjektive Weise durchbrochen"[209] werde. „Diese Durchbrechung"[210], „die beim schöpferischen Subjekt eine schmerzliche oder euphorische sein"[211] könne, sei „beim zur Kreativität angeregten Kollektiv kompromißhaft, weil ausgeglichen – im Fall von *kollektiv-spontan agierenden Indi-*

---

[206]Vgl. Hermann Sabbe, *Zur Einheit der Stockhausen Zeit*, in: Musik-Konzepte 19: Karlheinz Stockhausen *...wie die Zeit verging...*, München 1981, S.72

[207]Trojahn, Formbegriff, S.85

[208]Trojahn, ebda., S.85

[209]Ebda., S.85

[210]Ebda.

[211]Ebda.

viduen"[212] falle „sie in Beliebigkeit und Zufall, denen eventuell noch eine therapeutische Dimension abzugewinnen"[213] sei. „Es"[214] sei „nun keine Frage, daß auch ein Kollektiv mehr leisten"[215] könne „als das Erfüllen und Erstellen von Regelsystemen, nein, der Beschluß zu durchbrechen – durch Absprache oder Abstimmung erreicht –"[216], gäbe, „dem Kollektiv gar so etwas wie eine kreative Individualität; indes, kollektive Entscheidungen"[217] seien „– wenn sie Entscheidungen sind – in erster Linie intellektueller Natur, die künstlerische Entscheidung"[218] entspringe „vornehmlich intuitivem, emotionalem Bedürfnis."[219] Dies heiße „nun nicht, künstlerische Arbeit"[220] habe „etwa den Ernst von Nachtwandlertum, sondern vielmehr: Künstlerische Arbeit"[221] erfordere „die Entscheidung von ‚so und nicht anders', nachdem die jeweilige Problematik aus jedem Blickwinkel gesehen"[222] worden sei. „Angesichts der Vielfalt von Wegen also werde der für das Subjekt in seiner momentanen Gestimmtheit einzig begehbare gewählt – und das meist keine Tageslaune –, seine Erfahrung"[223] abstrahierte „sich in seine Entscheidung, die als subjektive für den Moment alternativlos"[224] sei. „Künstlerische Entscheidung"[225] sei „angreifbar."[226] Es würde „kein Ergebnis klinischer Richtigkeit abgesondert, sondern es"[227] zeige „sich eine Person mit allen Unzulänglichkeiten und Gefährdungen."[228]

Schedl wie auch Trojahn sprechen von der Unzulänglichkeit und den Gefährdungen des Komponisten, die sich im komponierten Werk manifestiere, so, als sei das Werk ein Abbild der Psyche des Komponisten. Denn Schedl spricht vom Erleben und Erfahren des Komponisten, Trojahn von dessen Gefährdungen, und das scheinen dem Autor nicht Gefährdungen im formal-kompositionstechnischem Unvermögen des einzelnen Komponisten zu sein, sondern eben psychische Gefähr-

---

[212]Trojahn, ebda., S.85
[213]Ebda., S.85
[214]Ebda.
[215]Ebda.
[216]Ebda.
[217]Ebda.
[218]Ebda.
[219]Ebda.
[220]Ebda.
[221]Ebda.
[222]Ebda.
[223]Ebda.
[224]Ebda.
[225]Ebda.
[226]Ebda.
[227]Ebda.
[228]Ebda.

dungen, was sich am Selbstmord Schedls bewahrheitet hat. Beide sprechen von der Subjektivität und dem Problem ihrer Definition und Zuordnung im gegenwärtigen Materialdiskurs. Schedl:

> „Das Wort Subjektivität intendiert automatisch Emotionalität. Und gleich dahinter: Authentizität. Das Leben und Erleben in der Jetzt – Zeit birgt in sich die Zeitgenossenschaft eben in dieser heutigen Zeit. So sind die Werke der jüngeren Komponistengeneration – fälschlicherweise als ‚Neue Einfachheit‘ oder die ‚Jungen Wilden‘ (in Anlehnung an die Malerei) bezeichnet – ebenso oder vielmehr Abbild und Anspruch am Zeitgenössischen. Der Wahrheitsgehalt einer derart im Privaten legitimierten Musik scheint mir zwingender zu sein als eine im objektiven Denken und Materialimmanenten verankerte Musik."[229]

Schedl mißt also dem Wahrheitsgehalt einer im Privaten legitimierten Musik mehr Bedeutung zu als einer im objektiven Denken und Materialimmanenten verankerten Musik. Die Zeitgenossenschaft sei allein durch das Leben und Erleben in der Jetzt – Zeit garantiert. Dieses Argument kann man schwer entkräften. Da die Erlebniswelten heute in der Tat völlig andere sind als im 19. Jahrhundert, müßte sich das zwangsläufig auch auf das Komponieren auswirken. Selbst ein Stilpluralismus wäre ein Beweis dafür als Gleichzeitigkeit des Ungleichzeitigen, was heute sicherlich krasser zutage tritt als in vergangenen Jahrhunderten. Subjektivität, Emotionalität und Authentizität sind also die Grundpfeiler seines Wahrheitsbegriffes.

Neue Einfachheit?

Schedl hält den Begriff der „Neuen Einfachheit" für die Werke dieser Richtung als falsch! Machen wir einen kurzen Halt und sehen, was Wolfgang Rihm zum Begriff der „Neuen Einfachheit" zu sagen hat:

> „Allein, daß ich eingeladen bin, hier ‚Zur Neuen Einfachheit‘ in der Musik zu sprechen – damit fängt das Problem schon für mich an. Wie selbstverständlich werde ich dazugerechnet, gelte ich als Exponent einer Entwicklung, deren Benennung ich attackiere, wann immer es geht und deren Charakter mir überhaupt unterstellt erscheint. Die Bezeichnung selbst markiert viel eher, nagelt fest, als daß sie Raum und Entwicklungschancen zuließe."[230]

Rihm war also über dieses Schlagwort mindestens so verärgert wie Arnold Schönberg über das Wort atonal. Und weiter:

---

[229]Schedl, Der formale Gedanke, S.115

[230]Wolfgang Rihm, *Die Klassifizierung der „Neuen Einfachheit" aus der Sicht des Komponisten*, in: Zur „Neuen Einfachheit" in der Musik, Studien zur Wertungsforschung, Bd. 14, Otto Kolleritsch (Hg.), Wien-Graz 1981, S.79

„Was sicher viele bewogen hat, z.B. meine Musik als ‚Neue Einfachheit' zu brand-
marken, war die Tatsache, daß es für mich so einfach schien, Musik hervorzubringen. Zudem schien alles ohne stilistische Fesseln konzipiert. Das stimmt auch – einzig
wichtig war mir, die Sehnsucht nach Musik, ihre Phantastik voller Ängste und Freude der Kindheit, als Sehnsucht zu formulieren. Deshalb schrieb ich eine Musik, die
nicht etwas anderes meint, wenn sie etwas meint. Dieser Grad von Bewußtheit der
unbegrifflich sinnlichen Kunst ‚Musik' gegenüber erscheint als Unbewußtheit, wenn
man davon ausgeht, daß es, um Musik hervorzubringen, erst einmal eines Koordi-
natensystems bedarf, das die Hervorbringung von Musik zuläßt."[231]

Manfred Trojahn sagt, „[...]die Präsenz des vorherrschend Subjektiven im kompositorischen Produkt"[232] löse „aus"[233], daß „ein Interesse an der satztechnischen
und formalen Systembildung nur in dem Maße vorhanden"[234] sei, „wie diese eben
jene Subjektivität zu garantieren"[235] vermöge. „In dem Augenblick"[236], in dem „Ligeti in seinem Aufsatz in den Darmstädter Beiträgen zur **Form in der Neuen
Musik** die Forderung[237]" stelle, „über die freie Formimagination, *über Form als
Intendiertes wieder zu verfügen*"[238], sei „der Grundstein gelegt für eine Neue Musik, deren Form fürs Komponierte entwickelt"[239] würde, „und deren Komponiertes
nicht einem Entwicklungsgedanken von Form als wissenschaftlicher, fortschritts-
orientierter Kategorie unterlegt"[240] werde.

Über den Kunstbetrieb

Schedl:

> „Ja ich gehe sogar soweit und sage, daß die Bewältigung der gesamten abend-
> ländischen Musiktradition bis in unsere Tage einen hohen Grad emotionaler Sub-
> limierung[241] ins rein Subjektive benötigt. So kann sichergestellt werden, daß das

---

[231]Rihm, Die Klassifizierung der „Neuen Einfachheit", S.80-81
[232]Trojahn, Formbegriff, S.85
[233]Trojahn, ebda., S.85
[234]Ebda., S.85
[235]Ebda.
[236]Ebda.
[237]Ebda., S.86
[238]Ebda.
[239]Ebda.
[240]Ebda.
[241]Schedl gibt sich hier „psychoanalytisch gelehrt" im Sinne Sigmund Freuds. Was ist Sublimierung? Kurz gesagt, ist dies nach Freud die Übertragung triebhafter Energien auf eine höhere
Ebene. Dazu später mehr. Anm.d.Verf.

neu Formulierte am eigenen Instinkt, am originären Geschmack und Empfinden ausgearbeitet wird und nicht der Kompromiß an einem wie auch immer gearteten Publikumsgeschmack als Meßlatte dient. Denn deutlich muß der Auffassung entgegengetreten werden, daß emotional – subjektiv bestimmte Musik Anbiederung an den Publikumsgeschmack bedeuten würde. Dies ist gar nicht möglich ohne radikalen Wechsel von einer konsumorientierten Gesellschaft zu einer kulturintegrierten."[242] Schedl muß in seinem Schaffen die gesamte „abendländische"[243] Musiktradition bewältigen. Diese subjektiv bestimmte Musik ist keine Anbiederung an den Publikumsgeschmack. Eben auf die konsumorientierte Gesellschaft geht auch Manfred Trojahn ein, wenn er schreibt, daß „[...] der Komponist, der erfahre, wie seine Musik in erster Linie nach der Novität seiner Mittel – die ihm doch nur Zweck"[244] seien – ihre Beurteilung erhalte, „sich nach dem Rezipienten"[245] sehne, „den er mit seiner Musik berühren"[246] könne, „dem Rezipienten, der nicht nur in der Lage"[247] sei „gerührt zu"[248] werden, „dem Rezipienten in einer veränderten Gesellschaft mithin, deren Kunstverständnis weit über dem von Kunst als Luxus angesiedelt"[249] sei, „einer Gesellschaft, die die Konzeption der Utopie ‚Kunst' als Teil der eigenen Utopie begreifen"[250] könne – „das allein"[251] sei die ‚Nostalgie nach vorn', die er sich"[252] leiste. „Der Weg zu diesem Rezipienten"[253] scheine ihm (Trojahn) „durch die festgefügte, wiederholbare Formulierung von Werk und Form – die dann die Möglichkeit zur Identifikation oder deren Gegenteil"[254] einschließe „– am einfachsten, schlüssigsten zu sein. Neu"[255] sei „er [der Rezipient. Anm.d.Verf.] nicht! Form- gestaltete Zeit also – nicht als Selbstzweck im Sinne von Form a priori Inhalt, sondern als Mittel der Vermittlung von Inhalten, die natürlich auch durch das ‚Wie' der Form in Erscheinung treten"[256] könnten, „die vor allem aber durch die Sprache greifbar"[257] würden. Manfred Trojahn geht hier auch auf einen Utopiebegriff ein. Formuliert Schedl „Kunst als ein utopisches Potential menschlicher Träume und Hoffnungen"[258], ist für Trojahn Kunst ebenfalls eine Utopie als Teil

---

[242]Schedl, Der formale Gedanke, S.115-116

[243]Letztlich meint Schedl doch immer die deutsch-österreichische Musik-Tradition. Anm.d.Verf.

[244]Trojahn, Formbegriff, S.87

[245]Trojahn, ebda., S.87

[246]Ebda., S.87

[247]Ebda.

[248]Ebda.

[249]Ebda.

[250]Ebda.

[251]Ebda.

[252]Ebda.

[253]Ebda.

[254]Ebda.

[255]Ebda.

[256]Ebda.

[257]Ebda.

[258]Schedl, Der formale Gedanke, S.114

der „eigenen"[259] und damit im Kontext gesellschaftlichen „Utopie"[260]. Wolfgang Rihm charakterisiert den Kunstbetrieb folgendermaßen:

> „Kunst und Kunstbetrieb sind immer auch durch innere und äußere Manierismen und Moden geprägt, oft durch private Vorlieben von Veranstaltern und Journalisten. Solch absehbarer Zeitgeschmack ist weiters gar nicht schlimm; wer sich nach einer Mode richtet, weiß es selbst am ehesten. Die Verabsolutierung einer Maniera aber durch Schulbildung und Verfestigung führt zwangsläufig zu deren Auflösung. Es ist also völlig unnötig, beispielhaft sein zu wollen, scholastisch sich fortzupflanzen."[261]

Da also der Begriff der Subjektivität als „Unzulänglichkeit der Person des Komponisten in seinem Erleben und Erfahren"[262] umschrieben wurde und Einspruch gegen den Vorwurf, eine solche Kompositionspraxis stelle eine Anbiederung an den Publikumsgeschmack dar, erhoben wurde, sagt Schedl, dies könne ohne einen „radikalen Wechsel von einer konsumorientierten Gesellschaft zu einer kulturintegrierten"[263] gar nicht stattfinden. Trojahn sucht den Weg zum Rezipienten, der Kunst nicht als Luxus, sondern als eine Utopie der „eigenen Utopie"[264] begreift. Gerhard Schedl kommt auf die politische Verantwortung von Kunst zu sprechen.

Kunst und Politik?

> „Kunst ist politisch! Und so sind musikalische Äußerungen notwendigerweise im gesellschaftlichen Kontext zu sehen. Und der Komponist hat die Verpflichtung zur Stellungnahme, zur Kritik. Ich gehöre allerdings nicht zu der Gruppe von Komponisten, die ihr Thema im Tagespolitischen, in der Agitation suchen. Vielmehr meine ich die Reflexion des Geschehens. Zudem suche ich die Wirrungen des Zeitgeschehens und ihre Wirkung auf mich als ethische Kategorie zu begreifen und darin meine Verantwortung und Legitimation zu erkennen. Dieses engagierte Bewußtsein mischt sich und bestimmt die Notwendigkeit meiner künstlerischen Ästhetik, die die Wahl der adäquaten kompositorischen Mittel festzusetzen hilft." [265]

Schlußfolgerungen

> „Daher gilt für mich: der Ausdruckswille ist stärker als der Konstruktionswille. Das Wie (die Technik) ist sekundär und dient der Sache."[266]

---

[259] Trojahn, Formbegriff, S.87
[260] Ebda.
[261] Wolfgang Rihm, Zur Klassifizierung der „Neuen Einfachheit", 1981, S.80-81
[262] Trojahn, Formbegriff, S.87
[263] Schedl, Der formale Gedanke, S.116
[264] Trojahn, Formbegriff, S.87
[265] Schedl, Der formale Gedanke, S.116
[266] Ebda., S.116

Die letzten drei Sätze sind wohl mit die entscheidendsten für Gerhard Schedls Ästhetik: ein engagiertes Bewußtsein, das sich „einmischt" und die Notwendigkeit der künstlerischen Ästhetik bestimmt. Der Ausdruckswille kommt vor dem Konstruktionswillen, die Technik ist sekundär und dient nur der Sache. Genauso geht es im Text Trojahns[267] weiter, wenn er „andeutete"[268], daß ihm „das musikalische Material als Mittel zum Zweck"[269] gelte, d.h. er (Trojahn[270]) „versuche nicht, jenes Alt-Neu-Gefälle der ästhetischen Betrachtung zu vertiefen, das die freie, uneingezwängte künstlerische Imagination abhängig"[271] mache „vom scheelen Blick aufs angeblich Abgebrauchte, das zu vermeiden sei. Am Phänomen der Tonalität, die"[272] er „hier stellvertretend für Gestik, Kontrapunktik, Thematik etc. streifen möchte, zeige sich ein für die"[273] damalige Zeit „bezeichnender Zustand musikalisch-ästhetischer Problematik. Durch die Allgegenwart tonaler Musik aller Entwicklungsstufen, die uns die Tonträgerexplosion der"[274] damals vergangenen letzten „30 Jahre beschert"[275] habe, sei „das Bewußtsein der zeitlichen Gebundenheit von Einzelerscheinungen auf eine Weise verwischt, wie sie in keinem vorangehenden Zeitalter verwischt gewesen sein"[276] könne. „Musik fast aller Epochen"[277] habe „dadurch in der unseren eine Gegenwärtigkeit, wie wohl nie wieder seit der Zeit ihres Entstehens. Neue Musik, bis hoch ins 19. Jahrhundert noch ‚die Musik' überhaupt"[278], sei „durch das wachsende historische Interesse, besonders aber durch die Entwicklung der Tonkonserve in die Randzonen des Musiklebens geraten. Dort, quasi versteckt"[279], habe sich „die Entwicklung – subventioniert, ohne eigentliches Korrektiv und vor allem aber unter der ästhetischen Wunderdroge ‚Fortschritt', die ja, historisch ableitbar, seit Jahrhunderten die Komponisten beherrscht"[280] habe.

---

[267]Vgl. Trojahn, Formbegriff, S.87

[268]Trojahn, ebda., S.87

[269]Ebda., S.87

[270]Trojahn äußerte im persönlichen Gespräch übrigens immer Unverständnis für Schedls Radikalität in der rationalistischen Verbalisierung und zugleich verbalisierten Subjektivität seiner ästhetischen Schriften einerseits und der radikal rationalistischen und konstruktiven Kompositionspraxis und dem Übersubjektivistischen Ausdruck von Schedls Musik andererseits. Es mochte ihm beides nicht zusammenpassen. Das ist aber das spezifisch Österreichische! Es ist sogar ein katholisches Prinzip: ist bei den Protestanten immer das Soli-Prinzip, allein durch die Schrift, etc. der Duktus, so bei den Katholiken das Sowohl-als-auch-Prinzip! Man sieht hier die kulturelle Diskrepanz zwischen dem Norddeutschen Trojahn (ohne, daß dieser zwingend Protestant sein müßte) und dem Österreicher Schedl! Anm.d.Verf.

[271]Trojahn, Formbegriff, S.87

[272]Ebda., S.87

[273]Ebda.

[274]Ebda.

[275]Ebda.

[276]Ebda.

[277]Ebda.

[278]Ebda.

[279]Ebda.

[280]Ebda.

Form und Inhalt in der neuen Ästhetik

Schedl zu Form und Inhalt:

> „Wenn aber zutrifft, daß sich Form und Inhalt entsprechen, so ist die Form oder besser der formale Gedanke bestimmten Bedingungen ausgesetzt.
> Der formale Gedanke ist daher wandelbar und gehört für mich in die Begrifflichkeit des Handwerks. Er setzt sich für mich so zusammen:
>
> 1. er ist musikalisches Denken und Fühlen in komponierter Zeit,
>
>   a) ist Bewältigung des Materials im Hinblick auf seine Wirkung und Aussage und/ oder
>
>   b) die Dimension einer speziellen Dramaturgie (im Hinblick auf eine vorgegebene Textvorlage oder auch eine Bildvorlage und ihre formale Deutung),
>
>   c) er ist gleichzusetzen mit der ‚Idee‘. (Gemeint ist die Abhängigkeit der Formgestaltung von der Vorgabe eines formbestimmenden Sujets oder Klangbildes.)"[281]

Fazit

Der formale Gedanke ist also wandelbar und gehört für Schedl in den Bereich des Handwerks. Er ist für ihn musikalisches Denken und Fühlen komponierter Zeit. Ein Unterschied zur seriellen Ästhetik scheint zu sein, daß die Bewältigung des Materials in Hinblick auf Wirkung und Aussage gesucht wird, denn in den Schriften eines Stockhausen über die serielle Musik ist nichts auffindbar, was auf die Bedeutung einer solchen „Aussage" schließen ließe. Es ist immer nur von der Technik und damit vom Handwerk die Rede. Hier ist auch die Dimension einer speziellen Dramaturgie Bestandteil des formalen Gedankens, das kann eine Opernszene oder auch eine Bildvorlage sein, Belege dafür wären Werke wie die „Zwölf Impressionen für Klavier nach einem Landschaftszyklus von Ulrich Doege" oder das 2. Streichquartett als Paraphrase über „Der Tod und das Mädchen" von Schubert, oder das 3. Streichquartett „Der Prozeß" nach Franz Kafka. Dahinter steckt die Idee als Abhängigkeit der Formgestaltung von der Vorgabe eines formbestimmenden Sujets oder Klangbildes. Wir werden erleben, wie das Klangbild als solches im Cellokonzert formbestimmend wird, so wie früher die Funktionstonalität formbestimmend war!

Über Tonalität

Manfred Trojahn macht im weiteren Verlauf seines Aufsatzes die erste Aussage über den Tonalitätsgebrauch. Tonalität sei die „musikalische Umgangssprache von größter Präsenz"[282]. Die „Avantgarde"[283] sei eine „davon losgelöste Kunstform für

---

[281]Schedl, Der formale Gedanke, S.116

[282]Trojahn, Formbegriff, S.87

[283]Ebda.

Spezialpublikum".[284] Beide seien „*chancengleich* in einer durch und durch kommerzialisierten Gesellschaft."[285] Das führe „zu derartigem Auftreten der kommerziell verwertbaren Musik, daß auch der künftige Meister der Tonkunst während seiner Erziehung und Konstitutionszeit nicht ohne Einfluß des täglich zu Hörenden bleiben"[286] könne. „Wenn dazu noch in Betracht"[287] komme „daß auch die musikalische Ausbildung im Tonalen"[288] beginne „(und zumeist auch dort verbleibe), so"[289] sei „die Frage zu stellen, warum der erfahrenen Musik vom Tonsetzer so ängstlich ausgewichen wurde?! Er"[290] wolle „eigenes produzieren und"[291] schließe „doch ganze Bereiche seiner Erfahrung aus, er"[292] richte „sich nach offizieller Ästhetik, die die Tonalität als überkommene Sprache längst katalogisiert"[293] habe. „Das Bewußtsein dessen, was der Zeit gemäß"[294] sei, trete „vor das Bewußtsein dessen, was der Person im Blick auf ihre psychische Konstitution hin gemäß"[295] wäre. „Der scheinbar objektive Anspruch, den die Epoche an das Kunstwerk"[296] stelle, müsse „in diesem Falle mit dem subjektiven Wollen kollidieren. Dieser Vorgang ins Unbewußte verdrängt"[297] , finde „seinen Niederschlag in den zahllosen Versuchen der Rechtfertigung auf verbaler Ebene, die – indem sie Richtigkeit und Stimmigkeit des Tuns"[298] belegten „eben auf die umgreifende Verunsicherung Hinweis"[299] gäben, „die aus der grotesken historischen und künstlerischen Situation"[300] resultiere.

Hans Werner Heister meint in seiner bereits genannten Abhandlung, daß „innerhalb der Restaurierung von Tradition der Rückgriff auf Tonalität bzw. Elemente der tonalen Idiomatik eine besondere Logik"[301] habe, „zumal, weil der Traditionsbruch, die Preisgabe der Tonalität das Problem der Verständlichkeit entscheidend verschärfte"[302]. Die Tonalität sei „[...]ja nicht nur quantitativ auch heute noch vor-

[284]Trojahn, ebda., S.87

[285]Ebda., S.87

[286]Ebda.

[287]Ebda.

[288]Ebda.

[289]Ebda.

[290]Ebda.

[291]Ebda.

[292]Ebda.

[293]Ebda.

[294]Ebda., S.87f.

[295]Ebda., S.88

[296]Ebda.

[297]Ebda.

[298]Ebda.

[299]Ebda.

[300]Ebda.

[301]Hans Werner Heister, Sackgasse oder Ausweg aus dem Elfenbeinturm? Zur musikalischen Sprache Wolfgang Rihms in *Jakob Lenz*, in: Zur „Neuen Einfachheit" in der Musik, Studien zur Wertungsforschung, Bd. 14, Otto Kolleritsch (Hg.), Wien-Graz 1981, S.112

[302]Heister, ebda., S.112

herrschend, selbst im Bereich der Kunstmusik, von Populär- oder Volksmusik zu schweigen. Es dürften auch qualitative Bestimmungen sein, die solche Zählebigkeiten eines vom materialen, technischen Fortschritt anscheinend längst überrollten Idioms"[303] bedingten. Als solches"[304] würde „es nicht restauriert. Auch wenn sich, so Hans-Klaus-Jungheinrich, *bei Rihms Tonsprache Atonalität und Tonalität*"[305] durchmischten, bliebe „Atonalität Ausgangspunkt und Grundlage."[306]
Das Wort Tonalität ist hier nicht genau genug definiert, es müßte besser lauten: Funktionstonalität, denn alle Musik, die mit Tönen auskommt, ist tonal. A-tonal müßte ja bedeuten: vom Ton weg. Schedl verwendete gerne den Terminus „freitonal". Für den Autor ist jede Musik, auch die Stockhausens, tonal – aber nicht notwendigerweise funktionstonal. Wie bei Rihm bleibt auch bei Schedl die „Atonalität" oder „Freitonalität" der Ausgangspunkt, funktionstonale Implikationen werden bei Schedl aufgebaut und oft durch Geräusche wieder zerstört. Gerhard Schedl[307] kommt auf den Tonalitätsgebrauch in seinem hier zitierten Aufsatz aber gar nicht zu sprechen. Er spricht vom formalen Gedanken, ist weit davon entfernt, die kompositorischen Mittel genau zu definieren, er legt sich weniger fest. Ihm kommt es darauf an, den formalen Gedanken als sinnstiftende Einheit des Werkes zugrunde zu legen und sich nicht auf einen Parameter zu beschränken, also ein in der Ordnung durch den formalen Gedanken gefundener Weg in die Freiheit.

Über neue und alte Gattungsbegriffe und musikalische Termini

„So stellt sich für mich der formale Gedanke als sinnstiftende Einheit dar und nicht als festgelegter Gattungsbegriff. Wenn ich also im Titel einiger meiner Werke traditionelle Formbegriffe wie Sonate, Konzert oder Sinfonie anführe, so ist nicht die früher damit verbundene Drei – oder Viersätzigkeit gemeint, sondern der Sinninhalt dessen, was beispielsweise die Sinfonie als ,Bekenntniswerk' definiert. Die Verwendung dieser alten Terminologie ist daher in Ermangelung zeitgemäßer Formbegriffe als Worthülse gemeint, welche mit einer jeweils neu konstruierten Struktur ausgefüllt wird und zugleich die gewollte Verbindung und Assoziationen mit der historischen Werkgattung vermitteln soll. Das Fehlen neuer adäquater Begriffe ist sicherlich bedauerlich, da infolge dieses Mangels zwar eine neue Terminologie verwendet wurde und wird, die aber doch im Regelfall spezifische Erklärungsversuche für ganz unterschiedliche Kompositionsauffassungen darstellt; z. B. die ,musikalische' und ihre Durchlässigkeit (,Permeabilität' bei Ligeti). Im übrigen ist festzustellen, daß immer mehr Begriffe des naturwissenschaftlichen Bereiches Eingang in die

---

[303]Heister, ebda.

[304]Ebda.

[305]Ebda.

[306]Ebda.

[307]Schedl sprach von sich selbst immer als von einem freitonalen Komponisten. Für Heinz Winbeck war dagegen alles, auch der Serialismus, tonale Musik; aber: nicht funktionstonal! Anm.d.Verf.

neuere Musiktheorie gefunden haben, ohne jedoch Klarheit zu schaffen. Das aber entspricht durchaus der heutigen Praxis, jedem Stück ein eigenes formales Gebilde maßzuschneidern. So verfahre ich auch, verwende aber fallweise alte, jedoch für meine Bedürfnisse neu definierte Formbegriffe."[308]

Schedl kritisiert also die neue, naturwissenschaftlich orientierte Begrifflichkeit der neueren Musiktheorie, will aber gleichsam für die moderne Praxis dem jeweiligen Stück ein eigenes formales Gebilde geben. Er möchte dabei historische Begriffe verwenden, sie als Worthülse mit neuem Inhalt füllen und die traditionelle Verankerung zeigen. Die Formbegriffe definiert er nun selbst nach eigenen Bedürfnissen.

> „*Denn Form ist kein Parameter mehr,* meint Ulrich Dibelius in *Moderne Musik* – Parameter als Dimension des musikalischen Verlaufs, der sich isoliert verändern ließe –, und so läßt sich als neuer zentraler Begriff ‚Struktur' erklären."[309]

Schedl meint hierzu:

> „Nachdem der komponierte Zusammenhang durch separate Beobachtung der Thematik, der Harmonik oder der Form weder zu erfassen und zu beschreiben, noch zu ergründen war, weil die Termini wie die Beobachtungsweise nicht mehr zutrafen, mußte man einen Begriff suchen und anwenden, der den Zusammenhang selber zur Kategorie erhob. Nicht die Befunde im einzelnen galt es zu benennen, sondern die Konstellation der Einzelheiten im gesamten.
>
> Oder wie Stockhausen[310] es formuliert hat, *verschiedene Gestalten im gleichen Licht* zu zeigen und nicht wie früher *gleiche Gestalten in verschiedenem Licht.* (Licht=Struktur)."[311]

Hier haben wir die erste Übereinstimmung zwischen Schedl und Stockhausen. „Verschiedene Gestalten im gleichen Licht" läßt sich bei Stockhausen durch die Serialität erklären; verschiedene Gestalten werden durch die Serie bestimmt. Auch die Form wird durch die Serie bestimmt, wie früher Funktionstonalität formbestimmend war. Aber bei Schedl wird die Form durch das formbestimmende Sujet

---

[308]Schedl, Der formale Gedanke, 1991, S.116-117

[309]Schedl, Der formale Gedanke, S.117

[310]„Alle Form soll zunächst vom Punkt, vom einzelnen Ton ausgehen und in ihn münden: [...] Die Kontrapunkte für 10 Instrumente sind aus der Vorstellung entstanden, daß in einer vielfältigen Klangwelt mit individuellen Tönen und Zeitverhältnissen die Gegensätze gelöst werden sollen, daß ein Zustand erreicht wird, in dem nur noch ein Einheitliches, Unveränderbares hörbar ist.[...] Kontrapunkte: eine Reihe verborgenster und sinnfälligster Wandlungen und Erneuerungen – kein Ende abzusehen. Man hört niemals das gleiche. Doch spürt man deutlich, aus einem unverwechselbaren und äußerst einheitlichen Gefüge nicht herauszufallen. Eine verborgene Kraft, die zusammenhält, verwandte Proportionen: eine Struktur. Nicht gleiche Gestalten in wechselndem Licht. Eher das: verschiedene Gestalten im gleichen Licht, das alles durchdringt." Karlheinz Stockhausen, Texte zur elektronischen und instrumentalen Musik, Band 1, 1963, S.36-37

[311]Schedl, Der formale Gedanke, S.117

oder Klangbild bestimmt. Dabei geht es auch um die Einheit von Material, Form und Struktur, die ein Postulat des Serialismus war, aber auch bei Schedl weiterwirkt. Der musikalische Zusammenhang wird selbst zur Form, es wird nicht wie angeblich früher eine Formkonvention erfüllt.

Hierzu muß gesagt werden, daß Begriffe wie Fugenform und Sonatenhauptsatzform ohnehin unglücklich sind, denn Fuge und Sonate sind im eigentlichen Sinne zwei unterschiedliche Kompositionstechniken und nicht unterschiedliche Formen. Das haben Gerhard Schedl, Heinz Winbeck und auch Zsolt Gárdonyi so im Unterricht vermittelt. Wenn man Fuge und Sonate einfach als Kompositionsprinzipien wahrnimmt und nicht als starre Konvention, so verwundert es auch nicht, daß jedes Stück eine dem Material entsprechende individuelle Lösung sucht. Die Konvention liegt darin, daß eben gewisse Kompositionstechniken benutzt werden müssen, damit ein Stück zur Fuge oder Sonate wird. Zum Beispiel sind Bachs Inventionen zwar in Fugenstrukturen angelegt, sind aber im strengen Sinne keine Fugen, da das Kontrasubjekt von Anbeginn da ist und nicht wie bei der Fuge später exponiert wird. Adorno tat schon den Fehler, Musik, die in Darmstadt gespielt wurde, mit analytischen Erklärungsmodellen und Begriffen der Musiktheorie des 19. Jahrhunderts zu belegen und das auch schon mit den Klarinetten-Stücken op. 5 Alban Bergs, indem er das dritte Stück ein „Miniaturscherzo" nennt.[312] Der Zusammenhang der musikalischen Ereignisse bestimmt die Form!

Material, Klang und Form

„Daraus ergibt sich zwingend, den Einfluß von Material und Klang auf die formale Struktur zu beleuchten. Wenn also Form nicht isoliert zu sehen ist, so gilt das auch für das zum Komponieren zur Verfügung stehende Material. Denn die Verwendung von dodekaphonischen oder noch mehr seriellem Material impliziert eine bestimmte Struktur der Anwendung. Wenn Eduard Hanslick schon 1854 in seinem Traktat *Vom Musikalisch - Schönen* festgestellt hat: ‚Es gibt keine Kunst, welche so bald und so viele Formen verbraucht wie die Musik. Modulationen, Kadenzen, Intervallfortschreitung, Harmoniefolgen nutzen sich in 50, ja 30 dergestalt ab, dass der geistvolle Komponist sich deren nicht mehr bedienen kann[...]‘, so gilt dies erst recht für unser Jahrhundert, aber auch für die Dodekaphonik und Serealität in unseren Tagen. Aber welches dezidiert definierte Material ist also unser heutiges Material?"[313]

Es läßt sich herauslesen, daß Dodekaphonik und Serialität einfach verbraucht sind, der „geistvolle Komponist sich deren nicht mehr bedienen kann." Dies unterstützt die These, daß die orthodoxe serielle Technik einfach nicht mehr zu gebrauchen war, weil sie sich schnell abnutzte, wie auch das ganze materialorientierte Denken. Wir haben heute mit der Elektronischen Musik ein ähnliches Problem: die Halbwertszeit der Computer beträgt nur wenige Jahre, Computermusik veraltet in

---

[312]Theodor Wiesengrund Adorno, Berg. Der Meister des kleinsten Übergangs, Frankfurt am Main 1995, S.132

[313]Schedl, Der formale Gedanke, S.117-118

rasendem Tempo, die elektroakustischen Stücke Stockhausens aus den 50er Jahren müssen heute im Live-Erlebnis mit Geräten realisiert werden, die man extra aus den Museen holen muß. Schedl übers Material:

> „Ich habe schon anfänglich darauf hingewiesen, dass das Experiment zur Materialgewinnung mich nur sehr mäßig interessiert. Ich vermisse darin die Spontaneität der Erfindung. Die Bevorzugung des ‚Informellen' ist nicht meine Sache. Auch nicht der ‚Projekt'-Gedanke. Meine Liebe gilt dem Klang, den Klangfarben, der Tönung zwischen Hell und Dunkel, den massiven und zarten Klangblöcken, den Kontrastfarben und den leisen Übergängen. Der Schattierung und den Konturen der zum Klingen gebrachten Imagination gilt mein ganzes Augenmerk. Und dabei ist für mich alles Klang: vom Geräuschhaften und Perkussiven bis hin zum Harmonischen und zum Melos rhetorischer Figuration, eingebettet in schillernder Instrumentation."[314]

Schedls Ansatz zum Komponieren ist also überaus traditionell im Sinne von Weitergeben des Überlieferten! Die Vorliebe für Klang, Klangfarben, Kontrastfarben, zarten und massiven Klangblöcken ist ja eigentlich überaus romantischspätromantisch, und in der Tat hat sich Schedl auch intensiv mit Bruckner und Mahler, auch Alban Berg auseinandergesetzt. Ihm kommt es auf die zum Klingen gebrachte Vorstellung an. Sein Anspruch an sich selbst ging in den letzten Lebensjahren dahin, rein im Kopf zu komponieren und am Schreibtisch nur noch die Reinschrift zu verfertigen!

Farbendenken

> „Schon in meiner früheren kompositorischen Entwicklung habe ich mich bald zum Klang hingewendet, zum subjektivierenden Ansatz meines Ausdruckswillens. Komponieren ist für mich gleichsam wie intuitives Malen: ich denke in ‚Farbstrukturen' und nicht in Formstrukturen."[315]

Das ist überhaupt ein wesentliches Element der Musik der jungen Komponistengeneration der 70er Jahre. Dieser letzte Satz würde auch auf das Werk Heinz Winbecks zutreffen, dessen Werke immer von einer klangfarblichen Idee ausgehen. Da serielle Techniken, die auch einen formalen Zusammenhalt gewährten, aufgegeben wurden, suchte man – und tut dies auch heute noch – einen Ausgleich in der Gestaltung des Parameters Klang. Es bleibt zu erwähnen, daß Gerhard Schedl eine Zeit lang tatsächlich Maler war. Allerdings relativiert seine Witwe dies und sagt, daß Schedl lediglich van Gogh-Kopien in Öl auf Leinwand hergestellt habe.[316] In der Galerie des Belvedere in Wien erläuterte Schedl dem Autor

---

[314]Schedl, ebda., S.118

[315]Ebda., S.118

[316]Dem Autor der vorliegenden Studie äußerte Schedl im Gespräch immer, er habe Kunst an der Kunsthochschule studiert. Was seine Witwe allerdings verneint. Dies ist aber bei Schedl kein ungewöhnliches Phänomen, da er beständig seine Studenten beeindrucken wollte, was er aber allein durch seine Ausstrahlung bereits tat. Anm.d.Verf.

1999 die Kunst des Instrumentierens an einem impressionistischen Bild.

> „Das ‚Farbendenken‘ ist daher unmittelbare Reflexion meines Gemütszustandes, ist ein Akt, der Befreiung: Komponieren als Trauerarbeit, als Aufarbeitung des Erlebten, alptraumartige Gesellschaftsbewältigung und Vision des Realen im Traumzustand. Die objektive Schwerkraft der geschichtlichen Logik entfällt weitestgehend."[317]

Fazit:

Die „Verarbeitungsebene", die oben geschildert wird, ist für sein Werk besonders wichtig. Denn sein Oeuvre liefert einen unmittelbaren Einblick auf Seelenlandschaften unterschiedlichster Art. Auch dieses Moment des Komponierens ist eigentlich zutiefst romantisch, gar expressionistisch. Deswegen ließe sich sein Stil als eine besondere Form des Expressionismus charakterisieren. Die „objektive Schwerkraft der geschichtlichen Logik" kann man hier als die Logik der historisch aufeinanderfolgenden Stile, beziehungsweise als Logik der Musikgeschichte, als Logik des Fortschritts deuten. Indem das Individuelle, die wirkliche Persönlichkeit mit allem Bewußten und Unbewußten gesucht wird, unabhängig von der Dogmatik eines „avantgardistischen" Materialdiskurses, wird ein neuer Fortschrittsbegriff definiert, und zwar rein über die Subjektivität, über das Verarbeiten des nur selbst Erlebten. Allerdings machte sich im Hinblick auf die „intuitive Musik" auch hier Stockhausen gleich wieder zum Vorreiter der Bewegung. Nur ist der Stockhausensche Ansatz weitaus radikaler, wenn er die Musiker schlicht durch das Einstimmen durch einen Text intuitiv drauf los spielen läßt. Das hat aber nichts oder nur entfernt (oder überhaupt alles?) mit Stockhausens Seelenlandschaften zu tun. Bei Schedl bekommen wir einen dezidierten Einblick.

Von der Emanzipation des Klangs und der Dramatik

Schedl spricht über die Dramatik, und er war ein dramatischer Komponist par excellence!

> „Die Emanzipation des Klangs saugt so das Dramatische auf und wird zum Entwicklungsträger einer musikalischen Fortschreitung in Zeit und musikalischem Raum."[318]

Also die freigesetzte klangliche Ebene sauge das Dramatische auf. Sie würde zum Entwicklungsträger der formalen musikalischen Fortschreitung!

> „Mikroprozesse zur Bildung von Klangfarbenstrukturen[319] ergeben möglichst identisches Material der formalen Makrostruktur."[320]

---

[317]Schedl, ebda., S.118

[318]Ebda.

[319]Wir sehen wie recht Ulrich Dibelius damit hat, daß das Parameter-Denken auch in der jungen Generation fest verankert war!
Vgl. Ulrich Dibelius, Moderne Musik nach 1945, S.535

[320]Schedl, Der formale Gedanke, S.118

Es geht ihm also um die Einheit von Mikro- und Makrokosmos, wir werden das am Violinkonzert eindrucksvoll dargestellt bekommen.

> „Die Faszination des Klanges, das zum Klingen-Bringen von Seelenzuständen, hat für mich ein eigene Logik, die nicht nur auf das Akkordisch-Harmonische zu beziehen ist. Die Klangfärbung von Intervallen und ihre Anordnung im Raum des Hörbaren ist ihr ebenso zuzuordnen wie die Semantik und Syntax gebrochener melodischer Kürzel und Motivik einer beredten Ästhetik."[321]

Hier ist also von Schedl selbst ausgesagt, daß ihm das „zum Klingen-Bringen" von Seelenzuständen ein Faszinosum mit einer eigenen Logik ist. Daß er überhaupt von Seelenzuständen spricht, die er „zum Klingen" bringt, ist erstaunlich!

> „Die ‚Logik' ist eine individuelle. Sie entspricht keiner Vorgabe von außen."[322]

Gerhard Schedl spricht im weiteren Verlauf des Textes davon, daß dies der Stand seiner damaligen Kompositionspraxis sei.

> „(Das ist der Stand meines Komponierens heute. Ich verhehle allerdings nicht, dass am Anfang meines Schaffens verschiedenste Versuche mit Form und Sprache unterschiedlichster Traditionen standen, um meinen eigenen, nur aus mir heraus bestimmten Weg zu gehen.)"[323]

Die Auseinandersetzung mit den verschiedensten Traditionen und das Suchen nach dem eigenen Weg, nach neuem „Material" im Hanslick´schen Sinne – wie oben beschrieben–, setzt Gerhard Schedl jedenfalls schon einmal in die Riege „geistvoller Komponisten."
Das erste nach Schedls Prämissen komponierte Werk war seine 2. Sinfonie aus dem Jahre 1987.

> „Als klingendes Beispiel meines derzeitigen Denkens und Arbeitens sei hier meine 2. Sinfonie (1987) angeführt. Hier habe ich zum erstenmal mein formales Denken mit meinem Klangsinn dramaturgisch im Harmonisch-Motivischen verankert und zwar sinngemäß zum vorher Gesagten. Zur Uraufführung wollte ich nichts zur Konstruktion und zum Entstehen sagen – die Uraufführung fand im Oktober 1987 im Rahmen des Steirischen Herbstes statt – bis auf einige Zeilen eines Gedichts von Charles Baudelaire aus den Fleurs du Mal:
> Die Musik
> ...Ich fühle Leidenschaft und Qual erzittern...
> Auf bodenlosem Grund.
> Oft ist sie Spiegel, weit und flach, ich seh darin,
> Wie verzweifelt ich bin."[324]

---

[321]Schedl, ebda., S.118
[322]Ebda.
[323]Ebda.
[324]Ebda., S.119

Gerade das Bild des Spiegels, der die eigene Verzweiflung offenbart und auch die erzitternde Leidenschaft und Qual sind Kernmomente der Schedl´schen Musik. In seiner Schubert-Oper „... fremd bin ich eingezogen...“ stehen sich zwei Schubert-Tänzer als Spiegelbilder zur Musik des Doppelgängers von Franz Schubert gegenüber. Das Spiegelmotiv kehrt auch kompositorisch in Schedls Musik immer wieder.

> „Und weiter habe ich geschrieben:
> Es wird für mich zunehmend unmöglich, neue Partituren von mir zu beschreiben oder gar zu erklären. Nur soviel: Die Musik der 2. Sinfonie ist außerordentlich persönlich erfunden – zwar nicht als Bekenntnis, sondern eher als Zustandsbeschreibung – sie ist ein Teil von mir. Viel Unbewußtes und Verschüttetes habe ich freigelegt. Wie kann man so etwas denn außermusikalisch beschreiben [...].
> Ein Werk zu erklären, seine Nervenenden analytisch freizulegen ist das eine, es zu hören – immer wieder – und zu verstehen ist das andere. Immer noch oder schon wieder ist die Synthese das Thema des Komponierens.“[325]

3.1.2. Musik ist eine Sucht

Ein paar Jahre später argumentierte Gerhard Schedl nicht mehr so intellektuell wie im obigen Text. Ihm kam es dann immer mehr auf das Rauschhafte und Unterbewußte, auf Eros und Tod in der Musik an. Er wurde zum vollendeten Dramatiker. Auch seine Instrumentalmusik wurde permanent dramatisch. Er hatte sich und seinen Stil endgültig gefunden.
Am augenscheinlichsten wurde die Bedeutung von Musik überhaupt für Gerhard Schedl in seinem Text, Musik ist eine Sucht.
Schedl:

> „Musik ist eine Sucht.
> Komponieren auch.
> Die Sucht hat nie nachgelassen.
> Die Sucht kennt kein Warum.
> Sie ist.
> Musik ist eine Sucht: Die Maxime meines Handelns ist immer einerseits das Erreichen einer möglichst vollkommenen individuellen Authentizität gewesen, basierend auf der Wiedergabe meiner Erfahrung von Umwelt und Gesellschaft und der kritischen Distanz zu ihr, und andererseits die bestmögliche Bewältigung von Material und Klang, welche zu definieren ein immer neu zu lösendes kompositorisches Problem in Hinblick auf musikgeschichtliche Relevanz darstellt. Dieser, in spezifischer Weise, politische Ansatz treibt mich an in der Suche nach kreativer Wahrheit und sei sie auch nur eine persönliche relevante. Mein künstlerisches Konzept beruht primär nicht auf der Rezeption und Weiterentwicklung eines kontemporären kompositorischen Materialdiskurses, sondern vielmehr auf der Entwicklung einer musikalischen

---

[325]Schedl, Der formale Gedanke, S.119

Sprache, die nach einer idealen Verschmelzung von Material, Inhalt und Ausdruck strebt."[326]

Die Maxime seines Handelns sei immer einerseits das Erreichen einer möglichst vollkommenen individuellen Authentizität gewesen, andererseits die Bewältigung von Form und Klang im geschichtlichen Kontext. Daraus ergäbe sich eine individuelle Definition einer jeden neuen Komposition:

> „Die Konsequenz dieses Denkens bedeutet die individuelle Definition einer jeden neuen Komposition und nicht das permanente Aus- und Weiterkomponieren ein und desselben Konzeptes. Die Wahrheit liegt nicht a priori im Informationswert des musikalischen Materials, sondern in einer Entsprechung der musikalischen Parameter im Verhältnis zum außermusikalischen Anspruch. Der Wille zur Gestaltung setzt die Sublimierung des Unterbewußten voraus. Die Koexistenz von tiefenpsychologischen Mustern und rationellen Paradigmen ist die ambivalente Spannungsbreite, in welcher sich die individuellen Termini als künstlerische, allgemein verständliche Setzung konditioniert. Mein daraus entwachsenes ästhetisches Konzept ist daher ein permanent dramatisches. Nicht umsonst liegt das Schwergewicht meiner Arbeit der letzten Jahre (seit ich ab 1990 der Composerin-Residence des Salzburger Landestheaters wurde, und damit nicht nur ein festes Haus für meine Bühnenambitionen, sondern auch die wichtige Unterstützung des Intendanten Lutz Hochstraate gefunden habe, meine Vorstellung eines zeitgenössischen Musiktheaters entwickeln zu dürfen) auf dem Feld der Musikdramatik, wie etwa mein Kammeropern-Triptychon nach Texten von R. Roland, F. Pietschmann und H.C. Artmann, meine Horvath-Oper Glaube Liebe Hoffnung und dem Tanz und Musiktheater ‚...fremd bin ich eingezogen...‘ unter Verwendung von Texten von Ernst Jandl, Helmut Qualtinger, Gerhard Rühm, Conrad Bayer und H.C. Artmann. Ein neues Projekt ist in Vorbereitung. Gleichwohl sind die meisten in dieser Zeit entstandenen Instrumentalkompositionen mit einem latenten dramatischem Konzept ausgestattet: z.B. das 2. Violinkonzert, dessen Dramaturgie ich mit dem Geiger Christian Altenburger erarbeitet habe oder auch das 3. Streichquartett ‚...denn ohne, dass er etwas Böses getan hätte ... es war, als sollte die Scham ihn überleben‘, das sich an dem Roman Der Prozess von Franz Kafka orientiert. Alle diese Kompositionen haben eines gemeinsam: eine radikale, expressiv-musikalische Sprache, in der das Gleichgewicht von Ratio und Emotion, gleichsam eingebettet in eine strenge formale Disposition und ein dem Stück adäquates Material, höchste Priorität besitzt. Der Rang einer solchen Kompositionspraxis muß an der Erfüllung der determinierten Prämissen gemessen werden und nicht nur an ihrem Modernitätsgehalt."[327]

Hier lesen wir wieder das Wort „Sublimierung". Freud beschreibt diesen Vorgang folgendermaßen:

---

[326]Gerhard Schedl, *Musik ist eine Sucht*, in: ÖMZ, 9\1997, S.9

[327]Schedl, Musik ist eine Sucht, ebda., S.9

„Die Kulturhistoriker scheinen einig in der Annahme, daß durch solche Ablenkung sexueller Triebkräfte von sexuellen Zielen und Hinlenkung auf neue Ziele, ein Prozeß, der den Namen Sublimierung verdient, mächtige Komponenten für alle kulturellen Leistungen gewonnen werden."[328]

Fazit:

Schedl sucht also eine radikal-expressive Sprache, in der das Gleichgewicht von Ratio und Emotion – gleichsam eingebettet in eine strenge formale Disposition und ein dem Stück entsprechendes Material – höchste Priorität besitzt. Er möchte den Rang einer solchen Kompositionspraxis an der Erfüllung der selbst gestellten Prämissen messen und nicht an ihrem Modernitätsgehalt. Der Wille zur Gestaltung setzt für ihn voraus, daß das Unterbewußte auf eine höhere Ebene gebracht oder daß das Triebhafte kompositorisch nutzbar gemacht wird.[329]
In einem ähnlichen Kontext meint Busoni über die Modernität:

„Der Geist eines Kunstwerkes, das Maß der Empfindung, das Menschliche, das in ihm ist – sie bleiben durch wechselnde Zeiten unverändert an Wert; die Form, die diese drei aufnahm, die Mittel, die sie ausdrückten, und der Geschmack, den die Epoche ihres Entstehens über sie ausgoß, sie sind vergänglich und rasch alternd. Geist und Empfindung bewahren ihre Art, so im Kunstwerk wie im Menschen; technische Errungenschaften, bereitwilligst erkannt und bewundert, werden überholt, oder der Geschmack wendet sich von ihnen ab. -
Die vergänglichen Eigenschaften machen das ‚Moderne' eines Werkes aus; die unveränderlichen bewahren es davor, ‚altmodisch' zu werden. Im ‚Modernen' wie im ‚Alten' gibt es Gutes oder Schlechtes, Echtes oder Unechtes.
Absolut Modernes existiert nicht – nur früher oder später Entstandenes; länger blühend oder schneller welkend. Immer gab es Modernes, und immer Altes."[330]

Schedls wichtigste Prämisse und sein ästhetisches Konzept

Schedl formuliert seine wichtigste Prämisse: „ins Herz" zu treffen. Er bekennt sich zur abendländischen Tradition:

„Mein ästhetisches Konzept muß sich an jedem neuen Sujet, an jeder neuen formalen Idee reiben und daher wandelbar sein. Ich bekenne mich zur Lust am expressiven Klang, zur gesteigerten Dramatik, aber auch zur durchdachten Konstruktion, zum Experiment mit Zahlen, Intervallen, Symbolen, Techniken und zum plakativen Reiz emotionaler Darstellungsformen. Das zarte Rauschen in der Stille, das ungebändigte Aufschreien, der resignative Abgesang, die großen wilden pathetischen Gesten, die Schönheit des durchdachten Details ... all das ist mir nicht fremd: es treibt mich an

---

[328] Sigmund Freud, Drei Abhandlungen zur Sexualtheorie, Leipzig und Wien 1925, S.55
[329] Für Schedl waren Kunst und Eros untrennbar miteinander verbunden. Anm.d.Verf.
[330] Ferruccio Busoni, *Entwurf einer neuen Ästhetik der Tonkunst*, ergänzte und kommentierte Neuausgabe, hrsg. von Martina Weindel, Wilhelmshaven 2001, S.10, Z. 40-60

und zwingt mich, am weiten Material zeitgenössischer Ausdrucksmittel mich immer wieder neu zu versuchen. ‚Ins Herz will ich treffen', und so liebe ich das Gefühl, in einer langen Tradition der abendländischen Musik zu stehen und den Weg weiterzugehen."[331]

Ähnlich äußerte sich Wolfgang Rihm:

> „Für mich wurde es immer wichtiger, nicht nur Musik zu komponieren, die einem bestimmten Fortschrittsgrade innerhalb der Musikentwicklung genügte, sondern die fähig war, Menschen zu erreichen."[332]

Zum *Experiment mit Zahlen* muß noch gesagt werden:
Gerhard Schedl war geradezu besessen von Zahlen. Das ist ein hundert Jahre altes, spezifisch österreichisches Phänomen, denn seit Johann Sebastian Bach gab es in Deutschland keinen vergleichbaren zahlengläubigen Komponisten mehr, wie es später Schönberg war. Und Schedl folgt darin Schönberg und Berg. Lesen wir dazu Adorno:

> „Kaum ist es Zufall, daß die mathematischen Techniken der Musik in Wien entstanden sind gleich dem logischen Positivismus. Die Neigung zum Zahlenspiel ist der Wiener Intelligenz so eigentümlich wie das Schachspiel im Café. Sie hat gesellschaftliche Gründe. Während die intellektuellen Produktivkräfte in Österreich sich zum Stand der hochkapitalistischen Technik entwickelt hatten, waren die materiellen nicht mitgewachsen. Gerade darum aber ward der verfügende Kalkül zum Traumbild des Wiener Intellektuellen. Wollte er am materiellen Produktionsprozeß teilhaben, so mußte er sich eine Industriestellung in Reichsdeutschland suchen. Blieb er zu Hause, so wurde er Arzt, Jurist oder hielt sich ans Zahlenspiel als ans Phantasma von Geldmacht. Der Wiener Intellektuelle will es – ‚bitte schön' – sich und den andern beweisen."[333]

3.1.3. Schedl über den Begriff der Postmoderne, über Dramatik und Konstruktion

In einem Interview aus dem Jahr 1996, das in einem Radio Portrait im ORF anläßlich der Veröffentlichung der Portrait CD in der Edition Zeit-Ton im Jahre 2002 gesendet wurde, durch die Sendung führte Ursula Strubinsky, sagt Gerhard Schedl folgendes:

> „Das einzige was ich als [...] durchaus positiven Begriff empfinde, im Gegensatz zu vielen anderen, die das fast als Schimpfwort empfinden: der Begriff Postmoderne hat

---

[331] Gerhard Schedl, „Slow", Musik für Violoncello und Orchester, in: Neue Musik aus Österreich II, Edition Zeitton, CD-173, ORF 1998, CD-Booklet, S.22

[332] Wolfgang Rihm, *Komponist am eigenen Leib – Bemerkungen aus dem Alltag*, in: HiFiStereophonie, 16.Jg.(1977), H.4, S.418

[333] Theodor Wiesengrund Adorno, Philosophie der neuen Musik, Gesammelte Schriften Band 12, 1. Auflage 1975, Frankfurt am Main 1995, S.63ff., Fußnote 17

durchaus eine gewisse Authentizität, würde ich jetzt mal sagen, die man jetzt nicht ganz abstreifen sollte. [...] Ich meine damit jetzt nicht den gewissen Eklektizismus, daß man sagt: Ich kann einfach nur beliebig aus irgendwelchen Töpfen schöpfen, aber die starre Festhaltung irgendwelcher Parameter, der Frage ‚Was ist Material?‘, ‚Wie habe ich mit Material umzugehen?‘, die ist sehr viel freier geworden und wenn das ein wesentliches Phänomen der Postmoderne ist [...], so gesehen bin ich durchaus ein postmoderner Komponist. Abgesehen davon, daß ich mich persönlich als ziemlich ambivalenten Typ [...] beschreiben würde, so ist meine Musiksprache sicherlich auch so angelegt. Ich denke, ich habe einen ziemlich starken Hang zum Dramatischen, nicht nur in meinem Werkoeuvre nachzusehen, wo eine Menge Musiktheaterstücke vorkommen, sondern auch innerhalb der Musik, die ich schreibe, daß immer etwas Konzeptionelles quasi im Hinterkopf mit abläuft, so gesehen ist ein Begriff wie Authentizität, [...] gelegentlich auch Leidensbegriff, daß man sagt, Kunst hat auch etwas mit dem Erleiden einer Sache zu tun, ich meine das jetzt nicht im sentimentalen Sinne, sondern einfach, ich nehme bestimmte Faktoren als Künstler einfach stärker zur Kenntnis [...] und versuche diese zu reflektieren und umzusetzen, beziehungsweise ich habe das Bedürfnis dazu. Das andere ist natürlich ein Standpunkt, der wieder vom Kopf kommt, dieses Phänomen des konstruktiven Prinzips. Ich liebe beides, muß ich dazu sagen: Ich hab´ sehr gerne Konstruktionsprinzipien, die man möglichst so versteckt, daß sie nicht so leicht nachvollziehbar sind. Ich finde Konstruktivität[334] ein absolutes Muß, aber indem Verhältnis, daß, umso besser ein Stück ist, umso weniger merk´ ich die Konstruktion drinnen.“[335]

3.1.4. Gerhard Schedl im Gespräch mit Roman Pawollek

Der ehemalige Schedl-Schüler und Komponist Roman Pawollek, der später noch bei Erich Urbanner und Ivan Eröd studierte, führte 1998 ein Interview mit Gerhard Schedl über sein kompositorisches Tun und seine 2. Sinfonie. Dabei wurde einerseits die Zusammenfassung Pawolleks als auch der Originalton der Minidisc Aufnahme verwendet, an wenigen Stellen ist Schedl allerdings akustisch nicht zu verstehen. Pawollek stellt Schedl hier sehr gute Fragen, die Schedl auch ein wenig in die Enge treiben und wenig Raum zur Selbstdarstellung lassen. Durch die private Atmosphäre des Gesprächs öffnete sich Schedl aber mehr als gewöhnlich. Dieses Interview ist außer in einer Examensarbeit Pawolleks und auf Minidisc nirgends erhältlich und wird hier zum erstenmal einem größeren Publikum zugäng-

---

[334]Schedl war von einer geradezu panisch besessen seine expressiven Werke durch rigide Formarchitekturen abzusichern und zu rechtfertigen. In einer Kompositionsstunde kritisierte er einmal den übereifrigen Expressionismus des Autors dieser Studie. Als der Autor dieser Studie ihm entgegnete, daß doch Berg das genauso übersteigert handhabe, antwortete er: „Aber umso konstruktiver wird er auch!“ Anm.d.Verf.

[335]Gerhard Schedl im Interview, aus: „Porträt Gerhard Schedl – Eine neue CD in der Reihe Edition Zeit-Ton würdigt das Schaffen dieses vorletztes Jahr aus dem Leben geschiedenen Komponisten.“ Gestaltung: Ursula Strubinsky ORF, Wien 18. Februar 2002

lich gemacht und deswegen vollständig abgedruckt. Entgegen der Bearbeitung der vorigen Texte wird dieses Interview nur über die Anmerkungen kommentiert.

Gespräch mit dem Komponisten

„Roman Pawollek: Die vorangegangene Analyse hat gezeigt, daß die 2. Sinfonie nicht nur ein extrem emotionales Werk, sondern auch sehr stark durchkonstruiert ist. Was denkt der Komponist, der ‚ins Herz treffen will‘, dazu?

Gerhard Schedl: *Dieser Satz ist für einen Prospekt meines Verlages entstanden. Natürlich ist er eine Provokation im Hinblick auf die Setzung einer neuen oder modernen Art der Neuen Musik, die gerade das Emotionale sehr stark negiert oder nicht zur Kenntnis nehmen will. Prinzipiell muß diesem Satz noch die Dialektik zwischen Denken und Empfinden hinzugefügt werden. Mein künstlerischer Anspruch ist eine ausgewogene Synthese aus beiden Polen.*

R.P.: Es gibt durchaus Komponisten, die einen extrem subjektiven Stil vertreten, bei der Ausarbeitung aber auf die assoziative Kreativität[336] setzen, wie z.B. Wolfgang Rihm. Warum diese strenge Konstruktion?

G.S.: *Nach meiner Überzeugung ist der Werkbegriff untrennbar mit ‚ratio‘ und ‚emotio‘ verbunden. Denn die Metaebene des allgemeingültigen Kunstwerks benötigt die kritische Distanz zum rein Individuellen.*

R.P.: Die 2. Sinfonie ist eines der extremsten Werke G. Schedls (oder vielleicht das extremste) in Bezug auf die Ambivalenz zwischen Ratio und Emotion. Gleichzeitig bildet sie meines Erachtens einen Höhepunkt seiner Symphonik. Ist die fatale Diktion der einzelnen Sätze: ‚wie mit erstickter Stimme schreien‘, ‚in ohnmächtiger Wut‘, ‚leise und verzweifelt‘ Ausdruck der kritischen Auseinandersetzung eines jungen Menschen mit der Gesellschaftsordnung?

G.S.: *Na ja, sicherlich kann man die 2. Sinfonie als Endpunkt einer Entwicklung betrachten, in der ich nach Wegen und Mitteln gesucht habe, eine sehr emotionale Art der Aussage zu treffen. Nachdem ich die kompositorischen Möglichkeiten gefunden hatte, musikalisch umzusetzen, war es relativ einfach: ich habe mich getraut, die Dinge beim Namen zu nennen; es war übrigens das erste und letzte Mal. Schon in der 3. Sinfonie geht es in einer anderen, geglätteten, fast klassizistischen Art weiter. So gesehen ist die Zweite sicherlich der Schlußpunkt einer langjährigen Arbeitsphase.*

R.P.: Wien ist die Stadt der Musik, Geburtsstätte der Sinfonie und jahrhundertelang Zentrum der europäischen Musikentwicklung. Ist der gebürtige Wiener zur

---

[336]Assoziative Kreativität meint in diesem Zusammenhang wohl, aus dem Fundus der Musikgeschichte, Assoziationen, also Verknüpfungen mit dem eigenen Stil herzustellen, und dadurch mit dem Hörer in Dialog zu treten. Allerdings weckt auch Schedls Musik immer wieder Assoziationen. Anm.d.Verf.

Tradition verurteilt?

G.S.: *Zum einen ist niemand verurteilt ohne Richterspruch, zum anderen ist es schon eine große Belastung als auch Verpflichtung für einen jungen Komponisten in einer Stadt geboren zu werden, die eine außerordentlich starke atmosphärische Dichte besitzt. Ich bin mit der Musik von Brahms, Beethoven, Mahler und Bruckner, um jetzt die großen Wiener Symphoniker des letzten Jahrhunderts zu nennen, groß geworden, auch noch mit einem authentischen Saal, nämlich dem Musikvereinssaal, so hat sich für mich nie eine andere Frage gestellt, als in dieser Tradition zu empfinden und zu denken und auch zu arbeiten und das umzusetzen, auch und gerade deswegen. nachdem ich Wien verlassen habe und nach Frankfurt gegangen bin. Zu den großen Romantikern gleichwohl muß auch die Zweite Wiener Schule mitbenannt werden, ich ebenfalls wie eine Art Muttermilch eingesogen habe. Gleichwohl ist die Auseinandersetzung mit der Zweiten Wiener Schule kompositorisch für mich von großer Bedeutung gewesen.*

R.P.: Welche Komponisten waren für den jungen Wiener Gerhard Schedl die größten Vorbilder, der Kompositionslehrer Erich Urbanner, die Zweite Wiener Schule oder die letzten großen Sinfoniker Anton Bruckner und Gustav Mahler, dessen klagend resignativer Tonfall dem Schedlschen Espressivo-Gesang sehr nahekommt?

G.S.: *Also erstens einmal, unmittelbare Vorbilder in dem genannten Sinn habe ich keine. Hinzuzufügen ist natürlich, daß man aus vielerlei Musik beeinflußt wird, daß man vielerlei daraus lernt, mitnimmt, und dann sublimerweise mit dem eigenen Stil verquickend umgeht, das ist die eine Sache, die andere ist sicherlich, daß der unmittelbare Vorbildcharakter, als nicht besonders förderlich, daß ich es nicht als besonders förderlich empfinde, einen eigenen Stil gefunden zu haben.* [Schedl meint hier sicherlich, daß unmittelbare Vorbildcharaktere für die Herausbildung eines eigenen Stils nicht förderlich sind. Anm d Verf.].

R.P.: Welche Rolle spielen andere Komponisten in Ihrer Musiksprache?

G.S.: *Wie schon vorhin erwähnt: Der Einfluß von sehr unterschiedlichen Komponisten auf mich, gerade im symphonischen und später auch im musikdramatischen Bereich, ist nicht zu unterschätzen. Es ist so, daß Komponisten wie Bartók und Strawinsky, die vor allem das rhythmisch metrische in unserem Jahrhundert neu definiert, neue Impulse gegeben haben, auf jeden jungen Komponisten nicht spurlos vorbeigehen, und daß man das Positive, das zu Verwertende, all das, was auf einen Faszination ausübt, versucht zu lernen, zu übernehmen, dann kann ich auch diese Vorbildfunktion von Bartók und Strawinsky bejahen, beispielsweise, aber genauso auch für Richard Strauss, in seiner Zuspitzung des Dramatischen, des Dramaturgischen Gedankens andererseits, genauso wie die Präzision des Ausdrucks bei Anton von Webern beispielsweise, oder, so weiter und so fort, die Liste ließe sich beliebig fortsetzen. Also Vorbildcharakter grundsätzlich nein, als die Nachfolge oder in einer Nachfolge stehen. Also ich habe mich nie in der Nachfolge eines bestimmten*

Komponisten gefühlt. Es gibt sicher Zeitabschnitte, in denen man sich bestimmten Komponisten und ihrem Oeuvre zugehörig fühlt, wie z.B. Mahler durchaus, für eine bestimmte Zeit! Dann wiederum völlig entgegengesetzten Komponisten, bei denen man sagt, das ist eine für mich völlig neue musikalische Landschaft, die ich ganz faszinierend finde, und man fühlt sich dann fast ein bißchen teilhaftig und versucht das aufzusaugen wie ein Schwamm, um es dann, wenn es geht, selbständig umzusetzen in der eigenen musikalischen Sprache. Die Frage ist insoweit ein bißchen problematisch, weil man ja vom eigenen Stil ausgehen muß. Ich kann nur sagen, der eigene Stil beruht sicherlich auf dem Lernen vieler anderer historischer, ob das jetzt der vokale Kontrapunkt eines Palestrina ist, oder einer Bachschen Imitationsvariantentechnik, bis hin zu einer sublimen seriellen Technik, das sind alles zu erlernende Phänomene, die notwendig sind, die man auch mit Liebe betreibt[337] und auch mit einer jeweiligen Hingabe an den Komponisten und sein Werk verbunden ist, auf der anderen Seite kann die Kenntnis dieser Techniken Eingang finden in die eigene Kompositionspraxis, die ihrerseits mit dem emotionalen Erlebnis so durchdrungen wird, daß sie dann eine eigenständige musikalische Sprache wird. Letzteres im Idealfall, versteht sich.

R.P.: Die siebziger Jahre des 20. Jahrhunderts markieren eine Krisenzeit der musikalischen Avantgarde. Als Reaktion entstehen postmoderne Gegenströmungen: ‚Die Jungen Wilden‘ gegen die ‚Alte Garde‘. Wo war damals der Standpunkt des jungen Schedl, und warum hat er nicht eine mögliche Fortsetzung der seriellen Techniken konsequent verfolgt?

G.S.: *Die späten Siebziger waren für mich vor allem Jahre des Studiums. 1980 habe ich mein Examen abgelegt. In den Siebziger Jahren ist natürlich sehr viel los gewesen. Man muß dazu auch vermerken, daß das auch die große Zeit auch der Populärmusik war, der fast politischen Populärmusik, es gab ‚Woodstock‘ [allerdings war das im Jahre 1969. Anm. d. Verf.], es gab alle diese Strömungen, mit denen man sich sehr gut und sehr leicht identifizieren konnte, als junger Mensch in einer Anti-Haltung zu einer in sich erstarrenden Gesellschaftsordnung. Kompositorisch gesehen ist es nun so, daß ich durchaus auch serielle[338] Stücke gemacht habe. Mein 1. Orchesterstück ist z.B. ziemlich stark angelehnt an der Webernschen Methode.*

R.P.: Die Miniaturen? [‚Drei Miniaturen für Orchester‘ Anm.d.Verf.]

G.S.: *Ja! Solche Methoden, oder auch orthodoxe dodekaphonische Methoden wie beispielsweise in meiner ‚Passacaglia für Orgel‘ habe ich ja in den meisten Fällen nie wörtlich angewandt, sondern immer schon mal modifiziert, abgewandelt. Auch gerade mein ganz neues Stück, ‚Shortcuts‘, das Concertino für Klarinette und Ensemble, ist ebenfalls im weitesten Sinn sehr streng konstruiert und [hat] als Vorbild, wenn*

---

[337]Schedl ist der einzige Komponist, der im Kontext mit der seriellen Technik von einer Liebe im Betreiben derselben spricht. Anm. d. Verf.

[338]Schedl meint hier allerdings mehr reihentechnische Stücke. Anm.d.Verf.

man so will, eine modifzierte strenge serielle Art, die auf sehr starken Reihenfunktionen von ungeraden Fortschreitungen von Zahlen beruht, und so fort. Andererseits gibt´s auch Stücke, die ich gemacht habe, wo ich ganz bewußt nur ein rein assoziatives Grundmuster verwendet habe und auch sowohl formal, harmonisch, melodisch, also im Fortschreiten den Sinn und Zweck des Komponierens gesehen habe. Das heißt also, Zeit würde in diesem Falle nur noch in der Fortschreitung möglich sein und nicht im Verharren, im Überlegen, quasi im Konstruieren. [...] Die Frage des Ausprobierens, des Lernens, des Experiments, wenn man so will, die ist sehr wichtig, um eine eigene Sprache entwickeln zu können. Die eigene Identität kann nur die Summe verschiedener Irrwege und Irrtümer sein. Ich hab´ mal gesagt, das Experimentelle wäre nicht meine Sache gewesen, das ist richtig. Richtig ist aber auch, daß man experimentell arbeiten muß, ausprobieren muß, sozusagen das Staunen über die verschiedenen Möglichkeiten, die fast wirklich unendlich verschiedenen Möglichkeiten von musikalischem Material, das Experiment an der Sache, so wie Kinder spielen, experimentell spielen, das Leben erlernen, wenn man so will. Was ich nicht meine, ist und was nicht der Sinn und Zweck sein kann, daß das Experiment der Inhalt einer Kompositionstechnik ausschließlich ist, sozusagen die [Idee?, nicht genau verständlich] ist gleich das Experiment, und das schon einmal Durchexperimentierte muß als abgeschlossen gelten und darf nicht neu verwendet werden. Das ist das, was ich ablehne. Es kann nur einen Fortschritt geben mit Einbezug der eigenen Erfahrungswerte, die man dann auf die Metaebene, also auf eine allgemeinverständliche Ebene heben muß, die aus beidem besteht: aus dem experimentellen Zusammenhang, in diesem Sinne ist jede Art des Musikmachens in gewisser Hinsicht immer wieder ein neues Experiment, und auf der anderen Seite dem Korrektiv des Ohres, das einem auch durch Schulung sagte: ,Es ist falsch, es ist richtig. Nur so muß es sein`. Das sind alles Begriffe, die einer ganz exakten Definition dagegen laufen, dawider laufen. Was wirklich falsch und richtig ist, im Sinne des Formalen, ist sowieso so relativ, daß man es mit einer eindeutigen, geradezu mathematisch eindeutigen Formel nicht sagen kann. Das ist jenes, was ich meine!

R.P.: Wie authentisch ist Ihre kompositorische Aussage im Verhältnis zu Ihrer Erlebniswelt?

G.S.: *Zum genannten Experimentellen muß gesagt werden: daß das Erleben einerseits und das direkte Übertrei[ben] oder Übertragen in eine Partitur, eine im Grunde genommen nicht machbare Vision oder Idealisierung darstellt. Der Improvisationskünstler, der Musik, der mit Improvisation, also im Augenblick lebt, kann möglicherweise unmittelbar sein Erleben – sozusagen zeitlos, also nur für dieses eine Mal – einen Ausdruck geben. Der Komponist geht ja davon aus, daß ich etwas niederlege, das mehrfach aufgeführt wird, das also nicht a priori improvisiert wird, sondern sozusagen in sich schlüssig ist. Gleichzeitig muß natürlich auch die Grundlage dessen, was man sagt, erlebt sein, das ist auch so eine Setzung, die ich habe. Das müßte nicht so sein, das kann so sein.*

R.P.: Das heißt, die Wahrheit ist immer an den Augenblick, an die Zeit gebunden?

G.S.: *Das wär' in der Improvisation, das finde ich richtig. Die andere Sache ist zeitabschnittsweise, also in der 2. Sinfonie beispielsweise sind diese ‚fatalen Titel', sicherlich ein Ausdruck einer bestimmten Befindlichkeit für diesen Abschnitt, für diesen Lebensabschnitt für mich. Jetzt könnte ich sagen, nach zehn, zwölf Jahren distanziere ich mich davon, weil ich das heute nicht mehr machen würde, trotzdem ist es ein Teil von mir, ist es authentisch. Der entscheidende Punkt ist weniger, das in die Partitur zu schreiben, wie ‚mit erstickter Stimme schreien' oder so, denn diese Erfahrung hat ja auch mal jeder von uns gemacht, mit ‚ohnmächtiger Wut' Türen einzutreten, oder Ähnliches, Nettes zu machen, sondern das Ziel muß ja sein, das als Grundlage zu nehmen, um einen gewissen Wahrheitsgehalt, also authentisches Empfinden als Grundlage für ‚wahres' Kunstwerk zu suchen, das eben auch auf dieser Metaebene abläuft. Das heißt, das Material kontrolliert die Emotion in dem Fall. Sie bedingen einander. Indem ich konstruiere, indem ich denke, indem ich sozusagen konstruktiv denke, um das jetzt zusammenzunehmen, kontrolliere ich mein Erleben, das aber sicherlich der Ausgangspunkt ist, der Anlaß ist, diese Komposition zu schreiben.*

R.P.: Das heißt, das ist dann eine Art manipulierte Wahrheit?

G.S.: *Das ist eine Reflexion, eine Reflexion des Einen. Das ist wie so eine Fata Morgana, wenn ich in einer Wüste bin und habe die Spiegelung: Was ist wahr? Und was ist nicht wahr? Wenn ich mich nur auf meine Augen verlassen würde, dann würde eine Fata Morgana als wahr angesehen werden müssen.*

R.P.: Also dann relativiert die rationelle Seite und ist damit der Wahrheit näher?

G.S.: *Die rationelle, formale, alle diese Seiten sind eine kritische Distanz, eine notwendig kritische Distanz, die über einem zu stark rein Emotionalen, ...*

R.P.: ...was eher trügerisch ist,...

G.S.: *...was in seiner Art eher trügerisch ist und tatsächlich den Blick auf das Wesentliche einer Kunst und einer Kunst im allgemeinen verstellt – wobei dann natürlich die Frage ist, was Kunst ist, im allgemeinen und speziellen, das ist klar – das läßt sich mit solchen Fragen sowieso nicht für's erste klären, nur geh'n wir davon aus: Es gibt so etwas, wie eine allgemein verständliche Kunst, die sich aber auch bei so extremen, subjektiven Komponisten, wie Tschaikowski, nicht auch erst dadurch erschließen, indem man weiß: ‚Mein Gott, der Junge war halt homosexuell, hat damit Probleme gehabt, und deswegen schreibt er jetzt seine Symphonien.' Also ich meine, das wäre ja auch sehr kurz gegriffen, wenn da nicht sozusagen die tatsächliche Überhöhung wäre, die Metaebene, wie man sagt, das Obendraufsetzende, und das kann nur der Kopf, die Ratio und daher auch die Ausbildung, die Vorbilder von mir aus, aber nicht ein Vorbild, sondern viele! Wenn ich sage, ich bin in einer Tradition, so meine ich das positiv: Die Tradition von vielen hunderten Jahren, von*

vielen hunderten Komponisten, die erstklassig, zweitklassig, drittklassig sind, bedeu-
tet für den Einzelnen jetzt, für den Anfänger, für den, der neu anfängt, doch eine
ideale Grundlage, Kunst zu erlernen, in der Zeitfolge, in der europäischen Zeitfol-
ge, und dann kann ich mich immer noch entscheiden, ob ich mich dieser Denkweise
traditionalistisch anschließe, jetzt nicht als Epigone, nicht epigonal, schon in der
zeitgenössischen Sprache oder, ob ich mich bewußt distanziere, ob ich den Bruch
mache und sage: Ich distanziere mich von alldem, was z.B. europäische Kunst bis
dato, in ihrer eigenen Entwicklung übrigens auch, darstellt. Ich steh´ dazu, zu die-
ser europäischen Kunstthese, fühle mich als Teil davon, und so gesehen: lernen→
empfinden→distanzieren→übertragen→formulieren.

R.P.: Wie schätzen Sie die heutige Situation zeitgenössischer Musik ein? Vielleicht
speziell die Sinfonie, oder die sinfonische Musik und ein möglicher Ausblick in die
Zukunft. [Man mache sich bitte klar, daß Schedl nun nur noch gut anderthalb Jahre
zu leben hatte! Anm.d.Verf.]

G.S.: *Ja, die Einschätzung ist positiv, sie ist optimistisch! Auch und gerade wenn*
man sich, auch als Komponist der ernsten Musik, als Dinosaurier in einer Zeit vor-
kommt, die eher nach dem Event, nach den Verkaufszahlen oder nach Musik der
Hausfrauen und Teenies schreit, daß man sich eher als Dinosaurier vorkommt, aber
nein: So ist es nicht! Ich denke, wenn man sich grundsätzlich auch im politischem
Denkmuster als Mensch eine Zukunft, als Menschheit eine Zukunft vorstellt, dann
hat auch die Kunst, also der Ausdruck des Menschlichen im allgemeinen ist ja nun
der Ausdruck innerhalb der Kunst, das heißt die Frage der Befindlichkeit, des Über-
lebens, der Fragestellung ‚Woher komme ich? Wohin gehe ich? Warum bin ich?‘. Das
sind die Grundfragen, sind die Metafragen, die notwendig sind, um überhaupt Kunst
in Gang kommen zu lassen! Wenn ich aber jetzt das Leben als solches bejahe, trotz
aller problematischer Zukunftsvisionen, technisch oder vieltechnischer Art, so gibt es
dann selbstverständlich auch eine Zukunft der Kunst, wie auch immer sie aussehen
mag! Dasselbe gilt für die Musik ebenfalls! Ich glaube schon, daß zu jeder Entwick-
lung auch eine Gegenentwicklung vorhanden ist, wenn wir im letzten Jahrhundert
eine Abkehr der klassischen Neuen-Musik erlebt haben, oft selbst verschuldet, si-
cher, zum Teil selbstverstummend, in einer gewissen Isolation verhaftet, so glaube
ich, daß wir als Gegenreaktion ein dort-, dahinzugehendes Phänomen haben werden.
Inwieweit eine formale Debatte, eine zähneknirschende, spezifisch deutsche Diskus-
sion des richtigen Weges, des Ausgrenzens, des Nicht-Toleranten, ob das der richtige
Weg hingegen sein wird, das bezweifle ich. **Ich glaube schon, daß die Toleranz,**
auch was die musikalische Sprache, was die Technik, die Rhetorik betrifft,
daß diese Toleranz das Maß auch der Zukunft sein wird. Denn die Zeit
entscheidet sowieso über gute, wichtige und lebenswerte, überlebenswerte
Werke und nicht die Kritik, schon gar nicht der Künstler selbst! *Also die*
Entscheidung trifft sowieso, wenn man so will, ein Gericht, dem der Künstler nicht

angehört. Und entweder die Kunst einer Zeit ist Ausdruck einer Zeit, dann wird sie auch bleiben[339]*, oder sie ist eine Fiktion, dann wird sie möglicherweise nicht bleiben, oder die Gesellschaft ändert sich in sich. Das sind allerdings auch wieder gesellschaftspolitische Überlegungen, die jetzt natürlich spekulativen Hintergrund haben. In der Richtung, denke ich, lassen sich keine wirklichen Aussagen treffen. Ich glaube allerdings, daß die Musik immer eine Zukunft haben wird, und auch die sublimierte, gedanklich orientierte, die den Sachen auf den Grund gehen will und nicht nur den unmittelbaren Effekt oder Affekt sucht, der sicherlich nicht nur abzulehnen ist, siehe Unterhaltungsmusik im weitesten Sinne des Wortes. Auch dort gibt es ja gute oder weniger gute Musik, auch Musik, die überleben wird, und andere, die offensichtlich schon nach einem Monat, einer Woche schon in Vergessenheit geraten ist. Also ich denke, diese paradigmatischen Ansätze von wegen ‚Was ist gut?‘, ‚Was ist weniger gut?‘, ‚Was ist notwendig, auch für unser Überleben?‘, stellt sich ja nicht nur in der Materialfrage, sondern stellt sich im gesamten Kunstwerk. Die Technik ist das eine, die Empfindung ist das andere, aber auch die Rezeption gehört dazu. So gesehen ist die Arbeit natürlich ein Teil der Rezeptionsgeschichte, und daher ist das sicherlich ganz spaßig gewesen.“*[340]

3.1.5. Erlebnis und Ideenwelt, dargestellt an Gerhard Schedls Einführung zu „...fremd bin ich eingezogen...“

Das Tanztheater – er sprach auch von seiner „Schubert Oper“ – ist als Psychogramm angelegt. Es heißt nicht, daß alle Bedeutungsinhalte für alle seine Werke Gültigkeit haben, aber als Überblick über seine stets dialektisch angelegte Ideenwelt ist der Text brauchbar. Denn diese Oper ist zugleich ein Psychogramm Schedls. Wenn überhaupt, dann ist die Ideenwelt seiner Instrumentalmusik in seine Opernkomposition eingegangen nicht umgekehrt.

„Mein Tanztheater ist kein Handlungsballett.

Das musikalische und dramaturgische Konzept basiert vielmehr auf der Idee, ein neues Tanz- und Musiktheater zu entwickeln, das, ohne eine herkömmliche Erzählstruktur zu übernehmen, ein Thema zum Inhalt hat, das nicht als Geschichte, sondern als Zustand beschrieben und ausgestaltet wird, gleichsam als ein vertanzter Seelenzustand, ein Psychogramm der Destruktion und seine Brechung ins Absurd-Parodistische.

---

[339]Lachenmann hat an dieser These bei anderen Komponisten immer entgegnet, daß z.B. die Musik des späten Bach ihrer Zeit eher fremd gewesen sei und deswegen Musik nicht notwendigerweise Ausdruck ihrer Zeit zu sein brauche, um zu überleben. Dann wäre allerdings nach Schedls Auffassung der späte Bach eine Fiktion, sie war ja auch verschwunden, nur ein Gesellschaftswandel brachte sie wieder ans Tageslicht. Anm.d.Verf.

[340]Gerhard Schedl im Gespräch mit Roman Pawollek. Interview aus dem Jahr 1998, Manuskript und Minidisc, Frankfurt am Main 1998

Das Thema lautet:

‚Die Melancholie des Seins - (ein österreichisches) Psychogramm(?)‘

‚oder Elegie und Parodie‘

Die Ambivalenz der Gefühle – ‚Himmelhoch jauchzend, zu Tode betrübt‘ – bestimmt die Szenenfolge. Oder konkreter: ‚Denn alles, was entsteht, ist wert, daß es zu Grunde geht.‘ (Goethes Faust: Mephistopheles.)

Die formale Anordnung beruht gleichsam auf einer Abfolge von Bildern und Szenen, in zwei Akte gegliedert, die gleichsam in Gegensatzpaaren von Bewegung/ Tanz und textlich gestalteten Schauspiel- und Opernszenen verschmolzen werden.

Diesem Gestaltungskonzept entspricht die dialektische Anordnung -

Leben und Sterben, Tod und Liebe, Ernst und Satire,

Trauer und Ironie, Sehnsucht und Erfüllung,

Traum und Wirklichkeit, Gewalt und Leidenschaft

- der Lächerlichkeit preisgegeben.

Dem musikalischen Material liegen einige ausgewählte Lieder Schuberts zugrunde. Wesentlich ist hierbei nicht das Zitat, sondern vielmehr die Übernahme des musikalischen Gestus und seine intensive, atmosphärische Klangsprache.

Wie die Melancholie des Seins samt ihrer Todessehnsucht in der Musik Franz Schuberts exemplarisch dargestellt erscheint, so wird sie von mir als Metapher einer künstlerischen Befindlichkeit aufgenommen und dem Tanz, der Bewegung zugeordnet.

Dem gegenüber sind autonome Texte und Versatzstücke zeitgenössischer Autoren als ironisch-parodistische Brechung angeordnet. Sie stehen gleichsam als musiktheatralische Miniaturen, in Form von gesprochenen und/ oder gesungenen kleinen Episoden, der 'Schubert´schen Choreographie' gegenüber.

Mittelpunkt meines Interesses ist also nicht die Person Schuberts, sondern das elegische Moment seiner Musik. Es ist die permanente Variation einer Sehnsucht, die ihre Erfüllung in einer fast morbiden Traurigkeit und Todesnähe sucht:

Das Leiden an einer Welt voller Widersprüche als Überlebensstrategie.

Das Leiden und Erleiden als individuelles Künstlerschicksal.

Trauerarbeit als Kunstbegriff.

Der Topos von Mythos, Religion, Gewalt, Eros und Sexualität.

Die musikalische Dramaturgie beruht einerseits auf einer Zitat- und Collagetechnik, sowie auf einer Verfremdungstechnik Schubert'scher Originaltextur und andererseits aus Zitaten eigener, dramaturgischer adäquater Originalkompositionen, die zusammen mit den Schubert'schen Zitat- und Collagenteilen in die neu komponierte Partitur miteinfließen und sie letztlich auch bestimmen.

Die Handlung

ist ein Psychogramm. Denn es gibt keinen logisch exakten Handlungsverlauf. Nur: ein Zustand – viele Facetten – eine gebrochene Persönlichkeit. Das gilt es zu erzählen, allerdings immer wieder unterbrochen durch die scheinbar sinnlose Konfrontation mit kurzen Versatzstücken, kleinen Theater- und Opernszenen, die die immer wiederkehrende Farce des Alltäglichen, des Absurd-Banalen thematisieren. Die Geschichte Schuberts ist keine biographische, vielmehr eine allgemein-abstrakte. Das Ausmaß äußerer und innerer Gewalt dagegen, das sukzessive Scheitern, die Vereinsamung und die letztendliche Flucht in den archaischen Mythos vom Totenreich, ist eine zutiefst persönliche Variante individuell-künstlerischer Bestimmung.

Die Hauptperson, um nicht Held zu sagen, Schubert also, die künstliche Künstlerfigur, geht diesen Weg. Er, der durch eine Typologie verschiedenster Wesensmerkmale determiniert erscheint, wird daher von einer Vielzahl von Figuren auf der Bühne zum Leben erweckt: da ist der Tänzer **Schubert** – die Hauptperson – im Widerstreit mit dem Sänger Schubert I (Bariton) – der musikalischen Hauptfigur –, sowie Schubert II (Tenor) und Schubert III (Sopran) in der Ambivalenz männlicher und weiblicher Wesensanteile.

Der Bilder- und Szenenverlauf beginnt in beiden Akten jeweils mit dem Eintauchen in ein klanglich-abgehobenes, assoziativ alpines, sehr statisch-zeitloses Ambiente der Introductionen I und II."[341]

Gerhard Schedl beschreibt seine dialektisch angelegte Ideen- und Erlebniswelt, die für ihn zugleich in österreichisches Psychogramm ist. Der Text ist so detailliert beschrieben, daß es keiner weiteren Ausführungen mehr bedarf.

3.1.6. Der Einfluß von Jazz und Rockmusik

Das wird wahrscheinlich für einen Aufschrei in der Schedl-Gemeinde sorgen. Der Einfluß der Rockmusik auf das Werk Gerhard Schedls ist nicht nennenswert. Schedl selbst bestand immer auf einer scharfen Trennung der musikalischen Gefilde. Auch wenn er sich gerne vor Studenten und Dozenten am Konservatorium als ehemaligen „Rocker" und Jazzmusiker stilisierte, spielte er doch in einigen Bands in seiner Jugend, so waren seine Leistungen auf diesem Gebiet nicht von Belang. Hier kann, wenn man einmal von vorwärtstreibenden Achtel- oder Sechzehntelketten absieht, kein Einfluß auf sein kompositorisches Schaffen gesehen werden. Auch der von Unkundigen in seiner Musik viel gerühmte Blues ist in der Art nicht vorhanden. Nur die Melancholie Schedls und ein paar nachschlagenden triolischen Rhythmen weisen auf den Blues hin, aber weder findet sich ein Blues-Schema, noch

---

[341]Gerhard Schedl, Mein Tanztheater ist kein Handlungsballett, Einführung im Programmheft zur U.A. der Oper „...fremd bin ich eingezogen" am Salzburger Landestheater 1997, S.5-6

„blue notes" oder der Dialog zwischen dem Blues-Sänger und seinem Instrument. Allerhöchstens findet man ihn als Kolorit.

Schedl wendet den Jazz auch nicht wie B.A. Zimmermann an, der ihn als Zitat bringt, oder rhythmische Momente isoliert.

Den Jazz bemüht Schedl in seinen Opern auch nur als Versatzstück, selten erotisierend, dabei auch ganz banal mit dem Saxophon, so in „Zwerge, Riesen, Menschenfresser". Er spielt damit auf die Banalität der Welt an. Die Mittel sind dabei ähnlich derjenigen Strawinskys. Schließlich hatte er sich ausgiebig mit Strawinsky beschäftigt und die Jazzadaption, sofern von ihr geredet werden kann, ist eine Strawinsky´sche. Adorno meint zu Strawinsky:

> „Die nahe Beziehung dieser Stufe des Ritualen in Strawinskys Musik und dem Jazz, der genau zur gleichen Zeit populär ward, ist evident. Sie reicht in technische Details wie die Simultaneität von starren Zählzeiten und unregelmäßigen synkopischen Akzenten. Strawinsky hat denn auch gerade in der infantilistischen Phase mit Jazzformeln experimentiert. [...] Anders als die zahllosen Komponisten, die durch Anbiederung an den Jazz ihrer Vitalität, was immer das musikalisch bedeuten mag, aufzuhelfen meinten, deckt Strawinsky durch Verzerrung, das Schäbige, Vernutzte, dem Markte Verfallene der nun seit dreißig Jahren etablierten Tanzmusik auf. Er nötigt gewissermaßen ihren Makel, selber zu reden, und verwandelt die standardisierten Wendungen in stilisierte Chiffren des Zerfalls. Dabei eliminiert er alle Züge von falscher Individualität und sentimentalem Ausdruck, die zum naiven Jazz unabdingbar dazugehören, und macht solche Spuren des Menschlichen, wie sie in den von ihm kunstvoll-brüchig zusammenmontierten Formeln überleben mögen, mit grellem Hohn zu Fermenten der Entmenschlichung."[342]

Gerhard Schedl wollte in der Tradition der europäischen Kunstmusik gesehen werden. Nehmen wir ihn also ernst, respektieren diesen Wunsch und nehmen den Einfluß von Jazz und Rockmusik nicht so wichtig.

---

[342]Adorno, Philosophie der neuen Musik, Gesammelte Schriften Band 12, 1. Auflage 1975, 7. Auflage Frankfurt am Main 1995, S.157, Fußnote 18

3.1.7. Zusammenfassung

Anhand der dargestellten Schedl-Zitate ziehen wir nun folgende Schlußfolgerungen zur Kompositionspraxis Gerhard Schedls und damit über Schedls Musik:

1. Schedl erwähnt die junge Generation der 70er Jahre und beruft sich als Vertreter der Folgegeneration auf sie. Stockhausen aber auch Ligeti bleiben im 1.Text nicht unerwähnt, was als Beweis für die Auseinandersetzung mit ihnen gewertet wird. Im Gesamtkontext betrachtet steht Schedl (nicht nur in der Notenschrift) in der direkten Nachfolge Erich Urbanners und der kritischen Reflexionsweise der zahlreichen Erscheinungsformen Neuer Musik. Dabei besteht für ihn die Notwendigkeit in der Auseinandersetzung mit den Techniken von Palestrina bis zum Serialismus, den er explizit benennt. Er steht ganz bewußt auch in der Wiener Tradition.

2. Schedls „Ausdruckswille" ist dabei aber größer als der „Konstruktionswille".[343]

3. Jede Komposition verlangt aber zur Stütze des Ausdruckswillens ein konstruktives oder dramatisches Konzept. Sein ästhetisches Konzept ist permanent dramatisch.[344]

4. Schedl strebt damit also eine radikale, expressiv-musikalische Sprache an, in der das Gleichgewicht von Ratio und Emotion, in einer strengen formalen Disposition und ein dem Stück entsprechendes Material eingebunden, höchste Priorität besitzt.[345] Dabei wird die Ratio zum Gradmesser des Wahrheitsgehaltes, zur Richterin darüber, ob das zu Sagende im formalen Kontext zwingend notwendig ist.

5. Er denkt in „Farbstrukturen und nicht in Formstrukturen."[346]

6. „Der Wille zur Gestaltung setzt die Sublimierung des Unterbewußten"[347] voraus. (Die persönliche Komponente der Musik Gerhard Schedls kommt überhaupt aus dem Unterbewußten. Seine Musik gibt Einblick in seine ureigensten Seelenlandschaften. Schedls Musik ist Alltagsbewältigung, ein Ventil, ohne das er wahrscheinlich schon viel früher gestorben wäre. Seine Musik gibt Einblick in seine ureigensten Seelenlandschaften. Dabei ist die Ideenwelt dialektisch angelegt und umfaßt alle menschlichen Seelen- und Daseinszustände von Leben und Sterben, Tod und Liebe, Ernst und Satire, Trauer und Ironie, Sehnsucht und Erfüllung, Traum und Wirklichkeit, Gewalt und Leidenschaft.[348]

---

[343]Schedl, Der formale Gedanke, S.116

[344]Vgl. Schedl, Musik ist eine Sucht.

[345]Vgl. ebda.

[346]Schedl, Der formale Gedanke, S.118

[347]Schedl, Musik ist eine Sucht.

[348]Vgl. Schedl, Mein Tanztheater ist kein Handlungsballett, S.5-6

7. Schedls Musik ist von der Lust geprägt, „Lust am expressiven Klang",[349] „Lust am Subjektiven"[350], an der „gesteigerten Dramatik"[351] und der „durchdachten Konstruktion, auch mit Zahlen"[352]. Zahlenkonstruktionen werden wie bei Bach, Schönberg und Berg gefertigt.

8. Schedl will „ins Herz treffen."[353] Die Musik ist an der Erfüllung ihrer selbst definierten Prämissen zu messen.[354] Der Wahrheitsgehalt liegt im Privaten und dient als Grundlage. An diesen Prämissen und nicht am Modernitätsgehalt soll seine Musik gemessen werden.[355]

9. Schedl ist durchaus am Experiment interessiert, solange dies spielerisch als ein Erleben von Neuem stattfindet. Er ist allerdings dagegen, daß ein einmal durchgeführtes Experiment als abgeschlossen bewertet und nicht mehr durchgeführt werden darf.[356]

10. Schedl steht dazu, daß die Kunst auch als Utopie „menschlicher Träume und Hoffnungen"[357] verstanden wird.

Die Thesen ließen sich zu einer einzigen Frage zusammenfassen: Wieso soll man das Experiment mit musikalischem Material betreiben, wo das Experiment „Leben" so viel Material zum komponieren liefert?

---

[349] Gerhard Schedl: „Slow", Musik für Violoncello und Orchester, in: Neue Musik aus Österreich II, Edition Zeitton, CD-173, ORF 1998, CD-Booklet, S.22

[350] Schedl, Der formale Gedanke, S.15

[351] Gerhard Schedl, „Slow", Musik für Violoncello und Orchester, in: Neue Musik aus Österreich II, ebda., S.22

[352] Schedl, „Slow", Musik für Violoncello und Orchester, in: ebda., S.22

[353] Vgl. Schedl, Musik ist eine Sucht.

[354] Vgl. ebda.

[355] Vgl. ebda.

[356] Vgl. Gerhard Schedl, in: Roman Pawollek, Interview mit Gerhard Schedl

[357] Schedl, Der formale Gedanke, S.114

3.2. Stimmen über das Werk Gerhard Schedls

Es gibt leider insgesamt nur sehr wenige Stimmen über das Werk Gerhard Schedls. Ein weiteres Problem ist, daß vorhandene Artikel nur schwer zu recherchieren sind und im Archiv Schedls überwiegend Rezensionen zu Stücken vorhanden waren, die hier nicht behandelt werden. Schedl hat zwar einiges an Material darüber aufbewahrt, allerdings gibt es darunter Artikel, die wenig oder nur sehr bedingt etwas zum Werk Schedls insgesamt aussagen. Auch wiederholen Rezensenten oft nur das, was Schedl selbst in seinen Programmeinführungen schrieb. Deswegen soll dieser Abschnitt nicht als Aufzählung oder Auflistung von Artikeln über Gerhard Schedl verstanden werden und auch kein Abbild von Gerhard Schedl und seinem Verhältnis zum oder seine Präsenz im Feuilleton der 80er und 90er Jahre darstellen. Vielmehr ist der Abschnitt als Einstimmung auf das Werk Schedls zu verstehen.

Peter Revers zur dritten Symphonie:

> „Die Transparenz der musikalischen Faktur wird auch durch die außerordentliche differenzierte, manchmal an Debussy erinnernde Instrumentation unterstrichen."[358]

Peter Cossé meint zur Uraufführung von Glaube Liebe Hoffnung:

> „Es ist keine Musik, die ein Orchester an der Grenze seines Artikulationsver-mögens als absolute Novität aus der Taufe heben muß. Eher handelt es sich um Recherchen des Vorhandenem in geschmeidigen Brechungen mit dem Heutigen und in weiser Voraussicht einer gewissermaßen gerade erwachenden Unverwechselbar-keit."[359]

Und Walter Eidringer berichtet:

> „Gerhard Schedl war Musikdramatiker. Nicht deshalb, weil Opern in seinem Schaffen eine prominente Rolle einnehmen – das allein würde nämlich nicht reichen. Sondern vielmehr deshalb, weil seine Musik menschliche Erlebnisse und Gefühle in exemplarischer Weise zu überhöhen und verstärken vermag. Wo Schedls Töne erklin-gen, ereignet sich Theater: In einem Amalgam aus Mitteilungsverlangen, aufrütteln-der Dringlichkeit und Unmittelbarkeit der Aussage werden uns rare Glücksmomente und noch mehr Defizite menschlichen Daseins und Zusammenlebens vor Augen und Ohren geführt – gespeist von einer Musik, deren Ausdrucksgewalt sich ebenso wenig einengen lässt, wie sie sich an stilistische Grenzen hält. Wenn Schedl ins Innenle-ben seiner Figuren leuchtet und ihre Emotionen nach außen kehrt, können dabei durchaus Anklänge an die Musikgeschichte hörbar werden. Mit Beliebigkeit oder

---

[358]Peter Revers, *Verinnerlichte Eruptionen. Gerhard Schedls dritte Symphonie*, in: ÖMZ, 47\1992 Heft 1, S.25

[359]Peter Cossé, *Milieu-Studie per Totentanz. Glaube Liebe Hoffnung – Gerhard Schedls Oper in Salzburg uraufgeführt*, in: ÖMZ, 49\1994, Heft 1, S.59f.

Montage hat das nichts zu tun, vielmehr mit der präzisen Darstellung der jeweiligen Gefühlswelt und -situation, zumal Schedl ein feines Sensorium dafür entwickelt hat, nicht den jeweils plakativsten, sondern eben effektivsten ‚Effekt‘ zur Expression zu nützen. Das alles sichert seiner Musik eine unmittelbare Verständlichkeit, von der man sich im Juli 2007 auch an der Hamburgische Staatsoper wird überzeugen können[...]“[360]

---

[360]Walter Eidringer, „Die Welt ist aus den Angeln“ GERHARD SCHEDL: KAMMERO-PERN–PREMIEREN 2007, Pierre et Luce und S.C.H.A.S.: zwei Werke aus Gerhard Schedls Kammeropern-Triptychon an der Hamburgischen Staatsoper und der Neuen Oper Wien, in klangpunkte, Herbst 23 | 06, Doblinger Verlagsnachrichten, Wien München 2006, S.4

Teil II.
Analysen

„Kunst ist der Notschrei jener, die an sich das Schicksal der Menschheit erleben. Die nicht mit ihm sich abfinden, sondern sich mit ihm auseinandersetzen. Die nicht stumpf den Motor ‚dunkle Mächte‘ bedienen, sondern sich ins laufende Rad stürzen, um die Konstruktion zu begreifen. Die nicht die Augen abwenden, um sich vor Emotionen zu behüten, sondern sie aufreißen, um anzugehen, was angegangen werden muß. Die aber oft die Augen schließen, um wahrzunehmen, was die Sinne nicht vermitteln, um innen zu schauen, was nur scheinbar außen vorgeht. Und innen, in ihnen, ist die Bewegung der Welt; nach außen dringt nur der Widerhall: das Kunstwerk.“

Arnold Schönberg, „Frühe Aphorismen“[361]

Diese Studie beschränkt sich auf die Werke Schedls, die seiner neuen Ästhetik ab 1987 folgen. Zum Verständnis dieser Studie ist es unerläßlich, einen Blick in die Partituren zu werfen, um die Analysen der Werke nachvollziehen zu können. Analyse heißt Vorgänge beschreiben und festhalten. Beschreiben kann man nur, was man sieht oder hört. Durch Analyse soll sich der Inhalt offenbaren und anhand der erzählenden Beschreibung vermittelt werden, was musikalisch geschieht. Ziel müßte sein, zu sagen, *„Was es ist“*, nicht „wie es gemacht“ wurde, wie Arnold Schönberg einmal forderte.

> „...die ästhetischen Qualitäten erschließen sich von da aus nicht, oder höchstens nebenbei. Ich kann nicht oft genug davor warnen, diese Analysen zu überschätzen, da sie ja doch nur zu dem führen, was ich immer bekämpft habe: Zur Erkenntnis, wie es *gemacht* ist; während ich immer erkennen geholfen habe, was es *ist*.“[362]

Das will diese Studie zeigen. Wenn Begriffe wie Siegel, Klangschleier oder ähnlich beschreibende Worte fallen, so sind das keinesfalls Vokabel Gerhard Schedls[363], sondern sie stammen von Constantin Floros.[364] Sie seien nur als Hilfe zum Verständnis dessen, was sich am gegebenen Ort ereignet, gemeint.
Dabei sollen exemplarisch Beschreibungsversuche unternommen werden: so gibt es eine Klangverlaufbeschreibung als zeitliches Band im Bratschenkonzert und eine formale Höhepunktbeschreibung als zeitliches Band im Violinkonzert. Auf die

---

[361]Arnold Schönberg, „Frühe Aphorismen“, zitiert nach Heinz-Klaus Metzger, L´art contre l´art, in: Musik-Konzepte Sonderband, Arnold Schönberg, München 1980, S.203

[362]Arnold Schönberg, Brief Nr.143 vom 27. Juli 1932, in: Arnold Schönberg, Briefe, hrsg. von Erwin Stein, Mainz 1958, S.179; zitiert nach Gerhard Schuhmacher, Notwendige Ergänzung. Ein Forschungsbericht, in: Wege der Forschung, Band CCLVII, Zur musikalischen Analyse, Darmstadt 1974, S.545

[363]Schedl war ein absoluter Analytiker. Er sah in allem, gleich einem Autisten, Muster. Jedes musikalische Werk, das er in Notenschrift vor Augen sah, wurde gleich beim Anblick seziert. Er äußerte sich aber nur selten auch über die ästhetischen Qualitäten. Man konnte als Schüler von seinen Analysen als Schüler bloß über den Eindruck bekommen, ein Stück bestünde nur aus der sich dahinter verbergenden Konstruktion. Später verstand der Autor, daß Schedl bei den Analysen den Zweck der Analyse vor Augen hatte. So wollte er im frühen Stadium des Kompositionsunterricht erst einmal Konstruktionen vermitteln. Erst in einem späteren Stadium wäre er auf ästhetische Qualitäten zu sprechen gekommen. Anm.d.Verf.

[364]Mehr dazu siehe unten. Der Begriff „Klangschleier“ ist ein Henselscher Terminus. Anm.d.Verf.

Semantik soll nach Möglichkeit genauso eingegangen werden wie auf das Konstruktive. Das Hauptaugenmerk liegt aber in der Klang-, Motiv- und Verlaufbeschreibung.

4. Orchestermusik

4.1. Die 2. Sinfonie

Wie die 2. von Bruckner den Grundstein für alle weiteren Sinfonien legt, so legt die 2. Schedls den Grundstein für sämtliche Werke bis zu seinem Tode. Bei Schedl kommt kein neues Vokabular mehr hinzu. Das Vorhandene wird verfeinert. Die große Tendenz der nächsten Werke wird in der Reduktion auf das Wesentliche liegen, soweit dies Schedl möglich ist, wobei der Höhepunkt dieser Entwicklung im Cellokonzert erreicht wird. Der Grundstein für die großen Instrumentalkonzerte und auch für die großen Opern wird gelegt.

Aber in den Sinfonien 2 und 3 ist formal einiges im Argen. Vor allem in der 2. fehlt der große Bogen, der, trotz der ausgewiesenen Materialverwandtschaft, alles zusammenhält. Das Stück zerfällt in seine, wenngleich doch sehr schönen, Momente. Vieles ist aus einem reinen Subjektivismus motiviert und weniger musikalisch nachvollziehbar.

Aber es sind gerade die problematischen Werke, man erinnere sich nur an das 1. Brahms´sche Klavierkonzert, die die Komponisten am meisten vorangebracht haben. Schedl wußte, wohin er gehen wollte. Für den Autor ergab sich bei der Analyse ein Glücksfall, der ihm zum Problem wurde: als die Analyse der ersten beiden Teile oder Sätze fertig war, fiel der Frau Jutta Schedl ein Referat Schedls über seine 2. Sinfonie in die Hände. Die Analyse des 1. Satzes mußte nun natürlich komplett überdacht werden, dabei war besonders ärgerlich, daß bereits sämtliche Notenbeispiele erstellt waren. Es wurde aber schnell klar, daß Gerhard Schedl nicht alles mitteilen wollte, denn die Verwandtschaft mit Baudelaires Text ging weit über ein bloßes Motto hinaus.

Nun wurde es zum Problem: Sollte die Analyse des Autors einfach dahingehend korrigiert werden, daß sie mit Schedls Ansichten übereinstimmte, oder sollten die Einsichten des Autors der vorliegenden Studie unverändert beibehalten werden? Der Autor hat sich für einen Zwischenweg entschieden: Die Ansichten Schedls unkommentiert öffentlich zu machen, die Einsichten des Autors ihnen gegenüberzustellen und wo der Autor Irriges annahm, korrigierte er es. Konnte man es aber auch anders sehen, wurde es so belassen. Durch Schedls Einsichten und durch die des Autors wird so zu einem tieferen Verständnis der 2. Sinfonie beigetragen. Es werden zunächst Texte Schedls und seines Kollegen Claus Kühnl zur 2. Sinfonie zitiert, anschließend wird Schedls Formanalyse dargestellt, zum Schluß folgt die Analyse des Autors der vorliegenden Studie. Schedls Notenbeispiele werden nicht im Faksimile abgedruckt, sondern der besseren Lesbarkeit halber wurden sie im Computer neu gesetzt.

4.1.1. Schedl und Kühnl über die Zweite

Unter den Arbeitsblättern Schedls fand sich die Einführung zum Programmheft durch Schedl und Claus Kühnl, zudem Anmerkungen aus einem Vortrag an der

Hochschule für Musik und darstellende Kunst, Wien.

Diese Arbeitsblätter werden hier, behutsam korrigiert, wiedergegeben:

„2. Sinfonie

UA: 22.10.1987 im Grazer Kongress/ Stefaniesaal

ORF-Symphonie-Orchester. Dirigent: Wolfgang Bozic

(Auftrag des ORF, Steirischer Herbst-Musikprotokoll)

Meine 2. Sinfonie liegt nun vor, und ich soll dazu eine Einführung schreiben, doch es wird für mich zunehmend unmöglich, neue Partituren von mir zu beschreiben oder gar zu erklären. Nur soviel: Die Musik der 2. Sinfonie ist außerordentlich persönlich erfunden – zwar nicht als Bekenntnis[365], sondern eher als Zustandsbeschreibung – , sie ist wie ein Teil von mir. Viel Unbewußtes und Verschüttetes habe ich freigelegt. Wie kann man so etwas denn außermusikalisch beschreiben, und wen interessiert schon Handwerkliches? Und was mir noch wichtiger erscheint – ‚Warum heute Sinfonie‘ –, kann ich in einer geschichtsorientierten Rezeption nicht rationell erklären. So habe ich meinen Freund und Kollegen Claus Kühnl gebeten, einige Zeilen zu schreiben.“[366]

---

[365]Im oben angeführten Text Schedls (Der formale Gedanke...) sagte Schedl genau das Gegenteil, daß er das Wort *„Sinfonie"* als Worthülse dessen, was das Werk einmal bedeutet habe, nämlich Bekenntniswerk, etc. verwende. [Anm. d. Verf.]

[366]Gerhard Schedl, Einführung zur 2. Sinfonie, im Programm der UA, entnommen dem Referat Gerhard Schedls über die 2. Sinfonie

Claus Kühnl über Schedls 2. Sinfonie

„Die 2. Sinfonie ist bereits das sechste sinfonische Werk Gerhard Schedls: nach den ‚Drei Miniaturen für Orchester' für großes Orchester und dem ‚Tango' für Orchester folgten die Sinfonie (1982) und das kürzlich uraufgeführte ‚Te Deum' für Soli, Chor und Orchester sowie die Poesie für Bariton und Orchester ‚...so zu Licht und Lust geboren...' (Hölderlin)

Seiner 2. Sinfonie liegt ein Text aus Baudelaires ‚Fleur du Mal' als Motto zugrunde:

Die Musik

...Ich fühle Leidenschaft und Qual in mir

erzittern...

Auf bodenlosem Grund.

Oft ist sie Spiegel, weit und flach, ich seh

darin,

Wie ich verzweifelt bin.

    Übertragung Carlo Schmid

Das Werk besteht aus drei nahtlos ineinander übergehenden Teilen

Elegie I - Quasi Marcia Funebre - Elegie II

Entscheidend ist bereits die dunkle Instrumentation: Schedl verzichtet auf Flöten und Violinen, was zu dem dunklen Charakter der Sinfonie beiträgt. Formal motiviert ist außerdem die Position der vier Trompeten als ‚Fernorchester'. Sie erklingen erstmals zu Beginn des Marcia Funebre (‚wie aus weiter Ferne') und intonieren vier terzverwandte Dreiklänge. Das Material dieser Klänge ist latent schon in der Elegie I vorhanden, in behutsamen Floskeln und Lineamenten, akkordisch geformt, wirken diese Klänge zu Beginn des Marcia Funebre wie eine Beschwörung. Im weiteren Verlauf gewinnen die vier Trompeten immer noch an Gewicht. Das Choralartige verschwindet nach und nach, die Strukturen werden einem Zersetzungsvorgang unterworfen, gleichzeitig wird der Trompetenklang (Abnehmen des Dämpfers) realer. Die Elegie II endet ‚leise und verzweifelt'.

Im übrigen gehört die Musik Schedls nicht zu den Werken zeitgenössischer Tonkunst, die sich nicht hörend erschließen würden, und so wollen wir dem Hör-Abenteuer nicht weiter vorgreifen.“[367]

---

[367]Claus Kühnl, Claus Kühnl über Schedls 2. Sinfonie, im Programmheft zur U.A., entnommen dem Referat Gerhard Schedls über die 2. Sinfonie

Gerhard Schedl, Anmerkungen zur 2. Sinfonie

(anläßlich eines Vortrages an der Hochschule für Musik und darstellende Kunst, Wien)

„Ähnlich meiner 1. Sinfonie (1982) habe ich die Form der Symphonie als einheitliches dramatisches Gebilde verstanden und sie daher als „Sinfonie in einem Satz" komponiert, allerdings mit einer typologischen Präferenz die alten Satzbezeichnungen – wie Allegro, Adagio, Scherzo, Finale – und ihren Charakter betreffend. Die Sätze gehen ineinander über und bedingen und entsprechen sich im musikalischen Material. So geschehen in der Anlage der Sinfonie (1982).

Ist die erste Sinfonie eher konventionell disponiert, so setzt in der zweiten ein radikaler Formansatz ein: ich habe die Partitur auf Grund der zur Erreichung notwendigen dramaturgischen Geschlossenheit in Form und Inhalt lediglich einen zentralen musikalischen Gedanken exponiert, von dem alles wichtige Material abzuleiten war. Selbst in der Dimension des Gegensatzes, des Kontrastes war die Grundidee konzentriert und die damit verbundene Grundstimmung in einer kontinuierlichen, freilich mehrgliedrig-rückbezüglichen Form, sodaß alles miteinander verklammert erscheint, vor allem durch variierte Motivpartikel und ihren Verarbeitungsmodellen. Diese Modelle sind entweder an der Intervallstruktur an sich gearbeitet, wie Transposition, Umkehrung, Abspaltung, Verknüpfung, Austausch oder Erweiterung, oder an rhythmisch-dynamischen Strukturen in Verbindung mit der verändernden Kraft der Instrumentation und der spezifischen Klangfarbe der exponierten Instrumente. So kann die architektonische Symmetrie der Fortschreitung der so miteinander verbundenen und sich bedingenden formalen Teilabschnitte die Dramaturgie einer radikalen Beschreibung der ‚persönlichen Sicht‘ der Dinge nicht nur unterstützen, sondern den Zustand der Zeitlosigkeit, der nicht exakten Bestimmbarkeit von Inhalten wie Traurigkeit, Sentimentalität, depressiver Weltschmerz wie auch Aggression und ohnmächtige Wut in komponierte, kontrollierte Zeit umwandeln.[368]

Das musikalische Grundthema, die Anordnung von vier terzverwandten Dreiklängen oder besser die Anordnung von vier Klangschattierungen einer einzigen Grundfarbe[n] des symbolischen Gestus – ist also das klingende Motto (siehe Baudelaire). Ein Motto aber kein Programm und so auch nicht wörtlich zitatfähig, vielmehr assoziativ ableitungsfähig. Es ist die expressive Farbpalette einer maximal gesteigerten Ausdrucks- und Bekenntnismusik[369] mit einer autobiographischen Dimension. Es ist das erste Mal, daß ich den Mut und auch die musikalischen Mittel dazu hatte.

---

[368] Dies unterscheidet die Neue Ästhetik von der Alten (der seriellen); Form und Material sollen nicht exakt bestimmbare Gefühlsinhalte jeglicher Art unterstützen. Es ist interessant, wenn man hier die Parallele zur *prima* und *seconda prattica* zieht. Als kehrten die gleichen Probleme zwischen objektivierender und subjektivierender Musik ständig über die Jahrhunderte wieder. Anm.d.Verf.

[369] Hier nun also doch Bekenntnismusik. Anm d. Verf

Der dreiteilige Formablauf meiner Sinfonie ist so vergleichbar dem immer wieder stattfindenden Drama der menschlichen Natur: Konflikt und Versuch einer Bewältigung.

Leise und unbestimmter Einsatz des Konfliktes im 1. Satz (Elegie I).

Zuspitzung im 2. Satz (quasi[e]) [sic!] Marcia Funebre – eine Vision des ,Dies irae' –, anfänglich noch zwischen brutalen Orchestereruptionen und einem Fernorchester (4 sordinierten Trompeten) pendelnd, zunehmend bestimmt vom Fernorchester; die Trompeten nehmen den Dämpfer ab, die Pauken werden 3-fach besetzt: der Traum wird zunehmend realer, es wird ein martialischer, in seiner Eigendynamik nicht mehr zu bremsender Trauermarsch, ja vielleicht ein ,Totentanz', der an seinem Kulminationspunkt zerbricht.)

Scheinbar ruhige, finale Entspannung im 3. Satz (Elegie II) – korrespondierend mit der anfänglichen Exposition – wird zur Resignation nach der Katastrophe und mündet in einen schlußendlich abgrundtiefen Seufzer, der ins Nichts versinkt."[370]

Schauen wir uns zunächst die Besetzung dieser 1987 komponierten Sinfonie an. Das der Sinfonie vorangestellte Baudelaire-Gedicht wurde bereits im vorigen Kapitel vorgestellt, so daß es hier nicht noch einmal zitiert werden muß:

---

[370]Gerhard Schedl: Vortrag über die 2. Sinfonie an der Hochschule für Musik und darstellende Kunst, Wien

Besetzung:
3 Oboen (Ob.)
2 Baß-Klarinetten
3 Fagotti (Fag.)
4 Hörner in F (Hrn.)
4 Trompeten in C (Trp.)
3 Posaunen (Pos.)
Baß Tuba (B.Tb.)
5 Pauken (Pk.): in As, d, es, e, g
Schlagzeug: 3 Spieler)
           2 zusätzliche Pauken in F, c (1. Spieler)
           Mitverwendung der Pauke in As (2. Spieler)
           große Trommel (gr. Tr.), kleine Trommel (kl. Tr.)
           großes Tam-tam, kleines Tam-tam
           großes Hängebecken,
           2 Stand-Toms (groß)
           Xylophon
           Marimbaphon
Klavier (Pft.)
Harfe (Hrf.)
10 Violen (Va.)   : in 2 Gruppen zu je 5 Spielern
9 Celli (Vcl.)   : in 3 Gruppen zu je 3 Spielern
6 Kontrabässe (Kb.) : in 2 Gruppen zu je 3 Spielern
                   (3. und 6. Kb. fünfsaitig)
Anmerkung: Die vier Trompeten sind getrennt vom Orchester zu plazieren;
entweder auf der Orgel Empore oder außerhalb des Orchesterpodiums

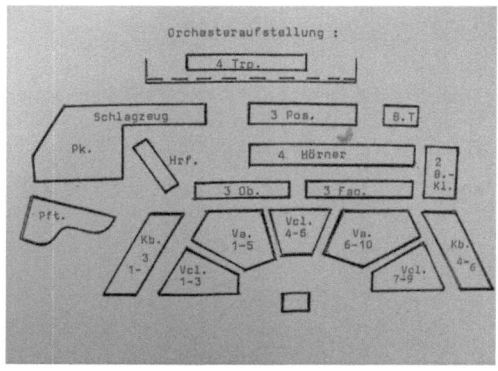

Orchesteraufstellung entnommen aus der Originalpartitur
© mit freundlicher Genehmigung des Musikverlags Doblinger Wien-München

Das Stück entstand im Auftrag des Österreichischen Rundfunks im Jahre 1987.

4.1.2. Analyse Gerhard Schedls

Es wird hier die Analyse Schedls anhand seinen Arbeitsblättern dargestellt. Das Faksimile ist im Anhang abgedruckt.

Auf dem 1. Arbeitsblatt finden sich eine großformale Analyse der ganzen Sinfonie und eine Formanalyse der Elegie I.

2. Sinfonie

Form: 3 - teilig	Elegie I - quasi Marcia funebre - Elegie II		
	A	B	A´
formale Proportion Takt: 1 - 93		94 - 249	250 - 319
Anzahl: 93	:	156	:	69

Anzahl: 93 : 156 : 69

(: 3   31 : 52 : 23) x 3

Gesamtproportion ≈ 3 : 5 : 2

Detailproportion ≈ 2 : 3 | 2 : 1

Schedl sieht also eine eine Dreiteiligkeit. Dann folgt auf seinem Arbeitsblatt eine Analyse der Elegie I.

Elegie I

a   b

Takte: 50   43

↓   ↓   ↓   ↓   ↓

$\lceil 18 + (1) + 7 \rceil$ $\lceil 17 + 7 \rceil$ | $\lceil 12 + 6 \rceil$ $\lceil 11 + 6 \rceil$ $\lceil +8 \rceil$

                                           $\{7 + 1\}$

Hauptgruppe | Seitengruppe | Climax/

                                           Überleitung

Harmonische
Grundtönigkeit: Es/E As→E || Es/E F/As || As/E As→E|As→E A/B || As→E/Es

                              |C| |C|

Auf dem zweiten Arbeitsblatt schildert Gerhard Schedl den Verlauf der Elegie:

Elegie I

Takt   Hauptgruppe

Takt	Hauptgruppe	
1-4	1.) Exposition der Klangfläche (Klang + Geräusch)	Bspl.1
	{ (tiefe Holzbläser/gr.Tr+2Tam+Pft+Hrf)	
5-6	Γ Erweiterung : Auffächern des Akkordes in den	Bspl.2
	sordierten Celli und geteilten Kb.	
7-10	╠ Exposition des zentralen musikalischen Gedankens	Bspl.3
	(1.Horn)	
	„Hauptmotiv"	
10-14	L Veränderung und Abbau der Klangfläche	
	(Flageolettakkord der Vcl/Kb in ad-lib-Glissando)	
14-18	╚ Exposition des Gegensatzes aus dem Hauptmotiv	Bspl.4
	(Solo-Cello)	
	(rezitative Fortspinnung)	
19	G.P.	
20-25	3 Akkordschläge (Transposition auf As) und	Bspl.5/6
	Exposition der	
26-27	ostinaten Baßtonfolge (in Transposition und	Bspl.7/8
	Grundform)	
	Exposition der Grundakkordfolge (Oboen) verbunden	
	mit Variation des „Hauptmotivs" (Solo-Cello)	
27-30	Entwicklung von polytonalen Strukturen (geteilte	Bspl.9
	Celli)	
31-36	Entwicklung von polyphonen Strukturen aus	Bspl.10
	Motivpartikel[n] und ihren Transpositionen	
37-43	Höhepunkt des 1. Abschnittes	
	Harmonische Anreicherung zum Vollakkord	Bspl.11
44-50	Rückentwicklung zur verkürzten Klangfläche	
	formale[s] Prinzip:	Taktanzahl
	Exposition der Hauptgruppe	18+(1)+7}26
	Entwicklung-Höhepunkt	17
	Rückentwicklung	7

Auf dem 3. Arbeitsblatt ist folgendes zu sehen:

Takt   Seitengruppe

Takt	Seitengruppe	
51-59	Chromatisches Baß-Ostinato [6\8]	Bspl.12
	Exposition einer melodischen 2-stimmig imitierten	Bspl.13
	Linie in den geteilten Bratschen (vorbereitet vom	
	1.Cello)	
60-62	3-taktiger Einschub (Rhyth., dyn. Crescendo in	Bspl.14
	Fermatenakk.)	
63-67	Verkürzte und veränderte Wiederholung	
68	Verkürzter und veränderter Einschub (Cresc. in	
	Fermatenakk.)	
69-70	1.Durchführungsabschnitt: ●)Baß-Ostinato wird	Bspl.15
	gedehnt (Pft)	
	●)Umkehrung des abwärts gerichteten	Bspl.16
	Ostinatos in sequenzierte Aufwärtsbewegung	
80-85	●)Engführung der Bewegungslinien	
	2.Durchführungsabschnitt: ●)Variante des ostinaten	Bspl.17
	Rhythmus	
	●)Hinzufügung des aufgespaltenen	
	Hauptmotivs (transponiert)	
85/86-	Höhepunkt (Climax) der Elegie	Bspl.18/19
-92		
93	Abbau und Überleitung. (Solo-Bratsche)	Bspl.20
	formales Prinzip:	Taktanzahl:
	Exposition des kontrastierenden Seitengedankens	12
	Sofortige[r] Abbau und Vermischung (Motivpartikel)	−6}18
	Durchführung, gleichzeitiger Aufbau des Höhepunktes	11+6}17
	Höhepunkt und Überleitung	7+1

Hier die Notenbeispiele Gerhard Schedls; Flüchtigkeitsfehler bei Notenwerten, die Schedl sehr häufig macht, wurden nicht verbessert:

Grundmaterial

(die Darstellungsweise und Fehler blieben unkorrigiert!)

Gerhard Schedl, Arbeitsblatt S.4

5

103

6

4.1.3. Analyse Daniel Hensels

Elegie I

ängstlich lauernd (wie mit erstickter Stimme schreien)

Analyse

Formanalyse

Sah Gerhard Schedl – wie oben beschrieben – in der Sinfonie eine Dreiteiligkeit aus Hauptgruppe, Seitengruppe und Climax\ Überleitung, so sind dem Autor bei der 1. Analyse ganz andere formale Zusammenhänge aufgefallen. Es ist fraglich, ob sie ihm bewußt waren. Da Gerhard Schedl ein chiffrierender Komponist wie Alban Berg war, ist diese Frage zu bejahen. Auch kann man deutlich drei Höhepunkte unterscheiden. Für die sanglichen Stellen werden wir in dieser Studie die Bezeichnung Kantilene benutzen als Charakterisierung eines Formteiles. Wir weichen ein wenig von Schedls analytischen Vorgaben ab, bzw. wir ergänzen einfach Schedls Selbstanalyse.

Wir erinnern uns, daß Schedl im oben angefügten Arbeitsblatt die Taktzahlen durch drei teilt und so zu Proportionsverhältnissen der Sätze zueinander gelangt. Daraus darf nicht geschlossen werden, daß in der Elegie alle 31 Takte ein neuer Abschnitt beginnt. Ein brauchbares Verfahren ist, einen Satz formal an dessen Tempovorzeichnungen zu untersuchen; dabei kommen wir zu folgendem Ergebnis:

T. 1-13 Viertel=60 *ängstlich lauernd (wie mit erstickter Stimme schreien)*, $\frac{4}{4}$ (Klangfläche\ Klangnebel, Hornkantilene, 1. Ausbruchsversuch)

T. 14-19 *lamentoso* (1. Cellokantilene)

T. 20-30 Grave, Viertel=48 (T.25 2. Cellokantilene)

T. 31-36 bewegter (*mit großer Intensität (molto rubato)*)

T. 37-42 Grave (1. Höhepunkt)

T. 43-50 Viertel=60 (Rückkehr zum Klangnebel)

T. 51-68 Achtel=72 [*leidenschaftlich aber nicht hasten, eher schleppend und zögernd!*], Sechsachteltakt (Ostinato und Kantilenenzwiegesang)

T. 69-79 *a tempo* Achtel=72

T. 80-84 *con fuoco* (*aber nicht schneller*) (2. Höhepunkt, 1. Überleitungssolo 1.Cello)

T. 85-93 *mit großer Leidenschaft* (3. Höhepunkt 2. Überleitungssolo 1.Vla)

Die Elegie ist im Prinzip aus drei großen Teilen gebaut: 1 Hauptkomplex bis Ziffer 4, ein Hauptkomplex von Ziffer 4-8 und einer von Ziffer 9-13. Schedl unterteilt diese Elegie in 13 Studierziffern. Diesem Problem, der Inkongruenz zwischen Tempobezeichnung und Studierziffer, die beide jeweils abwechselnd tatsächlich einen Formteil bestimmen, werden wir noch in der Analyse des Violinkonzerts begegnen. Schedl möchte, wie oben erwähnt, formal als Analogie zur Sonatensatzform als kontrastierendes Prinzip den Satz in Haupt- und Seitengruppe unterschieden wissen. Es ist die Frage, ob solche Bezeichnungen nicht Worthülsen wie sein Titel Sinfonie an sich sind, denn ohne seine analytischen Vorgaben sieht man ganz andere Zusammenhänge.

T. 5 Ziffer 1 (so als beginne diese Musik erst mit dem Eintreten der Streichergruppe)

T. 10 Ziffer 2

T. 14 Ziffer 3

T. 20 Ziffer 4
T. 25 Ziffer 5
T. 28 Ziffer 6
T. 37 Ziffer 7
T. 44 Ziffer 8
T. 51 Ziffer 9
T. 60 Ziffer 10
T. 69 Ziffer 11
T. 80 Ziffer 12
T. 85 Ziffer 13

Nach Schedls eigener Bezifferung zerfällt dieser Satz in 13 Teile. Die 13 als Unglückszahl beschäftigte Gerhard Schedl auch später wieder in den Shortcuts. Dadurch, daß das Stück in eine Dreizehnteiligkeit zerfällt, wird auf den Unheilscharakter der Musik hingewiesen. Allerdings besteht der erste Satz des Baudelaire-Gedichts in der deutschen Übersetzung aus dreizehn Silben. Hier findet sich also eine Kongruenz: „...Ich fühle Leidenschaft und Qual in mir erzittern...". Darin liegt also bereits der Schlüssel nicht nur zum Verständnis der Elegie, sondern auch zu deren Form. Die 13 war für Schedl eine Unglückszahl, geradezu der Inbegriff des Teufels. Historisch begründet ist dieses Zahlenverständnis der Zahl 13 nicht, eher soziokulturell, da eigentlich erst in unseren Tagen die 13 als Unglückszahl assoziiert wird. Im Verhältnis zum Text ist dies jedoch stichhaltig: Das Gedicht entstammt ja den Blumen des Bösen. Es geht im ganzen Zyklus um die Lust am Ekel und Bösen im Gegensatz zur Tugend und Schönheit.

Schedl sprach immer davon, daß er bei einem Stück leiden müsse, wenn er komponiere. Auch das Stück würde an seiner Formgebung leiden. Dies könnte mit tief verankerten theologischen Gedankengängen zu tun haben und ist nachvollziehbar, da Schedl katholisch erzogen wurde und eine Zeit lang nach Aussagen seiner Ehefrau auch sehr gläubig war. Jeder Formungsprozeß ist aber an sich bereits ein Leidensprozeß. Denn nach jüdischer Auffassung ist Gott an sich eine Einheit, die sich in der Schöpfung wegschenkt, sich als Einheit in der Vielheit schaut, sich in der Vielheit aber in Form bringt und damit leidet.[371] Genau das passiert auch im kompositorischen Schöpfungsprozeß. Der Komponist schenkt sich weg, bringt seine Gedanken in Form, er bringt sie damit ins Leiden. Gerhard Schedls Gedankengänge waren sicherlich tiefer, als daß dieses Leiden nur eine Beschreibung seiner Depressionen gewesen wären. In Alban Bergs Lyrischer Suite wiederum erleidet die Reihe durch Tonumstellungen ein Schicksal, was dem programmatischen Hintergrund entspricht. Es ist nicht nur der Komponist, der im Schaffensprozeß leidet, die Töne und die Form leiden mit. Anderseits sprach Gerhard Schedl freilich auch davon, sensibler auf die Umwelt zu reagieren und durch die aufmerksame Beobachtung der Welt an dieser zu leiden. Das Leiden kann also mehrere Bedeutungsebenen haben.

---

[371]Vgl. F. Weinreb, Die jüdischen Wurzeln des Matthäus Evangeliums, Weiler im Allgäu 1991, S.60ff.

Substanzanalyse und Verlaufbeschreibung

Hauptgruppe

Was später im Cellokonzert formbildend wirkt, ist ein Phänomen, das man als „Klangschleier" bezeichnen kann: eine klangfarbliche Idee, die als Grundierung wirkt, aber auch formbildenden Charakter hat. Sie ist in diesem Stück bereits so vordefiniert, daß das Cellokonzert wie eine Rückbesinnung auf ein älteres Konzept, bzw. das Aufgreifen einer alten, aber nicht zur Gänze durchgeführten Idee gesehen werden kann. Gerhard Schedl nannte dieses Phänomen schlicht eine Klangfläche[372], doch scheint dieser Begriff bald zu beliebig, zu wenig charakteristisch. Beide Stücke, die zweite Sinfonie und auch das Cellokonzert, beginnen mit dem tiefen Es. Nur daß die Sinfonie aus dem „Klangschleier" heraus entsteht, der „Klangschleier" des Cellokonzertes aber nach der Introduktion aus einer Explosion heraus übrigbleibt. Führt nun in der 2. Sinfonie der Schleier als sich verdichtende Wolke zur Explosion, ist er im Cellokonzert das Resultat daraus. Schedl betrachtet den nun zu beschreibenden Komplex als Hauptgruppe.

Der „Klangschleier"[373] gleicht einer Klangwolke, aus der heraus das Stück Konturen annimmt. Ein Schöpfungsprozeß aus dem Nichts heraus entsteht. Die Baßklarinette bringt auf Zählzeit-Drei im pp eine Trillerfigur e-d-e, die 2. eine Trillerfigur d-es, die Fagotte halten in der Zwischenzeit von oben nach unten gelesen ein G, ein Es, und das 3. Fagott formuliert diese Töne als Sextole Es-E-Es-D-E-Es aus. Schedl beschreibt diese Figur ganz nüchtern als Grundmotiv. Man kann diese Sextole aber getrost als „Urmotiv" bezeichnen. Denn sie ist es, die sich aus der „Ursuppe"=Klang herausformt. Schedl beschreibt einen evolutionären Prozeß:

Das Ausblenden geschieht so, daß die 1. Klarinette in Takt 2 das e eine halbe Note lang ins Nichts verklingen läßt, die zweite Baßklarinette auf Zählzeit-Eins

---

[372]Gerhard Schedl hat uns von diesem Phänomen in seinen Kompositionen nie berichtet! Er erwähnte nur die Grundierung in der Malerei. Schedl berichtet zwar in seinen Skizzenblättern von einer Klangfläche, aber daß sie bis in das Soloinstrument reicht und die gesamte Komposition als Grundierung durchzieht, ist die Entdeckung des Autors der vorliegenden Studie. Das Phänomen hat sich dem Autor durch eingehende Analyse selbst erschlossen! Weil die Klangfläche sich wie ein Schleier zu verbergen, hervorzubringen und die anderen zu umhüllen weiß, wird sie vom Autor der vorliegenden Studie in den Analysen „Klangschleier" genannt. Anm.d.Verf.

[373]Was nicht untersucht werden konnte, ist die Beziehung dieses Phänomens zu Bruckners Streichertremoli. Schedl hat sich in seiner Jugend intensiv mit Bruckner auseinandergesetzt, so daß der Gedanke nicht zu weit hergeholt erscheint, daß das Brucknersche Tremolo eine Ursache für den Klangschleier sein könnte. Anm.d.Verf.

von Takt 2 bereits pausiert, das 1. Fagott in Takt 2 nur eine achtel Note lang gehalten wird, das 2. Fagott zusammen mit der 1. Baßklarinette verklingt und das 3. ebenfalls in Takt 2 bereits pausiert. Darunter liegt eine im **pp** wirbelnde große Trommel, ein großes und kleines Tamtam ebenfalls wirbelnd sowie ein Klavier, das mit Paukenschlägel über die Saiten reibt, und eine Harfe, die mit den Fingerkuppen über die Töne D-Es-Fes-G streicht. Es folgt eine kurze Zäsur, bei der dann nur große Trommel und kleines Tamtam übrig bleiben, in T.4 auf Zählzeit-Drei setzen dann wieder Klavier und Harfe ein, im Folgetakt dann mit Dämpfern versehen die Celli, die zwar an Tonmaterial nichts neues bringen, dafür aber das Glissando einführen. Im darauffolgenden Takt setzt dann die Kontrabaßgruppe ein, die ebenfalls neue klangfarbliche Elemente mitbringt. Das Glissando wird nun im Pizzicato ausgeführt, und der 6. Kontrabaß tremoliert auf dem E am Steg. Die Einsätze der Streicher selbst sind wieder sehr subtil: das 4. Cello setzt mit Es in T.5 auf Zählzeit-Eins-und aber mit leichtem Akzent im **pp** ein, das 5. mit D auf Zählzeit-Vier, das 6. auf Zählzeit-Drei mit Es. Das Sforzato in T.6 auf Zählzeit-Drei geht einher mit dem Pizzicato der Kontrabässe und dem neuen Einsatz der Holzbläsergruppe. Der 1. Kontrabaß setzt in T.6 mit g ein, 2.-5. kommen wie gesagt auf Zählzeit-Drei mit einem Pizzicatoakkord, der glissandieren wird, und der 6. setzt auf Zählzeit-Drei mit dem Tremolo auf E am Steg ein.

Diese genaue Beschreibung soll aufzeigen, daß wir es bereits hier zwar mit einem großen Klangnebel, „Klangschleier" oder einer großen Klangfläche zu tun haben, die aus vielen kleineren Schichten oder Flächen ent- und besteht. Diese Klangflächenkomplexe sind Formkomplexe im Sinne der statistischen Form,wie sie von Stockhausen anhand der Musik von Debussy und Webern beschrieben wurde. Denn für sich genommen sind sie ereignislos, bilden aber Analogien, unterschieden durch unterschiedliche Instrumentierung oder Dichte. In der Aufeinanderfolge dieser Komplexe entsteht aber wieder das traditionelle dynamische Form-Modell. Denn der Formablauf Schedls ist ein dramatischer. Schedl betrachtet Form immer auch als gestaltete Zeit.

Nun geschieht etwas in diesem Komplex völlig Neues: in T.7 setzt mit dem Es1 das 1. Horn solo mit der Vorschrift *dolendo* ein. Es findet sich hier übrigens ein Schreibfehler Schedls: normalerweise müßte es in T.8 doppelpunktierte Halbe plus Sechzehntelpause plus Zweiunddreißigstelpause plus Zweiunddreißigstel heißen. Hier steht allerdings nur eine Sechzehntelpause und es folgt die Zweiunddreißigstel. Diesen Fehler setzt er auch konsequent auf dem Arbeitsblatt fort:

Nur in der Solostimme wird sehr subtil komponiert: das Horn setzt in T.6 offen ein im **pp**, um dann den Ton zum gestopften Ton hin zu transformieren, eine kurze Atempause und ein Sforzatissimo-Akzent auf dem offenen d bringen uns nach einer kurzen Zäsur auf ein g1, das dann crescendiert und dabei ein wenig glissandieren soll. Dabei geht dann dieses g1 in T.10 auf das e1 ins **pp** subito, diese Kantilene ist von großer Wirkung, sie setzt einige neue Momente frei: die Pauke gewinnt aus dem Wirbel heraus eine rhythmische Struktur, die Streichergruppe bildet eine Flageolettklangfläche, die dann einen Takt vor Ziffer 3 in zwei Richtungen wegdriftet. Sie wird folgendermaßen gebildet: die Kontrabässe (alle Kontrabässe spielen arco) 2 und 4 bilden die erste Gruppe: der 2. setzt mit einem Quart-flageolett auf G (alle Kontrabässe in der Analyse bereits um eine Oktave abwärts transponiert) ein, der 4. mit einem natürlichen auf g. 3., 5., und 6. Kontrabaß setzen auf Zählzeit-Drei ein: 3. Kb mit einem Quintflageolett auf G, 5. mit einem natürlichen Flageolett d, 6. mit einem natürlichen Flageolett e. Die Celli verhalten sich ein wenig anders: 4., 5. und 6. Cello setzen ohne Dämpfer auf Zählzeit-Vier von T.10 ein. Das 4. Cello mit einem Quintflageolett As\es, das 5. mit einem Terzflageolett C\ E und das 6. mit einem es, *sul ponticello* gespielt, wozu sich noch ein d in T.13 gesellt und dann tremolierend crescendiert wird. Das 4. und 5. Cello glissandieren nach oben, das 4. im Doppelflageolett und das 5. mit einem Flageolettglissando auf der C-Saite, die Kontrabässe glissandieren ebenfalls, aber abwärts, die natürlichen Flageoletts entsprechend ihrer Saite, der 2. Kontrabaß mit seinem Flageolett-Ton, sie werden alle nacheinander ausgeblendet. Nach T.14 wird die Klangfläche aus Klavier und Harfe aufgegeben. Schedl betrachtet dies als Abbau[374] der Klangfläche.

Überhaupt sieht er insgesamt drei Expositionen, nämlich eine der Klangfläche, eine Exposition eines *„zentralen musikalischen Gedankens"*[375] und die eines *„Gegensatzes aus dem Hauptmotiv"*.[376]

Eine neue Klangfarbe tritt durch den Beckenwirbel hinzu, wodurch dem Klang nun deutlichere Konturen gegeben werden. An Tönen ist bisher nichts weiter hinzugekommen. Da setzt bei Ziffer 3 das 1. Cello solo ein und bringt eine typische Schedl´sche Kantilene, die im Rhythmus ein auskomponiertes Rubato darstellt, aber dabei ganz gezielt mit den bisherigen Tönen und Intervallen umgeht. Diese Stelle nimmt natürlich Bezug auf die Hornkantilene. Die Cellokantilene ist mit *lamentoso* überschrieben. Schedl betrachtet sie als Gegensatz zur Klangfläche:

Diese Cellokantilene, die für das gesamte Stück eine große Bedeutung hat, wird gebildet aus der großen Terz Es\ G und der kleinen E\ G. Der Ton „Es" steht

---

[374]Schedl spricht grundsätzlich über musikalische Komplexe, die die Spannung abbauen, vom „Abbau". Anm.d.Verf.

[375]s.o.

[376]s.o.

bei Schedl immer für den ersten Buchstaben seines Nachnamens und „G" für den ersten Buchstaben seines Vornamens. Das ist bei allen Werken der Fall.

Es folgen die Komplementärintervalle Fis\ d und F\ d, wobei sich im G und anschließend im d eine rhythmische Intensivierung vollzieht. Schedl berichtet in seinem Arbeitsblatt bei Beispiel 4, daß die Tonhöhen der chromatischen Ausfüllung von d-g, wie in Beispiel 1 seines Arbeitsblattes entsprechen. Die rhythmische Intensivierung geschieht durch ein auskomponiertes Accelerando, ein typisches Phänomen in der Musik Gerhard Schedls, das uns überall begegnet. Es mündet in einer ebenfalls typischen Figur, nämlich einem *Saltando*. In späteren Werken macht es Schedl so, daß er *saltando* mit *glissando* kombiniert, hier erfolgen sie noch nacheinander. Auf Zählzeit-Vier-und-des T.17 setzt auf dem durch ein Glissando erreichtes d2 (Flageolett auf der G-Saite!) die Harfe mit ihrem d2-Flageolett colla parte ein. Das Cello verklingt *morendo*. Der nächste Pausen-Takt gleicht einer Ruhe vor dem Sturm. In T.20 setzt mit Ziffer 4 der Grave-Teil ein. Dieser wirkt sehr brutal: Das rührt vor allem durch das kl.Tamtam, mit Glockenhammer gespielt, den Schlägen im Klavier – mit der Hand abgedämpft – und den Sforzato-Akzenten in den Hörnern mit Dämpfer versehen her.

Der Klang wirkt höchst überraschend. Vorbereitet war dieser Klang übrigens schon im Flageolett-Feld der Streicher in T.10! Aber durch die Instrumentation ist er in seinem Ausdruck erschreckend. Eines erwächst stets aus dem andern. Dieser Komplex mündet in eine Vierklangfigur, die eigentlich einen Mollseptakkord mit großer Septime beschreibt. Das cis ist allerdings enharmonisch zum des verwechselt, die Figur wird in T.24 um eine große Sekunde aufwärts transponiert. Diese Figur (des1-a-f-d-es1-h-g-e) findet sich in den Baßklarinetten und den Posaunen und erhält perkussive Konturen durch die Harfe. Gleichzeitig wird sie in der Streichergruppe verschwimmend durch unterschiedliche Rhythmisierungen, Glissandi und Tremoli instrumentiert.

Wie auf dem oben erwähnten Arbeitsblatt Schedls, leitet er in Bsp.6 diese Figuren vom vorangegangenen Akkord ab. Der kompositorische Hintergrund ist die Erweiterung der Intervalle von der kleinen Sekunde des Anfangs bis zum gebrochenen Vierklang bestehend aus verminderter Quart, großer und kleiner Terz. Die Sexten des vorhergehenden Cellosolos sind als Terzen, nicht als auskomponierte Sexten zu betrachten. Jedenfalls ist der Komplex der Vierklangfigur so etwas wie ein erster Höhepunkt und beschleunigt sich. In die absteigende Brechung kommt zudem eine aufsteigende, dieser Komplex reißt dann ab. Die aufsteigende Figur es-g-h-d wird vom Klavier in Oktaven in Diskantlage, der Violen und von den Celli 4-6 gebracht. Durch das Klavier bekommt die Instrumentation etwas Groteskes. Im nächsten Beispiel wird die absteigende und die aufsteigende Figur schematisch dargestellt. Schedl nennt diese Achtelfigur die „*Grundfolge*"[377], gewonnen aus dem „*Grundmotiv*"[378], dessen Ursprung die „*Grundakkordfolge*"[379] ist:

Der Zielpunkt der Entwicklung ist ein erneutes Cellosolo im Grave-Tempo, das sich wieder schmerzvoll aussingt. Dies ist die Ziffer 5. Es kommt allerdings an Intervallik nichts Neues hinzu, jedoch bekommen wir eine stabilere tonale Grundlage, denn die Oboen formulieren eine Kette von einem Es- (wahrscheinlich) Dur, H-Moll und g-Moll, gleich einem Siegel.

---

[377]s.o.

[378]s.o.

[379]s.o.

Schedl bezeichnet dies als Exposition der Grundakkordfolge. Wir führen auch für die weiteren Analysen als Charakteristikum die Bezeichnung des Siegels ein. Diese Kette ergibt in ihren Grundtonfortschreitungen wieder den Mollseptakkord mit großer Septime oder einen sukzessiven Wechsel von Großterzgang, Großterzgang und Kleinterzgang. Horizontale und Vertikale entsprechen sich, die Harmonik ist aus der Intervallik abgeleitet. Damit ist die Tonalität des Siegels, das nochmal vorkommen wird, gerechtfertigt. Das Cello soll *doleroso*[380] mit sehr intensivem Ton vortragen:

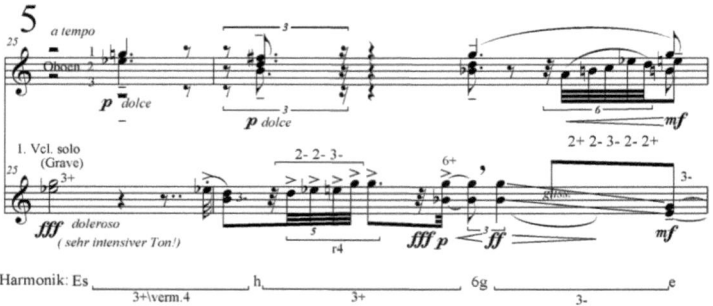

© Musikverlag Doblinger

Die Takte 27-30 sind eine Art Reflexion über diese harmonischen Vorgänge in den Celli. Auf dem g-Moll kommt es zu einem Aufbäumen des 1. Cellos (*mit äußerster Kraft*) mit den typisch Schedlschen Espressivo-Repetitionen, die im Folgetakt von den weiteren Celli aufgenommen werden. Es kommt dann ab T.31 *bewegter* zu einem Klangfeld, das an Ligeti erinnert: Es besteht aus Clusterbildungen, aus zunächst kleinen und in T.32 auch aus großen Sekunden und bildet damit eine Brücke zum Klang des Anfangs. Dabei wechseln die Celli ständig zwischen *sul pont.* und *nat.* hin und her, was einen beständigen Wechsel der Klangfarbe von matt bis metallisch schimmernd beschert. Das 1. Cello spielt dagegen eine Kantilene, die von seinen Soli herstammt und welche in T.34 von der 1. Oboe zumindest beantwortet wird. Durch die Celli 4-6 kommt es in T.32 zu einem klanglichen Einblenden des Ganztonakkordes[381] (von oben nach unten) fis\ d\ B\ Es, der dann im Wechsel von Einblendung und Repetition in Zweiunddreißigsteln gebracht wird und sich ab T.34 in Akkordbrechungen, die ab T.35 nach oben glissandierend, auffächert. Das alles bei zunehmender Dynamik. Es ist also das Spannungsverhältnis Ganzton gegen Halbton, das Feld wird dabei dichter, dann wieder ein spontanes Abreißen und Liegenbleiben des g3 im 1.Cello, siehe Bspl.10.

Man muß sich einmal vor Augen führen, welch eine hohe Lage dies für das Cello ist! Beantwortet wird dieses g3 vom besagten Ganztonakkord auf E, der um das

---

[380]Schedl schreibt *doleroso* statt *doloroso*. Anm.d.Verf.

[381]Schedl betrachtet ihn von vornherein anders, nämlich vollständig laut seinem Arbeitsblatt, allerdings wird der Akkord erst sukzessive Erweitert, so daß das Ohr ihn zunächst als Ganztonakkord wahrnimmt. Anm. d. Verf.

c erweitert wurde. Einen Takt nach Ziffer 7 wird der Akkord um das f1 erweitert, wodurch die Ganztönigkeit aufgegeben und der Akkord dissonanter wird. Dieser Akkord crescendiert und wird ab T.40 umgeformt und dissonanter. Auf Zählzeit-Drei von T.42 auch ist die dissonanteste Form per Fermate ausgehalten. Der Akkord kann dem Schedl-Arbeitsblatt S.5, Beispiel 11 entnommen werden.

Dies ist der 1. Höhepunkt. Es schält sich wieder eine Linie im 1. Cello heraus, die vom 1. Kontrabaß unterstützt wird. Aber wieder erleben wir bei Ziffer 8 die Entwicklung als einen plötzlichen Abriß eines vorangehenden Anschwellens.

Dies ist bisher neben dem Herausschälen von Kantilenen aus einer Klangfläche die zweite kompositorische Strategie: Spannungsaufbauten, die eine Eruption erwarten lassen, aber plötzlich abreißen. Daraus wird eine formale Strategie der ganzen Sinfonie. Dadurch wird auch die bedrohliche Atmosphäre gewonnen, die fast im ganzen Stück herrscht.

Ab Ziffer 8 sind wir wieder im Grundtempo des Beginns, Viertel=60. Das 1. Cello und der 1. Kontrabaß führen mit ihren melodischen Wendungen das Stück ins Klanggeschehen des Anfangs, wenngleich nun das Klanggeschehen des Anfangs andere Tonhöhen mit sich bringt. Drei Takte vor Ziffer 9 setzt der neue Grundton des folgenden Teils ein: die Pauke bringt einen Wirbel auf as. War eindeutig das E Grundton des ersten Gesamtkomplexes bis Ziffer 9, so ist As der Grundton des zweiten großen Teils. Wir erleben wieder die Terzverwandtschaft. Der erste Komplex war in einer Art A-B-A1-Form unterteilt. Schedl bietet hier ein formales Prinzip an: Exposition der Hauptgruppe, Entwicklung zum Höhepunkt hin und Rückentwicklung, als 26=(18+(1)+7) [man kann diese auch als 2x13 sehen!]+17+7 Takte. Es ist festzuhalten:
Das Gedicht Baudelaires *Die Musik* ist mehr als nur Einstimmung, es determiniert erstens die Form durch seine Silbenzahl im ersten Satz und determiniert das Kompositionsprinzip des Anschwellens und Abreißens. Das steht unmittelbar im Kontext zum *in mir erzittern.* Die Musik erzittert, und man kann sagen vor Schedl.

Er komponiert gleichsam wie Bruckner, als ob es vorher nie Musik gegeben hätte und komponiert auch Musik, wie sie Baudelaire hier definiert: Leidenschaft und Qual werden zu Vortragsbezeichnungen der Kantilenen, die auf bodenlosem Grund – dem „Klangschleier" – singen. Die Musik wird zum Spiegelbild seiner (Schedls) Verzweiflung, in der „Unzulänglichkeit der Person des Komponisten, dessen Erleben und Erfahren"[382] auch der „musikalischen Tradition"[383], drückt sich diese Musik aus und wird von dieser bedingt.

Insgesamt hat diese Musik, klanglich wie motivisch eine große Nähe zu den Drei Orchesterstücken op.5 von Alban Berg, die der Autor der vorliegenden Studie zu Studienzwecken einmal abgeschrieben hat. Das erste dieser Orchesterstücke erwächst aus einem Tamtam- und Pauken-Nebel. Bei T. 15 kommt in den 1. Geigen eine Figur, die Schedl sicherlich inspiriert haben muß. Die Verwandtschaft seiner Motivik ist kaum zu leugnen:

---

[382]Schedl, Der formale Gedanke, S.115

[383]Schedl, ebda.

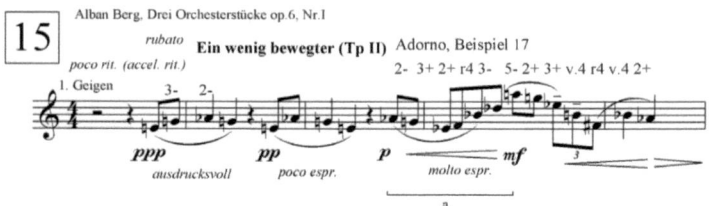

Alban Berg "3 Orchesterstücke|für Orchester|op. 6"

© Copyright 1923 by Universal Edition A.G. Wien © renewed 1951 by Helene Berg second version © 1954 by Universal Edition A.G. Wien

Adorno bemerkt hierzu:

„[...]Es wirkt nun der bruitistische Impuls derart nach, daß zwischen den immer ausgreifenderen melodisch-motivischen Einsätzen leerlaufende Begleitstellen gebracht werden, die klanglich oder rhythmisch aus dem Anfangsgeräusch hervorgehen [das ließe sich so auch auf Schedl übertragen, Anm d. Verf.]. Melodiegestalt im fünfzehnten Takt: unverändert wiederholen die Fagotte ihr dreitöniges Ausgangsmotiv (e-g-as) und wandeln es durch zweimalige Achsendrehung ab. Das Aneinanderfügen solcher kleinster Motivkuben ohne Rücksicht auf Bildung eines thematischen Oberflächenzusammenhangs bestimmt die Ähnlichkeit der Stücke mit Debussy; als hätte die Funktionalisierung des Materials endlich dessen funktionale Leitungen durchschritten, werden die Motive wie ‚Kommata' oder, wenn man will, wie jene Briefmarken zu Flächen montiert, und erst die ganze Fläche, nicht mehr der Schritt von Motiv zu Motiv stellt die Einheit dar. Doch bleibt dem die Technik des Übergehens beharrlich gesellt. Aus der zweiten Achsendrehung das Ausgangsmotivs gewinnen die Geigen eine melodische Phrase [Beispiel 17], die in der Folge eine Art Durchführungsmodell abgibt. [...]"[384]

Seitengruppe

Schedl betrachtet den folgenden Komplex als Seitengruppe. Er als Gegensatz zum vorher beschriebenen Komplex.
Wir sind nun im Tempo Achtel=72 und im Sechsachteltakt. Die Musik ist wie ein schwerer Kondukt: Pauke, Klavier und Harfe geben das As vor, von welchem ein chromatisches Ostinato in den Kontrabässen in Oktaven folgt. Die Kontrabässe sind folgendermaßen instrumentiert: der erste Kontrabaß streicht *naturale,* aber mit Dämpfer, 2 und 3 spielen gezupft, der vierte tremoliert die Figur am Steg, 5 und 6 zupfen wieder. Von Kontrabaß 2 bis 6 spielen alle eine Oktave unter Kontrabaß 1. Nach einem Einwurf der Oboen setzt das Thema der 1. Cellokantilene in

---

[384]Theodor Wiesengrund Adorno, Berg. Der Meister des kleinsten Übergangs, Frankfurt am Main 1995, S.143-144

den Violen als Zwiegesang mit leichter Imitation ein, die Rhythmisierung wurde dem Sechsachteltakt gemäß umgeformt:

Schema

Man sieht deutlich die Herkunft des Zwiegesangs aus der 1. Cellokantilene. Schedl betrachtet dies als Exposition einer melodischen, zweistimmig imitierten Linie, vorbereitet vom 1. Cello, und verweist auf T.14. Dieser Gesang findet in T.59 einen ersten Phrasenabschluß, nach einer kurzen Zäsur stimmt das Ostinato wieder an, das nun verdichtet wird, dazu gesellt sich die große Trommel. Und als Ziel dieser sich beschleunigenden und lauter werdenden Entwicklung stimmt die Oboe erneut ihre übermäßige Oktave a2\ as1 ein. T.60-62 betrachtet Schedl als 3-taktigen Einschub.

Auf Zählzeit-Vier von T.62 setzt noch die zweite Phrase des Zwiegesangs ein. Diese Phrase ist stark verkürzt. Das Ostinato wird erneut gebracht. Die Baßklarinetten bringen eigene melodische Komplexe dazu, die in ein Fagottsolo führen, das in einer auffahrenden Geste und damit in einen Fermatenakkord mündet, diesen Takt betrachtet Schedl wiederum als verkürzten und veränderten Einschub.

Die anschließenden Entwicklungen bringen eine immer größere Intensität, die Musik wird immer selbstquälerischer und verzweifelter. Schedl betrachet die Takte 69-79 als 1. Durchführungsabschnitt, in dem das Baß-Ostinato gedehnt, das abwärts gerichtete Ostinato in eine sequenzierte Aufwärtsbewegung umgekehrt und eine Engführung der Bewegungslinien erreicht werde. Erstes Ziel größter Intensität ist nach einer Entwicklung, die weit auf das Cellokonzert vorausweist, ab Ziffer 12 *con fuoco (aber nicht schneller)*. Schedl betrachtet die T.80-85 als 2. Durchführungsabschnitt, in dem eine Variante des ostinaten Rhythmus und eine Hinzufügung des aufgespaltenen transponierten Hauptmotives gebracht werde. So sei auch der gesamte Durchführungsabschnitt gekennzeichnet von einem Aufstieg vom tiefen Register zum hohen, von pp zu fff zur größten Intensität. Die Cellogruppe hat auch hier die Anweisung, mit großer Intensität und Kraft zu spielen. Dies ist alles aus der Ostinatofigur abgeleitet. Wir erleben den 2. Höhepunkt, Schedl betrachtet ihn als den Höhepunkt, als Climax, siehe oben auch Bsp. 18 und 19:

Durch ein Überleitungssolo des 1. Cellos, bei dem aus instrumentationspraktischen Gründen die Dämpfer abgenommen werden, führt man uns in einen noch intensiveren Komplex, der den 3. und absoluten Höhepunkt der Elegie darstellt: *mit großer Leidenschaft.*

Viermal kommt dieser Komplex. Dies ist nur eine schematische Darstellung. Auffallend sind das Ostinato im Baß und die aufspringende große Terz a2-cis3, die von der 1. Oboe gespielt wird. Nach drei Anläufen kommt eine Zäsur, dann wird dieser Komplex ein viertes mal gebracht und endet auf einem dissonanten Akkord als Erlösung aus diesem quälenden Ostinato. Diesen Akkord betrachtet Schedl als Vollakkord, er ist 11tönig. Ein Überleitungssolo der 1. Viola, welches erstirbt, leitet uns in den Marcia funebre. Dieser Satz dauerte rund 8 Minuten. Wir erlebten 3 Höhepunkte in einer dreizehnteiligen Form.

Schedl nennt auch hier wieder ein formales Prinzip, nämlich die Exposition des kontrastierenden Seitengedankens, einen sofortigen Abbau und eine Vermischung mit Motivpartikeln, eine Durchführung und einen gleichzeitigen Aufbau des Höhepunktes, sowie Höhepunkt und Überleitung, als 18=(12+6)+17=(11+6)+7 Takte+1 Takt.

Es ist überaus interessant zu sehen, wie Gerhard Schedl ganz konsequent an seinem Material, das er der Anfangsfigur entlehnt hat, festhält, alles ist aus dem Anfangsmotiv abgeleitet, auch das Ostinato. Interessant ist auch, wie traditionell Gerhard Schedl mit seinen Intervallen und seinen Tonalitäten umgeht, und zwar ganz im Sinne Alban Bergs, indem er Intervalle komponiert, nicht setzt. Dabei kommt es bei Gerhard Schedl zu einem neuen Expressionismus, der stark an die

Drei Orchesterstücke Alban Bergs erinnert, dabei aber die Erfahrungen der Neuen Musik der letzten vierzig Jahre miteinschließt. Beide haben einen Hang zur Melancholie. Jedoch unterscheidet beide, daß Schedl starke Kontraste liebt, Berg liebt den kleinsten Übergang und Berg einen Hang zur Todessehnsucht hat was nicht zu verwechseln ist mit einer aus Depressionen abgeleiteten Suizidalität. Depression ist Alban Berg musikalisch fremd. Schedl hat den Freitod im wirklichen Leben als letzte für ihn übrig bleibende Konsequenz gesucht. Berg sucht aber den Tod in allen seinen künstlerischen Sujets und verklärt diesen romantisch wie Wagner im Tristan.

Die Elegie ist in jeder Hinsicht gelungen, es gibt keine wesentlichen Kritikpunkte, großformal ergibt sich allerdings eher eine Zweiteiligkeit, statt einer Dreiteiligkeit. Doch tut das nicht viel zur Sache. Makro- und Mikrokosmos, Vertikale und Horizontale entsprechen sich, beides gestaltet der Komponist Schedl. Der zweite Satz ist allerdings formal weniger ausgewogen.

quasi Marcia funebre (in ohnmächtiger Wut) - wild und zornig -

Formanalyse

Dieser Satz oder Teil – ideell ist dies der II. Satz, aber die Sätze gehen alle attaca ineinander über – sieht formal nach Unterscheidung der verschiedenen Tempi so aus:

T. 94-106 *quasi Marcia funebre (in ohnmächtiger Wut) - wild und zornig -* = Zweihalbetakt Halbe=66 (dreimaliges Siegel, Vision des Dies Irae))

T. 107-108 *senza misura* (1. Akkordeinwurf und Auflösungsfeld)

T. 109-110 *a tempo s. misura* (2. Akkordeinwurf und Auflösungsfeld)

T. 111-112 *a tempo s. misura* (3. Akkordeinwurf und Auflösungsfeld)

T. 113-179 *agitato*=Zweivierteltakt mit Taktwechseln Viertel=96

T. 180-187 *schneller (con forza)*

T. 188-191 *plötzlich viel breiter*

T. 192-204 *agitato* Fünfvierteltakt ab T. 200 Zweivierteltakt

T. 205-217 *con sforza* Achtel=132 (1. Höhepunkt)

T. 218-219 *senza misura (ad lib.)* (2. Höhepunkt)

T. 220-232 *a tempo* (Achtel=132)

T. 233-237 *molto accel.*

T. 238-239 Alla Breve $\frac{2}{2}$, Halbe=42 gegen $\frac{5}{8}$, Achtel=208

T. 240-249 *mit größter Wildheit und Intensität* (3. Höhepunkt)

Es sind wieder 14 Abschnitte.

Viel schwieriger ist es, genau zu bestimmen, welche Komplexe man zu größeren zusammen ziehen kann. Sicherlich hat man einen Abschnitt von T. 94-106, dann kommt allerdings der Einwurf von drei Akkorden, die einen eigenen Abschnitt bilden. Um mit A und B Variablen zu hantieren, wäre der C Abschnitt um ein Vielfaches zu lang. Man sieht hieraus schon den enormen Spannungs-, Geschwindigkeits- und Dichtezuwachs im Verlauf dieses *Trauermarsches*.

Nach Studierziffern sieht das ganze aber so aus:

T. 94 Ziffer 14

T. 98 Ziffer 15

T. 102 Ziffer 16

T. 107 Ziffer 17
T. 109 Ziffer 18
T. 111 Ziffer 19
T. 113 Ziffer 20
T. 125 Ziffer 21
T. 132 Ziffer 22
T. 138 Ziffer 23
T. 145 Ziffer 24
T. 150 Ziffer 25
T. 160 Ziffer 26
T. 165 Ziffer 27
T. 170 Ziffer 28
T. 180 Ziffer 29
T. 188 Ziffer 30
T. 192 Ziffer 31
T. 197 Ziffer 32
T. 201 Ziffer 33
T. 206 Ziffer 34
T. 213 Ziffer 35
T. 220 Ziffer 36
T. 226 Ziffer 37
T. 233 Ziffer 38
T. 238 Ziffer 39
T. 245 Ziffer 40

Damit sind es 26 Ziffernabschnitte, geteilt durch zwei finden wir wieder die 13.

Substanz- und Verlaufsanalyse

Das oben genannte harmonische Siegel, das aus der Fortschreitung Es-h-6g und e besteht, läutet den Anfang des *II. Satzes* ein und wird von den 4 Trompeten, als Fernorchester mit Dämpfer versehen, gebracht.[385] Es dient als Hintergrund des Violasolos, das aus einer chromatisch absteigenden Melodie besteht. Schedl betrachtet dieses Siegel als eine Vision des Dies Irae:

---

[385]Natürlich ist dieses Fernorchester eine Anspielung auf die Symphonien Mahlers. Anm.d.Verf.

Anschließend wird es von den Violen und Celli aufgegriffen, mit der Vorschrift *kalt*. Hier allerdings ist es die harmonische Fortschreitung 6Des-Quartsext a-6f-6d. Das Siegel wirkt bereits wie etwas Aufsteigendes oder Lichtes, wie eine Erinnerung an Leben. Das Solo wurde von der 1. Viola an das 1. Fagott weitergegeben, das über der eben genannten Fortschreitung ebenfalls eine chromatisch absteigende Melodie spielt. Man nimmt Solo und Siegel als zwei getrennte Phänomene wahr, die zur gleichen Zeit stattfinden. Melancholie steht gegen Todeskälte. Die Triolenrepetitionen in den Kontrabässen bei Ziffer 15 (interessant daß so schnell so viele Studierziffern folgen: Schedl wollte diese Kleinkomplexe wohl als unterschiedliche Teile aufgefaßt wissen, sie sind auch durch Doppelstriche getrennt) dienen als Vorbereitung für die folgende Steigerung des Siegels, das einem Zunehmen an Wärme gleicht, und werden von den Hörnern übernommen, Violen und Celli bringen trillernde Nachschläge, das Siegel wird von den Oboen und Fagotten gespielt. Die Fortschreitung sieht nun so aus:
Ziffer 16= Ces-6g-es-6C.
Die Erwartungen werden allerdings bitter enttäuscht: Es kommt bei Ziffer 17 zu drei Akkordeinwürfen, die jedesmal ein Auflösungsfeld nach sich ziehen. Dieses Auflösungsfeld geht dann auch graphisch vonstatten: von konventioneller zu graphischer Notation. Schedl liebt geradezu die graphische Visualisierung seiner Musik. Der 1.Akkord wirkt brutal, der 2. ein wenig milder und der 3. äußerst brutal. Dabei wird beim 1. Akkord in den Oboen Bezug zum 3. Höhepunkt der Elegie genommen, der Triller auf h2 wird dann mittels einer Zweiunddreißigstelfigur zum d3, also um eine kleine Terz nach oben geführt, die Hörner bringen eine Fanfare, die aus Es-Dur und Es-Moll besteht, die Posaunen ein Motiv, das aus der Cellokantilene der Elegie abgeleitet ist. Beim 2. Akkord bringen die Hörner eine Variante aus dem Motiv der Celli aus dem 3. Höhepunkt der Elegie. Jedesmal wurden diese Phänomene dann in ein freies akzentuiertes Verklingen überführt, jeweils mit einer anschließenden Fünfsekundenpause versehen. Beim 3. Akkord kommt es zu einem Anhäufen von Terzenbewegungen, die Hörner bringen melodisch die kleine Terz e-g in Oktaven, die Streicher eine Akkordvariante aus dem 1. Ausbruchsversuch des 1. Grave der Elegie. Die Blechbläser werden nun im Auf-

lösungsfeld ins Geräusch überführt, woran sich nach einer kurzen Zäsur ein interessantes Tubasolo anschließt. Diese Episode wirkt sehr gewaltig, wenngleich beim 1. Hören auch sehr unvermittelt. Hier darf und muß man sogar Kritik üben, denn auch nach mehrmaligem Hören findet sich keinerlei musikalische Berechtigung für diese Ausbrüche. Sie überraschen auch nicht. Man steht ihnen nach dem geheimnisvollen Beginn einfach nur verständnislos gegenüber. Sie sind eher einer gerade aufgekommenen Stimmung beim Komponieren verpflichtet als einem zwingenden, oder auch überraschenden musikalischen Vorgang. Solch unvermittelte Ausbrüche wird Schedl nach seiner 3. Sinfonie dann auch nicht mehr schreiben, sondern wird ihnen mehr Vorbereitung gönnen. Aber die 2. und 3. Sinfonie schrieb er in einem noch sehr frühen Stadium seines Reifestils. Es gibt ähnliche Probleme in der 3. Sinfonie. Im Grunde genommen ist es zu schlicht, zu einfach einen solchen tönenden Klang hinzusetzen. Es hätte hier mehr kompositorische Arbeit gebraucht, bis man sich ihn hätte leisten können. Als Zuhörer spürt man diese Diskrepanz sofort. Steigerung durch vollkommene Reduktion gelingt nur nach vorangegangener Komplexität! Dieses Klanggeschehen wirkt letztlich auch weniger durchlebt als gleich einer Vokabel gesetzt.

Die sich anschließende *agitato*-Episode, die wiederum mit Ostinatobildungen arbeitet, wie man sie nur von Strawinsky her kennt, ist auch bezeichnend für seine späteren Werke. Im Violinkonzert wird man im 3. Satz ganz ähnlichen Wendungen begegnen, die meistens tritonuslastig sind.

© Musikverlag Doblinger

Die Stimmung heizt sich stark auf. Es kommt zu Taktwechseln und bei Ziffer 22 zu einer weiteren Verarbeitung des Siegels durch die Trompeten. Schedl orientiert sich an der 1. Cellokantilene aus der Elegie. Der Klang der Trompeten wird in die Flatterzunge – immer ein greller, erschreckender Effekt – überführt, und nach ihren Fanfarenklängen setzt die Ostinatoentwicklung mit den Kontrabässen, *col legno battuto* gespielt, neu an. Auch die Instrumentenbehandlung wird brutaler.

© Musikverlag Doblinger

Dazu gesellt sich in den Oboen eine Figur, die eine Kombination aus dem Höhepunktmotiv der Oben aus der Elegie darstellt und aus dem Triolenmotiv, das die Violen und Celli bei der gleichen Stelle spielten. Die 1. Posaune begleitet dies mit Dämpfer versehen:

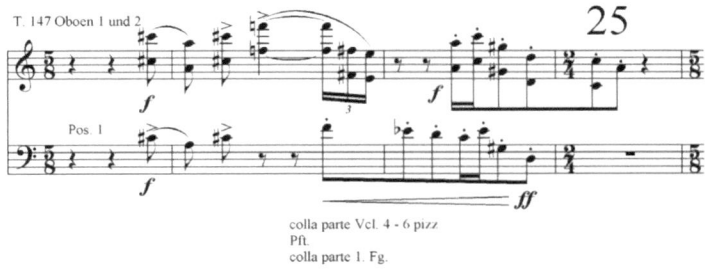

Es wird alles immer dissonanter, beschleunigter und dichter. Stark wirken die Nachschläge im Klavier ab T. 152 und die grotesken Posaunenglissandi:

Die Entwicklung reißt im *p* ab, und die Trompeten beschwören wieder das Siegel herauf, es erscheint sehr variiert. Dann folgt ein kurzer Ausbruch, der bis kurz vor Ziffer 28 anhält, worauf in der Streichergruppe die Entwicklung erneut ansetzt, die Streicher werden wieder in hohe Lagen geführt, die Musik wird immer extremer. Bei Ziffer 29 *schneller (con sforza)* setzt das restliche Orchester ein, die Violen bringen eine Figur, die später von den Trompeten, die bei Ziffer 33 die Dämpfer abnehmen müssen, bei Ziffer 34 verarbeitet werden wird. In T.185 bleibt wieder nur ein kleineres Ensemble übrig; es mündet in einem *unisono* e2 der Violen und Celli bei Ziffer 30 *plötzlich viel breiter*:

Mit den gleichen Tönen hantieren die Trompeten in Ziffer 34. Die Trompeten wurden nach Auffassung Schedls und Kühnls zunehmend realer und bilden nun kein Fernorchester mehr. Es ist alles aus dem Urmotiv der Elegie gewonnen!

Nach dieser kurzen Episode setzt mit dem *agitato* bei Ziffer 31 wieder eine sich verdichtende Entwicklung neu an, die auch instrumentatorisch durch die Trompeten in Flatterzunge, die das Siegel verarbeiten, kombiniert mit einem neuen Ostinato in der Tuba, die von den drei Fagotten verstärkt wird, neu ansetzt.

Ziel dieser Entwicklung ist ein 1. Höhepunkt, den man bereits auf T. 200, besser aber auf T. 205, also auf Ziffer 34 ansetzen kann. Hier findet sich eine Trompetenstelle, die *mit wilder Entschlossenheit* zu spielen ist. Sie ist sehr dissonant. Die Trompeten sollen nach und nach jeweils ein anderes Tempo annehmen: vom *quasi accel. bis zum ad lib. (senza misura).* Die Motivik wurde oben beschrieben. Als wäre das noch nicht grell genug (eine große Nähe zum 3. Satz des Violinkonzerts kündigt sich hier an), schlagen noch Xylophon und Pianoforte *staccatissimo* ihre Figuren, aus dem Urmotiv, gewonnen hinein. Einen Takt vor Ziffer 36 spielen auch die Oboen ihr Laufwerk noch ad lib. dazu, bei der Fermate sammeln sich dann die Trompeten wieder.

Anschließend kommt mit Ziffer 36 *a tempo* Achtel=132 ein weiterer Höhepunkt dieser Entwicklung. Musikalisch ist der Höhepunkt nach den Brutalitäten der Trompeten in der Flatterzunge, zwei Takte vor Ziffer 37, bei Ziffer 38 und Ziffer 39 zu suchen, da das Sekundmotiv, als Brücke zum Ostinato der Elegie, außerordentlich stark und rundum gelungen wirkt.

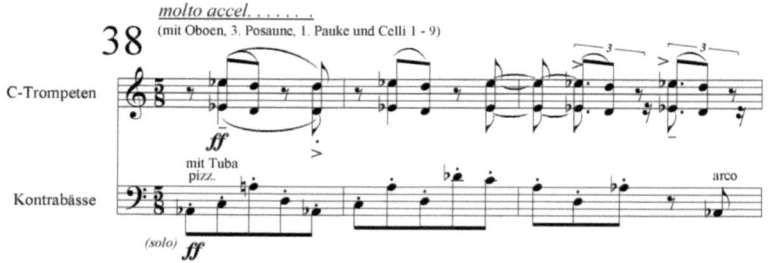

Zur Überlagerung von $\frac{5}{8}$- und $\frac{2}{2}$-Takt kommt es schließlich bei T.238. Percussionseinwürfe, die die Ostinatomotivik unterstützen, finden sich in den Pauken, dem Xylophon und dem Pianoforte. Die 1. Oboe formuliert zusammen mit dem 1. Horn (eine Oktave tiefer) die kleine Terz d3-f3. Baßklarinetten und sukzessive einsetzende Fagotte eröffnen ein neues Motiv, das aus der 1. Eruption, des auf- und absteigenden Vierklangs aus T.23 der Elegie abgeleitet ist, hier also die 1. Schicht:

Und hier die Ostinatoschicht:

Intervalle: r4 + 6- + v8 + 2+\ v3

Gerhard Schedl spielt in der ganzen Sinfonie mit dem Dur-\Moll-Spannungsver-
hältnis innerhalb eines Akkordes. Stellen wie diese erinnern an Strawinsky und
Bartók[386], was einerseits an der Ostinatobehandlung und andererseits an den beiden Tonalitäten liegt. Adorno meint hierzu:

> „Sobald Gleiches wiederkehrt, fällt es eintönig ab, und auch die durchführungs-
> ähnlichen kontrapunktischen Interpolationen haben keine Macht über das Schicksal
> des Formverlaufs. Selbst die als tragische Symbole viel akklamierten Dissonanzen
> stellen sich bei der näheren Betrachtung als überaus zahm heraus: es wird der be-
> kannte Bartóksche Effekt der neutralen Terz durch Kopplung der großen mit der
> kleinen ausgebeutet. Das symphonische Pathos ist nichts als die finstere Miene einer
> abstrakten Balletsuite.“[387]

Treffender kann man diese Stelle nicht charakterisieren. Dieses Ostinatomotiv
hatte in zahlreichen Umformungen das *agitato* dominiert und gelangt nun zum
Höhepunkt. Es reiht sich Ausbruch an Ausbruch, analog dem 1. Stück der Schön-
bergschen Orchesterstücke op.16. In der Kurzform ist das auch möglich, außerdem

---

[386]Schedl hat sich intensiv mit Strawinsky, vor allem dem Neoklassizismus und Bartók beschäftigt. In seinen Opern kommen beständig klassizistische Versatzstücke wieder. Anm.d.Verf.

[387]Adorno, Philosophie der neuen Musik, S.192

gönnt sich Schönberg eine ausgiebigere Phase, in der sein Ostinato sich ausspielen darf; bei Schedl indes würde man sich wünschen, daß z.b. die Abschnitte von Ziffer 38 und 39 länger andauerten und nicht noch einmal abreißten. Aber genau das geschieht. Bei T.240 kommt es zu einem Verweilen mit *größter Wildheit und Intensität* im Blech und den Kontrabässen in den tiefen Lagen mit doppelpunktiertem Viertel plus Sechzehntel-Sforzato, das allerdings die Wirkung verfehlt, denn die Differenzierungen sind durch die tiefen Lagen nicht wahrnehmbar. Schaut man sich die Kontrabässe an, so sieht man, daß hier nichts weiter geschieht als unterschiedliche Oktavierungen der Töne F-G-As, also von großer und kleiner Sekunde. Das ist freilich eine Brücke zum Urmotiv: Aber man kann in diesem Getöse diese gar nicht richtig wahrnehmen. Baßklarinette und Fagotte bleiben auf dem G liegen, 3. und 4. Horn spielen die besagte Halbe plus doppelpunktierte Viertel mit Sechzehntel (G-Fis-G mit Unteroktave), die zweite Posaune markiert den Halbtonschritt 1H-1B, die Baß-Tuba den Schritt 2Des-E (also wieder die Intervalle, die wir im Urmotiv haben), die Kontrabässe die oben genannten Töne. Alles wird mit kräftigen Paukenwirbeln markiert. Aus diesem tiefen „Gebrumme" heben 1. und 2. Posaune in vierfachem Forte und marcatissimo zu einem Solo an, das durch die Schritte c1-des1-e1 gebildet wird. Nach einem Repetieren auf dem f1, kommt es zu einem dramatischen Abstieg ab T.243 in Oktaven, wobei die Baß-Tuba im Abstand einer übermäßigen Sekunde unter der 3. Posaune ab Zählzeit-Drei von T.243 begleitet. Nun kommt es zu einem Ansetzen zu einem weiteren, dem absoluten Höhepunkt bei Ziffer 40. Es muß auch hier wieder Kritik geübt werden:

Formal ist das alles schwierig zu fassen, da Höhepunkt auf Höhepunkt folgt und die einzelnen Abschnitte sich gegenseitig der Wirkung berauben. Es ist formal nicht optimal austariert, wann jeweils Höhepunkt und Ruhephase nötig wären. Es scheint, als habe sich Schedl am Schreibtisch in einen Zustand der kritiklosen Raserei geschrieben. Auch stellt sich der Eindruck eines nicht mehr zu bremsenden Trauermarsches oder Totentanzes nicht ein. Der exzessive Gebrauch der Pauken, der eine wirkliche instrumentatorische Schwäche darstellt, da das Orchester demgegenüber viel zu schwach besetzt ist, kann auch bei gutem Willen nicht wirklich nachvollzogen werden. Die exzessiven Bemühungen um Motivzusammenhänge wirken in den Höhepunkten besonders grotesk:
Bei Ziffer 40 werden die Doppelpunktierungen mit den Ostinatofiguren in den Trompeten, die in Penderecki-Kästchen notiert werden, und den Sekund-Wendungen des vorangegangenen Höhepunktes, sowie den von Großterzbewegungen zu Tritonusbewegungen erweiterten Halben der Oboen als Analogie zum Höhepunkt der Elegie kombiniert. Schedl fügt alles an Motivik der beiden bisherigen Sätze zusammen. Die harmonische Fortschreitung beruht indes auf dem Fortschreiten der Baß-Posaune in der übermäßigen Sekunde.

40

Dieser Höhepunkt kann nicht wirklich überzeugen. Aber Schedl findet sich bei diesem Aspekt sogar in prominenter Gesellschaft, denn auch der letzte große Höhepunkt des IV. Satzes der IX. Sinfonie in D-Dur von Gustav Mahler überzeugt am Ende des Stückes nicht mehr. Deshalb bricht Mahler ihn auch ab und überführt den Satz ins Sterben. Dies formulierte wahrscheinlich als erster Leonard Bernstein in seiner Fernseh-Dokumentation mit den Wiener Philharmonikern zur IX. Sinfonie Gustav Mahlers.[388] Das gleiche Moment der Entkräftung findet sich hier. Man hat den Eindruck, als sei der Bogen überspannt und das Stück in seine Einzelmomente zerfallen. Auch nach mehrmaligem Anhören will sich kein befriedigtes Formempfinden einstellen. Die abwägende Hand des Komponisten des Violin- und Cellokonzerts hat noch nicht ihr Maß gefunden. Es ist aber interessant, daß bei größter strukturell-motivischer Arbeit dennoch die Gestik viel entscheidender ist als der motivische Zusammenhang. Für den Autor der vorliegenden Studie stellt sich da ein Problem: Da er selbst Komponist ist, kann er sagen, daß es ja leicht ist zu kritisieren; man sollte das erst einmal besser machen. Für den analytischen Wissenschaftler jedoch besteht die Verpflichtung, alles Realisierte einem kritischen Blick zu unterwerfen. Auch das muß bei Gerhard Schedl möglich sein.

Aber: Hier bildet sich der *klassische Stil* Gerhard Schedls, Reste seiner *Sturm und Drang-Zeit* sind dennoch vorhanden. Er löste sich erstmals von den Erscheinungsformen Neuer Musik, um nur noch Musik zu schreiben, die ihm gefiel. Er

---

[388]Leonard Bernstein, Gustav Mahler-Sinfonien und Das Lied von der Erde (NTSC, 9 DVDs) directed by Humphrey Burton, Deutsche Grammophon, unitel-Media, 2005

sagte mir immer, es interessiere ihn gar nicht mehr, was um ihn herum passiere, er schreibe nur noch seinen Stil. Dieser Stil ist hier das 1. Mal voll ausgebildet, die formale Sicherheit indes folgt erst noch. Und diese Sicherheit mußte Gerhard Schedl auch nur noch in der Reduktion und Anordnung seiner Ausbrüche erarbeiten! Daß nichts Neues an Vokabular ab der 2. hinzukam, ist ja ein positives Faktum, denn sonst hätte sich sein bereits vorhandener Personalstil nicht zur Reife bringen lassen!

Schedl sagte mir wiederholt persönlich, er habe lange für die Realisierung der Großform gebraucht, auch müsse man in der Großform öfter durchkonstruieren.

Betrachten wir die Großform dieses Satzes genauer, so scheint es, als habe Schedl Adornos Analyse des Bergschen Marsches aus den besagten Orchesterstücken bei der Komposition im Hinterkopf gehabt:

> „Die Dreiteiligkeit des A-B-A gibt es nicht einmal mehr als umschrieben; dafür Marschstrophen aus immer neuen Konfigurationen des Ausgangsmaterials. Ein riesiges Modell ist kritisch umgedacht; das Finale von Mahlers Sechster Symphonie. Es drängt sich zusammen und steigert sich zu einer Handgreiflichkeit der Katastrophe, die wie Heyms und Trakls Dichtung den nahen Krieg zu beschwören scheint. Aber die Verlagerung der ‚Exposition‘ in die Einleitung vor einer, bei Mahler ganz verkürzten, bei Berg radikal durchführenden Behandlung des Hauptteils ist festgehalten in evidentem Zusammenhang mit der Liquidation der Sonate. Daher gibt es keine Außenbildung der Form: zwangvoll-regellos wie eine Stadtschaft breitet sich der Satz aus. Das Gesetz seiner Größe hat seinen Ort einzig noch im kleinsten. Die Motive werden in unablässiger Variation als ‚Grundgestalten‘ wie später in der Zwölftontechnik behandelt.“[389]

Gerade diese Mahler-Berg-Rezeption Schedls rückt die 2. und auch die 3. Sinfonie vielmehr in die Gattung von Orchesterstücken im Sinne der Bergschen und weniger in die Gattung der Sinfonien!

Elegie II - leise und verzweifelt -

Formanalyse

T.250-274 sehr viel ruhiger! $\frac{4}{4}$, Viertel=60 (Vision des Himmlischen, Doppelkantilene)

T.274-279 molto rubato con sentimento (Kantilenenimitation)

T.280-292 voller Traurigkeit, Viertel=48 (Alban Berg Zitat, „Klangschleier“ und Akkordschlägezitat)

T.293+294 Zeit lassen! (Auflösungsfeld)

T.295-297 $\frac{6}{8}$, Achtel=72 (Erinnerung an Baß-Ostinato)

T.298+299 piu mosso, drängend

T.300-319 a tempo (T.308 (Seufzerkantilene))

---

[389]Adorno, Berg. Der Meister des kleinsten Übergangs, S.150ff.

Aufteilung der Studierziffern:

T.250 Ziffer 41

T.255 Ziffer 42

T.265 Ziffer 43

T.271 Ziffer 44

T.280 Ziffer 45

T.286 Ziffer 46

T.295 Ziffer 47

T.300 Ziffer 48

T.308 Ziffer 49

T.314 Ziffer 50

T.318 Ziffer 51

Das Stück endet mit T.319, die Elegie II hat also 69 Takte. Schedl teilt oben die 69 durch drei und erhält 23 Takte, es ergibt sich auch hier nicht alle 23 Takte ein neuer Abschnitt, Schedl wollte so nur aufzeigen, daß sich der zweite Satz zum dritten im Verhältnis 5:3 steht. Nimmt man die Quersumme aus 319, so ergibt sich: 3+1+9=13! Das ist kein Zufall, er hätte das Stück auch mit geraden 320 Takten enden lassen können, was sich hier sogar mit einem längeren *morendo* angeboten hätte.

In späteren Werken hatte Schedl weniger Skrupel, seine Schicksalszahl 13 offen zu legen.

Großformal ergibt sich eine Dreiteiligkeit: so kann man den Komplex von T.250-279 als einen Großkomplex, T.280-294 und T.295-319 ebenfalls als einen solchen betrachten. Es macht wenig Sinn, hier mit Haupt- oder Seitengruppen hantieren zu wollen, man kommt der Musik dadurch nicht näher. Als Form ergibt sich, wenn überhaupt, eine ABC-Form. Wobei C dann ein Rückgriff auf den 1. Durchführungsabschnitt der Elegie I wäre. Will man mit Schedls analytischen Vokabeln arbeiten, so wäre der Komplex von T.250-294 auch als Hauptgruppe denkbar, T. 295-307 als 1. Durchführungsabschnitt der Seitengruppe und T.308-319 als 2. Durchführungsabschnitt der Seitengruppe. Allerdings wird die Musik durch die Verbalisierung der Phänomene, wie oben geschehen, weitaus plastischer dargestellt.

Der Verlauf

Nach dem Getöse münden wir in einen leisen Klang auf DES, das sich als Nonvorhalt zum C erweist. Dieser Komplex schlägt eine Brücke zum Flageolett-Klang der Elegie I. Zum C stehen Harfe und Viola im Quintabstand. Die Klangwirkung ist ganz zauberhaft durch das Harfen-Flageolett. Manfred Trojahn erklärte dem Autor in einer Kompositionsstunde diesen Effekt so: Der Klang sei zugleich da und entstünde. Die Tempovorschrift lautet *sehr viel ruhiger*, es ist sozusagen Sekundentempo, nämlich Viertel=60. In diese *Farbe* kommen in T.253 *Tupfer* durch die Harfe.[390] Das C-Dur wird zuerst durch den Triller auf f und die Vorschlagsfigur, die aus dem Urmotiv herkommt und zum D hin zieht, getrübt. Im Folgenden wird der Klang durch den Flageolettklang in Celli und Kontrabässen durch die Töne gis, d und e, kombiniert mit der Harfenquintole, sowie einen Takt vor Ziffer 42 mit Einsetzen des „Klangschleiers" im Holz und dem Urmotiv im 3. Fagott verschärft. Bei Ziffer 42 treten dann die Hörner mit einem Des-Dur-Hintergrund hinzu und verstärken den dissonierenden Eindruck. Die Pauke, Violen und Celli 4-6 halten am C-Eindruck fest. Der zaghafte Versuch der Pauke, eine rhythmische Kontur beizusteuern, wird in einem äußerst leisen Paukenwirbel auf g, der den Klang zusätzlich ins flächig schimmernde überführt, aufgegeben. Die Linien der Hörner enden in 260 mit einem Klang es-g, der von den Hörnern 1 und 2 abwärts zu fis-d geführt wird. Dabei wird diese große Terz in den Hörnern gestopft, wir bekommen somit einen Terzencluster in den Hörnern. Er wird durch ein Pizzicato ES in den Kontrabässen und einem Paukenglissando auf es bis g konturiert. Die große Terz d-fis wird von den Baßklarinetten abgenommen und in die große Terz B-d geführt. Dabei markieren am Steg die Celli 7-9 das H, so daß sich aus der großen Terz d-fis ein h-Moll ergibt.

Wir erleben nun das Siegel als Erinnerung. Die Atmosphäre ist geradezu himmlisch, man ist ein wenig an die 2. Sinfonie Mahlers und ihrer Vision des Himmels erinnert. G-Moll und e-Moll werden danach in den Fagotten gebracht, wobei das g1 übrig bleibt. Über einem Klang *non flag.* aus der Ganztonleiter D\gis\d\e in den Celli wird eine expressive Kantilene gebracht, die über das Des wieder ins C führt. Der Vorhaltscharakter der kleinen None bleibt bestehen. Die ganze Zeit über blieb das C in den Celli 4-6 erhalten, die Kleinsekundwendung wurde von den Celli 7-9 vorweggenommen, der Celloklang wurde vom Steg, vom Geräuschhaften ins Konkrete überführt.

Es sammelt sich alles bei Ziffer 43 in einem C-Dur, das durch eine mollsubdominantische Wirkung in den Tremolandi Violen 9-10 und später durch andere, auch vermollende, Wendungen getrübt wird. Die Baßklarinetten beschwören den alten „Klangschleier", der sich nun gewandelt hat. Wir werden noch häufig auf diese Morphologie des Klanges, wie Gerhard Schedl dies nannte, stoßen. Einen Takt nach Ziffer 43 setzen die 1. Oboe und das 1. Cello solo mit der Doppelkantilene, Vortragsbezeichnung *dolendo,* ein. Die 1. Oboe führt ihr Solo bis zu einem *f* auf es3 bei Ziffer 44. Dieser Klang als Zielklang wird von den anderen beiden Oboen und den Baßklarinetten ebenfalls erreicht, man könnte ihn als Es-Dur mit großer

---

[390]Schedl dachte oft wie ein Maler, in seiner Jugend fertigte er immerhin Van Gogh-Kopien in Öl an. Er erzählte dem Autor immer, er habe Malerei studiert, was seine Witwe bestreitet. Seine Phantasie ging oft mit ihm durch, um bei seinen Schülern etwas zu untermauern. Anm.d.Verf.

Septime im Baß betrachten. Allerdings kann man ihn nicht losgelöst vom übrigen Orchesterklang sehen, so daß das mehr eine Sache des Lesens und weniger des Hörens ist. Sehr markant sind die Posaunenglissandi vor Ziffer 44.

Hier die Doppelkantilene, sie ist sehr chromatisiert, die Grundstrukturen der Terz- und Sextfortschreitungen sind aber sichtbar.

Die Kantilene der 1. Viola hat eine massive Auswirkung auf das C-Dur-Klangfeld, die Violen teilen sich sämtlichst bei T.269 in Soli auf und trüben das C-Dur ein.

Die Bewegungsenergie nimmt zu und auch die Dichte. Es ist eine erneute Morphologie, der Schleier wird nun dichter und zieht in die Höhe. Er steht mit seiner Bewegungstendenz damit diametral gegen die 1. Viola, die abwärts zieht. Die Violen 2-10 bekommen die Vorschrift *dunkel und fest* (gestrichen). Auch diese sammeln sich in einen 12-Ton-Cluster bei Ziffer 44 und ziehen durch ein ersterbendes, langsames Glissando nach unten. Das ganze findet in einem Crescendoprozeß statt. Es ist übrigens eines der letzten Beispiele für Cluster im Werke Schedls: Er machte sich von Akkorden „ohne Gesicht" frei und suchte Klänge mit eigenem Profil. Die Oboen ziehen einen Takt nach dem Ersterben mit einer klagenden Abwärtsfigur nach.

Diese Figur ist auch sehr typisch für Schedl, wir begegnen ihr auch in anderen Werken wieder.

Ab T. 274 kommt es im *molto rubato* sogar zu einer vierstimmigen Imitation der Kantilene: Die 1. Oboe nimmt das Motiv der Kontrabässe aus T.250 des1-c- f1 auf, die Celli 1-3 gehen unisono mit, trennen sich aber auf Zählzeit-Vier-und. Im weiteren Verlauf treten die anderen Celli hinzu, aus der Spielvorzeichnung *klagend* in den Oboen ist *con sentimento* in den Celli geworden.

Dieser Komplex – man beachte den Oktavsprung im T.270 (Adorno würde sagen, wie banal), welcher freilich einen Registerwechsel darstellt – ist sehr intensiv. Bei Ziffer 45, *voller Traurigkeit,* Viertel = 48, setzt der „Klangschleier" mit zarten Wirbeln im großen, hängenden Becken und im kleinen Tamtam ein, dazu gesellt sich ein Harfenflag. g2 sowie ein natürliches Flageolett g1 im 2. Kontrabaß, das sukzessive von den anderen Kontrabässen aufgenommen wird. *Con sentimento* setzt im 1. Kontrabaß in T.272 eine Figur ein, die stark an das oben beschriebene Beispiel aus den Orchesterstücken Alban Bergs erinnert:

© Musikverlag Doblinger

Hier nochmal das Berg'sche Beispiel:

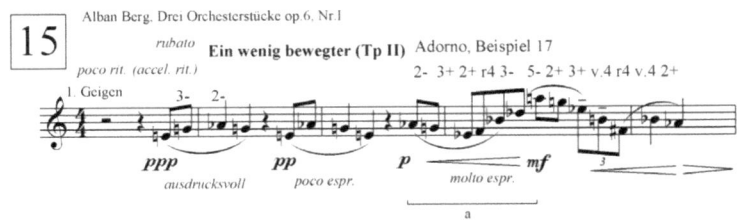

Alban Berg "3 Orchesterstücke op. 6"

Die Verwandtschaft ist sicherlich kein Zufall! Die Flageolett g´s in den Kontrabässen geraten nun durcheinander, sie wurden in Vibration gebracht. Man muß sich das ganz bildhaft vorstellen: eine glatte Fläche, die zum Vibrieren gebracht wird! Dazu kommen wieder Farbtupfer in den Baßklarinetten, die entfernt an den Anfang und den „Klangschleier" gemahnen, der dann auch sogleich wieder im Schlagzeug einsetzt. Es ergibt sich nun ein ganz zauberhaftes Klangfeld. Die

Hörner 2-4 werden mit Dämpfer versehen und setzen in Ziffer 46 nach Zählzeit-Drei sukzessive – jeder in eigenem, freiem Tempo – ein. Diese Stelle gemahnt an die freien Trompetenstellen des II. Satzes, der Fernorchesterklang der Trompeten wurde in einen Hornklang verwandelt.

Man muß sich die Transformationen des Klanges ganz bildhaft vorstellen, Schedl tat dies selbst. Komposition funktioniert nun in einer anderen Dimension, das intervallische Komponieren kann vernachlässigt werden. Schedl orientiert sich hier an einer Art Impressionismus oder Klangfarbenkomposition Schönberg´scher und Ligeti´scher Prägung.

Das 1. Horn setzt mit einer einfach nur wunderschönen Kantilene ein, die, bezeichnend genug, mit der kleinen Septime beginnt: Dadurch wird eine Brücke zur Hornkantilene des Anfangs gebaut. Die neue Klangfarbe der Marimba macht sich in T. 240 bemerkbar. Dort setzt auch die Kontrabaßkantilene, imitiert vom 4. Kontrabaß, wieder ein: Es ergibt sich eine Aktion im $\textit{fff}$, die abbricht und auf einem Fermatenklang im $\textit{pp sub.}$ stehenbleibt. Sie erinnert an die Akkordschläge der Elegie I. Die Klangfläche endet dadurch abrupt, durch das angerissene Tamtam ist sie selbst regelrecht abgerissen. Die Kontrabässe crescendieren nun in den beiden folgenden Takten und haben eine Glissando-Aktion. Dabei wird der Klang ins Gleißende, nämlich an den Steg geführt, die Situation ist fast sekundengenau austariert. Man soll sich Zeit lassen. Auf Zählzeit-Zwei setzen die Posaunen, einen Takt vor Ziffer 47, mit dem bekannten übermäßigen Dreiklang auf B ein, anschließend kommt auf Zählzeit-Drei, einen Takt vor Ziffer 47, die Klangfläche, im Schlagzeug colla parte mit den Fagotten 1 und 2, sowie der Baßklarinette wieder und übernimmt den letzten Klang der Posaune. Diesen kann man als halbverminderten Septakkord auf a betrachten. Der nun folgende $\frac{6}{8}$-Teil mit 72 Achteln in der Minute erinnert uns an das Ostinato der Elegie I. Mit dumpfen Paukenschlägen – wieder auf AS –, also auch tonartlich wird eine Brücke geschlagen, wird an das Ostinato erinnert. Es spielt aber nicht gleich los, sondern wird durch eine Aktion der Celli, die von den Kontrabässen und den Fagotten iniziiert wurde, hinausgezögert. Dieses Rasende wird von den Oboen mit einer kleinen None c1-des2, die sich dann unterschiedlich aufspaltet, bei Ziffer 48 gestoppt, doch mischt sich die Violagruppe 6-10 mit ihren Tremoli unbemerkt ein und sorgt dafür, daß das erregte, unruhige Moment, weitergesponnen werden kann. Der Klang wurde in den Violen mittels Dämpfer wieder ins Dunkle geführt.

Der Autor der vorliegenden Studie ist der Ansicht, daß der Dämpfer in diesem Stück nicht nur per se genommen werden darf: er ist zugleich das Unterdrückende, Abwürgende, das den Klang-Töten-Wollende und ein Mittel, den Klang aus der Realität in die Surrealität zu führen! Diese Klangmetamorphosen sind bei Schedl fast wichtiger, als das intervallische Komponieren.

In T.304 finden wir in der 2. Baßklarinette eine typische Schedlsche Figur wieder, die dann ins Ostinato führt. Das Ostinato wird, schon schattenhaft mit Vorschlägen versehen, in T.304 von den Celli 1-3 gebracht. Hier die 2. Baßklarinette in T.304:

Die Vorschlagsfigur stammt eigentlich von Mahler, der sie schon als Todessymbol verwendet, Schedl hat sie entlehnt und verwendet sie auf genau die gleiche Art und Weise. Schedl kommt eindeutig von Mahler und Berg her, denn Schedl ist ein Wiener! Man achte auf die Violine 2 des Beispiels von Mahler:

Gustav Mahler
9. Sinfonie D - Dur
I. Satz 10 Takte vor Ziffer 8

Gustav Mahler "9. Symphonie für Orchester"

Man könnte sogar sagen, daß Schedl den ganzen Gestus dieser Mahlerpassage
im vorangegangenen Beispiel zitiert.[391] Es schließt sich bei Ziffer 49 eine letzte
große Kantilene an. Schedl hat dem Ostinato diesmal einen Begleitrhyhthmus
hinzugefügt, der dem Sechsachteltakt Quasi-Duolen durch die Betonung einer
übergebundenen Note hinzufügt. Der Rhythmus wird weniger markant, träger,
aber spürbar. Der Rhythmus ist in T.305 schon im 3. Fagott vorhanden. Die
letzte große Kantilene, die Seufzerkantilene, wird gleichsam *einem langen und
inbrünstigem Seufzer*, mit zwei Ausrufezeichen forciert, in Oktaven von dem 1.
Pult der Bratschen und dem 1. Pult der Celli ausgeführt:

---

[391]Nicht nur Motive oder Melodien sind zitierbar, sondern auch Klänge, Farben, Rhythmen und
vor allem Gesten!. Anm.d.Verf.

49

Bemerkenswert bleibt die thematische Homogenität, die Kantilene zeichnet sich einerseits durch die Kleinsekundschritte, gelegentliche Großsekundschritte aus, bekommt ihren Charakter aber durch die kleine Terz und übermäßige Sekunde und den starken Abwärtssog. Die Sextole ist in dieser Hinsicht, auch mit ihrer verminderten Terz ein Kulminationspunkt. Man muß sich einmal klarmachen, in welcher Lage die Bratschen da spielen und wie weit die Linie hinabzieht. Dabei ist sie rhythmisch kaum vorhersehbar.

Die Kantilenen trennen sich bereits in T.312 und ziehen getrennt bis zum tiefsten C der jeweiligen Instrumentengattung, also die Violen bis zum c und die Celli bis zum C, hinab. Die Kontrabässe verarbeiteten ihrerseits noch die Rhythmen der Seufzerkantilene. Zarte, leise Marimbatremoli auf g und ein Harfenflageolett auf $g2$ flankieren das ersterbende Ende in c-Moll. Der Klang im Cello wird dabei ins Gleißende, Metallische an den Steg geführt. Fragend und unerlöst endet die Sinfonie. Das ist Gerhard Schedls Antwort auf die offene Form Wolfgang Rihms!

Fazit:

Schedls Neue Ästhetik ist hier zum ersten Mal vollends verwirklicht, eine überaus starke Emotionalität und Subjektivität ist eingebettet in eine überaus starke Konstruktion. Chiffriert wurde die Zahl 13 als Unheilszahl, die den Charakter des ganzen Werkes bestimmt. Addieren wir einmal die Adjektive der Vortragsbezeichnungen, so wird eine Ausdruckstendenz klar: Schedls Ausdrucksbezeichnungen umfassen geradezu sämtliche emotionalen Zustände wie Trauer, Wut, Verzweiflung und Resignation.

Gibt es eine Reihenfolge Schubert, Bruckner, Mahler und Berg, so muß man Gerhard Schedl dazuzählen!

5. Die Instrumentalkonzerte

Die Instrumentalkonzerte Gerhard Schedls sind außerordentlich dramatische Werke. Die drei großen Konzerte werden in chronologischer Reihenfolge untersucht. Dabei zeigt sich die Tendenz, des sich immer weiter gegeneinander Abwägens von Konstruktion und Emotion. Ist das Violakonzert noch voll von der ungebändigten Lust am Subjektiven, so wird das Cellokonzert weit abgeklärter sein.

5.1. Das Konzert für Viola und Orchester

Im Auftrag der Salzburger Kulturvereinigung

anläßlich des 40-jährigen Bestandsjubiliäums

für Veronika Hagen

Gerhard Schedl

Konzert

für

Viola und Orchester

(1988)

Besetzung: 2 Flöten (2. auch Picc.)
2 Oboen
2 Klarinetten in B
2 Fagotte
4 Hörner in F
2 Trompeten in C
2 Posaunen
4 Pauken
Schlagzeug: Vibraphon, Röhrenglocken
kleine Trommel, große Trommel,
2 Tom-Toms (tief), 4 Bongos, großes
Becken, gr. Tam-tam, Triangel
Streicher (14, 12, 10, 8, 6)
Form: 2 Teile: Rezitativ 1-Adagio
(Allegro)-Rezitativ 2
Die beiden Teile sind nur durch
einen kurzen Halt zu trennen.

5.1.1. Über das Violakonzert

Harmut Krones schreibt über das Violakonzert

„Das Konzert für Viola und Orchester entstand 1988 für das 40-Jahr-Jubiläum der Salzburger Kulturvereinigung und gelangte am 24. Oktober 1990 im Salzburger Großen Festspielhaus durch Veronika Hagen und das Mozarteumsorchester Salzburg unter der Leitung von Hans Graf zur Uraufführung; der Solistin wurde das Werk auch gewidmet. Es basiert in seiner Struktur und seinen Materialien auf einer früheren Kammermusik des Komponisten, wobei das Grundkonzept gleich blieb: Es geht laut einer Aussage des Komponisten um die ‚dramaturgische Verbindung' von rezitativischen, ariosen und dramatischen Abläufen. Das Konzert gliedert sich dabei in ‚zwei symmetrisch gebaute Formteile, die sich in ihrem Material und dessen Ausformung entsprechen'; der erste verbindet ein *Rezitativ 1* mit einem Adagio, der zweite ein Allegro mit einem *Rezitativ 2.[...]'*[392]

Schedl über das Violakonzert

„Der musikalische Affekt ist ein permanent dramatischer. Er resultiert aus einer klar umrissenen Kompositionstechnik, die, gleichwohl freier als orthodoxe Avantgardetechniken, dennoch nicht minder streng im Denken ist und sich auf die rhetorische Kraft des Melos und der Sinnlichkeit des Klangs stützt.
Das Konzert ist gleich einer Opernszene!

Es ist die Konstellation der Oper mit ihren tragischen Helden; sie, die alleine auf der Bühne ihrem Schicksal entgegenspielen; Protagonist und Handlung im ständigen Konflikt. Der Solist muß sich Freiräume erkämpfen!

Die Viola mit ihrem sonoren, warmen und dennoch tragischen Klang, steht verloren in ihrer Singularität – nicht nur in der Einsamkeit der Kadenzen – einem massiven, groß besetzten Orchesterapparat gegenüber, der ungeachtet der traditionellen Begleitfunktion Grenzen setzt und Zwänge auferlegt.
Spielt die Opernszene quasi exemplarisch die Einkreisung und Ausweglosigkeit des Einzelnen und seines Handlungsspielraumes durch, so ist das Konzertstück ein vom unmittelbaren Wort befreites Pendant: abstrakt und sinnlich zugleich.

Die Musik zwischen realer und visionärer Welt! Gleichwohl der Konsens zwischen Solist und Orchester nicht nur in der verhangenen und verklingenden Coda des Schlußsatzes erreicht wird, so repräsentiert der Solopart für meine Begriffe die unleugbare Angst des Einzelnen vor der Einsamkeit und Isolierung und den Wunsch nach Geborgenheit, die Sehnsucht nach Harmonie. Und so schließt sich der Kreis mit der Tradition des Konzertes: als Sinnbild menschlicher Konflikte und Hoffnun-

---

[392]Hartmut Krones: Konzert für Viola und Orchester, Einführung, EDITION ZEITTON, ORF: Neue Musik aus Österreich III, LC 5103, ORF-CD 249, CD-Booklet, Wien 2000, S.20ff.

gen, auch wenn die Eitelkeit der Virtuosität scheinbar zu oft im Vordergrund stehen mag."[393]

5.1.2. Analyse

Mit dem Violakonzert beginnt die Trias der großen Konzerte Gerhard Schedls, die im Cellokonzert ihren Höhepunkt finden. Das Konzert stammt aus dem Jahr 1988. Es ist in jeder Hinsicht wesentlich gekonnter komponiert als die Zweite, auch thematisch ist es in vielerlei Hinsicht das Schwesterstück der 2. Sinfonie. Es ist alles viel zwingender. Es scheint, als habe Schedl die Zweite nochmal reflexiv komponieren wollen. Schedl hat das Konzert in zwei freie Rezitative angelegt. So hat das Stück einen außerordentlichen rhapsodischen Charakter, auch schimmert in der ariosen Behandlung der Viola immer wieder einmal das Vorbild Bartók hindurch. Man merkt deutliche Anleihen in der ariosen Violabehandlung aus dem Strawinskyschen Violinkonzert. So gibt es immer wieder dieses merkwürdig verspielte Moment, welches ab dem Violinkonzert so nicht mehr stattfinden wird.

Was insgesamt überzeugt ist das dramaturgische Konzept, die schönen Ariosi und die wunderbaren Klanggebilde, mit welchen Schedl wieder statistische Formkomplexe innerhalb eines dynamischen schafft. Schedl beherrscht auf nie zuvor gekonnte Weise die Technik der Verdichtung, nicht konstruiert, sondern empfunden. So haben die Ausbrüche auch ihre formale Berechtigung erhalten. Eines soll noch einmal klargestellt werden: Die Kritik, die hier geübt wird, richtet sich an dem Standard, den Schedl mit seinen Spätwerken geschaffen hat. Wieder findet man im Hintergrund die Morphologie des „Klangschleiers", die Schedl beständig komponiert, die diesmal auch bis ins Soloinstrument reicht. Schedl entfaltet in diesem Konzert einen wahren Klangzauber. Vorbildlich ist die dezente, aber obligate Begleitung durch das Orchester. Es geht hier mehr um die Klanganalyse als um die Motivanalyse, letztere erschließt sich fast von selbst, ihr wird vermehrt im Violinkonzert nachgegangen werden.

Rezitativ 1

Formal besehen, läßt sich das Rezitativ 1 so aufteilen:

T.1-32 Rezitativ 1, Viertel=66, „Exposition"

unterteilt:

T.1-9 Komplex A, „Vordersatz", „Ritornell"

---

[393]Gerhard Schedl, Konzert für Viola und Orchester, Einführung, entnommen: EDITION ZEIT-TON, ORF: Neue Musik aus Österreich III, LC 5103, ORF-CD 249, CD-Booklet, Wien 2000, S.20ff.

T.3=Motiv a\ T4=b

T.10-18 Komplex A1 „Nachsatz"

unterteilt: T.10-15=aU

    T.16-18=a1

T.19-32 Komplex A2, „1. Variation"

    T.19=a2 „1. Variation „Vordersatz""

    T.20=b1

    T.21-32=c „1. Variation „Nachsatz""

T.33-45 con fuoco e feroce (Verdichtungshöhepunkt mit Auflösungsfeld=(1. statistischer Formkomplex?))=A3, „2. Variation „Vordersatz", „Orchesterritornell"

    T.33 Motiv a3

T.46-54 meno mosso, Sechsachteltakt (elegischer Gesang=b2)

T.55-60 a tempo=A4 „3. Variation „Vordersatz" (Wiederaufgreifen der Verdichtungsprozesse und des Höhepunkts und Überleitung zum Adagio (2. statistischer Formkomplex?))

Das Rezitativ hat vier Teile: eine Exposition, einen Verdichtungsteil mit Höhepunkt und Auflösungsfeld, einen elegischen Gesang in den Streichern, einen Rückgriff auf die Verdichtungsprozesse, der uns ins Adagio führt. Dabei hat das Stück bislang 60 Takte. Die Vierteiligkeit könnte entfernt an die Sonatenallegro-Technik[394] erinnern, allerdings gibt es keine weiteren Belege dafür, wenn, so ist das nur eine abstrahierte Anspielung. Wichtiger als die Taktzahlen, die man immer irgendwie manipulieren kann, ist die Zeit. Deswegen wird hier nun auch angegeben, wie lange die Abschnitte dauern.

Verlaufsanalyse:

Das Konzert steht durchaus in einem d-Moll! Es ist, als hätte sich Schedl an das triolische Trompetenmotiv aus dem I. Satz von Mahlers III. Sinfonie kompositorisch erinnert, das aus einem Mollseptakkord mit großer Septime besteht. Schedl verwendet es sogar triolisch. Schon zu Beginn wird im Viertelauftakt der „Klangschleier" aufgespannt: Das Tamtam wird scharf angerissen, die Röhrenglocken[395] markieren triolisch im **ff** nach einer Achteltriolenpause die Töne d1-f1, dies geht *colla parte* mit den oktavgeführten Klarinetten und dem sehr hoch geführten 1. Horn. Auf der Und-Zeit des Auftaktes wird das d1 gebracht von einem offenen 2. Horn und der Streichergruppe, diese glissandiert in Oktaven sul D zum cis2

---

[394] Der Terminus „Sonatenhauptsatzform" wird bewußt vermieden, denn 1. ist die Sonate keine Form, sondern eine Kompositionstechnik und 2. will der Autor vermeiden, daß Schedls Musik mit tradierten Formvorstellungen in Verbindung gebracht wird, die er so nicht komponiert hat. Anm.d.Verf.

[395] Röhrenglocken verkünden in der Musik Gerhard Schedls, wie in der Heinz Winbecks oft die „Kunde vom Tode", wenigstens vom Unheil. Sie sind wie auch das Tamtam ein – wie Constantin Floros es in seinen drei Büchern über Gustav Mahler ausdrückt – „funebrales Klangsymbol". Anm.d.Verf.

hinauf und „zeichnet" dadurch die große Septime, die konstruktiv wirkt. Die Kontrabässe markieren mit einem Pizzicato diesen Anfang. Auf Zählzeit-un-de tritt die Piccoloflöte mit zwei Zweiunddreißigsteln f2-d2, die ebenfalls zum cis3 führen, hinzu.

Es ist, als täten sich gleich zu Beginn Abgründe auf. Das cis wird in T.1 sofort ins **p** abgedämpft, die Hörner führen ihr offenes d1 nun in das gestopfte des1, die Morphologie des Klangs vollzieht sich also auch im einzelnen Instrument. In T.1 treten die Oboen mit cis2. colla parte mit der 1. Trompete, das tiefe 4. Horn mit cis und die Posaunen in Oktaven *colla parte* mit der Pauke hinzu. Auch der Posaunenklang mutiert, denn in T.2 wird er in die Flatterzunge überführt und glissandiert abwärts, das *colla parte* mit der Pauke, die einen Wirbel ausführt. Gleichzeitig setzt die große Trommel mit einem leisen, aber dichten Wirbel ein. Die Luft gerät in Schwingung.

Als sei diese Sogbewegung der Posaunen noch nicht genug, ziehen gleichzeitig die Celli zum cis hinab, das **sfz** markiert wird und mit dem die Fagotte samt Kontrafagott und Kontrabässen mit dem Cis in Oktaven einsetzen. Einzig das cis2 der 1. Violinen und das cis des 4. Horns wirken als klangliche Achse beständig fort. Die Celli werden ein Achtel nach T.3 ausgeblendet.

Somit ist der Weg frei für den Solisten, der „wild mit äußerster Kraft" einsetzt. Dabei bringt er eine stark punktierte Figur, die jeweils im Abstrich auszuführen ist. Sie besteht aus einer Reihung von großer Septime aufwärts, kleiner Sekunde abwärts, verminderter Oktave aufwärts, kleiner Sekunde abwärts, verminderter Oktave aufwärts und zwei kleinen Sekunden abwärts, plus verminderter Oktave aufwärts.

Sobald das f3 erreicht ist, wird die Oktave Cis\ cis abwärts zum C geführt, Celli und Violen bringen den Klang mit ihrem Halbtontriller, am Steg ausgeführt, ins Gleißende. Das bewegte Motiv sei mit Variable a belegt, der Halteton mit Variable b, es ist also ein klassisches antithetisches Komponieren. Die Achse der Violine 1 wird in T.4 ebenfalls aufgegeben, denn die 1. Violinen werden geteilt und landen jeweils nach einem am Steg 2 Viertel lang tremolierendem Glissando auf den

Tönen f1 und d1 auf Zählzeit-Drei. Diese Töne werden auch von den 2. Violinen auf Zählzeit-Drei *sul pont.* gebracht. Dabei finden nun zwei Triller oder Tremolandi statt, f1\d1 und d\cis1. Man beachte, daß die 1. Flöte und Piccolo ebenfalls auf ihrem tiefstem cis einen Halbtontriller ausführen, was einen äußerst luftigen und milden Klang ergibt. Dazu halten die Klarinetten die Terz f\a aus. Wir haben also noch immer ein d-Moll-Feld. Schedl agiert hier wie ein Maler und führt die Hintergrundfarbe von einer Tönung in die nächste. Über all dem agiert der Solist.

Man kann sicherlich argumentieren, daß bereits Schönberg mit „Farben" nichts anderes getan hat. Allerdings schenkt Schedl hier allen Parametern die gleiche Aufmerksamkeit, und das klangliche Phänomen des „Klangschleiers" wechselt immer von Hintergrund zu Vordergrund, die motivisch-thematischen Inhalte durchdringen den Klang.

Was vielleicht unbarmherzigen Modernisten im Hinblick auf das tonale Material auf dem ersten Blick als zu traditionalistisch erscheinen könnte, entpuppt sich, betrachtet man die Hintergrundebene, als ein vielschichtiges, klanglich orientiertes Komponieren, das in seiner Art nur mit Lachenmann zu vergleichen ist. Denn wie dieser führt Schedl einen Klang einer ständig sich verändernden Körperlichkeit oder Erscheinungsweise zu und stellt den Klang dabei in einen Formungsprozeß, der wiederum Auswirkungen auf den musikalischen Zeitablauf und damit auf die musikalische Form selbst hat. Dabei ist der Anfang nahezu klassisch gegliedert, denn man kann den Abschnitt bis T.9 als „Vordersatz", den folgenden als „Nachsatz" betrachten. Dabei würde sich dieser „Vordersatz" in 5+4 Takte untergliedern, der Nachsatz ebenfalls in 5+4, wodurch sich eine 9taktige Periode und dadurch ein Satz von 18 Takten ergäbe. Man könnte diesen Vordersatz auf seine Taktstruktur nochmals untergliedern in 2+2+1+2+2. Das zeigt, wie sehr bei Schedl die klangliche Komposition mit traditioneller Architektur einhergeht.

In T.5 ergeht sich der Solist in geradezu launischen, überexpressiven Linien, wodurch nun alle 12 Töne erreicht sind. Das allerdings hat wenig Bedeutung. Die Blechbläsergruppe bringt auf Zählzeit-Drei nun ihrerseits den d-Moll-Septakkord mit großer Septime, allerdings als Sekundakkord. Dabei wurde der Klang wieder anders gefärbt, denn die Trompeten wurden mit Dämpfern versehen. Der Crescendo-Prozeß führt die Streicher in eine repetitive Figur, sie trübt den Klang ein. Er wird allerdings wieder in den natürlichen Streicherklang überführt. Das h und e1 der Oboen wirkt völlig neu, die Hörner unterstützen diese klanglich.

Markant allerdings ist der Oktavsprung abwärts auf 1Cis im Kontrafagott, der als Sextsprung abwärts in T.8 von den Celli und dem Fagott imitiert wird. Der Solist ist bis zuvor auf das c4 hinauf geglitten, und man sieht, welch gewaltiger Raum die beiden trennt. Der Klang wird ins **pp** überführt, mit T.10 beginnt der „Nachsatz", der von Pauken und Röhrenglocken markiert wird.

Nun erscheint auch im Motivischen mehr: Alles ist beseelt von einer abwärtszie-

henden Chromatik in unterschiedlichen Rhythmisierungen. So wirkt das Kontrabaßpizzicato als Auslöser, imitiert wird es nun von den Celli, die ihren Halbtonschritt abwärts mit einem Saltato iniziieren, imitiert von den Violen. Diese Saltati
sind sehr markant, sogar der Solist wird davon infiziert und bringt nun kleine Nonen, mit dem Holz des Bogens geschlagen, chromatisch abwärts, also Motiv a in
der Umkehrung=aU. Dabei ziehen die Kontrabässe in Vierteltriolen chromatisch
nach unten, und die Fagotte spielen gar eine chromatisch absteigende Viertelquin-
tole. Auf Zählzeit-Vier von T.12 wird eine chromatisch absteigende, punktierte
Achtel mit zwei sich anschließenden Zweiunddreißigsteln gebracht=Motiv c. Die
Figur zieht von as bis f und wird vom Kontrafagott, von den Violen, den Celli und den Kontrabässen *arco* gebracht. Absolut markant ist der Eintritt des 4.
Horns mit seinem F, *con sordino*, das mit den absteigenden Sechzehntelquintolen
der Klarinetten zusammentrifft. Diese Klangfortschreitung aus T.10 soll nun im
Folgenden weiter Bedeutung erlangen:

Dieser Klang wird in T.13 von den Streichern wieder aufgenommen, in T.14
kommt sogar die Pizzicatofigur in den Kontrabässen wieder, der Klang wurde
freilich variiert: einerseits wird nun statt einem Decrescendo ein Crescendo ausgeführt (eine serielle Variation!), andererseits wird der Klang nun im Tremolo
gebracht. Bei der Fortschreitungsfigur markieren nun die Celli *pizzicato* das Ter-
zenmotiv der Pauke mit.
    Der Klang wurde dabei tonlich eingefärbt. Es gesellen sich noch die Töne e und
f dazu, einerseits als crescendierender Halbtontriller in den Kontrabässen in T.13,
andererseits als dissonierende kleine Sekunde simultan in den Flöten. Der Klang
wird hier von der Flatterzunge in den natürlichen Klang geführt. Die Flöten crescendieren selbst, und die kleine Sekunde wird in die große Sekunde g2\f2 in die
überblasene Oktave geführt, also von scharf dissonierend\ grell in mild dissonie-
rend\ luftig. Dabei wird das Crescendo durch ein **pp** sub. abgebrochen. Und als sei
dies der Subtilitäten nicht genug, tritt auf Zählzeit-1 in T.14 das Vibraphon mit

einem Tremolo auf f2, *colla parte* mit den Flöten und einem anschließenden abwärtsgehenden Ganztontriller g2\ f2 hinzu. Dies zeigt, wieviel auf der klanglichen Ebene tatsächlich passiert, wie Schedl regelrecht malt!

In T.15 wird dann nur noch der 2. Klang dieser Fortschreitung genommen. Er dient als Feld, auf dem der Solist seine Aktionen beginnen kann. Er trat mit einer ebenfalls sehr klangfarblichen Struktur auftaktig aus dem Feld in T.14 heraus. Die folgenden Takte bringen Verarbeitungen der kleinen Sekunde und ihrem Komplementärintervall. T.19 nimmt wieder den Anfang auf, allerdings motivisch, rhythmisch stark variiert und komprimiert. Die Viola hat in T.20 einen rezitativischen Takt, in dem sie halbwegs frei agieren kann._Bezeichnend sind in dem rezitativischen Takt einerseits die typischen Schedlschen Repetitionen, die nichts anderes als ein Insistieren auf einem Halteton darstellen (deswegen auch Motiv b1), die immer bei Schedl in ein Glissando münden, diesmal in ein absteigendes. Sehr interessant sind die launischen, glissandierenden, absteigenden Terzen. Anschließend kommt eine d-Moll-lastige, Bartóksche chromatische Ausfüllung der Quarte c\f, die über zwei Akkorde in einen neuen Abschnitt führt.

Der ist sehr interessant, da er einerseits einen Verdichtungsprozeß darstellt und andererseits aus einem Trio von Pauke, großer Trommel und Solobratsche besteht. Die Quintole in T.25 stellt eine ausgeschriebene Variante der Schedlschen Repetition mit anschließendem Glissando dar. Das ist sozusagen die Urform, jene mit dem Glissando ist die Abstraktion davon. Die Pauke ergeht sich in beschleunigenden Tritoni, in T.26 kommen die Klarinetten und Celli hinzu. Der Solist bringt Umspielungen des d-Moll-Motivs in Oktaven, die durchaus nach „Zigeunermusik" klingen. Dabei wird diese „Zigeunerweise" durch Glissandi gestört und führt in ein Glissandofeld allà Penderecki. Die Musik crescendiert, und die Streichergruppe fängt ebenfalls das Glissandieren an. Das *con fuoco e feroce* schließt sich an.

Betrachten wir nun den „Vordersatz", so stellt man fest, daß dieser ein Ritornell darstellt, denn das sich anschließende *con fuoco e feroce* bezieht sich wieder unmittelbar auf den Beginn, diesmal allerdings als ein verdichtetes Orchesterritornell. Alle diese Teile könnte man auch als Variationenabschnitte oder variierte Abschnitte des „Vordersatzes" betrachten (die Möglichkeiten der Betrachtungsweise siehe oben). Es sind nur Möglichkeiten, damit ist keineswegs gesagt, daß das Schedl auch so gesehen hat: Wahrscheinlich hätte ihm die Deutung als „Vordersatz" eher behagt als die freie Variationsreihung, die der Autor der vorliegenden Studie darin sieht. Das *con fuoco e feroce* wird durch Pauken, Röhrenglocken, Posaunen und Kontrafagotte eingeleitet, die diesen merkwürdigen d-Moll Intervallschritt bringen. Er stellt die zusammengezogene Dreiklangzerlegung des Anfanges dar. Eigentlich müßte man diese mit der Variable a belegen. Die Variablen wurden den Motiven der Viola vorbehalten. Weist man allen Motivableitungen Variablen zu, wird die Analyse unübersichtlich. Deshalb wird der ganze Komplex mit der Variable A belegt. Der große Unterschied zum Anfang ist, daß nun statt der Haltetöne die Töne in Repetitionen insistieren. Dabei gibt es in den Hörnern und Trompeten immer wieder auffahrende Gesten (man beachte in T.33 den Dezimsprung in der 1. Trompete). Interessant ist auch die große Septime in der Piccoloflöte, die Schedl ganz tonal auflöst. Es gibt insgesamt in diesem Teil drei Abschnitte, wovon T.33-39 den 1. Steigerungsanlauf, T.40-42, den zweiten und T.43+44 den Höhepunkt darstellen. T.45 ist ein Auflösungsfeld, wie wir es aus der 2. Sinfonie im II. Satz kennen. Dabei erleben wir die ganze Zeit das „Mahler-Motiv", also das d-Moll-Motiv in unterschiedlichsten Rhythmisierungen. Mit der gewohnten Ökonomie verarbeitet Schedl hier sein Material. Dieses Stück ist wie die „Zweite" ein Stück über die Terz. In jener Zeit hatte er eine Vorliebe für den großen Mollseptakkord. Man kann ihn auch als eine Schichtung von Moll und übermäßigem Dreiklang betrachten. Dieser Akkord stellt freilich Schedl klanglich in die Nähe zu Alban Berg, der dem übermäßigen Dreiklang beständig Tribut zollt. Schedl bedient sich im Auflösungsfeld jener unregelmäßigen Akzente allá Penderecki. Dabei kommt es zu einem Fermatenakkord, ähnlich dem der 2. Sinfonie. Er sieht folgendermaßen aus:

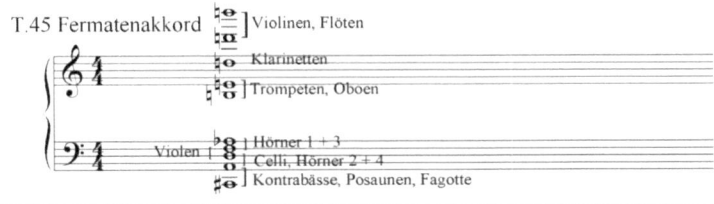

Durch das hohe d4 von Piccoloflöte und 1. Violinen wird der Klang extrem, man beachte auch, wie sehr der Klang in der Höhe an Raum innerhalb des Klanges gewinnt, also nicht nur im Gesamtambitus! So macht sich vom e1 ein Raum zum d2 in den Klarinetten und den weiteren Oktavierungen auf. Celli und Violen legten in T.41 bereits den Keim zum *meno mosso.* Es sind nun ca. 2"30 Minuten vergangen. Mit einer großen Geste der 1. Violinen wird das *meno mosso* eingeleitet. Das große Tamtam reißt vergeblich an, der Schleier öffnet sich nicht. Erst mit den zarten Paukenschlägen nimmt die Klangfläche wieder Gestalt an, wenngleich auch nur brüchig.

Ganz unverhofen bringt Schedl in den Bratschen einen F7 Akkord im Tremolo pp. Allerdings ist die Weiterführung anders. Auch ergeben sich im Zusammenspiel mit den Hörnern, den Klarinetten und dem Fagott ganz andere Klänge, wohl aber tonalen Ursprungs. Es kommt nach sehr melancholischen und fragenden Vorhaltkantilenen in den Celli ab Beginn des *meno mosso,* die man durchaus einen „elegischen Gesang" nennen könnte, zu neuerlichen unruhigen Bewegungsfiguren ab *a tempo*, die sich durch das ganze Orchester ziehen_und in einem erneuten Ausbruch, sozusagen in den Teil A4, münden, der außerordentlich stark variiert ist. Man achte nur einmal auf die Taktarten: Fünfachtel-, Fünfviertel- und Zweivierteltakt. Den Höhepunkt stellt sicherlich die Repetitionsfigur in den Hörnern dar.

Das Adagio

T.61-91 Adagio (1. statistischer Formkomplex, „Flageolett-Klangschleier" oder Klangflächenfeld, kombiniert mit Motivpartikeln)

(T.72, 1. Violakantilene, Vgl. 1. Cellokantilene, 2. Sinfonie!)

T.92-131 sostenuto, Sechsachtel- und Fünfachteltakt (2. Violakantilene)

(T.113-131 Dreisechzehnteltakt, 2. statistischer Formkomplex)

T.132-136 erregter, (neuer Aufbau des „Klangschleiers", 3. statistischer Formkomplex)

T.136-145 a tempo ((sostenuto auf 6!)), Komposition des „Klangschleiers" bis in die Viola concertante, T.141 „Flageolettzauber", 4. statistischer Formkomplex

T.146-161 (3.Violakantilene)

T.162-179 sostenuto, $\frac{6}{8} + \frac{5}{8}$

T.180-186 ruhiger (5. statistischer Komplex)

Was im Adagio für die weiteren Konzerte Vorbildcharakter bekommt, ist die Strukturierung des Stückes durch 3. Solokantilenen, die selbst wiederum variiert sind und auch Durchführungen genannt werden könnten. Im II. Satz des Violinkonzertes und im Cellokonzert erkennen wir genau das gleiche „Baukastenprinzip". Interessant ist, daß wir auch drei statistische Abschnitte finden. Im Violakonzert sind nun in diesem Adagio die Kantilenen von anderen Formkomplexen unregelmäßig umrahmt; die größte formale Einfachheit findet sich im Cellokonzert, mit der größtmöglichen Klarheit im Aufbau. Dieser asymmetrische Formcharakter im Violakonzert bedingt wiederum den Expressionismus und läßt jede Glätte dadurch vermissen. Dabei sieht das Verhältnis von Rezitativ I zum Adagio in Takten so aus: 60 Takte zu 126 Takte, also ungefähr 1:2. Zählt man alle Binnenabschnitte und bringt diese in Relation, so ergibt sich ein Verhältnis 4 zu 9, oder 2:3.

Verlaufsanalyse

T.61 Das Holz stabilisierte zuvor wieder ein Klangfeld, das von den Streichern im ff mitaufgegriffen wird, um in T.61 ins pp sub. dynamisch abzureißen. Das Feld bleibt in den Streichern tonlich liegen, löst sich aber im Holz auf. Die Streicher führen den Klang ins Flageolett und werden dabei von großem Tamtam und Vibraphon unterstützt. Die parallelen Terzen in den 2. Violinen con sord. werden uns im II. Satz des Violinkonzertes wiederbegegnen. Diese werden dabei von den Violen con sord. und dem Vibraphon, vom as1 aus, chromatisch abwärts ausgespielt. Das ist eine zauberhafte Stelle. Zweimal kommt diese Figur als Frage, wobei sie jedesmal vom Orgelpunkt g-Flageolett[396] (=Gerhard?) unterbrochen wird. Dabei wird sie jedesmal anders instrumentiert. In T.73 kommt es zum Ansetzen der 1. Violakantilene auf des. In ihrer Faktur mit dem Wechsel von großer zu kleiner Terz ist sie der 2. Sinfonie verwandt. Wir erleben wieder dieses launische Glissando. Schauen wir uns diese Kantilene aber genau an, so sehen wir, daß die Terzen sich nur als Umspielungen oder Ausfüllungen des Rahmens der kleinen Sekunde oder großen Septime entpuppen. Die vermeintliche Vielheit entpuppt sich als Kind der Einheit, sie ist aus ihr abgeleitet.

1. Violakantilene

Ein Überlappen des Orgelpunktflageoletts und des Terzen-Motivs aus den 2. Violinen ist zu erkennen. Dabei ist das Terzen-Motiv um eine Oktave aufwärts transponiert und verschwimmt zu einem Terzentriller. Die Celli bringen in T.76 jenen Klang des Vibraphons aus T.64. Es kommt immer wieder zu begleitenden Floskeln der Celli und Kontrabässe, während die Kantilene sich aussingt. Dabei konturieren die Celli die Kontrabaßmotivfetzen mittels *pizzicato*. Bei ca. 4"30 steigt die Viola in ihre hohen Lagen, wobei die Fagotte gleichzeitig der Tiefe mehr Kraft geben. In T.82 erreichen die Kontrabässe das Des. Danach baut sich

---

[396]Schedl sprach immer von den biographischen Anspielungen, Namens- und Initialzitaten in Verbindung mit Tönen oder Harmonien. So stünde oft ein reines G-Dur für seinen Namen Gerhard, ein Es-Dur für Schedl. Anm.d.Verf.

wieder ein Flageolett-Klangfeld auf, mit einem wirbelnden großen Becken und einem Vibraphon-Tremolando, mit Obertonglissando und dem Wiedereinblenden des Flageolett-Orgelpunkts auf g, nun erweitert zu einem doppelten Orgelpunkt. Das 1Des wandert in den Kontrabässen und Fagotten zum 1C hinab, wodurch sich ein Quintenraum ergibt. Das hat wiederum zur Folge, daß sich ein c-Moll-Eindruck einstellt. Der Klang wurde zuvor ins Schimmernde und milchig Trübe überführt.

Wir erleben immer wieder Aufblendungen und Wegblendungen, dabei Verarbeitungen des Terzenmotivs und der Chromatik. Eigentlich sind es in T.83 Diminutionen. Man kann sie als Verzerrungen im Raum betrachten. Die Farben werden wieder traditioneller: so werden die Terzen in T.83 vom 2. und 4. Horn zusammen mit den Klarinetten ausgeführt, die zugehörige chromatische Linie von Fagotten und Violen. Gestört wird diese Milde durch die gestopften Hörner. Die Streichertremoli bringen die Luft ins Flirren. Sanfte Kühle mit gelegentlichen warmen Luftzügen, die aber keine Wärme zu spenden vermögen, ist zu spüren. Der Charakter ließe sich mit Farben in unterschiedlichen Blautönen mit gelegentlichem Rosa beschreiben. Mit der typischen Schedlschen Vorschlagsfigur, die wir schon aus der 2. Sinfonie kennen, setzt eine neue Kantilene des Solisten in T.87 an. Interessant ist, daß sie von den Bratschen mit angestimmt wird, gleich dem Individuum gegenüber seinen Brüdern und Schwestern[397]. Der Orgelpunkt rückt auch wieder zum Des hoch. Wir haben nur eine kurze „Ausweichung" erlebt. G bleibt als Achse immer irgendwie vorhanden. Die Kantilene arbeitet sich in die Höhen hinauf und führt ins sostenuto. Es waren also zwischen beiden Kantilenen fünf Takte Statik, Zustand.

Im *sostenuto* – wir sind bei 5"35 – hören wir eine neue Klangfarbe, nämlich die der Bongos. Das *sostenuto* hat etwas Fatales an sich. Die Motivik der Viola und des Orchesters besteht aus kleiner Terz plus kleine Sekunde. Man beachte, wie die Kontrabässe ihr Material dem der Viola entgegenspielen. Einzig die Oktavierung des c nach oben macht aus dem gleichen Motiv mit unterschiedlicher Rhythmisierung eine vollkommene Gegenstimme. Wir stoßen immer wieder auf absteigende chromatische Linien in den Celli, die Begleitfiguren der anderen Streicher sind nachschlagende Pizzicati. Die Addition von Sechsachtel plus Fünfachtel ergibt einen eigenartigen Sog, der dem sostenuto sowohl formale als auch charakterliche Kontur zu geben vermag. Ab T.102 wird die Viola zusehends mit ihren Glissandi leidender und launischer, begleitet von einer „Holzbläser-Orgel". Anschließend zieht die Viola hinunter, als gebe sie auf.

Eine Überleitung der Streicher führt über einen wunderschönen Lauf der 1.

---

[397]Dieser Vergleich ist nicht weit hergeholt. Schedl dachte zunächst in den Instrumental-Konzerten immer an den Kampf des Einzelnen gegen die Masse, wieso dann nicht auch an Brüder und Schwestern in der Masse? Anm.d.Verf.

Klarinette in den Dreisechzehnteltakt, der Zuversicht heraufbeschwört. Auch das Klangliche erfährt einige Änderungen: Wir hören die neue Klangfarbe der Triangel, und wir bekommen eine d-Achse, mit d1-Flageolett in den Celli und d2 Orgelpunkt in den 2. Violinen sowie ab T.118 mit Oktav 1D\ D Orgelpunkt in den Kontrabässen. Man beachte, daß die Klarinetten ab dem Dreisechzehnteltakt die Klangfläche unterstützen. Die Flöte tritt in T.118 ebenfalls unterstützend hinzu. Es ergibt sich durch die Begleitfiguren der 1. Violinen ein B-Dur-Eindruck, so daß der schwebende Charakter durch die Sextakkordwirkung des B-Dur erreicht wird. Aus diesem Klangfeld steigt die Soloviola mit wunderbaren Ariosi empor.

Das sei „Hoffnungsklangfeld" benannt. Es ist wichtig zu wissen, daß jene gebrochenen Akkorde in der 1. Violine und späteren Violen mit Dämpfer ausgeführt werden müssen. Das wirkt klangfarblich wie hinter einem Vorgang, gespielt. Vom Gestus her scheint diese Stelle wie die Erinnerung an eine heile Welt zu sein, in der Zuversicht herrschte gegenüber dem Hier und Jetzt. In diesem Sinne verstand Schedl immer seine tonalen Implikationen.

Über triolische Linien in den Klarinetten werden diese Implikationen wieder aufgelöst. Die Viola hat zuvor schon eine kleine Sekunde ausgehalten, welche zwar in die kleine Terz überführt wurde,. Aber auf einem Flageolett f4(!) verklingt diese Hoffnung ersterbend. Die 1. Flöte unterstützt hauchig und in Flatterzunge dieses F., die Piccolo ebenfalls hauchig ein d3. Der Klang wurde in den Violen und Celli wieder ins Metallische überführt, sie spielen wieder *sul pont*. Die Hoffnungen werden in T.132 „erregter" vollends zunichte gemacht. Betrachtet man sich den Formverlauf bisher, stellt man fest, daß die statistische Formkomplexe im gesamten 1. Satz überwiegen. Denn die Höhepunkte des Rezitativs könnte man selbst auch wieder als statistische Komplexe sehen, sie beschreiben ja einen Zustand! Bei der Stelle „erregter" wird der vormals stabile Klang wieder zerrissener. Interessant ist jene Passage, in der die Viola von Pauken und Vibraphon den „Klangschleier" neu aufbaut. Sie greift auf die Passage von T.21 zurück. Der „Klangschleier" und seine Verzerrungen werden nun bis in die Viola selbst komponiert. Die zahlreichen Aktionen der Viola sind nichts anderes als die Übertragung jener Klangfläche auf den Solisten. Dabei wird vom Orchester jene Klangfläche mit den Klangachsen der Abschnitte vorher versehen, wie das Flageolett g. Diesmal aber kommen gedämpfte Kontrabässe zum Vorschein, und aus dem Orchester ist ein kammermusikalisches Ensemble geworden.

Die Farben haben sich verdunkelt, sie werden extremer: Drücken tiefe Instrumente hohe Töne aus, werden die hohen Töne intensiver. Die Aktionen der Viola wiederum verarbeiten einerseits den „Klangschleier", andererseits die Motivreste der Kantilenen, zu erkennen an den Vorschlagfiguren. Die Reste des Rezitativs sind auch vorhanden, alle diese Reste werden ins klanglich Abstrakte überführt. Auch im Ensemble finden sich Intervallreste aus dem Beginn des Satzes und der

Kantilenen. Es kommt nun in T.141 zu einem wahren „Flageolett-Klangzauber" (im weiteren Verlauf „Flageolettzauber") genannt, der Viola und der Kontrabässe, der Bezug nimmt auf den Dreisechzehnteltakt zuvor (wie eine trügerische Hoffnung), *espressivo* ergeht sich die Viola ab T.147 wieder in Kantilenen, als ob sie dieses Trügerische beim Namen nennen wollte. Ab T.152 hören wir die Bongos wieder, die als Verkünder eines brutalen Unheils fungieren. In dieser Funktion hören wir sie im III. Satz des Violinkonzerts, dort allerdings vollends entfesselt. Mit ihrem f2 klingt die Viola aus. Die Kontrabässe ergingen sich in einer interessanten Struktur: Der 1. Kontrabaß spielte eine Achtelbegleitlinie *tremolo* am Steg, der zweite die gleiche *legato*, die Kontrabässe 3-5 spielten wiederum *pizz*. Akkorde dazu, flankiert vom Vibraphon. Gerade in den leisen und zarten Stellen entdeckt man die überaus reiche Schedlsche Sensibilität und das große kompositorische Können, ein Können im Aus- und Weglassen des Unnötigen! Dabei hat Schedl als Dramatiker auch verstanden, daß Dramatik nicht das immer lauter Werdende sein muß, das Schreiende, sondern daß auch das plötzliche Verstummen, das Ersterbende.

Mit großer Kraft stürzt die Viola mit ihrem Lauf darnieder, worauf das Orchester mit seinem fatalen sostenuto wieder einsetzt. Die ganze Idylle des Vorherigen entpuppt sich als Trugbild, die Viola wird vom Orchester mundtot gemacht. Jenes *sostenuto* führt klar auf das vorherige zurück und beschreibt den Höhepunkt des 1. Satzes. Das wird vom Autor der vorliegenden Studie „Unheilssostenuto" genannt. Es ist transponiert und variiert, in sich aber viel extremer und breiter: Nicht nur daß die Streicher breit streichen sollen, die ganze Anlage ist breiter. Die Sechsachteltaktgruppe wird mit einer Fünfachteltaktgruppe beantwortet, wobei das Blech jeweils die Zählzeit-Fünf mit einem **sfz** markiert. Beim zweiten mal fällt der Sturz der großen Septime in den Hörnern 1 und 3 auf. Das Orchester wirkt sehr träge. Konflikthaft markieren die Trompeten ihre Triolen in T.170. Der musikalische Höhepunkt findet sich sicherlich bei T.174ff. In T.175 trifft die Trompete mit den Posaunen auf Zählzeit-Zwei zu einer Sext d1\b1 zusammen. Hier ergibt sich ein Hoffnungsschimmer,. Man erkennt es sogleich als Rückschau auf das B-Dur des „Hoffnungsklangfelds", denn klanglich markiert auch der Rest des Orchesters im Zusammenklang jenes B-Dur.

Man achte auch auf die geradezu Brucknerischen punktierten Rhythmen in den Trompeten bei T.176. Wir finden an Intervallen immer die Sekunde, die Terz und ihre Komplementärintervalle. Schedl wahrt in der größtmöglichen Verdichtung immer die motivische, intervallische Einheit des Materials. Über eine geradezu Schönbergsche absteigende Figur in den Streichern führt der Höhepunkt unweigerlich ins Klangfeld zurück. Es ergibt sich so etwas wie ein getrübtes C-Dur in Sextakkordstellung. Die Klangachse g wurde nun abgemildert zur Klangachse e. Die Piccoloflöte wurde gegen eine große Flöte getauscht, wodurch nun alles klanglich abgemildert ist. Dies ist wieder ein statistischer Formkomplex. Wir erleben bei T.180 – ruhiger – noch einmal eine schöne Kantilene der Klarinette, die wie eine Erinnerung an den Solisten wirkt, der nun nicht mehr in Erscheinung tritt. Die 1. Gruppe der geteilten Celli markiert eine Linie aus kleinen Sekunden als Rückschau auf das verarbeitete Material, es ist ein resignativer Abgesang. Mit einem Klangfeld aus Paukentremolando, Tomtomtremolando und Wirbel der großen Trommel klingt der Satz aus.

Der „Klangschleier" wurde aus dem metallischen Beginn ins Perkussive überführt. Es ist nicht so, daß der Satz vollkommen spannungsfrei ausklänge, denn die Flöten beispielsweise markieren eine sehr hohe kleine Sekunde noch im vorletzten Takt. Das C-Dur-Feld wird wiederum vom Schlagzeug akustisch eingetrübt. Der gesamte Satz dauerte ca. 10"17 Minuten. Das Rezitativ nahm ungefähr 3 Minuten ein, das *Adagio* 7. Das Verhältnis der Takte entspricht also ungefähr dem zeitlichen Verhältnis, ca. 1:2.

Man sollte grundsätzlich die Frage stellen, ob Schedl hier nicht eine dynamische Form durch Aneinanderreihung statistischer Komplexe schafft, denn eigentliche motivisch-thematische Entwicklungen gibt es hier nicht. Es gibt immer wieder kurze Entwicklungen, die in Zustände führen. Das Augenmerk liegt auch bei Schedl im 1. Satz mehr auf dem Klanglichen, weniger auf dem Motivischen. Deswegen scheint es als Experiment sinnvoll, die Entwicklung des „Klangschleiers" hier im zeitlichen Ablauf verbalisierend-bildhaft darzustellen. Es ist eine reine Höranalyse. Nicht alle Phänomene können gleichzeitig erfaßt und beschrieben werden. Dafür haben wir ja die ausführliche Klangbeschreibung oben angeführt. Mittels Stoppuhr wurde die Aufnahme angehört und nur die Phänomene, die beim ersten Eindruck sofort auffielen, im zeitlichen Ablauf festgehalten. Hörte man die Aufnahme mehrfach an, würde man immer mehr Phänomene feststellen können. Es ging aber um den ersten Eindruck:

Beginn: „Klangschleier" wird aufgerissen, Glockenschläge → Klangfeld aus dem Riß empor getreten →0"26 flirrende Fläche, zunehmend dunkler → dunkelster Punkt mündet bei 0"44 in Glockenschläge → 1" Klangfeld wird eingetrübt → 1"15 zunehmend metallischerer Charakter in der Viola → 1"26 Schläge → das Nichts → Klangfeld sich neu aufbauend, Luft abschnürend, dabei zunehmend greller und explosiver werdend → 2" Höhepunktverdichtung, verdichtetes Klangfeld, grell, prall, explodierend → 2"18 Climax, grell, Abriß führt zu → 2"30 elegischer Gesang der Celli → neue Verdichtung → 3" Adagio Klangfeld, heller, zauberischer Charakter → 3"13 Vibraphonakkord trübt die Fläche ein → 3"20 Flageoletts → 3"26 Terzenmotive und chromatisch absteigende Linien, trüber melancholischer Charakter, verschwimmende Fläche → 3"24 in Schwingung versetzte Luft, flirrend → 3"46 1. Violakantilene, das Ohr konzentriert sich unweigerlich auf ihren Gesang → 3"59 Flageolettklangachse → 4"14 neues Ansetzen der 1. Violakantilene, sehr leidenschaftlich, fast trotzend → 4"31 neue Fläche, „Spiegelfläche", Verkürzungen, Verzerrungen in Schwingungen, allmählich metallisch schimmernd → 4"57 2. Violakantilene, eher resignativ, leidend → 5"10 grelle Flötenklänge → 5"19 sostenuto, fast aussichtslose Situation → Pizzicatotupfer → „Hoffnungsklangfeld" in B-Dur → 6"47 die Hoffnung war ein Trugbild, das Feld wird aufgelöst, der Alltag eingeblendet → 7" neuer Feldaufbau, aber erregter, fratzenhaft → 7"25 extrem metallisch gleißend, weißes Licht, das Feld verkleinert sich, verdichtet sich und kommt im Solisten zusammen, das Orchester und der Solist verwandeln sich ins Gegenüber → 7"40 „Flageolettzauber der Soloviola", die Viola beschwört die Hoffnung herauf und erinnert sich an diese → 8" der Klang mutiert ins Dunkle, die Bongos sind wie ein Nachhall im Hintergrund, Unheil heraufbeschwörend → 8"25 „Unheilssostenuto", die Viola ist mundtot gemacht 8"50 extremste Verdichtung, Höhepunkt, entfesselter Klang, gleich Sonneneruptionen motivisch den Solisten vertilgend, pralle Flatterzungen in den Posaunen → 9" extremste Stelle → 9"10 letzter Hoffnungsschimmer durch die Dur - Akkorde im Blech heraufkommend → 9"22 schicksalhaft im Ausdruck → 9"32 die Riesenwoge wird mit einer neuen Fläche verbunden, weißes Licht, mild, mit Trübungen → 9"50 resignativer Abgesang der Celli → 10"04 schmerzlicher Klang in den Flöten → 10"14 Ausklang, perkussive Fläche auf weißem Hintergrund

Alle klanglichen Begebenheiten lassen sich nur schwer verbalisieren, semantische und klangliche Analyse sind hier verschmolzen. Es gäbe natürlich noch mehr Phänomene anzuführen, doch soll dies nur ein Verlaufüberblick sein. Schedl hätte sich sicher dagegen gewehrt. Er dachte musiktheoretisch viel strukturierter und damit traditioneller. Allerdings kann man mit diesem Verlaufüberblick darstellen, was geschieht und dadurch, „was es ist". Darauf kam es hier an.

2. Satz

Der 2. Satz zeigt viele Querverbindungen zum 1. Satz. Auch in ihm gibt es die Spannung zwischen einem dynamischen Formprozeß und statistischen Klangprozessen. Allerdings sind die Bewegungsrichtungen umgekehrt. Schauen wir uns zunächst die Formübersicht an, die anhand Schedls Tempo- und Vortragsbezeichnungen erstellt und die auch sofort zeitlich bemessen wurde. Dabei ist der 2. Satz formal noch weitaus vielfältiger als der 1. Sein Gewicht liegt mehr im Formalen.

2. Satz

(Allegro)

T.1-15: <u>hitzig und schnell</u>, $\frac{4}{4}$-Takt (ab T.8 $\frac{3}{4}$-Takt)

Kleinsekundmotivik aus Rez.1, sich verdichtend

   T.7 1. Klimax des auffahrenden Klangfeldes

T.16-21: immer hitziger

   T.19 2. Klimax des auffahrenden Klangfeldes

   T.21 3. Klimax des auffahrenden Klangfeldes

   =21 Takte

T.22-50: <u>meno mosso (leicht und tänzerisch)</u> 0"45

   T.22-31 1. „Durchführung" oder Anlauf

   T.32-35 2. „Durchführung"

   T.36-42 3. „Durchführung"

   T.43-50 4. „Durchführung"

   =29 Takte

T.51-57: <u>derb, aber mit Ironie</u> , $\frac{4}{4}$ Takt, $\boldsymbol{f\!f}$, 2"16

   2 Wiederholungen

T.58-59 Grave

T.59-62 <u>tranquillo,</u> $\frac{5}{8} + \frac{3}{8} + \frac{5}{4}$, 1. statistischer Komplex, $\boldsymbol{p}$, Flötensiegel, 3"02

T.63-70 <u>a tempo (sehr hitzig)</u>, gem. Taktarten, 3"34

   Reminiszenz an „derb...", 2. Wiederholungen

T.71-75: <u>behäbig (und viel langsamer), $\boldsymbol{f\!f\!f}$,</u> 4"02

(Violamotiv des derben Teils in den Streichern verlangsamt, wie durch eine Lupe gesehen, riesenhafte Wirkung)

   molto accel. ins Presto = 25 Takte

T.76-112: <u>Presto,</u> $\frac{3}{8}$ -Takt, 4"21

   Reminiszenzen an Flageolettzauber des 1.Satzes in T.97

(dabei Überleitung ins statistische Klangfeld von Rezitativ 2, durch Klangfeld in den Streichern)

   =36 Takte

insgesamt=112 Takte

Rezitativ 2, 5"10

T.113-152 Viertel=66

   T.113-123 Flötensiegel zusammen mit den Klarinetten

   1. Anlauf

   T.119 2. Anlauf, T.124 Reminiszenz an den Anfang des 1. Rezitativs,

   T.127 3. Anlauf

   1. Großsekundenverdichtungsfeld T.128 bei 6"20

   T.133 Trompetenläufe[398],

---

[398]Vgl. 2. Sinfonie, Marcia Funebre, Z.34

T.135 2. Großsekundenverdichtungsfeld

T.140 „Riesenunisono", 6"38

=40 Takte

T.153-173: <u>agitato,</u> Viola völlig frei gegenüber dem Metrum, genau 7"00 Minuten[399]!

T.163 Rezitativ im Rezitativ, Reminiszenz an das Rezitativ 1 (instrumentatorisch an T.132 - T.139 von Rezitativ 1),

eigentlich Kadenz des Konzertes

= 21 Takte

T.174-178: Viertel=66 Flöten- und Oboensiegel

= 5 Takte

T.179-187: <u>con fuoco,</u> erneute Reminiszenz an den Beginn des Allegro des II. Satzes, 9"40

=9 Takte

T.188-204: <u>sehr viel ruhiger,</u> $\frac{6}{8}$ Takt, **pp**, 2. „Flageolettzauber",

Umdeutung des tragischen sostenuto-Motivs aus Rez.1 (T.162)zum friedvollen Abgesang 10"45

=17 Takte

T.205-217: sehr zart und sentimental, $\frac{4}{4}$-Takt, 11"28

Flötensiegel in den Streichern, nach C-Dur umformend

Aus- und Umspielungen des Kleinsekundmotivs in der Soloviola

ersterbendes Ende in C-Dur

=13 Takte

=105 Takte.

Insgesamt sind hat der II. Satz 217 Takte. Es ist ersichtlich, daß hier ein weitaus komplexerer Formprozeß gestaltet wird.

Verlauf

Die Kleinsekundspannung d\ cis wird heraufbeschworen. Mit dem Schlag der Peitsche bekommt das Pizzicato eine Art Schockwirkung. Es ist auch mit dem großen Becken versehen, um ihm eine Art Hall zu unterlegen. Mit Kleinsekundtrillern auf dem cis in den Hörnern, den Streichern und den sich anschließenden Vorschlagfiguren wird der Satz eröffnet. Sogleich wird der Klang durch die Flatterzungen im Holz und im Blech ins Grelle überführt. Ab T.4 bekommt das brutale Klanggeschehen eine rhythmische Prägnanz: Das große Becken wird nun nicht mehr mit Filzschlägeln gespielt, sondern mit dem Holz. Die Vorschlagfiguren, die zuvor aufwärts gerichtet waren, werden nun zu einer präziseren Figur in den Streichern zusammengefügt, die abwärts gerichtet ist. Diese Figur wird von jeweils zwei nachschlagenden Sechzehnteln in Holz und Blech beantwortet, wobei

---

[399]Vgl. Akkordfortschreitungen in den Streichern mit denen der 2. Sinfonie, Marcia Funebre, Z.40

die Fagotte und die Hörner 2 und 4 hier herausfallen, indem sie eine deutlich hörbare Vorschlagsfigur an ihre Achtel anbinden. In diesem Geschehen findet sich ein prägnanter triolischer Rhythmus in der kleinen Trommel, der die Bedrohlichkeit unterstützen soll und militärisch anmutet. Schedl wird diese Figur 3+1 in späteren Werken zu einfachen drei Sechzehnteln plus 1 Sechzehntelpause umwandeln, da er meinte, daß das mehr nach vorne treibe. In diesem Geschehen ertönt eine melodische Kleinsekundfortschreitung der 2. Posaune, die dann von der 1. Posaune weitergeführt und hinaufgetragen wird, so daß es in T.7 sogar zur erwähnten Umformung des Triolenrhythmus durch die Posaunen kommt. Das Geschehen ist bis zum Ende des T.5 in ständiger Aufwärtsrichtung. Dabei wird in T.6 die Bewegungsenergie in absteigenden Skalen aufgefangen, unter denen die Posaunen sich nach oben arbeiten. Die Kontrabässe bringen Reminiszenzen an die Rezitativmotivik des 1. Satzes. Nach einer auffahrenden Geste im *fff* der Streicher, die dann übrigen Orchester weiter geführt und von einer Figur in der Pauke unterstützt wird, die in Sechzehnteln die Zentraltöne d-f-cis umspielt – sie entwickeln sich später mittels Umformung zu einem „Riesenunisono" –, kommt es nochmals zu einem Aufgreifen der Kleinsekundmelodik in den Hörnern. Sie wird von einer triolischen aufsteigenden Umformung der besagten Zentraltöne abgelöst. T.7 beschrieb die 1. Klimax dieses auffahrenden Klangfeldes.

Nun setzt mit einer insistierenden Figur in Sechzehnteln, gebildet aus kleinen Sekunden und großen und kleinen Septimen, die Solo-Bratsche ein. Man kann dies als eine Zusammenziehung des Grundmotivs der Solo-Bratsche aus dem Rezitativ 1 betrachten. Begleitet wird sie von den typischen Schedl´schen Terzenmotiven: Diese bestehen bei Schedl fast immer aus einer großen Terz, bei der der untere Ton um eine kleine Sekunde aufwärts, der obere um eine kleine Sekunde abwärts steigt, so daß diese Terz in eine große Sekunde mündet. Beispiele dafür gibt es in allen Werken Schedls so viele, daß man kaum alle aufzählen könnte. Dieses Modell gehört so unmittelbar zu seiner Tonsprache, daß man es nicht aus seinem Stil wegdenken kann, ohne ihn zu verändern.

Die Fagotte führen zeitgleich dieses Motiv noch weiter, so daß nach der großen Sekunde a\ h die kleine Terz g\ b folgt. Umformungen dieses Terzenmotivs zu verminderter Terz und kleiner Sekunde finden sich dann in den 2.Vl. in T.8. Nach T.11 wird die Sechzehntelstruktur zugunsten von Quintolen aufgegeben, wodurch das Tempo zunimmt. Diese Entwicklung sammelt sich in T.16 in einer absteigenden chromatischen Linie, die in den Streichern *col legno battuto* und *pizzicato* gespielt wird und dabei teilimitatorisch verfährt, so daß Sekundschichtungen entstehen.

Wichtig zu erwähnen ist, daß die Dynamik zunächst ins *p* zurückging, um nun erneut in einem *crescendo* auszuholen. Das Orchester mündet in T.19 in eine absteigende *ff* Linie, 2. Klimax des auffahrenden Klangfeldes, und verfällt ins Geräuschhafte, wobei auch hier die Dynamik zunächst abbrach. Die Lautstärke wird allerdings noch weiter zurückgenommen (*pp*), um noch weiter auszuholen (*fff*). Dieser Vorgang war freilich auch aus instrumentatorischen Gründen notwendig, um der Viola auffahrenden Gesten Gehör zu verschaffen. In einem Unisono im $\frac{3}{8}$-Takt, das den Sprung a nach b3 beschreibt, findet sich der vorläufige Höhepunkt dieser Entwicklung. Dies ist die 3. Klimax des auffahrenden Klangfeldes.

Das *meno mosso* (leicht und tänzerisch) schließt sich an. Es wirkt wie ein Gegensatz. Die Triolen in den Klarinetten nehmen das spätere Flöten- und Oboensiegel vorweg, sie wirken wie eine Umformung des Triolenmotivs der Kontrabässe und Fagotte. Das 2. Solo-Cello bringt in T.22 eine expressive große Septime as\ g1, die von *nat.* ins *sul. p.* geführt wird. Solo-Bratsche und 1. Solo-Cello nehmen diese große Septime auf und führen sie unterschiedlich weiter: Die Solo-Bratsche bringt eine Reminiszenz an den Anfang des Konzertes, das 1. Solo-Cello wiederum füllt die Spanne von f1 bis b1 mit einer freien Kombination von kleiner und großer Sekunde aus.

Der Folgetakt wirkt dazu fast wie eine Sequenz, wobei an dem instrumentatorischen Prinzip, den Klang jeweils von *nat.* nach *sul. p.* zu führen, festgehalten wird. In T.25 bringen dann Vl2. und die Violen ein Motiv, das aus der Vorschlagsfigur des insistierenden Motivs der Solo-Bratsche gewonnen wurde. Dazu gesellen sich nun ein Kontrabaßpizzicato und Kleinsekundmotive der Klarinetten und der hohen Hörner. Hinzu kommt auf Zählzeit-Vier, das Metrum wurde wieder geändert, das es1\ es2 der Oboen. In T.26 bringen die 1. Violinen ein Motiv, das eine Variation des Bratschen-Motivs auf Zählzeit-Zwei des T.18 aus dem Rezitativ 1 sein könnte. Die weitere Entwicklung dieses *meno mosso* sieht folgendermaßen aus: Es gibt kleinere Crescendo-Anläufe, die abbrechen, um erneut anzusetzen. Damit ergeben sich vier „Durchführungen" oder vier Anläufe. In ihnen wird das Grundmotiv des 1. Rezitativs verarbeitet. Von T.33-35 ergibt sich ein „verzerrtes Spiegelbild", denn die Solo-Viola wird – motivisch stark verändert – von den Violen begleitet. Schedl, der immer in Bildern und Szenen dachte, muß eine entsprechende Intention hinter solchen instrumentatorischen Kniffen gehabt haben. Dem Individuum wird ein Kollektiv, gebildet aus seiner Familie, gegenüber gestellt. Diese

Vorstellungen spielen in der Geisteswelt Schedls eine große Rolle. Die Klanglichkeit wird zunehmend extremer und geräuschhafter, wofür nicht nur die Tremoli und Saltati der Solo-Bratsche zeugen, sondern auch die Glissando-Saltando-Imitationen von T.39, begleitet von der charakteristischen kleinen Sekunde in der Flöte. Diese Aktionen münden in einer Fermate, die von der Solo-Bratsche in einem *glissando quasi flag.* aufgelöst wird. Zuvor verarbeiteten die Klarinetten die vorgespielten Sechzehnteltriolenmotive der Solo-Bratsche, die ebenfalls aus dem Rezitativ 1 bekannt sind. Das alles gehört noch zur 3. Durchführung.

Nach dem *f* in T.42 beginnt die 4. Durchführung oder der 4. Anlauf. Diese letzte Entwicklung mündet in einen zentralen Abschnitt, der einmal wiederholt werden muß: derb, aber mit Ironie. Interessant ist der überaus geschlossene thematische Zusammenhalt aller dieser Tutti-Stellen: Hier läßt sich wiederum eine Brücke zu Abschnitten wie T.43 oder T.58 schlagen, denn sie sind eng thematisch verbunden. Es ist, als ob hier das Leben zitiert würde: Es ist banal und oft derb und steht im Gegensatz zu Schedls feinsinniger und feinnerviger Kunst. Auf alle Fälle steht dieser Abschnitt in starkem Kontrast zur feingliedrigen Entwicklung, die unmittelbar vorausging. Das Motiv der Solobratsche in T.51 ist eine Ableitung des insistierenden Motivs, diesmal in der Umkehrung, es wird später wiederkommen.

© Musikverlag Doblinger

Nach der zweiten Wiederholung mündet diese Entwicklung ins Grave, dem sich sogleich das *tranquillo* anschließt. In jenem *tranquillo* erscheint das Flötensiegel. Die Viola wird in ihrer Kantilene bis zum f3 geführt.

© Musikverlag Doblinger

Nach einer Fermate auf einem A7-Akkord setzt das *a tempo* (sehr hitzig) ein. Hier wendet sich Schedl zurück an die 4 Anläufe zum „derben" Abschnitt und verarbeitet wieder ganz konsequent und ganz traditionell das thematische Material aus kleiner Terz, kleiner und großer Sekunde. Der Abschnitt wird zweimal wiederholt.

Diesen Musiktypus findet man bei Schedl immer wieder, sei es im Violinkonzert, sei es in seinen „Fünf Intermezzi zu Glaube Liebe Hoffnung". In sich bewegte Musik dieser Art klingt wie „Bewegungsmusik". Sie erinnert an die Musik aus einem der Ballette Strawinskys oder Prokoffiews. Und als „Bewegungsmusik" macht sie auch in diesem Konzert dramaturgisch Sinn, denn sie ist ein Anlauf zu einem Abschnitt, der beim Anhören Bilder an einen Riesen aus einem Märchen wachruft. Wir sehen hier die Vermengung von Musiktheater und Konzert.

Mit behäbig (und viel langsamer) überschreibt Schedl den nächsten Abschnitt. Die Violinen bringen ein Motiv, das im Abschnitt derb, aber mit Ironie von der Solo-Bratsche gebracht wurde. Es ist wieder exakt der gleiche Einsatz auf Zählzeit-Drei, wir sind auch wieder im Viervierteltakt. Celli und Kontrabässe bringen ein Motiv, gewonnen aus den gleichen Tönen des Verdichtungshöhepunkts mit Auflösungsfeld des Rezitativ 1 T.42, das dort von den Violinen gespielt wurde. Es ist in der Tat sehr behäbig und kommt polternd und stampfend wie ein wankender Riese daher.

Dieser Abschnitt kommt sogleich in einen kräftigen Sog, ein *molto accelerando* führt uns ins Presto, in dem die Solistin wieder einsetzt. Dieses Presto im Dreiachteltakt birgt noch Überreste des stampfenden Motivs der Celli und Kontrabässe, das nun jambisch im Pizzicato ausgedünnt wurde. Hinzu gesellen sich Akzente auf Zählzeit-Eins-und des gestopften 1. Horns, sowie Begleitfiguren der Rohrblattinstrumente. Ab T.84 wird die Musik wieder voller, in T.94 kommt es zu einem dynamischen Abreißen, um mit neuen Crescendi dynamisch zuzunehmen. T.97 bildet eine Brücke zum „Flageolettzauber", allerdings nur von der Bratsche aus, denn die anderen, mit Dämpfer versehenen Streicher, bringen ihrerseits ein Klanggewebe aus den Grundintervallen des Stückes, welche sehr leise am Steg ausgeführt werden müssen. In T.104 haben sich die geräuschhaften Stimmen auf dem C gesammelt. Es kommt zu einer Art Reprise des Allegro-Beginns, allerdings über einem vibrierenden „Cluster" der Streichergruppe, die ihrerseits den Klang vom Steg bis an das Griffbrett vom Metallischen ins Dumpfe führt. Mit schnellen Aktionen am Steg über einem trillernden, ersterbenden Cluster endet das Allegro und führt ins Rezitativ 2; als Klangachse bleibt die kleine Sekunde C\ Des bestehen.

Rezitativ 2

Das nun folgende Siegel in den Flöten und Klarinetten, bildet eine Achse zum Flötensiegel des *tranquillo* und zur orgel- oder choralartigen Begleitung des T.104. Man kann diese Art der harmonischen, siegelartigen Begleitung an allen ruhigen Stellen des 2. Satzes noch weit vor T.104 nachweisen. Wir erleben die dynamische Form nun durchbrochen von statistischen Klangkomplexen. Dieser Klang in den Flöten und Klarinetten in T.113 ist nichts anderes als ein C7 ohne Quinte. Der Klang wird freilich sogleich umgedeutet.

Das b2 verklingt in der Flatterzunge über einem dissonanten Streicherklang, wieder clusterhaft, durch Triller ins Flirren gebracht. Der Ausklang wird vom Tamtam abgenommen. Die kleine Terz h1\ d2 bleibt übrig, so daß hier die Röhrenglocken mit den Zentraltönen d1\ f1 und cis2 einsetzen. Diesen Klang verstärkt die Solistin mit den gleichen Tönen, sozusagen als Bestätigung. Sie wird sogleich geräuschhaft nivelliert. Es ist, als ob über einer sanften Grundierung ein aggressiver Strich gezogen wurde, der im Verlauf zickzackförmig verschwindet. Es gibt nun einen erneuten Anlauf, zu dem sich dann das 1. Horn mit einem h1 gesellt. Nach den Röhrenglocken setzt die Solistin mit ihrem Grundmaterial des 1. Rezitativs in variierter Form, nur diesmal konkreter als vorhin, ein. Der dritte Anlauf beginnt nach der Fermate in T.127 und führt in ein eigenartiges Großsekundenverdichtungsfeld (natürlich finden sich hier auch kleine Sekunde, aber die große Sekunde ist hier das dominierende Intervall), das von Trompetenskalen unterbrochen wird.

Diese Stelle erinnert an die Trompetenstelle im „Marcia Funebre" der 2. Sinfonie, Ziffer 34. Das Verdichtungsfeld kommt dann in T.125 zum erneuten Ausbruch und mündet in ein wirkliches „Riesenunisono" der Streicher: Es schlägt eine Brücke sowohl zum behäbigen Teil, als auch zu allen anderen großen Tutti-Abschnitten des Konzertes, sogar bis zum allerersten Ausbruch. Die Intervallik, kleine Septime aufwärts, verminderte Terz abwärts, etc., ist bekannt und bildet, da sie in der Addition an die Ganztonleiter gemahnt, einen starken Kontrast zu den vorherigen mehr an der Chromatik orientierten Stellen. Das gibt ihr auch die Wucht und Kraft. Dabei gesellen sich die Holzbläser mit den Hörnern in Flatterzungen, die Flöten mit der Figur, die die Violinen In T.51 brachten: Hier ist sie mit einem Glissando kombiniert. Das Blech spielt akkordisch dagegen. Dieses wuchtige Feld wird sogleich von sehr aggressiv gespielten Skalenläufen in Celli und Kontrabässen abgelöst. Es erscheinen immer wieder Septimeinwürfe, große Septime oder verminderte Oktave bis kleine Septime in den Posaunen, der Reihe nach von den Hörnern abwärts bis hin zu den Posaunen. Hier setzt dann auch in T.146 ein *rit.* ein, eine kurze Fermate auf Zählzeit-Zwei-e-un-de, dann erneutes Losstürmen auf einen Höhepunkt hin. Immer wieder werden Umformungen der kleinen Sekunde und großen Septime gebracht und addiert. Die Bewegungsimpulse werden von Sechzehnteln auf Zweiunddreißigstel beschleunigt, bis in T.151 ein Ambitushöhe-

punkt erreicht ist, an dem die Flöte und die 1. Violinen festhalten.
Das übrige Orchester steigt nun wieder in skalenförmiger Bewegung herab. Ziel dieser Entwicklung ist das folgende Solo der Solistin, die nun ganz frei gegenüber dem Metrum zu spielen hat und eine aus der 1. Violakantilene gewonnene, komprimierte Figur bringt, die ihrerseits wieder einige Bewegungsenergien innehat: Sie ist einerseits auf der Terz es2\ g2 tremolierend, andererseits mit einem Vorschlag aus zwei abwärtsgehenden kleinen Sekunden vom g2 zum e2 hin konzipiert, wobei ein freies Glissando dieser Vorschlagsfigur vorauszugehen hat. Einerseits ist die Sechzehntelintervallik wiederum gewonnen aus der großen Septime abwärts, und andererseits beinhaltet die Sechzehnteltriole wieder die kleine Terz, so daß man den sich daraus ergebenden Klang f1\ as1\ e1 als Transposition von d1\ f1\ cis2 ansehen kann.

Die Akkordfortschreitung in den Streichern erinnert an das Ende des „Marcia Funebre" aus der 2. Sinfonie, Ziffer 40. Es scheint bei diesem Konzert öfter so zu sein, als habe Schedl die 2. Sinfonie neu komponiert und dabei stark bereinigt. Sowohl die freien Figuren der Viola als auch das Orchester werden ausgeweitet und steigern sich, bis es in T.159 zu einem Diminuieren kommt und der Klang in T.162 ins **ppp** geführt wird. Eine Art Kadenz schließt sich an, die ein Rezitativ im Rezitativ darstellt und anschließend von Pauken und Röhrenglocken begleitet wird. Hier ergibt sich eine eigenartige Farbwirkung im Zusammenspiel, da Pauken und Röhrenglocken ab T.169 auch immer wieder die Anweisung haben, ihre Schläge abzudämpfen. Dabei wird noch einmal so gut wie alles der bisherigen Motivik verarbeitet. Instrumentatorisch stellt dieser Abschnitt eine Reminiszenz an T.132-T.139 von Rezitativ 1 dar. Dieser Abschnitt ab T.169 wirkt zugleich wie ein erneuter Anlauf, dessen Kulmination allerdings das cis3 in der Solo-Bratsche ist, das in eine ruhige und warme Kantilene führt. So setzt in T.174 das Flötensiegel, harmonisch eigentlich als solches nicht mehr erkennbar, diesmal von den Oboen statt von den Klarinetten unterstützt, wieder ein. Das Tempo ist nun Viertel=66, wir erleben eine milde, aber kühle Umgebung. Es ist einer der schönsten Abschnitte des Konzertes. Das *con fuoco* T.179 bringt nochmals einen kurzen Ausbruchsversuch, vielleicht ein Versuch, noch einmal mit dem Leben davonzukommen. Dieser Ausbruchsversuch „schaukelt" sich in drei kurzen Wellen hoch und verebbt auf dem cis4 im Pianissimo in den 1. Violinen. Das leitet in einen neuen Teil, *sehr viel ruhiger*, im Sechsachteltakt. Er erinnert instrumentatorisch stark an den „Flageolettzauber" des 1. Satzes. Das ist sicherlich der musikalische Höhepunkt des 2. Satzes. Der „Klangschleier", der bisher alle Aggregatzustände von Verdichtung zur Metallik, von der Diffusion zur Explosion erlebt hat, wird nun musikalischer Träger eines der schönsten Gedanken des Konzertes. Die Homogenität der Intervallik, kleine Terz abwärts+kleine Sekunde abwärts, rundet die Stelle ab. Formal ist es so, als habe sich das schicksalhafte *sostenuto* des 1. Satzes umgeformt zu einem versöhnlichen Satz. Die Instrumentation sieht so aus: Vibraphon, Bratsche in höchster Lage im Flageolett, 4 1. Solo-Violinen und 2 Solo-Violen. Die Solo-Violinen tremolieren, die Bratschen sind mit Dämpfer versehen.

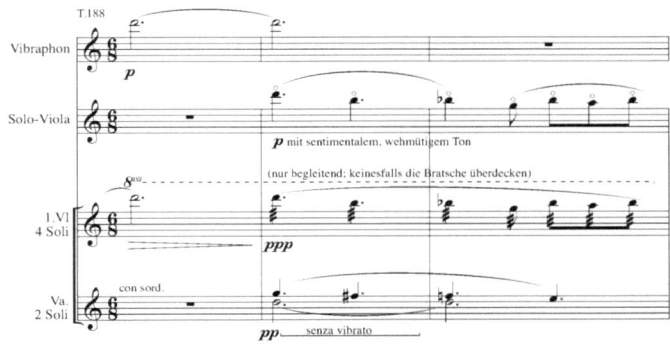

Es ist wahrscheinlich nach dem „Flageolettzauber" des Rez.1 die schönste Stelle des Konzertes. Erreicht wird ein leerer Quart-\ Quint-\ Quart-\ Quint-Klang in den 1. Violinen in T.195. Zunächst stellt sich ein a-Moll-Eindruck ein, doch er wird gleich eingetrübt: Die Musik wird schneller und erregter.

Dieses Klangfeld geleitet uns in das nächste, sehr zart und sentimental. Hier scheinen alle Spannungen gelöst. Das Flötensiegel erscheint in den Streichern, man hört zu Beginn einen deutlichen As-Dur-Sextakkord. Schaut man sich indes die lineare Fortschreitung an, so sieht man wieder die bekannten Intervalle der kleinen Sekunde und der kleinen Terz. Über diesem Siegel oder Teppich halten die vier Solo-Violinen mit ihrem Quart-\ Quint-\ Quart-\ Quint-Klang, diesmal transponiert nach des2. Dieser Klang wurde zuvor über chromatisches Absteigen erreicht. Die Solo-Bratsche bringt ihrerseits abwärts springende Figuren in zunächst großen Nonen, später aber letzte Umformungen der Motive der beiden Sätze.

Doch all diese Klänge, die Schedl in dem Abschnitt zusammenführt, entpuppen sich in T.213 als ein Vorhalt zu C-Dur, das ganz ungetrübt erscheint, um nach einem kurzen Crescendo aus dem Piano hinaus ins Pianissimo abzubrechen und zu ersterben. In dieses C-Dur komponiert Schedl dann augmentierte Formen der verminderten Oktave in den Holzbläsern. Die 1. Klarinette bringt zusammen mit der Oboe die Fortschreitung es2-d3-es2, wobei das es2 der Oboe eine punktierte Viertel lang gehalten wird, das es2 der Klarinette aber sich nach einer punktierten

Halbe zum d2 hin bewegt, um ins des1 zu münden. Die Flöte wiederum zeigt eine Kombination aus kleiner Terz, großer Septime und Kleiner Terz aufwärts. Sie klingt mit ihrem f3 zusammen mit dem des1 der Klarinette aus. Ein angerissenes großes Becken markiert noch einmal leise den letzten Takt, ein letztes Glissando vom d1 zum des1, markiert das Ersterben des Solisten, der mit einem Pizzicato der linken Hand auf der leeren Saite c das Konzert beendet.

Alles in allem ist es ein Akt des versöhnlichen Sterbens und Loslassens des Lebens, der Welt, die mit allen Banalitäten hier wie im Werke Gustav Mahlers musikalisch erschienen ist.

5.2. Das 2.Violinkonzert Gerhard Schedls

Schedl hat in diesem Konzert seine absolute Meisterschaft erreicht. Nichts enttäuscht, alles überzeugt, alles muß so und nicht anders sein, nichts kann geändert werden, ohne das Werk zu zerstören. Schedl zeigt sich als Meister der Form, als Meister des Ausdrucks. Das 2. Violinkonzert ist ein Meisterwerk. Darin trifft sich der Autor mit Heinz Winbeck, für den die letzten Konzerte Schedls zum Schönsten zählen, was seit 1945 komponiert worden ist. Mit diesem Konzert ist Schedl der größte Dramatiker nach Alban Berg geworden. Anders ausgedrückt: ist das Violinkonzert Bergs DAS Konzert der ersten Hälfte des 20. Jahrhunderts, so ist das Schedls DAS der zweiten. Der Autor kann nur seine grenzenlose Bewunderung äußern. Das hier Gesagte wird durch die Analyse nachgewiesen und bestätigt.

5.2.1. Die Dramaturgie des Violinkonzertes

Die Uraufführung fand am 23. Juni 1996 in Köln statt. Es war eine der wenigen Uraufführungen, bei denen der Autor der vorliegenden Studie, damals 18 Jahre alt, anwesend war. Mit im Konzert wurde die Balletmusik „Romeo und Julia" von Prokoffiew und „The unanswered question" von Charles Ives gespielt. Peter Keuschnig dirigierte die Uraufführung; das Orchester spielte in der Kölner Philharmonie, und Christian Altenburger war Solist. Es war das erste Mal, daß der Autor der vorliegenden Studie alle diese Stücke hörte. Lebhaft hat er in Erinnerung, wie sehr ihn die Ohren von den Tamtamwirbeln in den Höhepunkten des 3. Satzes schmerzten. So ein Beben und Tosen hatte der Autor der vorliegenden Studie in jenem Alter noch nie erlebt. Dabei wurde er willenlos, gefangen, geschüttelt, gequält und getröstet von dieser Musik. Die Uraufführung ist noch immer in lebendiger Erinnerung, auch die Ansprache Schedls.
Den Aufbau der Dramaturgie gibt der Autor hier sinngemäß nach der Einleitungsrede von Gerhard Schedl und Christian Altenburger, der bei der Uraufführung die Solo-Violine spielte, wieder:

Das Violinkonzert ist ein symphonisches Konzert, kein traditionelles Virtuosenkonzert, wie man es bei Paganini und vergleichbaren Komponisten vorfindet. Es steht in der Tradition der Violinkonzerte von Beethoven, Brahms, Tschaikowski und Alban Berg. Wir finden hier ein dramatisch-narratives Konzept vor, gleich einer Opernszene. Der Hauptakteur oder Held ist die Solo-Violine, die gegenüber der Masse, dem Leben, das in diesem Falle vom Orchester repräsentiert wird, eine bestimmte Entwicklung durchmacht. Schedl wörtlich in seiner Ansprache an das Publikum der Uraufführung, zitiert anhand des Tonbandes:

„[...] Es ist eine Art Seelendrama, ein Akt der Befreiung, der dazu führt, zu sich eine andere Einstellung zu finden, zum Leben eine andere Einstellung zu finden, und man könnte das Ganze so ein wenig überschreiben: von introvertiert zu extrovertiert [...]."[400]

Der erste Satz des Konzertes besteht aus einer Solo-Kadenz. Dies ist wohl in der bisherigen Konzertliteratur einmalig. Alle Sätze gehen attacca in einander über. Der Gestus des ersten Satzes läßt sich als eine musikalisch verhaltene Rhetorik umschreiben, alles ist sehr leise. Er dauert ungefähr fünf Minuten und beginnt an der Hörschwelle. Schedl:

„Es ist ein Selbstgespräch einer eingeschlossenen Seele, ein wenig allein, manchmal auch verzweifelt und für sich jedenfalls."[401]

Schedl benutzte bei der Uraufführung folgendes Bild:

„[...]Und so könnte man sich vorstellen, daß der erste Satz eine Art Landschaft im Novembernebel wäre. Es ist fast totenstill, es ist grau, braun, grün, alles ist ein wenig in Nebel eingehüllt, und jedes Geräusch von außen wäre zuviel. Man hört eher den eigenen Pulsschlag, Herzschlag. Man sieht, oder vielleicht merkt man den eigenen Atem, und in dieser Atmosphäre spricht man zu sich selbst. [...]."[402]

Der zweite Satz schließt sich leise der Solo-Violine an. Schedl:

„Nach diesem Satz kommt es allmählich zu einer Metamorphose hin zu einer Art lauem Sommerabend, [...] es kommen neue Farben, Formen, Gerüche, auch ein Aroma, eine bestimmte Art von Lebensgefühl dazu, eine unstillbare Sehnsucht nach Leben, könnte ich sagen. Es baut sich dann eine Menge an Kantilenen, an melodischen Floskeln auf, und es entsteht ein wenig eine sinnlich-erotische Atmosphäre [...] und wie im Sommer manchmal Gewitter entstehen, so kommen manchmal so einige Phänomene, die dann hochfahren, sich verdichten und wieder absacken, noch

[400]Gerhard Schedls Ansprache zum Publikum der U.A., Mitschnitt der U.A., Köln 1996
[401]Gerhard Schedl, Ansprache, ebda.
[402]Ebda.

nicht wirklich zu einer Eruption führen. Aber so nach und nach kommt es dann tatsächlich dazu, und dann sind wir im dritten Satz."[403]

Im zweiten Satz finden die ersten Ausbruchsversuche der Solo-Violine aus der Masse statt. Dies ist einer der spannungsreichsten Sätze, die Schedl geschrieben hat. Der dritte Satz ist der gewalttätigste Satz Schedls. Der Satz ist sehr grell und prall. Alles flimmert. Es finden in diesem letzten Satz zwei große Ausbrüche statt. Das ganze Orchester entwickelt sich hier zu einer „Riesenwoge"[404], wird immer größer und größer und umspült dann den Solisten. Der Solist behauptet sich aber, er geht nicht mit der Masse unter. Nach dem 2. Ausbruch im III. Satz, dem 3. Höhepunkt, setzt auch schon gleich ein Abgesang ein, was, nach diesem „Gewaltakt" in der Abfolge seltsam wirkt. Der Abgesang greift dann unmittelbar auf die Kadenz zurück, wobei das, was vorher beklemmend anmutete, hier in „grenzenloser" Freiheit ausklingt. Der überdimensionierte Orchesterapparat macht es notwendig, daß die Solo-Violine im 3. Satz elektronisch verstärkt wird, um sich gegenüber dem Orchester zu behaupten und nicht in der Masse unterzugehen. Fazit:

Das 2. Violinkonzert folgt dem dramatischen Konzept des Kampfes des einzelnen gegen die Masse, des Kampfes um die Befreiung einer introvertierten Persönlichkeit. Es ist damit höchst politisch und hat eine nicht zu leugnende psychopathologische Komponente. Das 2. Violinkonzert ist ein Seelendrama. Wir erleben hier die typische Schedl´sche Komponente: daß das Leben, die Musik und der Konzertsaal eine Bühne sind; und die Mitwirkenden sind alle Protagonisten[405] eines Dramas. Es ist immer der vergebliche Kampf des einzelnen gegen die Masse, sich selbst und gegen die Umstände, die sein Leben bedingen.

---

[403]Schedl, Ansprache, ebda.

[404]Schedl, ebda.

[405]Wenn der Autor der vorliegenden Studie in der Analyse vom Protagonisten spricht, so ist immer die Violine concertante, auch Vl. c. abgekürzt, gemeint. Anm.d.Verf.

5.2.2. Analytischer Versuch

„Das Konzert für Violine und Orchester ist ein Auftrag der Kölner Philharmonie, Köln Musik GmbH

Orchesterbesetzung:

3 Oboen (3. auch Englischhorn in F)
3 Klarinetten in B (3. auch Baß-Klarinette in B)
3 Fagotte (3. auch Kontrafagott)
4 Hörner in F
3 Trompeten in B
3 Posaunen
Tuba

Schlagzeug: (4-5 Spieler)

I. Xylophon, Triangel, Sizzle-Becken,
    kleine Trommel (mit Snare), 3 Timbales
II. Gr. Becken, gr. Tam-tam (sehr tief),
    4 Tom-toms
III. Becken, kl. Tam-tam (hoch), 3 Bongos,
    große Trommel
IV. Vibraphon (stets ohne Motor), Röhrenglocken,
    kl. Becken, 2 Congas

Harfe
Klavier (möglichst ein Flügel mit starken Bässen)
Streicher
(chorisch besetzt, mindestens: 12, 10, 8, 6, 5)

Aufführungsdauer: ca. 30 Minuten

Anmerkungen: Alle 3 Sätze gehen attaca ineinander über. Es ist darauf besonders zu achten, daß der Orchestereinsatz zu Beginn des 2. Satzes sehr behutsam und dynamisch äußerst zurückhaltend erfolgt. Der 3. Satz beginnt im Tempo des vorangegangenen und steigert sich auf ein nicht zu schnelles, aber dennoch stark rhythmisch-akzentuiertes Grundzeitmaß, welches, wie auch im 2. Satz, in sich variabel sein muß! (in beiden Sätzen ist auf eine strikte Trennung der Abschnitte zu achten, welche im Viertel bzw. Achtelpuls konzipiert sind.)

	Hauptzeitmaß	Nebenzeitmaß
2. Satz: Adagio	Viertel=58	Achtel=72 viel langsamer
3. Satz: molto Allegro	Viertel=116	Achtel=144 sostenuto"[406]

---

[406]Gerhard Schedl, Konzert für Violine und Orchester, Partitur, Musik-Verlag Doblinger, Wien-München 1995, S.2

Hier eine Gesamtübersicht über die Abschnitte des Konzertes anhand der Tempobezeichnungen:

I. Satz   langsames Grundtempo

          sehr introvertiert aber dennoch ausdruckstark

Ziffer 2:   animato

Ziffer 3:   Tempo primo (sehr langsam)

II. Satz   Hauptzeitmaß Viertel=58

          Adagio (breit und flächig)=50 Takte

Ziffer 13:   sehr ruhig=4 Takte

Ein Takt vor Ziffer 14: senza misura=1 Takt

Ziffer 14:   animato 2=Takte

Zwei Takte vor Ziffer 15: wieder ruhiger=19 Takte

Ziffer 18:   sehr heftig=3 Takte

3 Takte nach Ziffer 18: sehr ruhig=4 Takte

Ziffer 19:   heftiger und schneller=4 Takte

4 Takte nach Ziffer 19: Nebenzeitmaß viel langsamer Achtel gleich 72
=31 Takte

Ziffer 24:   sehr breit=6 Takte

Ziffer 25:   heftiger und schneller=6 Takte

Ziffer 26:   a tempo (heftig und schnell) in Achteln=5 Takte

Ziffer 27:   a tempo=4 Takte

4 Takte nach Ziffer 27: ruhig=3 Takte

Ziffer 28:   a tempo=3 Takte

3 Takte vor Ziffer 29: ruhig=3 Takte

Ziffer 29:   sehr breit (Adagio Viertel gleich 58)=21 Takte

Ziffer 32:   sehr ruhig=7 Takte

III. Satz: sehr ruhig=8 Takte

Ziffer 34:   Hauptzeitmaß: Viertel gleich 116 molto allegro=8 Takte

Ziffer 35:   sehr wild und noch etwas drängender=15 Takte

Ziffer 38:   a tempo (molto Allegro) dennoch rhythmisch exakt und wild=28 Takte

Ziffer 42:   a tempo (molto Allegro)=53 Takte

Ziffer 51:   plötzlich viel breite =21 Takte

Ziffer 54:   meno mosso=5 Takte

Ziffer 55:   molto Allegro=3 Takte

3 Takte nach Ziffer 55: Nebenzeitmaß Viertel gleich 144 sostenuto=4 Takte

Ziffer 56:   a tempo=10 Takte

3 Takte vor Ziffer 58:   viel ruhiger(langsamer) 1. Klammer=10 Takte

Ziffer 59:   a tempo=3 Takte

Ziffer 60:   Allegro molto (in Vierteln)=18 Takte

Ziffer 62:   sostenuto (auf 6!) mit erster und zweiter Klammer=7 Takte

168

Ziffer 63: a tempo (in Achteln)=4 Takte

4 Takte nach Ziffer 63: molto Allegro (in Vierteln)=2 Takte

1 Takt vor Ziffer 64 :   molto Allegro (in Vierteln)=3 Takte

3 Takte nach Ziffer 64: a tempo (in Achteln) (sostenuto)=17 Takte

Ziffer 67:   sehr wild und drängender=11 Takte

Ziffer 69:   molto Allegro (in Vierteln)=4 Takte

Ziffer 70: sehr wild=42 Takte

Ziffer 77: breit und sehr ruhig (wieder in Achteln)=7 Takte

Ziffer 78: meno mosso=6 Takte

Das ergibt 289 Takte.

Schon an den vielen Tempobezeichnungen sieht man, daß sich diese Musik in keine Form pressen läßt. Die inneren Formverläufe sind nicht immer mit den hier dargelegten Bezeichnungen synchron, wie später gezeigt werden wird.

Anmerkung zur Analyse des ersten Satzes:
Die Analyse fällt hier äußerst akribisch aus und schaut auf die großformalen Zusammenhänge, die Querverbindungen und motivischen Beziehungen innerhalb des ersten Satzes und ihre Bedeutung für den Verlauf des ganzen Konzertes. So genau ist die Analyse der anderen beiden Sätze nicht: In ihnen werden die wichtigen Spannungsverläufe geschildert. Die Analyse des ersten Satzes möchte dessen Bedeutung für das ganze Stück zeigen.

5.2.3. I. Satz:

Der I. Satz wird von der Violine concertante vollkommen alleine bestritten, er bildet die Kadenz des Konzerts. In Konzerten der Klassik oder Romantik finden wir die Solo-Kadenz nach der Reprise im ersten Satz eines Solo-Konzertes, in dem dem Solisten die Gelegenheit geboten wird, über die Themen des Satzes zu phantasieren und technisch zu brillieren. Hier ist es anders: die Kadenz bildet den ganzen ersten Satz. Sie wirkt quasi improvisiert, ist jedoch sehr durchstrukturiert und liefert das für das ganze Stück notwendige motivisch-melodische, rhythmisch-motivische und klangfarbliche Material. Es kann nicht oft genug betont werden, daß alle Parameter nahezu gleichwertig komponiert werden und klangfarbliche Ideen strukturbildend sind! Dabei entspricht der I. Satz wieder einem statistischem Form-Modell, denn es ereignet sich nichts, alle Farben und Gesten des Satzes, alle Innerlichkeit, alle Dichtefelder verschwimmen zu einem Gesamtkomplex. Erst in der Folge des II. Satzes wird der dynamische Formprozeß eingeleitet, das Konzert insgesamt unterliegt allerdings dieser Dynamik!

Die Schwierigkeit der Analyse liegt darin, daß Schedl die Kadenz in Fermaten und Zäsuren unterteilt. Nach einer statistischen Erhebung kommt man insgesamt auf neun Groß-Fermaten und tatsächlich 40 Zäsurzeichen! Die Analyse wird dadurch erschwert, daß die Texturänderung manchmal nach den Fermaten und manchmal nach den Zäsurzeichen erfolgt und die Handschrift keine eindeutige Unterscheidung zwischen Groß- und Kleinfermate zuläßt. Schedl schreibt hier keine Taktstriche vor, benutzt aber anscheinend dann die Fermaten und Zäsuren zur Gliederung. Doch analysiert der Autor hörenderweise, fallen ihm andere Zusammenhänge auf, als wenn Zusammenhänge anhand Schedls Zeichen gesucht werden. Die Zeichen: Es ist zwischen den Fermaten über den Pausen zu unterscheiden, denen, die im freien Raum stehen und den Klein-Fermaten, die über den Noten stehen. Die Groß-Fermaten unterteilen den ersten Satz in neun Abschnitte. Diese gehen aber nicht mit dem Wechsel der musikalischen Abschnitte einher. Bis zur 3. Zäsur werden die Phrasenänderungen durch die Zäsuren bestimmt. Die Groß-Fermaten untergliedern die Binnenstruktur. Doch schon nach der 2. Zäsur will weder die Unterteilung nach Groß-Fermaten, noch nach Zäsuren mit den wirklichen Textur- und Phrasenänderung einhergehen. Ein weiteres Problem bilden die Schedl´schen Studierziffern, die die Analyse noch einmal erschweren, da sie den Satz in drei Abschnitte unterteilen. Die wirklichen Unterteilungen in musikalische Groß-Abschnitte treffen aber nur bei Ziffer 2 und 3 zu. Im übrigen schreibt Schedl im ganzen Konzert keine einzige Taktzahl vor, als wolle sich diese expansive Musik nicht in Takte fassen lassen, dazu aber später mehr.

Der Autor der vorliegenden Studie hat sich entschlossen, die musikalischen Zusammenhänge allein nach seinem eigenen Formgefühl durch das Gehör zu suchen, weist aber dann auch auf Möglichkeiten hin, nach denen man Phrasen und Abschnitte ebenfalls bestimmen könnte. Es herrscht im großen und ganzen eine klassische Dreiteilung der Abschnitte:

I. Hauptabschnitt:
Langsames Grundtempo
Sehr introvertiert aber dennoch ausdrucksstark
Versuch einer formalen Gliederung in 12 Sinnabschnitte:
1. Binnenabschnitt: von Anfang bis 1. Zäsur 1. Sequenzglied
2. Binnenabschnitt: nach der 1. bis zur 2. Zäsur als 2. Sequenzglied
3. Binnenabschnitt: Von der 2. Zäsur bis zur 4. Groß-Fermate als Weiterführung
4. Binnenabschnitt: Auf jeden Fall bildet die cantabile Linie einen eigenen Sinnabschnitt, welcher von der 4. Groß-Fermate und der 3. Zäsur begrenzt wird.
5. Binnenabschnitt: die geräuschhafte Klangfläche nach der 3. Zäsur bis zur 4. Zäsur
6. Binnenabschnitt: Der in sich bewegte, zarte und gesangvolle Teil von der 4. Zäsur bis zu Ziffer 1
7. Binnenabschnitt: Als quasi Reprise von Ziffer 1 bis piu mosso
8. Binnenabschnitt: piu mosso bildet einen eigenen Abschnitt bis zum a1 sul tasto glissando

9. Binnenabschnitt: immer gleichmäßig und zart gestrichen bis zur 6. Groß-Fermate

10. Binnenabschnitt: nach der 6. Groß-Fermate bis zur 22. Zäsur

11. Binnenabschnitt: von der 22. Zäsur bis zur 7 Groß-Fermate

12. Binnenabschnitt: von der 7. bis zur 8. Groß-Fermate

   Es bilden 1-4, 5-8 und 9-12 einen größeren Abschnitt. Es liegt also eine latente Dreiteiligkeit vor.

II. Hauptabschnitt:
Animato

Dieser Abschnitt ist in sich ebenfalls dreiteilig

1. Binnenabschnitt: Ziffer 2 bis zum ersten Male mf

2. Binnenabschnitt: von mf bis ff sehr heftig und intensiv

3. Binnenabschnitt: das insistieren auf dem g3 bis 9- Groß-Fermate

III. Hauptabschnitt:
Tempo primo (sehr langsam), ebenfalls dreiteilig

1. Binnenabschnitt: Ziffer 3. bis Zäsur 33

2. Binnenabschnitt: Zäsur 33 bis Zäsur 39

3. Binnenabschnitt: Zäsur 39 bis Ende I. Satz

Motivisch-thematisch verbalsprachliche Analyse:

   1. Sequenzglied:

Die gängigen Termini in Kleinbuchstaben werden für die Motive benutzt:
Die Introvertiertheit und Enge der gefangenen Seele werden schon gleich zu Beginn durch die Enge des Tonvorrates beschrieben:
Unser Motiv a besteht aus einer Vorschlagfigur als Klein-Sekund-Umspielung des Tones d2, in der Folge des2, es2 und d2. Also besteht das Material aus einer großen und einer kleinen Sekunde. Das nächste Motiv b besteht ebenfalls aus einer Klein-Sekund-Umspielung, diesmal aber in Achsendrehung um den Ton h1. Durch die Fermaten über d2 und h1 werden die Initialen Schedls beschrieben, die hier eine harmonische Klein-Terz Achse bilden, durch die Einstreuung des c2 und des b1 aber auch schon die Initialen Altenburgers, des Solisten und Widmungsträger dieses Konzertes. Motiv b erweist sich als Variation von a in Achsendrehung. Der Tonvorrat wurde auf sechs Halbtöne von b1 bis es2 gebracht. Der Ambitus beträgt hier also eine reine Quarte.

Für Christian Altenburger

I.

Gerhard Schedl
(1993\94)

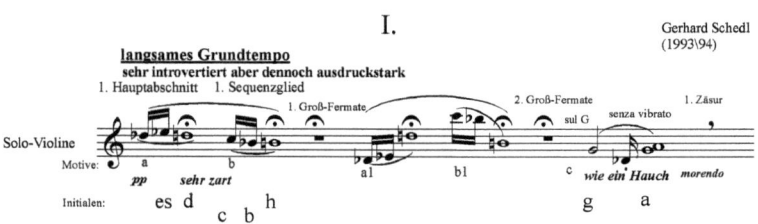

© Musikverlag Doblinger

Nach der ersten Pause mit Fermate, einer Groß-Fermate, erleben wir schon eine deutliche Weitung des Raumes alla Webern: Die Motive a und b werden wiederholt, doch wird die Klein-Sekund-Umspielung einmal um eine Oktave abwärts versetzt, dann um eine Oktave aufwärts. D2 und h1 bilden weiterhin eine Klein-Terz-Achse. Die zweite Groß-Fermate folgt: Wir werden vom Ton g1 überrascht. Der G-Dur-Dreiklang ist damit kompositorisch erreicht. Auf die halbe Note g1, die auf der G-Saite *senza vibrato* gespielt wird, folgt das Sechzehntel des1, das uns auf den so zart klingenden Groß-Sekund-Klang g1\a1 geleitet, der dann erstirbt. Diese dreiteilige Phrase bildet ein erstes Sequenzglied, das als solches schon aus einer Binnen-Sequenz besteht. Ihm schließt sich nach der ersten Zäsur ein zweites Sequenzglied an:

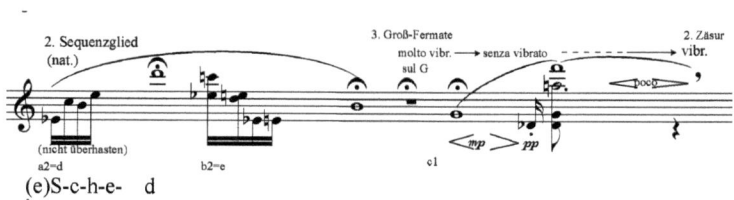

© Musikverlag Doblinger

Die Sechzehntel-Figur wird auf vier Sechzehntel erweitert, nun Motiv a2=Motiv d, als neuer Ton tritt das e2 hinzu. Diese Figur weitet den Raum und führt uns vom es1 zum d3 hinauf. Die dabei entstandene Spannung wird durch die variierte Figur, Motiv b2=Motiv e, absteigend zum h1, wieder gemindert. Die Belegung der erweiterten, variierten Vorschlagfiguren mit einer eigenen Variablen scheint angebracht, da diese im weiteren Verlauf einen eigenständigen Motivcharakter entwickeln. Im Vergleich zum ersten Sequenzglied entfällt im zweiten die Wiederholung der Motive a und b nach der Groß-Fermate. Es schließt sich nach der 3. Groß-Fermate das Motiv c1 an, in dem das des1 als Orgelpunkt fungiert. Die große Sekunde wird zur großen None geweitet und ein neuer Ton gebracht, das f3, auf dem die Phrase ausklingt. Die Variation liegt auch in der geänderten Spielweise: Das g1 wird nun *molto vibrato* auf der G-Saite gespielt, dann ins *senza vibrato* gebracht, dabei dynamisch zum **mp** erweitert, das zum des1 hin wieder auf das **pp** reduziert wird. Dann wird das f3 wieder ins Vibrato gebracht. Es klingt parallel zum *poco crescendo* mit dem *decrescendo* aus. Nach der zweiten Zäsur schließt sich der dritte Abschnitt als „Fortspinnung" an. Man könnte ihn allerdings auch als Abbau der zweiten Phrase betrachten und dieser noch beifügen. Der Autor hält ihn für einen eigenen Abschnitt: Nach dem verklungenen f3 „prasselt" eine am Steg gespielte Sextolen-Figur, die schlicht eine Zerlegung des Motivs c darstellt (Motiv c2), zum h hinunter. Es folgen nachschlagend h und d2 simultan und lösen sich nach e1 und c2 simultan auf. Das alles wirkt wie die Akkord-Verbindung G-Dur\ C-Dur. Aus der Linearität entsteht die Harmonik. Doch wird dieses tonale Moment gleich durch den Klang e1 plus es3 (dieses erzeugt durch ein Quintflageolett) wieder zerstört. Dieses erste Flageolett wirkt im weiteren Verlauf klang- und motivgestaltend; deswegen wird es hier mit der Variablen f belegt.

Es folgt die 4. Groß-Fermate. Hier beginnt der 4., der *cantabile* Abschnitt, in dem eine Linie, gebildet aus c=Motiv g und aus d plus e=Motiv h, gebracht wird. Diese Linie wird im zweiten Satz eine entscheidende Rolle in der Kantilenenbildung spielen, außerdem nimmt sie die später auftauchenden Mottos vorweg. Aus Motiv g bildet sich harmonisch ein Ganzton-Klang: Aus ihm bildet sich das spätere Des-Dur, von Motiv h leitet sich später der Doppelterz-Klang ab. Auf alle Fälle konstituiert sich aus beiden Motiven das 1. Motto im II. Satz. Es werden keine neuen Töne gebracht.

Dem *cantabile*-Abschnitt schließt sich der 5. – der geräuschhafte Abschnitt – an: Es kommt das Motiv i, das aus dem Cluster-Klang des1\d1 und c1 im Wechsel in 32igsteln im neuen **ppp**, *geräuschhaft* und *sul ponticello* besteht. Diesem folgt Motiv j, eine Glissando-Figur, welche aus dem verminderten Septakkord besteht. Die Tritoni b\e1 und des1\ g1, im **pp** und *sul ponticello* gespielt, wechseln sich ab. Die bisher bekannten Töne werden verwendet. Wir erleben zum ersten Mal ein wirklich geräuschhaftes Moment. Schedl hat es selbst als Spielanweisung überschrieben!

I. Satz: 5. Binnenabschnitt des 1. Hauptabschnittes

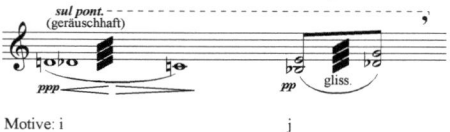

Motive: i   j

Dieses Moment wird den 2. Satz dominieren. Nach der 4. Zäsur kommt der 5. Binnenabschnitt, der sehr reich an unterschiedlichen Texturen ist. Das Motiv k wird im 10. Binnenabschnitt in der dreifachen Vergrößerung gebracht und bildet die motivische Grundlage für den 2. Haupt-Abschnitt.

Motiv l bildet einen deutlichen F-Moll Akkord mit hinzugefügter None. Motiv m könnte schon als eine Verarbeitung von l gelten. Wir bekommen insgesamt in dieser Phrase zwei neue Töne: das as und das ges.

Es wurden alle zwölf Töne verwendet! Motiv n findet sich später im II. Satz im Abschnitt Nebenzeitmaß: viel langsamer wieder. Dort wird es als Gegenstimme zum 3. Motto verwendet. Diese Phrase ist für Schedl sehr typisch: Sie ist voller Leidenschaft. Es zeigt sich eine eigenständige Ästhetik in der Komposition von Melodien mit tonalen Elementen. Der Umgang mit dem F-Moll ist sehr frei und wird sogleich durch die große None und das Motiv m gestört. Motiv m bildet in der Substanz, simultan gespielt, das dritte Motto. Die Ökonomie in der Verarbeitung des Materials zeigt sich in der Augmentation von k im 10. Binnen-Abschnitt:

Das Motiv ist sehr interessant, es erinnert in der Rückschau stark aber im Zusammenhang entfernt, an das aufkommende „Dies Irae" im II. Satz der 2. Sinfonie. Noch viel stärker fällt diese Assoziation im II. Satz auf, denn dort ist es in der Orchestration noch deutlicher. Es ist fraglich, ob Schedl dies überhaupt bewußt war: wahrscheinlich nicht. Aber gerade das macht ja den Misterioso-Charakter aus. Es gibt immer wieder bei Schedl Selbstzitate, die ihm allerdings selten bewußt gewesen zu sein scheinen. So ist die Frage berechtigt, ob sie nicht auch Stilelemente Schedls sein könnten. Es folgt das dritte Motto, das eine Zusammenziehung der Motive m, o, p und q darstellt. Die Meisterschaft liegt darin, daß Schedl die melodische Phrase zu einem eigenständigen harmonischen Motiv t, zum 3. Motto eben, umgestaltet. Alle Harmonien und Klänge funktionieren in dieser Musik sowohl harmonisch als auch melodisch. Deswegen vermittelt Schedls Musik diese Geschlossenheit: Sie stellt eine Einheit von horizontaler und vertikaler Ebene dar!

In dem Particell sind die Harfenflageoletts weggelassen, die eine „zauberhafte" Klangwirkung in Verbindung mit den drei Flöten entstehen ließen. An anderer Stelle wird der Autor sie noch einmal zeigen. In der Violine sieht man die schon erwähnte Verwendung von Motiv n und p. Hier das III. Motto aus dem II. Satz. Es erinnert stark an ein Thema aus dem Violakonzert.[407]

---

[407]Vgl. G. Schedl, Konzert für Viola und Orchester, Rezitativ I, T.68

Beschreibung des Phrasenverlaufs des 6. Binnenabschnittes:

Die Linien werden in sich bewegter und leidenschaftlicher. Die Phrase ist in drei Steigerungswellen strukturiert: erstes Aufbäumen vom h ausgehend durch die Motive k und l zum g2; dann hält die Linie auf diesem Ton für die Dauer einer halben Note inne. Darauf fällt sie wieder ab zum f1 und setzt eine neue Welle durch Motiv m in Gang. Ein erneutes Insistieren auf g2 folgt, doch bäumt sich die Linie durch Motiv n und einer dynamischen Steigerung erneut auf. Darauf folgt wieder ein kurzer Abbruch, oder ein kurzes Atemholen: Der Ambitus wird geweitet, die Linie setzt durch Motiv o auf dem es1 neu an und führt uns durch das C-Moll-Arpeggio auf die kleine Septime g2\f3. Es folgt ein kleiner Abbau über die Quintolenfigur des Motivs p, die sich auch im 2. Satz als p1 wiederfindet. Die letzte Welle durch Motiv q schließt sich an (es wird dynamisch durch ein *poco sforzando* hervorgehoben), das aus einem E-Moll-Arpeggio besteht. Sie bewegt sich hinauf zum a3, wo die Linie stehen bleibt. Durch das *pianissimo subito* bricht sie dynamisch ab. Die Linie erstirbt erst auf-, dann absteigend durch das Motiv r. Diese Kraftentfaltung verlangt ein kurzes Pausieren durch die 5. Großfermate. Interessant ist, daß das Konzert im 3. Satz durch die Motive l, o, p und q endet. Der Ausklang des Stückes ist hier bereits angelegt. Diese Phrase bestimmt also den Anfang, die Mitte und den Schluß des Stückes. Wir erleben ein „Kreisen der Motive".

Nach der 5. Groß-Fermate ist eine Schein-Reprise erkennbar: Das Motiv a3 ist hier in seiner Gestalt bis auf das äußerste komprimiert, soll mit maximalem Druck im *fff* gespielt werden und bleibt auf der Prime d1\d1 im *pianissimo subito* für die Dauer einer halben Note stehen. Ein d1 gleitet *lento*, übrigens durch eine Fermate verstärkt, zum kleinen h hinab; die kleine Terz h\ d1 ist wieder erreicht. Nach einer kurzen Zäsur kommt sequenziv eine ähnliche Figur, die als Variation von b gelten kann. Diesmal ist die Sekund-Umspielung in Richtung b\ c1 zum h verändert. Das Glissando erfolgt vom e1 zum d. Wir hören einen Tritonus, eine reine Quarte und wieder die kleine Terz. Vielleicht ist dies als Abstraktion von C-Dur, E-Moll und G-Dur gemeint.

Nach einer weiteren kurzen Zäsur, schließt sich der achte Binnenabschnitt an, der melodisch stark vom *cantabile* Abschnitt geprägt ist. Es erfolgt eine kleine, wellenförmige Entwicklung, die in sich sequenziv strukturiert ist. Die Entwicklung folgt dem Muster des ersten *cantabile* Abschnitts: Die Abfolge der Motive ist hier Motiv g1, dann Motiv h1, im ersten *cantabile* Abschnitt waren dies g und h. Rhythmisch folgt die Sequenz dem Muster Viertel plus vier Sechzehntel, wobei das Viertel zur Sechzehntel Eins übergebunden ist. Die Sechzehntel Eins-e ist mit einem Septim-Vorschlag versehen. Motiv g1 und h1 beschreiben einen variierten Sekundgang. Interessant ist, daß die Sechzehntel-Figuren durch Nebennoten erweiterte Zerlegungen der vorangegangen Akkorde darstellen. Das beweist wieder die Einheit von vertikaler und horizontaler Ebene. Der Abschnitt soll *piu mosso* gespielt werden.

Es schließt sich eine Kette von vier im Kleinterz-Abstand aufsteigenden großen Terzen an. Diese sind mit der Variablen c3 belegt. Die Groß-Terz-Kette führt uns, portato gespielt und dabei diminuierend, zum Motiv g2 auf dem Ton a2. Im Vergleich zum Motiv g ist hier die kleine Septime zur großen Sekunde umgekehrt, die große Dezime wurde auf die große Terz verkleinert. Rhythmisch ist das Motiv sehr stark variiert. Die Linie ist absteigend und dabei aus dem **pp** anschwellend im *meno mosso* komponiert. Der dynamische Höhepunkt ist auf dem Pizzicato mit der linken Hand auf der leeren A-Saite erreicht, bricht dann jedoch dynamisch auf dem a2 ins **pp** *subito* ab, da sich das Motiv g, nun noch einmal variiert zu g3, anschließt. Es werden a2 und g2 simultan gespielt, die absteigende Linie wird durch ein c2 erweitert. Auch hier schwillt das Motiv aus dem **pp** dynamisch an und bricht auch wieder, diesmal ins **ppp** *subito*, dynamisch ab. Die Phrase endet auf der Prime a1\a1(sul tasto und glissandierend gespielt).

Hier die beiden *cantabile*-Abschnitte im Vergleich:

Und der zweite *cantabile*-Abschnitt:

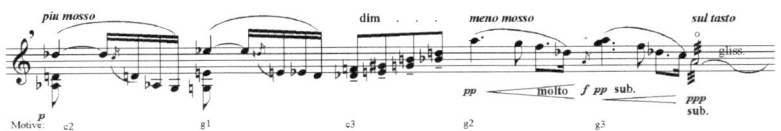

Nun ist die Kadenz nach all den aufwühlenden Linien zur Ruhe gekommen. Es folgt der 9. Binnen-Abschnitt, der sich durch seine ihm innewohnende Ruhe und Freiheit in der Addition der kompositorischen Partikel auszeichnet: Die Triolen-Figur mutet als ein verhaltenes Echo der vorangegangenen drei Töne an, es schließt sich eine Kette simultaner Intervalle an, die immer eine punktierte Halbe Note lang und durch Zäsuren getrennt sind. Die Stelle ist im **pp**, *gleichmäßig und zart*

gestrichen, auszuführen. Diese „zauberhafte" Stelle besteht aus folgenden Intervallen: einer großen Terz (b\ d1), einer reinen Quarte (g2\ c3), einer kleinen Sexte (g\ es1), einer großen Sexte (g2\ e3), einer großen Sekunde (es1\ f1) und einer reinen Quarte. Die Stelle endet wieder auf der großen Terz b\ d1. Sie wird jedoch mit einer Vorschlagsfigur, bestehend aus drei chromatisch absteigenden, großen Sexten und einer reinen Quinte, versehen. Sie soll *poco sforzando* und *sul ponticello* ausgeführt werden. Der Spieler hat die Klangfarbe auf der großen Terz wieder ins *naturale* zu überführen, und die Stelle erstirbt im *morendo*. Diese Terz hat die Dauer eine ganzen Note.

Es folgt die 6. Groß-Fermate. In dieser Stelle ist die Freiheit in der Aufeinanderfolge der Intervalle außerordentlich: Sie ist vollkommen unschematisch komponiert und „rein ausgehört", wie Schedl immer sagte. Der einzige Schematismus besteht in der Abfolge tief zu hoch usw.

Der darauf folgende 10. Abschnitt wurde schon durch ein Notenbeispiel beschrieben, das ihn als Variation von Motiv k entlarvte. Die kompositorische Weiterführung besteht nach der großen Sexte g1\e2 aus der verminderten Quinte g2\ des3, der kleinen Septime a1\ g2 und dem Flageolett a4, entstanden durch Sextflageolett auf f1. Wie im vorangegangen Abschnitt, soll diese Stelle ebenfalls in ein *sforzando* münden, das sogleich abschwillt.

Nach einer kurzen Fermate erleben wir einen weiteren Binnen-Abschnitt, der eine aufwärts gerichtete Entwicklung beschreibt. Haben wir die Intervalle vorher simultan gehört, so hören wir diese nun sukzessive, jedoch durch Überbindung als Zweiklang klingend. Auch diese Stelle ist äußerst frei in ihrer Handhabung: Wir hören eine große Sexte (es1\ c2), eine reine Quarte (e2\ h1) und eine kleine Septime (e2\ d3). Rhythmisiert folgt das ganze dem Schema: Achtel plus punktierte Viertel. Es ergibt sich also eine Gesamtdauer von 2 Vierteln. Rufen wir uns noch mal die beiden vorangegangenen Abschnitte in Erinnerung, so fällt auf, daß sich ein rhythmisches Profil oder Verhältnis der Dauern von 3 zu 1 zu 2 entwickelt hat. Nach der 7. Groß-Fermate wird die kurze Aufwärtsentwicklung wieder abgebaut, diesmal jedoch rhythmisch verschärft und in der sukzessiven Folge umgekehrt: große Sexte (c3\ es2), große Sekunde (e2\ d2) und wieder die große Sexte in Aufwärtsbewegung (es1\ c2). Die Stelle endet auf einer *sforzando* gespielten und anschließend abschwellenden reinen Quinte (e1\ h1). Diese hat die Dauer von drei Vierteln. Die rhythmische Verschärfung besteht aus einer Art Diminution, statt Achtel plus punktierte Viertel finden wir Sechzehntel plus doppelpunktierte Viertel wieder. Also ergibt dies auch eine Dauer von 2 Vierteln pro Intervallkomplex. Es ergeben sich nun die Verhältnisse 3 zu 1 zu 2 zu 2 zu 3. Nach dieser quasi tonalen Stelle folgen zwei geräuschhafte Aktionen: einmal das *saltando* und *col legno* gespielte b1, dann das *saltando* und hinauf glissandierende Doppelflageolett. Diese beiden Aktionen wirken wie eine Mutation des vorher so faßbaren Klanges ins Unwirkliche. Allerdings bereitet diese Aufgeregtheit die Energie der nächsten Stelle vor.

Der zweite Hauptabschnitt:

Nach der 8. Groß-Fermate kommt der 2. Hauptabschnitt, der mit *animato* überschrieben ist. Er zeichnet sich durch die Eindimensionalität im Vergleich zum vorherigen und das schnellere Tempo aus. Mit welcher Ökonomie Schedl hier vorgeht, läßt sich daraus ersehen, daß die Läufe aus den Tonfolgen der vorangegangen Motive entwickelt sind. Deshalb sind die Läufe auch mit Motiv-Variablen belegt. Der erste Lauf ist aus den Motiven a, b und c, der zweite aus Motiv k entwickelt. Der erste hat den Ambitus, von des1 beginnend, h bis d3, der zweite h bis g2, der dritte jedoch g bis es3, der vierte a bis c3. Interessant ist, daß sich neben der Wellenform eine Terzenanalogie ergibt: die jeweiligen Anfangs- und Spitzentöne haben immer einen terzigen Abstand: die Oktavversetzung außer acht gelassen ergeben sich eine kleine Terz, eine kleine Sexte\ komplementär große Terz, eine kleine Sexte und eine kleine Terz. Nach diesen Ketten kommen „strukturiertere" Bewegungsabläufe, die immer noch in Sechzehnteln stehen. Diese neuen Figuren bilden den 2. Binnenabschnitt des 2. Hauptabschnitts. Wir sehen Motiv a6, staccato gespielt im mf. Diese neuen Figuren bestehen aus Gegensatzpaaren. Die Gegensätze sind Staccatofigur-Legatofigur, tiefe und hohe Lage, *mezzoforte-piano*. Zunächst erleben wir eine Gruppierung von 3 zu 2, zu 2, zu 2, zu 6 Sechzehntel. Die Sechser-Gruppe ist mit Akzenten und Repetitionen\ Abbreviaturen versehen und bildet einen kleinen Höhepunkt. Er bricht sofort ab ins **pp** *sub.*

Wir finden nur zweier Figuren im *legato*. Die Intervalle sind aus dem 9. Binnenabschnitt des ersten Abschnittes entlehnt: gr. Terz (b\ d1), reine Quarte (c3\ g2), kleine Sexte (g1\ es2), große Sexte (e3\ g2), große Sekunde (es1\ f1). Sie wird noch einmal um zwei Oktaven aufwärts versetzt gebracht und die reine Quarte (as1\ des2). Der Sextenfolge des 9. Binnenabschnitts des 1. Hauptabschnitts entspricht hier die Oktavenfolge. Der ganze Prozeß des 2. Hauptabschnitts bestand bisher aus einem riesigen *accelerando*.

Hier der 9. Binnenabschnitt:

Hier die Vergleichsstelle:

Höhepunkt dieser Entwicklung stellt das Sforzato auf dem b3 dar, das durch das sofortige Piano auf dem d2 jäh unterbrochen wird. Es folgen Spielfiguren, die aus k entwickelt sind. Sie sind in Dreiergruppen notiert. Es wird vom Komponisten ausdrücklich darauf hingewiesen, daß diese nicht als Triole zu spielen seien. Der *sforzato* Akzent befindet sich immer auf der Gruppen 3, die Gruppen 1 und 2 sind *piano* und *legato* zu spielen. Nach vier dieser Gruppen kommen zwei Sextolenfiguren, die in Zweier-Bindungen strukturiert sind und Bezug auf 11. Binnenabschnitt nehmen! Nach dieser „Raserei" ist das *molto Allegro* erreicht. Die Dreier-Figur ist zur Vierer-Figur erweitert, die ersten drei Noten werden *legato* gespielt, der *sforzato* Akzent liegt auf der Gruppen 4. Die vierte Figur fällt aus dem Rahmen und geleitet uns auf den Höhepunkt der Kadenz: dem g3, das insgesamt, schließt man die Vorschläge mit ein, 22 mal wiederholt wird. Die Vortragsbezeichnung lautet **ff**, *sehr heftig und intensiv*. Es finden dann zwei Anläufe aus dem **pp** und der tiefen Lage statt, wobei das g3 jedes Mal im **ffpp** erreicht wird, dann durch eine absteigende Figur, von der das g3 angesprungen wird, und eine große Geste, die uns zum absoluten Höhepunkt führt: dem im **fff** insistierenden g3.

Das Insistieren beginnt im **fff** auf dem g3, wird nach einer kleinen Zäsur siebenmal fortgesetzt immer **sfz** und mündet auf die mit zwei g3 Vorschlägen versehene Zweiunddreißigstel g3. Dann folgt eine halbe Note Pause, nochmal das Zweiunddreißigstel g3 mit zwei Vorschlägen, halbe Note Pause, nur noch ein Vorschlag vor der Zweiunddreißigstel, die ab nun am Steg gespielt werden muß, eine Zweiunddreißigstel, halbe Pause und zum letzten Mal das g3 als Zweiunddreißigstel. Der Komplex ab der ersten halben Pause muß stark ritardieren und stark decrescendieren. Den Abschluß bildet die 9. Großfermate. Er ist auch der Abschluß des 2. Hauptabschnittes. Rhythmisch steht dieses Insistieren im Verhältnis 3 Achtel, 2 Achtel (1 Viertel), 2 Achtel (1 Viertel), drei punktierte Achtel, 1 Achtel, 1 Achtel, zweimal 2 Vorschläge zur Zweiunddreißigstel, ein Vorschlag zur Zweiunddreißigstel, dann kein Vorschlag mehr, die Note steht nun alleine da. Wir erleben einen deutlichen Verkürzungsprozeß.

Zum 3. Hauptabschnitt:

Wir erleben das Ende des Konzertes! Diesen Abschnitt nimmt nämlich Schedl für das Ende des dritten Satzes wieder auf. Spielt Schedl damit vielleicht auf Zimmermanns „Kugelstalt der Zeit" an? Wahrscheinlich nicht. Das ist eine Technik

aus der Opernkomposition, nämlich in der Ouvertüre das Ende bereits vorwegzu-
nehmen.

Hier der Vergleich der beiden Schlüsse:

Nun der Schluß in der Solo-Violine:

Im 3. Hauptabschnitt erkennen wir ein letztes Aufbäumen und Ersterben der
Musik. Dieser Abschnitt ist ebenfalls dreiteilig.
Binnenabschnitt Nr1: Es wird das Motiv l1 im Forte gebracht, das aus l, dem
F-Moll-Arpeggio mit großer None, abgeleitet ist. Dieses F-Moll bäumt sich über
zwei Oktaven auf, vom f1 zum g3. Im Vergleich zum Schluß des dritten Satzes
erkennen wir hier, daß das F-Moll als „Vorschlagsarpeggio“ zum g3 komponiert ist.
Die große Septime (as2\ g3) bleibt für die Dauer einer punktierten Halben liegen.
Wir befinden uns in einem Abschwellungsprozeß. Nach einer kurzen Zäsur kommt
das E-Moll-Motiv o1 mit der reinen Undezime versehen. Hier reicht der Ambitus
von (e1 bis a3). Der Raum wurde noch mal geweitet. Dynamisch befinden wir uns
bei seinem Anfang im **mf**. Nun erfolgt der Abbau über Motiv g, das zum Tritonus
(g2\ des2) führt und uns im Legato zur großen Sekunde e(s1\ f1) geleitet. Wir
erinnern uns an den 9. Binnenabschnitt des ersten Hauptabschnitts.
Nach der Zäsur beginnt der zweite Binnenabschnitt. Er zeichnet sich durch die
Gegensatzpaare „normaler“ Zweiklang zu Flageolett aus, und beginnt mit einem
Akkord, dessen Töne aus Motiv c entlehnt sind. Dieser wird für die Dauer einer
Halben ausgehalten und von einem Sextflageolett für die Dauer einer punktierten
Halben abgelöst. Dynamisch erleben wir ein Anschwellen aus dem Pianissimo
heraus und Abschwellen in eben jenes. Nun folgt ein „Flageolettquartentriller“, der

mit dem Motivnamen u belegt ist. Man hört einen Quartentriller (c4\ g3) oder ein Quartentremolo. Nach starkem Anschwellen kommt eine Figur, die wieder aus c abgeleitet ist im **pp**. Nun schwillt ein Doppelflageolett, klingend (g2\ e3) (also unsere große Sexte), *molto* an. Wieder erfolgt ein Abbruch, und es kommt zu einer Gegenüberstellung der großen Sekunde (es1\ f1). Nun hören wir einen Flageoletttriller (es4\ e4).

Der dritte Binnenabschnitt wird durch die kleine Dezime (h\ d2) (ein abstrahiertes G-Dur) eingeleitet. Das h glissandiert zum e1 hinauf. Wir befinden uns im pp. Ein letztes Mal vernehmen wir ein Doppelflageolett, nämlich die große Sekunde (d3\ e3), dann die reine Quarte (es1\ as1), die Bezug auf das vorangegangene nimmt und uns in die abschließenden Ligaturen, gebildet aus den Tönen der Motive a und b, führt. Sie stehen hier in der Augmentation. Insgesamt ist der 3. Hauptabschnitt ein in sich ritardieren-, abschwellen- und ausklingender Abschnitt. Die Sekundvorhalte lösen sich abschließend in die kleine Terz (h\ d1) auf. Das d1 wird durch ein Glissando, vom es1 kommend, erreicht. Die kleine Terz verlischt. *Attaca* schließt sich der zweite Satz an. Wir erleben hier einen einzigen Morendo-Prozeß: Teile des Organismus blühen noch einmal auf, um dann für immer zu verstummen. Leise erstirbt die Materie. Dies war eine ersterbende Wellenbewegung, die steigernden werden wir noch kennenlernen.
Was haben wir bisher gesehen?

1. eine große atmosphärische Dichte

2. einen überaus persönlichen Stil

3. Ökonomie in der Anwendung der kompositorischen Mittel

4. Ausgewogenheit von Konstruktion und Emotion

5. eine große Palette an farblichen Möglichkeiten des Solo-Instruments

6. ein nicht zu verkennendes dramatisches Gespür und sicheres Formgefühl

5.2.4. II. Satz:

Hier zuerst meine Gliederung in musikalische Sinnzusammenhänge:

Ziffer 4 bis Ziffer 9: 1. Welle=27 Takte\ 1. Höhepunkt ein Takt vor Ziffer 7

Ziffer 9 bis 3 Takte nach Ziffer 11: Beginn 2. Welle durch 1. Kantilene=14 Takte

3 Takte nach Ziffer 11 bis Ziffer 12: 2. Kantilene=4 Takte

Ziffer 12 bis Ziffer 13: 3. Kantilene=5 Takte

Ziffer 13 bis 1 Takt vor Ziffer 14: 1. Motto=4 Takte

1 Takt vor Ziffer 14 bis Ziffer 15: kurze Verdichtung=5 Takte

Ziffer 15 bis 18: variierte 2. Kantilene=17 Takte\ 2. Höhepunkt 2 Takte vor Ziffer 18 bis drei Takte nach Ziffer 18

Ziffer 18 bis 3 Takte nach Ziffer 18: 2. Motto, sowohl Nachklang des 2. Höhepunkts, als auch eigenständiger Teil

3 Takte nach Ziffer 18 bis Beginn Nebenzeitmaß: 2. Motto variiert=8 Takte

4 Takte nach Ziffer 19 bis 4 Takte nach Ziffer 21: Nebenzeitmaß\ 3. Motto plus 4. Kantilene=14 Takte

4 Takte nach Ziffer 21 bis Ziffer 22: 2. Motto=4 Takte

Ziffer 22 bis Ziffer 23: Klage=5 Takte

Die nächsten Abschnitte bis zur Reprise sind als 3. Welle mit Höhepunkt zu betrachten

Ziffer 23 bis Ziffer 24: 5. Kantilene=8 Takte

Ziffer 24 bis Ziffer 25: Abbruch\ kurze Verdichtung Ausbruch\ 3. Höhepunkt zwei Takte vor Ziffer 25=6 Takte

Ziffer 25 bis Ziffer 26: neuer Ausbruch absoluter Höhepunkt=6. Takte

Ziffer 26 bis Ziffer 27: 1. Nachschlag=5 Takte

Ziffer 27 bis Ziffer 28: 2. Nachschlag=7 Takte

Ziffer 28 bis 3 Takte nach Ziffer 28: 3. Nachschlag=3 Takte geht über in 3. Motto

3 Takte nach Ziffer 28 bis Ziffer 29: 3. Motto=3 Takte

Insgesamt 38 Takte 3. Welle und Höhepunktsphase

Ziffer 29 bis Ziffer 30: Reprise\ 6. Kantilene=9 Takte

3 Takte nach Ziffer 29: neue Verdichtung Kulmination 1 Takt vor Ziffer 30

Ziffer 29 bis Ende: Abgesang=19 Takte

Wir sehen, daß der zweite Satz in drei großen Wellen angelegt ist: mit großen Kantilenen und eingeschobenen Verdichtungsprozessen, Ausbrüchen und kompakten Zwischenteilen (hier Motto genannt, weil sie eben „mottohaft" wiederkehren). Zum Anfang: Hauptzeitmaß Viertel=58\ Viervierteltakt.

Zunächst soll aufgezeigt werden, wie klanglich sensibilisiert und dramatisch gekonnt Schedl bis zum ersten Höhepunkt komponiert. Danach kümmert sich der Autor der vorliegenden Studie mehr um die großen Verläufe.

Adagio (breit und flächig)

In den eben verebbten Gesang der Vl. c. stimmt das Orchester im **pp** ein. Wir hören unser Motiv a, transponiert um eine verminderte Sexte nach unten, in den Röhrenglocken auf Zählzeit-Eins. Zu diesem Klang gesellen sich eine Triangel, ein angerissenes Tamtam, ein mit weichen Filzschlägeln tremolierendes Becken, ein H im Pianoforte (mit dem Fingernagel im Korpus angerissen) und ein Sextflageolett in der Vl. c. Wir erleben einen schon beunruhigten, „metallischen" Anfang. Nach dem Rimshot in der kleinen Trommel auf der Vier-e-un-de, treten die Pauke, sehr dicht tremolierend im **ppp**, das Tamtam in der gleichen Spielweise, die Harfe mit ihren Tritonus-Wechseln im Ganztonschritt und die Vl. c. mit ihren Tritonus-Trillern hinzu. Eine ähnliche Figur war unser Motiv j in der Kadenz. Nun hören wir die dritte Posaune, *con sordino* gespielt, mit ihrem B auf Zählzeit-Drei. Auf der nächsten Eins treten die anderen beiden Posaunen hinzu und bringen die Tritonus-Figur in einer Ableitung: in großen Sekunden. Wir erleben hier schon eine enorme klangliche Dichte, obwohl dies noch sehr zart komponiert scheint. Wir sind noch immer im 3. Takt.

Nun kommen auf der 1 noch zwei Flageoletts hinzu, die von den zweifach geteilten Kontrabässen gebracht werden. Es handelt sich um die Töne c1\ b1. In diesen drei Takten hat sich der Tonraum vom Cluster fis\ g\ as in den Röhrenglocken plus der kleinen Terz in dreifachem Oktavabstand H\ d3 auf einen Ganztonrahmen b\ c1\ e1\ fis 1 mit Oktavierungen geweitet. Die Dynamik schwillt an und mündet in der Vl. c. in der Vorschlagsfigur ins f und bricht im nächsten Takt wieder in das **pp** ab. Nach der Vorschlagsfigur in der Vl. c. mutiert die Klanglichkeit in einen verminderten Septakkord auf e in der Harfe zusätzlich zum engen Sekundentremolo in der Vl. c. (Motiv i), das melodisch vom Vibraphon, ohne Motor gespielt, dargebracht wird. Die erste Kontrabaß-Gruppe ist um einen Halbton nach oben transponiert worden und unterstützt die „Verminderte-Septimakkord-Klanglichkeit."

Ein erneutes Crescendo folgt: Der erste Kulminationspunkt ist eine Variation von Motiv a auf Zählzeit-Vier und in den Posaunen 1 und 2, wozu sich in der dritten Posaune ein Aufwärtsglissando von B nach H gesellt, das die Pauken mit vollziehen. Dazu wird im Pianoforte ein Glissando, beginnend auf dem H1 bis zum F, angerissen, unterstützt von einem Beckenvorschlag und einem Triangelschlag im **p**, das im fünften Takt weiterklingt. Auf Zählzeit-Vier läßt sich wieder die dreifach oktavversetzte kleine Terz H\ d3 sehen. Sie wird von den Röhrenglocken, den Kontrabässen und der Vl. c. erzeugt. Es scheint, als sei die ganze Zeit ein latentes G-Dur im Raum, das aber durch die anderen Klanglichkeiten verwischt wird. Die 2. Gruppe Kontrabässe verklingt, die „kleine Terz" bleibt liegen. Das Rauschen in Becken und Tamtam geht weiter.

Die Streichergruppe ist mit Dämpfern versehen. Es fehlen zunächst die ersten Violinen. In der kleinen Trommel kommt im Takt vor Ziffer 5 ein kurzer, trockener Schlag im mf auf Zählzeit-Drei-e-un-de. Dadurch erzeugt sie eine kleine Initialzündung zum *poco crescendo* in Tamtam und Becken. Bei Ziffer 5 tritt die kleinen Trommel mit Triller auf 1 und Rimshot auf 2 erneut auf, dabei aus dem **pp** ins *poco sforzando* crescendierend. Der Rimshot ist nun endgültig der Zündpunkt für eine weitere Entwicklung.

Mit ihm tritt die Vl. c. wieder auf die Bühne und bringt Motiv a in einer Sechzehntel-Sextolenfigur im **f**. Die Spielweise ist mit *„aggressiv"* angegeben. Diese Figur wird von den 2. Violinen, welche zweifach geteilt sind, den Bratschen, ebenfalls zweifach geteilt, und dem Vibraphon unterstützt, die aber alle eigene, unterschiedliche Fortführungen spinnen: das Liegenbleiben des d2, in den 2. Violinen, Triller d1\ es1 in der ersten Bratschengruppe, tremolo des1 in der zweiten Bratschengruppe und Triller es2\ d2 im Vibraphon. Die Bratschen treiben die Figur im weiteren Verlauf nach „unten", den Violoncelli zu. Die Sextolen 5 und 6 werden durch die 1. Oboe im **f** besonders hervorgehoben. Das bricht dann aber auf Zählzeit-Drei ins **p** ab und verklingt.

Die Vl. c. bringt nun heftige Attacken, die von Trompete und Oboe im Abstand einer kleinen Dezime, auf Zählzeit-Vier, im Takt nach Ziffer 5, beantwortet werden. Zu deren Einsatz gesellen sich die kleine Dezime h\ d3 im Vibraphon mit Akzent versehen, ein leiser Paukenwirbel mit *sforzato* auf Vier-und, ein Triangelschlag, in der ersten Gruppe der zweiten Violinen ein d3, mit Akzent versehen und durch Quartflageolett verursacht. Simultan dazu finden wir in der zweiten Gruppe der zweiten Violinen ein Trillern auf h1, in der ersten Bratschengruppe ein Trillern auf d und ein Trillern auf h in der zweiten, in der ersten Cellogruppe ein natürliches Flageolett d1 und ein tremolierendes b in der zweiten. Das Flageolett d1 in der ersten Kontrabaßgruppe blieb die ganze Zeit über als Orgelpunkt liegen, dazu für einen Takt ein H in der zweiten.

Auf Zählzeit-Zwei vernehmen wir eine Verarbeitung der ursprünglichen Sextolen-Figur in Achtel-Sextolen. Die Streicher arbeiten sich nun in Wellen, *quasi flag.*, *glissando lento*, bis auf die Kontrabässe hinab und ersterben. Während dieses Vorgangs blieb das b in der ersten Trompete*, con sordino* gespielt, übrig und beginnt nun, nach einem Decrescendo über vier Viertel Motiv a als Vorschlagsfigur zu bringen. Wir befinden uns in einer erregten, aber verschleierten Atmosphäre.

Im Takt vor Ziffer 6 kommen zwei neue Klangfarben hinzu: Auf Zählzeit-Vier hören wir ein Glissando in der zweiten Kontrabaßgruppe, das neue Sizzlebecken-Tremolo und die neue Flatterzunge in der 2. Trompete *con sordino*. Die Flatterzunge trägt wesentlich zur Verschärfung der Klanglichkeit bei. Ziffer 6: Das Tremolo wird nun von den beiden Becken weitergeführt, das Tamtam hat sich erst einmal verabschiedet, da es in anderer Form gebraucht wird. Es bleibt die Flatterzunge der 2. Trompete liegen. Neu sind die achtfach geteilten 1. Violinen c.s., die zusammen mit der Vl. c. eine aufwärtsstehende Figur, die sehr an Motiv k erinnert, bringen. Die Vl. c spielt diese im mf und crescendiert stark, während die 1. Violinen im p verbleiben. Die 1. Violinen lassen die Figur, zur Akkordgewinnung unterschiedlich überlappen. Die Violinen 1-4 lassen ihren Klang h1\ c2\ g2\ as2 genau fünf Achtel lang liegen. Dabei schwellen sie bis zum f an, brechen auf dem sechsten Achtel in das **p** *sub.* ab und verfremden auf dem sechsten Achtel in das *tremolo sul pont.*, während die 1. Violinen 5-8 ihren Klang h\ c1\ es1\ e1 nach 4 Achteln verklingen lassen.

Auf Zählzeit-Drei-und bringt die Vl. c. Motiv b variiert, unterstützt von den Trompeten 1 und 3, welche auf Zählzeit-Vier mit dem Tamtamschlag, einen unerhört klingenden Quart-\ Quint-Klang h\ e1\ h1 **mfp** bringen, der die Atmosphäre richtig aufheizt und weitere Entwicklungen in Gang bringt. Dieser Klang wird nun gleich in der ersten Klarinette und der Harfe zerlegt und mit dem chromatischen Posaunenmotiv, das aus der Motiv a Variante des Anfangs gewonnen wurde, in der 1. Klarinette in einer Sechzehntel-Sextole zusammengefaßt. Deutlich vernimmt man nun dieses chromatische Motiv im ganzen Takt. Interessant ist die Instrumentation dieses einen Motivs: schauen wir uns nur einmal Zählzeit-Eins-und an, so sehen wir, daß es von der 1. Klarinette eben, dem Pianoforte, der Vl. c. in Repetitionen und in den 2. Violinen *pizzicato* gebracht wird. Dieses neue Sextolen-Motiv wird auf Zählzeit-Zwei von der Baßklarinette und auf Zählzeit-Drei vom 1. Fagott gebracht. Auf Zählzeit-Drei-und jedoch folgt ein Einsatz im Quartabstand.

Nun hören wir drei chromatisch absteigende parallele Quarten, die in einen sehr dissonanten Klang b\ c1\ cis 1\ d1\ es1 und e1 münden, der jedoch insofern abgemildert ist, daß die Holzbläser sich in Tremoli ergehen: die Flöte d1\ cis1, die 1. Klarinette e1\ es1, die 2. Klarinette b\ c1 und das 1. Fagott d1\ cis1. Wir befinden uns in einem Crescendo-Vorgang.

Nun wird dieser Quart-\ Quint-Klang verschärft, indem daraus ein Tritonus-\ Quart-Klang wird, den Harfe und Baßklarinette spielen. Neu ist der Eintritt der hohen Hörner (1und 3) mit der großen Sekunde g1\ a1. Ein tritonushaltiges Ganzton-Feld ergibt sich. Das f bekommen wir auf Zählzeit-Eins von der Baßklarinette, der Harfe und dem Violoncello. Bisher sind wir ihm im II. Satz noch nicht begegnet. Mit Einsatz der Flöten, die 3. Flöte in Flatterzunge, der Fagotte, der Celli und der Kontrabässe, wird das Ganzton-Feld mit dem Ton des nahezu komplett, wir bekommen zwar zur Komplettierung das es nachgeliefert, jedoch gesellt sich auf Zählzeit-Vier ein in diesem Kontext dissonierender Akkord d\ e\ h\ in den Posaunen dazu, wodurch die pure Ganztönigkeit, die ohnehin durch die entgegengesetzten chromatischen Abläufe gestört war, eingetrübt wird. Unser chromatisches Motiv bringt auf der Eins-und die Vl. c. in kleinen Septimparallelen, diese wird durch die oktavversetzten Septimen im Pianoforte und Pizzicati in den 2. Violinen und der Viola unterstützt. Wir befinden uns nun im vierten Takt nach Ziffer 6:

Von Zählzeit-Zwei ist ein Ganztonklang zu erkennen. Er ist folgendermaßen instrumentiert und besteht aus: den Flöten 1 und 2 in [408] Ganztontremoli, den beiden Klarinetten in parallelen Groß-Sekund-Tremoli g1\ a1- a1\ h1, die Baßklarinette liefert das g1, den 3 Fagotten mit ihrem Klang F\ des\ f, den zwei Hörnern mit g1\ a1, den drei Trompeten mit g1\ a1, die aber im weiteren Verlauf mit der Baßklarinette eine rhythmische Variante des Motivs weitertreiben, der Pauke mit einem Tremolo auf f, dem Pianoforte mit dem Klang g1\a1\h1\ h2\ f3, mit daraus gewonnener Vorschlagsfigur auf Zählzeit-Drei, der Harfe mit g1\ a1\ h1\ h2 und den Kontrabässen mit cis. Die Vl. c. bringt ihr **sfz** sofort ins **p**. Das Orchester jedoch beginnt im **pp**. Eine Crescendo-Bewegung startet, die zum aufsteigenden Gesang der Vl. c, unterstützt durch die eine Oktave tiefer gelegenen 2. Violinen und Bratschen, im **ff** führt. Das übrige Orchester wird jedoch in unterschiedlichen an- und abschwellenden dynamischen Wellen ins **f** gebracht, das auf Zählzeit-Drei- und erreicht sein muß. Flöten und Klarinetten haben von Zählzeit-Zwei bis Vier ihren An- und Abschwellvorgang vollzogen. Die Trompeten und Baßklarinetten, die ihr Motiv selbständig weiterentwickelt haben, crescendierten von Zählzeit-Zwei bis Zählzeit-Vier und befinden sich auf der Vier im **pp** *sub.*, von wo aus sie ihren Akkord mit den drei Posaunen zusammen in Achteln repetieren und aus dem **pp** in das **f** auf Zählzeit-Drei des fünften Taktes nach Ziffer 6 bringen und

---

[408]Ganztontremolo meint hier das gebrochene Tremolo im Ganzton-Abstand. Anm. d. Verf.

danach verklingen. Fagotte\ Hörner und Pauken repetieren den Ganztonakkord in Achtel-Triolen von Zählzeit-Vier an bis zur nächsten Zählzeit-Zwei, schwellen dabei vom **pp** bis zum **mf** und verklingen danach.

Die tiefen Streicher beginnen auf Zählzeit-Zwei des vierten Taktes nach Ziffer 6 im **pp** und vollziehen die Repetition in Achteltriolen zwar mit, jedoch schwellen sie weiter an und brechen aber auf Zählzeit-Zwei ins **p** *sub.* ab, von wo aus sie den Anschwellvorgang zum **f** hin auf Zählzeit-Drei-und mitvollziehen und verklingen. Die Celli sind noch durch *sul pont.* verfremdet. Die Tuba beginnt *con sordino* im fünften Takt nach Ziffer 6 auf Zählzeit-Zwei und vollzieht den Anschwellvorgang bis zur Drei-und in das **mf** mit und verklingt dann. Harfe und Klavier bringen ihren „eigenen" Akkord auf der Eins-und des fünften Taktes nach Ziffer 6 und führen ihn aus dem **pp** ins **f** auf Zählzeit-Drei und ersterben ebenfalls. Zählzeit-Vier des vierten Taktes nach Z. 6 wird durch ein **mf** im großen Tamtam markiert, die Drei-und des fünften Taktes nach Ziffer 6 durch ein **f** im großen Tamtam. Das kleine Tamtam hat den gesamten Prozeß von Harfe und Klavier mitvollzogen. Nach dem Abschwellen bleiben in Ziffer 7 die Vl. c. auf ihrem Tremolo h3 und das kleine Tamtam übrig. Überraschend kommt der **mf**-Schlag des Tomtoms. Durch die kleine Trommel wird eine Aktion der Tomtoms gestartet, die in eine **f**-Aktion der Vl. c. und der 1. Violinen 1.- 4. Pult *sul pont.* mündet, die klanglich durch die leisen Tremoli der Klarinetten mit dem sich ergebenden Klang h\ c\ es\ e und einem angerissenem kleinen Tamtam unterstützt wird. Wir erinnern uns: Aus der Vertikalen wird die Horizontale. In diesen Klang mischt sich die Baßklarinette mit einer expressiven Kantilene ein und bereitet damit die 1. Kantilene vor. Dazu mischen sich die gleichen Streicher wieder umso energischer ein, verstimmen jedoch sofort. Das wird durch eine von der kleinen Trommel neu iniziierten Aktion der Tomtoms unterbrochen und endet in einem **ff** der Baßklarinetten-Melodie. Das alles ist noch der Abschwellvorgang der ersten Welle. Vor Ziffer 8 beginnt die Vl. c., sich noch mal an die Zeiten der Einsamkeit in der Kadenz zu erinnern: Sie bringt Motiv k3 und j1 aus dem Anfang des II. Satzes. Darin mischen sich zum dritten und letzten Mal die Klarinettentremoli. Motiv j1 ist folgendermaßen instrumentiert: Kl., Pk., Kl Tr., kl. Tamtam und Röhrenglocken. Der Wechsel zwischen k4 und j wird noch mal gebracht, diesmal aber vom Ensemble unterstützt: Die Klarinetten bringen den Tritonus des\ g1 für die Dauer einer Halben, dann, auf Zählzeit-Drei, führen sie ein *molto crescendo* auf dem Klang c1\ ges1 in der Flatterzunge bis zur Zählzeit-Vier aus. Die Baßklarinette crescendiert auf dem B in der Flatterzunge über drei Viertel hinweg. Die Pauke tremoliert instabil glissandierend **pp** vom B zum des und zurück und bringt dann eine auftaktige rhythmische Figur in Sechzehnteln, die in zwei Sechzehnteltriolen mf Schlägen auf der 4 endet. Die kleine Trommel ihrerseits vollzieht ein leichtes *crescendo* auf ihrem Wirbel vom **pp** ausgehend und bringt ihre Aktionsfigur auf Zählzeit-Vier, die wir schon im Takt nach Ziffer 7 sehen konnten. Das kleine Tamtam tut es der kleinen Trommel nach mit einem **mf** Schlag. Die Röhrenglocken bringen dazu ein eigenes rhythmisches Motiv, einsetzend auf der Triolen 2 der Zählzeit-Eins-e. Dann unterstützen sie die Klarinetten durch die große Sekunde e1\ fis1 und vollziehen die Sechzehntel-Triolen-Bewegung der Pauken mit. Durch die Pauken wurde eine Aktion in der Vl. c. und den 1. Violinen iniziiert, die in einer Zweiunddreißigstelkette vom a zum c3 führt und von der 1. Klarinette, auf des1 beginnend, weitergeführt wird, und schließlich in einen verminderten Dreiklang auf h von Klarinetten und Baßklarinette mündet. Er löst sich in einen Ganzton-Klang b\ c1 und e1 auf.

Die Vl. c. ergeht sich noch mal in Figurationen und beruhigt sich dann mit ihren Großsekund-Glissandi im **p**, die in die Vorschlagsfigur der Baßklarinette führen. Baßklarinette, kl. Tamtam und Vl. c. geleiten beide in die nun folgende 1. Kantilene und die damit folgende 2. Welle. Hier Ziffer 9:

1. Kantilene

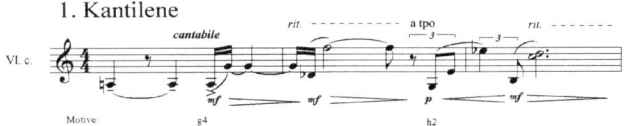

Wie wir sehen, ist das Material dem ersten *cantabile* Abschnitt der Kadenz entnommen. Wir begegnen Motiv g in der vierten Ableitung und Motiv h in der zweiten. Insgesamt ist die Kantilene gedehnter als zu Beginn, das a wird dreimal repetiert. Der Zeitfluß ist durch die Synkope und das herübergebundene g1 gedehnter. Aus der Sechzehntel-Triole von Motiv h ist eine Achtel-Triole geworden, aus der punktierten Achtel mit Sechzehntel wurde eine Achtel-Triole. Hier der 1. *cantabile* Abschnitt:

I. Satz: 1. Hauptabschnitt\ 4. Binnenabschnitt= 1. cantabile Abschnitt

Dieser Gesang steigt bis zum d3 hinauf; es folgen drei Vibraphonschläge g2 in Achteln. Die Violine „*rutscht*" zum b2 hinunter, darauf folgen drei Vibraphonschläge f2, diesmal in Viertel-Triolen. Und nach der Sechzehntel-Sextole kommt auf Zählzeit-Vier ein sehr markanter Trompeteneinsatz, der uns in einen G-Dur-Akkord mit großer None führt. Die Violine concertante macht einen Oktavsprung zum d4, bei dem auf der Zählzeit-Zwei der Non-Akkord durch einen Es7 mit kleiner None, vom Holz gespielt, eingetrübt wird. Von der Harfe kommen dazu Ostinato-Figuren, die aus dem kleinen Nonenakkord Es Dur abgeleitet sind. Die Streichergruppe (bis zum Violoncello) hält in Flageoletts den G-Dur-Akkord mit großer None aus, wobei die Celli aus fünf geteilten Solo-Celli bestehen. Die Harfen-Ostinati dann Klavier-Ostinati, Achtel-Triolen im Klavier werden gegen die Sechzehntel-Quintolen der Harfe gestellt, und die Streicher glissandieren einer nach dem anderen langsam herunter und vergehen in das *morendo*. Das ist eine klanglich sehr schöne Stelle. Bei Ziffer 11 fängt die Vl. c. an, begleitet von den Harfen-Ostinati, sich in Figurationsketten zu ergehen. Das führt uns in die 2. Kantilene, die 3 Takte nach Ziffer 11 auf Zählzeit-Vier-e durch das Englischhorn eingeleitet und von der Vl. c. weitergeführt wird.

Diese 2. Kantilene scheint ein völlig neues melodisches Material zu bringen. Es ist die Frage, ob man das Motiv g2 aus dem 8. Binnenabschnitt des 1. Hauptabschnitts des I. Satzes in der Vl. c zur 2. Kantilene hinzuzählen soll oder nicht. Wir werden mit einer weiteren schönen Melodie belohnt: der 3. Kantilene bei Ziffer 12, die vom klanglich so zauberhaften 1. Motto in Celli und Kontrabässen begleitet wird. 4 Takte vor Z.12:

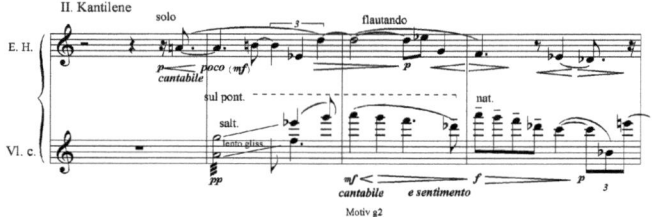

Im nächsten Notenbeispiel folgen die 3. Kantilene und das 1. Motto. Das 1. Motto ist die horizontale Ableitung des Motivs c. Diese Stelle ist von unbeschreiblicher Milde. Wie entsteht diese Milde? Zum einen singt die Vl. c. durch alle Lagen hinweg. Die tiefen Streicher und die Tuba sind mit Dämpfern versehen. Durch den gleichzeitigen Harfenton ist der Ton schon da, bevor er in den tiefen Streichern entsteht. Der Zeitenfluß wird durch die zur Zählzeit-Drei herübergebundene Triolenachtel auf Zählzeit-Zwei-e-te aufgehoben. Die ohnehin nicht sehr zahlreichen tiefen Streicher sind noch geteilt und haben ausdrücklich die Spielanweisung: *weich*. Außerdem ist die Linie in der Vl. c. fast durchweg als tonal zu bezeichnen.

Die dissonanten Sprünge werden durch die extremen Lagenunterschiede wieder abgemildert. Z12:

© Musikverlag Doblinger

Nach diesem wunderbaren Gesang kommen wir bei Ziffer 13 in eine Stelle, in welcher das erste Motto noch mal gebracht und unser Motiv a umspielt wird. Nach dieser expressiven viertaktigen Stelle, findet bei *senza misura* eine kurze Verdichtung statt, die durch die Vl. c. und die Kontrabässe verursacht wird und in einen grellen Aufschrei in den Bläsern bei Ziffer 14 führt. Die Vl. c. versucht sich in einer neuen Verdichtung, die aber durch die eigenartige Quartenstelle zwei Takte vor Ziffer 15 abgebrochen wird. Wir befinden uns noch immer in der zweiten Welle. Die Vl. c. nimmt bei Ziffer 15 die 2. Kantilene, im *espressivo* auf der G-Saite gespielt, wieder auf, doch ist von der ursprünglich so zauberhaften Atmosphäre nicht viel übrig geblieben. Der Himmel wird dunkel. Es kommt zwei Takte nach Ziffer 15 zu ganz verrückten, fratzenartigen Trompeten-Attacken, die dann aber sofort wieder abklingen. Wir spüren eine deutliche Aufladung der Luft. Es kommt nun durch Akkordeinwürfe in Posaunen und Fagotten, schnellen Akzentfiguren in den Hörnern, Ostinati im Klavier und der Harfe, zu den für Schedl typischen Dreier-Attacken (ein für Schedl typisches, rhythmisches Motiv ist die Komposition einer Viererkette, bei welcher die vierte Note ausgelassen wird, man hört dann nicht triolische Dreierfiguren, die vorwärts treiben). Sie werden von der Vl. c. beantwortet und vom Gesang der 2. Kantilene, orgelmäßig instrumentiert, nämlich in Klarinetten und Baßklarinette, abgelöst. Das ist eine sehr beunruhigende Stelle, da die vormals so zart klingende zweite Kantilene nun in einen bedrückenden Choral verwandelt wird (Orgelkantilene). Die Stimmung heizt sich weiter auf und führt über den heftigen Abstieg der Vl. c. zum zweiten Höhepunkt. Die Dreierfigur wird nun mit Motiv k verknüpft und rhythmisch und instrumentatorisch (Ob.

Triller, Pf. in Oktaven und rhythmischer Verschärfung, Vl. c. in *sfz* Tremoli, 1. und 2. Violinen im *pizz.*) verschärft. Als neue Klangfarbe kommt die Piccolo-Flöte hinzu, die zusammen mit den Flöten-Trillern die Klangfarbe weiter verschärfen. Die Zusammenklänge werden auch dissonanter. Die Stimmung heizt sich immer weiter auf und führt in eine starke, sich jedoch schnell abbauende Entladung. Bei Ziffer 18 wird das für die nächste Zeit formbildende 2. Motto gebracht. Es hat eine ungeheure Wucht und eine seltsame Analogie zum Anfang von Schedls Cello-Konzert. Es ist sowohl Ziel des Höhepunktes als auch Überleitung zum ruhigeren Teil. Das 2. Motto besteht aus tonalen Akkordfortschreitungen. Die Akkorde lassen sich aber nur unzureichend mit herkömmlichen Mittel beschreiben. In dieser Fortschreitung werden die Akkorde durch die hinzugefügten Dissonanzen nur gestört und klingen selbständig tonal weiter. Diese hinzugefügten Dissonanzen stören das tonale Empfinden nicht. Sie wirken, jedenfalls beim zweiten Auftreten, lediglich wie einspringende Wechselnoten. Beim ersten Auftreten jedoch nimmt man die Klänge als Ganzes war. Die Akkorde werden analog der deutschen Absolutbezeichnung kombiniert mit der Funktionstheorie benannt, durch die man das Modell besser darstellen kann. Das Modell wird anhand der Harfenstimme gezeichnet.

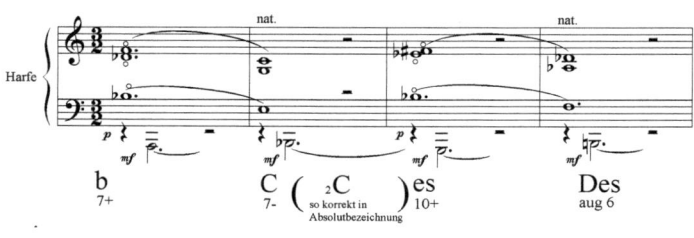

Es folgt ein gewöhnlicher C-Sekundakkord (hier einmal terminologisch belegt wie der vorhergehende, im Vergleich die korrekte Absolutbezeichnung zum besseren Verständnis). Nun kommt ein Es-Moll Akkord mit übermäßiger None im Baß. Das ges wurde hier enharmonisch zu fis verwechselt, genauso wie das fisis zu g wegen der besseren Lesbarkeit für den Harfenisten. Wir haben hier also einen übermäßigen Nonenakkord. Zum Schluß sehen wir einen Des-Dur-Sextakkord mit übermäßiger Sexte im Baß, hier nicht gleichzusetzen mit dem übermäßigen Sextakkord auf des. Die Bezifferung ist das Problem. Man könnte den Akkord aber auch als verminderten Septakkord mit verminderter Terz auf h betrachten. Schaut man sich jedoch die Grundtonfolge B\ C\ ES\ DES an, so kommt man annähernd auf eine Variante von Motiv a plus b, und nach den dargelegten Texten Schedls ist es auch nachvollziehbar, daß Schedl in solchen Dimensionen gedacht hat: Groß-Sekund-Schritt aufwärts, Kleinterzschritte aufwärts und Groß-Sekund-Schritt abwärts. Klanglich ergibt sich eine interessante Wirkung durch die Harfenflageoletts, die mit den Klarinetten und der Baßklarinette gekoppelt sind und den nachschlagenden Baßtönen, die durch das Pianoforte und die Kontrabässe, die wiederum im *sul pont.* tremolieren, gebracht werden. In jedem zweiten Takt des viertaktigen Modells kommt der störende Einwurf der Oboe, die beim C Sekundakkord die Mollterz und beim Des Akkord die kleine None, bzw. übermäßige Oktav einwirft. Nach jedem Einwurf folgt eine Aktion in der Vl. c. , die mit ihrer heftigen Aktion auf Zählzeit-Vier des Taktes vor Ziffer 19 in das „heftiger und schneller" von Ziffer 19 führt.

Hier erscheint nochmal unser Modell, das nun zum dritten Mal gebracht, instrumentatorisch aber durch die Flatterzungen in den Klarinetten und der Baßklarinette, unterschiedliche Metrik, Klavierfigurationen und *col legno*-Schläge der Kontrabässe verfremdet wird. Hierzu setzt die Vl. c. mit einem neuen Gesang an, der uns in die 4. Kantilene führt, die vom 3. Motto begleitet wird. Wir wechseln dabei in das Nebenzeitmaß:

viel langsamer Achtel=72!

Die „zauberhafte" Wirkung entsteht dadurch, daß der Klang, den die drei Flöten erst entstehen lassen, durch die Harfenflageoletts schon da ist. Die Klangwirkung der Flöten in ihrer tiefen Lage wirkt überaus mild. Darüber schwebt der Gesang der Vl. c. Auf die motivische Zusammensetzung wurde schon in der Analyse des ersten Satzes hingewiesen. Wir sind hier an einer der „bezauberndsten" Stellen des ganzen Konzertes angelangt und hören die harmonischen Säulen F-Moll\ C-Moll und e-Moll deutlich heraus. Nach „farblichen" Spielfiguren der Vl. c. wird das Motto von den Hörnern und den gedämpften Streichern gespielt, die synkopisch unterstützen und durch Achtel-Pizzicati der Celli und Kontrabässe rhythmisch in Fluß gehalten werden. Die Trompete „singt" ihr Solo, das aus einer Variante von Motiv a besteht. Sie wird ihrerseits von der ersten Flöte kommentiert. Die Stimmung ist von einer milden „Bläue" in ein tristes „Grau" gewechselt. Dieses Trompeten-Solo mutet wie eine Klage an. Nach diesen vier Takten kommt als Antwort auf das 3. Motto das 2. Motto.

Es wird *colla parte* von den drei Posaunen und drei Solo-Celli gebracht und in den Achtel-Figuren, die vorher durch die Celli und Kontrabässe gebracht wurden, von den Fagotten, dem Pianoforte und der Pauke kommentiert. Nach dieser erneut viertaktigen Phrase hat sich im Verlauf des Stückes so vieles angestaut, daß es nun zu Entladungen kommen muß: Wir hören die KLAGE.

Sie ist eine Variante des Trompeten-Solos und wird vom 3. Motto begleitet. Nach ihrem Aufsteigen bis zum f3 setzt die 5. Kantilene bei Ziffer 23 ein, die vom 2. Motto harmonisch begleitet wird. Wir sind in der 3. Welle angelangt, diese ist die letzte.

Die fünfte Kantilene wird vom Solo-Englischhorn abgelöst. Es kommt zu einer immer weiter anwachsenden emotional gesteigerten Dichte, die in eine Tremolo-Fläche der Vl. c. auf dem f4 führt, das sofort vom **ff** ins **pp** zurückgeht. Das Orchester „stimmt" sich auf dieses **f** ein, wächst weiter an und mündet in ein **fp** auf Zählzeit-Drei des dritten Taktes nach Ziffer 24. Ein kurzer aber heftiger Ausbruch des ganzen Orchesters erfolgt nach einer eintaktigen Verdichtungsphase. Nach dem Ausklang dieses kurzen Ausbruchs, erkennen wir eine neue kurze Verdichtung, die in ein weitaus heftigeres Getöse führt: in einen wirklich chaotischen Höhepunkt, der interessanter Weise harmonisch aus dem 2. Motto und motivisch durch Motiv a in veränderter intervallischer Reihenfolge gebildet ist.

Das ist der absolute Höhepunkt des II. Satzes. Es gibt zunächst zwei Schichten. Erstens: eine motivische Schicht, die durch die Klein- und Großsekund-Intervallik beschrieben, von Flöten (in Oktaven), Oboen und Klarinetten zusätzlich mit Trillern versehen ist und durch die Hörner (in Oktaven), die Tuba und den Pauken, dem Pianoforte und dem Streicherapparat (in Oktaven) entsteht und in Achteln verläuft. Zweitens: die Gegenschicht, die aus dem harmonischen Material des zweiten Mottos abgeleitet ist und von den drei Fagotten, den drei Trompeten und der Harfe in Achtel-Triolen gebildet wird. Sie wirken wie ein „Hämmern". Zusätzlich wird das Tempo beschleunigt und der rhythmische Kontrast wird verschärft: durch das Motiv b (es macht keinen Sinn, alle Ableitungen aufzulisten) in Sechzehntel-Triolen plus Achtel, dann plus Achtel-Quintole, den chaotischen Schlagzeugeinwürfen durch das Tomtom, die kleine Trommel und die Röhrenglocken, die Klangfarbe von den Trillern in den Holzbläsern, den Trillern in den Hörnern mit Flatterzunge, den heftigen Sforzati der 3 Trompeten auf jeder Triolen-2 und den folgenden Repetitionen von Fagotten, Trompeten und Posaunen, die den gleichen Akkord unterschiedlich repetieren und den Oktav-Tremoli des Pianofortes. Das **fff** wird auf Zählzeit-Drei erreicht und zeichnet sich vor allem klangfarblich durch die Flatterzungen der Blechbläser (bis auf die Tuba) und das Tremolo in den Streichern aus. Harmonisch sind wir auf einem Es-Moll mit Durterz im Baß angelangt.

Im folgenden Verlauf werden wir noch dreimal mit einem Nachschlag überrascht. Der erste Nachschlag: Er besteht aus einer Pauken-Aktion mit darauffolgender Mixtur oder Akkord-Triller im Klein-Sekund-Abstand aufwärts. Diese wird von den drei Trompeten und den 2. Violinen, der Viola und den Violoncelli gebildet. Sie besteht aus den Dreiklängen fis 1\ ais1\ dis2 und g1\ h1\ e2, also aus einem schnellen Wechsel von Dis-\ Es-Moll und E-Moll. Es klingt alles sehr grell. Die Klangfarbe erhält man einerseits durch die Trompeten, andererseits aber auch durch die Sizzle-Becken Repetitionen mit ihrer an sich sehr grellen Klangfarbe, dem Becken-Tremolo, der kleinen Sekunde in den Röhrenglocken, die die Spielanweisung „hart" bekommen haben, der hohen Lage der Holzbläser, der Hörner 1 und 3 und durch die vierfach geteilten ersten Violinen in den hohen Lagen. Nicht zu vergessen ist die grelle Dissonanz der Mollakkorde im Halbton-Abstand. Die Mixtur klingt in Akkordrepetitionen in Fagotten, Hörnern und Posaunen aus. Diesem Akkord begegnete man schon im ersten Höhepunkt.

Nach einer ruhigen Linie in der Baßklarinette, klanglich durch die 1. Flöte, den Trillern der 4 Solo-Violinen und den Kontrabaß-Tremoli *sul ponticello* unterstützt, die von einer Fortspinnung im Englischhorn abgelöst wird, kommt der zweite Nachschlag, diesmal jedoch ein klein wenig unterschiedlich instrumentiert und rhythmisch leicht variiert. Baßklarinette und Englischhorn spinnen ihren Zwiegesang länger weiter. Er erinnert stark an den Abgesang der Vl. c. in der Kadenz. Das führt uns in den dritten Nachschlag. Dieser ist nun stark variiert:

Aus einem Wechsel Es-Moll\ E-Moll wurde ein Wechsel B-Moll\ H-Moll. Dieser Nachschlag wurde auch rhythmisch verändert: Der Abbau erfolgt über die letzte Heraufbeschwörung des 3. Mottos und einer letzten Kantilene des Englischhorns, die von der 6. Kantilene der Vl. c. abgelöst wird. Es tritt eine Ostinato-Figur in den Pauken hinzu, die wir ähnlich schon mal in der Harfe hatten, und die von den Triolen-Bässen der Harfe und des Pianofortes gestört wird. Dadurch kommt es nochmals zu einer erneuten Verdichtung, die in einen zweimaligen Aufschrei (einmal drei Takte Vor Ziffer 30, dann einen Takt vor Ziffer 30), der mit „grell" vorgeschrieben ist, mündet. Der letzte Aufschrei geleitet uns durch die Repetitionen des B-Moll (mit großer Septime im Baß) in den Abgesang. Die Achtel-Triolen, die vorher den Fluß störten, werden nun gerade flußbefördernd. Die Instrumentation dieser Figur (ein Es-Dur-Sekundakkord mit hinzugefügter kleiner None) ist sehr interessant: Harfen, Pianoforte eine Oktave tiefer, dazu die Kontrabässe, die wiederum geteilt *col legno battuto* und *pizzicato* spielen und die Hemiole des Orchesters unterstützen. Wir hören also drei Viertel gegen drei Halbe. Die Vl. c. verteidigt vehement ihr g, das vom Einklang, zur Oktave, zur Doppeloktave und zur Dreifachoktave ansteigt. Ein letztes Anschwellen endet im **fff** (Hf., Pf. und Röhrenglocken), das durch eine an den Abgesang des I. Satzes erinnernde zweistimmige Linie zwischen 1. Horn und 1. Posaune abgebaut wird und in einem *poco sfz* endet. Es gibt noch mal den Anstoß zu einer Triller-Figur von Baßklarinette und Violoncello. Wir befinden uns in einem Abschwellen, das Tempo wird immer breiter. Dieser Komplex endet in einem Ganztonakkord, der aus Motiv c gebildet wurde und mit dessen Ausklang auch die Triolen-Ostinati verklingen. Der Satz endet kammermusikalisch.

Das Des der Baßklarinette bleibt bis drei Takte vor Schluß liegen. Wir hören leise Schläge des kleinen und leise Tremoli des großen Tamtams, leise Triller vom F\ G vom Kontrabaß. Die Vl. c. verbleibt auf ihrer Flageolett-None g1\ a2, unterbricht die None kurz durch zwei mit Vorschlagfiguren versehene große Terzen. Es folgen erneut eine große None im Flageolett, ein gr. Tamtam-Tremolo, ein kleiner Tamtam-Schlag und Kontrabaßtriller. Dann unterbricht der Solist die große None durch einen zerlegten Es-Dur-Quintsextakkord und spielt zum letzten Mal die große None. Die Baßklarinette, klanglich durch das Tremolo des großen Tamtams im **pp** von Zählzeit-Eins bis Zählzeit-Zwei des vorletzten Taktes und den Protagonisten untermalt, spielt eine letzte Melodie. Die letzte Note der Hemiole in der Baßklarinette wird durch einen bis zum Schluß nachklingenden Schlag im **pp** des kleinen Tamtams unterstützt. Der II. Satz endet nach dem Verklingen des mit einem Es-Vorschlag versehenen D in der Baßklarinette mit der kleinen Terz im Doppelflageolett h2\ d3 in der Vl. c., die von der großen Sekunde des2\ es2 angesprungen wurde. Zusammen mit dem kleinen Tamtam verklingt die Vl. c.

Wir haben hier einen abstrahierten G-Dur-Schluß erlebt. Es kam darauf an, den dramatischen Bogen der Musik aufzuzeigen und außerdem, daß Dramatik durchaus strukturiert ist. Halten wir fest:
Die 1. Welle führt zum ersten Höhepunkt. 1. Welle=Klangfarbenwelle
Die 2. Welle ab Ziffer 19 ist durch drei Kantilenen, zwei Mottos, zwei Ausbruchsversuchen und den 2. Höhepunkt strukturiert.
Die 3. Welle beinhaltet ein neues Zeitmaß, das 3. Motto, drei Kantilenen einen Ausbruchsversuch, den absoluten Höhepunkt, drei Nachschläge, die Reprise mit den letzten beiden Aufschreien und den Abgesang. Hier der II. Satz als zeitliches Band:

Hauptzeitmaß: 1. Welle - Verdichtung - 1. Höhepunkt - Abbau - 2. Welle: 1. Kantilene - 2. Kantilene - 3. Kantilene - 1. Motto - kurze Verdichtung - Ausbruchsversuch - Abbruch - neue Verdichtung - 2. Ausbruchsversuch - 2. Abbruch - 2. Kantilene var. - „Trompetenfratzen" - Verdichtung - Abbruch - „Orgelkantilene" - Verdichtung - 2. Höhepunkt - Nachklang 2. Motto - 2. Motto - Erregung
Nebenzeitmaß: 3. Motto\ 4. Kantilene. - 3. Motto\ Trompetenklage - 2. Motto - Klage - 2. Motto\ 5. Kantilene - Verdichtung - Abbruch - kurze Verdichtung - Ausbruch - absoluter Höhepunkt - Nachschlag1 - Nachschlag 2 - Nachschlag 3 - Reprise\ 6. Kantilene - neue Verdichtung - greller Aufschrei - letzter Aufschrei - Abgesang, vorletzter Akzent - letzter Akzent - Beruhigung.

Der II. Satz ist als eine große dynamische, melodische Wellenbewegung zu betrachten. Unser Protagonist hat sich vom in sich gekehrten Menschen, über mehrere Ausbruchsversuche hinweg zum geöffneten Menschen gewandelt. *Attaca* schließt sich auch der III. Satz an.

5.2.5. III. Satz:

Dieser übernimmt das letzte Tempo aus Satz II. Die Vl. c. wird elektronisch verstärkt. Unser Protagonist ist nun als Persönlichkeit vollends entfesselt und kämpft gegen die Masse an. Von Ziffer 33 bis 55 verläuft der Hauptabschnitt:
Die Einleitung erfolgt durch den Solisten, der von der kleinen Septime as\ ges1

zum g3 heraufspringt. Das wird von den beiden Congas beantwortet. Die Klarinetten halten die große Sekunde as\ ges aus. Hinzu treten die Bongos, mit den Congas solistisch agierend und immer verrücktere Figuren spielend, die Violen, die Celli, das 4. Horn, die Baßklarinette und die Fagotte mit „Synkopenfiguren" als Klangschicht, die das Tempo sehr stauen und dann langsam nach vorne preschen. Im vierten Takt treffen wir in den Hörnern auf die typisch Schedl´sche Dreierrepetition. Die Kontrabässe stoßen als Gegenspieler zur Klangschicht hinzu. Die Flöten und Oboen bringen Flatterzungen-Crescendi, die einhergehen mit den Tremoli des großen Beckens. Harmonisch steht diese Stelle im Kontext zum 1. Motto und damit zum Motiv c. Es beginnt eine unglaubliche Raserei, denn wir befinden uns in einem Beschleunigungsvorgang. Nun treten im siebten Takt auf Zählzeit-Drei noch die Trompeten und die erste Posaune mit 4´er Sechzehntel-Repetitionen hinzu. Das Orchester agiert in Achtel-Triolen dagegen (Zählzeit-Zwei im Takt vor Ziffer 34). Wir befinden uns im Hauptzeitmaß Viertel=116. Der Tritonus-Akkord E\ B\ e wird vom tiefen Blech und den tiefen Streichern „gehämmert". Die Trompeten und Hörner antworten mit ihren Sechzehntel-Repetitionen darauf.

Im Takt nach Ziffer 34 beginnt hämmernd eine Zerlegung des Tritonus-Quart-Klanges in den Violinen, *colla parte* mit den Klarinetten, der Baßklarinette und den Hörnern. Die tiefen Streicher schlagen, *colla parte* mit den Fagotten plus Kontrafagott, diese Figur nach. Eine Vorschlagsfigur in den Flöten und Oboen gibt die Initialzündung für die Schedl´schen Dreierketten in der Vl. c., die von einer äußerst aggressiven Klangfarbe unterstützt werden: der des Xylophons. Dieses ist von herausragender Bedeutung, da es die Aggressivität der Stelle hervorhebt. Spielanweisung: *„schnell und heftig"*. Hier der Stauvorgang der Klangschicht in rhythmischer Skizze:

Dieser Stauvorgang führt uns die Explosion, die durch das Dreierketten-Motiv bestritten wird, vor:

Das Tritonus-Quart-Motiv schlägt dagegen:

Mutation von Motiv a zum Dreier-Motiv:

Das Motiv wird um eine verminderte Quarte nach oben transponiert. Die intervallische Reihenfolge wird geändert. Der Groß-Sekund-Schritt wird zerteilt. Wir erleben nun zwei Klein-Sekund-Schritte.

Die Staccato Figuren, die ein chromatisches Vorwärtstreiben auslösten, werden durch Legato Figuren, die immer aus Klein-Sekund-Umspielungen mit Oktavversetzungen bestehen und den ganzen Ambitus der Violine umfassen, abgelöst. Es folgt Ziffer 35, die mit *„sehr wild und noch etwas drängender"* beschrieben ist. Das wirkt weitaus perkussiver. Das ist der Reduktion des Orchesters auf Pf., Hf., Pauken, dem Schlagzeug und den *marcato tenuto* spielenden Streicherapparat zuzuschreiben.

Ab Ziffer 36 wird der Apparat durch die Fagotte und das Kontrafagott wieder erweitert, und die Vl. c. bringt die Dreier-Attacken in Doppelgriffen. Der Ablauf verdichtet sich und wird durch den dramatischen Einsatz der drei Trompeten, die *colla parte* zum Xylophon verlaufen, gesteigert. Nach dieser Steigerung erfolgt ein Spannungsabfall, der von einer kammermusikalischen Strecke bestritten wird. Hier finden sich nur die Vl. c. die zweifach geteilten 1. Violinen, die 2. Violinen, die Violen und die Celli. Sie beschäftigen sich immer noch mit dem Tritonus-Quart-Motiv, während die Vl. c. schnelle Fortspinnungsfiguren ausführt. Wir nennen das neue Motiv im Takt vor Ziffer 37 in der Vl. c. das „Fortspinnungsmotiv". Ein heftiger Pianoforte-Einsatz bei Ziffer 39 führt uns in groteske Figuren des Protagonisten. Darauf führt eine Kette in Schlangenbewegungen von der Baßklarinette bis zur neuen Piccolo-Flöten Klangfarbe hoch, um dann von einem erneuten Pianoforte-Einsatz unterbrochen zu werden. Nun hören wir den Protagonisten im Dialog mit den 1. Violinen, die zweifach geteilt werden und zusammen mit dem Protagonisten das Tempo beschleunigen. Die Violinen überragen an Höhe zuletzt den Protagonisten.

Bei Ziffer 42 sind wir wieder im *a tempo*, nun aber im Zweivierteltakt, und hören wieder Dreier-Attacken der Vl. c. in Doppelgriffen, die von den zweifach geteilten 1. Violinen und der Harfe begleitet, dann aber auch mit der sich wieder hochschlängelnden Figur kombiniert werden, die variiert vom Solo-Fagott über die 1. Oboe zur Piccolo Flöte hinaufsteigt.

Bei Ziffer 43 werden sieben „symphonische" Schläge eingeworfen. Sie hören sich so an, als hätte man ein Orchester-Tutti gesampelt. Instrumentatorisch bestehen sie aber nur aus dem Pf., der Vl. c. und den restlichen Streichern. Der siebte Schlag leitet in die Glissandi des Protagonisten, die in einer Sechzehntel-Attacke des Orchesters enden. Diese Attacke wird von den grotesken Sechzehntel-Attacken in den mit Dämpfern versehenen drei Trompeten und der gedämpften 1. Posaune weitergeführt. Die ebenfalls gedämpften Posaunen 2-3 und die gedämpfte Tuba mischen sich ein. Nach den Glissando-Aktionen in den Posaunen 2-3 und der Vl. c. werden die Attacken von den Fagotten mit Kontrafagott und den vier Hörnern weitergesponnen. Das Klima wird noch aggressiver. Ab Ziffer 46 wird der Apparat, vor allem der Protagonist mit seinen Trillern, durch die Synkopen der Celli gestört.

Der Fluß wird noch durch die Achtel-Triolen in den Fagotten und der Vl. c. gebremst, worauf sich bei Ziffer 47 der Knoten löst und über die nun klare, jedoch immer noch mit Synkopen versehene, 2´er Metrik der 1. Höhepunkt angesteuert wird. Auf Zählzeit-Zwei im Takt vor Ziffer 48 nämlich schreit das Orchester auf und tobt sich in einem, durch einen kräftigen Tamtam Schlag eingeleiteten, 1. Höhepunkt aus, der klanglich durch die Posaunen-Glissandi und motivisch, durch das Dreier-Motiv bestimmt ist. Es erfolgt ein Wechsel vom Zweiviertel- zum Vierviertel- zum Viervierteltakt. Der Piccolo-Triller führt uns zum nächsten Anlauf.

Nach einem Takt schon schwillt der Höhepunkt vom **fff** bis zum **p** ab. Ab Ziffer 49 werden durch die Pauke und die große Trommel neue Anläufe unternommen, die jedes Mal weiter anschwellen und immer vom Orchester unterbrochen werden. De große Trommel schafft es zum **fff**. Durch ihren letzten Schlag erregt sie einen grellen Aufschrei, der sich zweimal nach oben bewegt und von ziemlich verrückten Trompetenfiguren unterbrochen wird.

Die Strukturierung des Ablaufs:

Wir sehen, daß die Pauken bei Ziffer 49 schon einen Versuch im **pp** ab Zählzeit-Drei mit vier Sechzehnteln starten, der auf Zählzeit-Vier im **pp** durch den Akkord unterbrochen wird. Dann startet die große Trommel einen weiteren Versuch, von Zählzeit-Eins-und vom **pp** ausgehend, der dann auf Zählzeit-Drei unterbrochen wird. Beim nächsten Mal kommt ein erneuter, verkürzter Versuch im **p** auf Zählzeit-Zwei und wieder eine Unterbrechung auf Zählzeit-Drei. Der zweite Versuch der großen Trommel, insgesamt der dritte Versuch, war bereits um zwei Sechzehntel verkürzt. Der nächste Versuch ist wieder um zwei Sechzehntel verkürzt und geht von der Eins-und im mf aus. Die Unterbrechung erfolgt nun auf Zählzeit-Zwei. Der letzte Versuch startet im dritten Takt auf Zählzeit-Drei-und. Er landet in einem Wirbel. Auf der nächsten Eins wird dieser unterbrochen, die gr. Trommel setzt sich mit den Triolen durch und es erfolgt auf der Drei-e ein letzter Einwurf. Auf Zählzeit-Vier-e setzt der Aufschrei ein. Hier der Anlauf:

49

Über eine Fortspinnung des Tritonus-Quart-Motivs und die Trompetentriller, in der Flatterzunge ausgeführt, gelangen wir zu einem weiteren Höhepunkt (Ziffer 51). Sechzehntel-Ketten prasseln in den Tomtoms und Bongos herunter. Diese Schlagzeugfiguren werden immer wilder. Die Spielanweisung ist: *crudo*=grausam.

201

Bei Ziffer 48 war der Akkord in der Schichtung D\ As und Es zu sehen. Nun finden wir bei Ziffer 51 die Schichtung D\ As und Des. Besonders deutlich ist die Klangfarbe der Flöten, mit Piccolo, herauszuhören. Zu den wilden Schlagzeugfiguren gesellen sich Trompeten-Repetitionen, die die Rhythmik des Schlagzeugs unterstützen, und wilde Posaunen-Glissandi. Im vierten Takt nach Ziffer 51 hören wir die mit *crudo* überschriebenen Hörner-Cluster deutlich heraus, die den Tonraum der Motive a und b, der zu Beginn der Kadenz sukzessiv beschrieben wurde, nun transponiert simultan bringen.

Ziffer 52 wird vom erschreckenden Eintritt der kleinen Trommel markiert. Die folgende Entwicklung geleitet über die **fff** Akkord-Repetitionen in einen Aufschrei in den Trompeten (in der Flatterzunge) auf Zählzeit-Eins des fünften Taktes nach Ziffer 52, der uns über die Umkehrung des Tritonus-Quart-Motivs in den 2. Höhepunkt führt. Er wird von den niederprasselnden Sechzehntel-Triolen-Ketten der 4 Tomtoms, den Sechzehntel-Zweier-Ketten der drei Timbales und den Akzentfiguren der großen Trommel und der zwei Congas bestritten. Hinzu kommt eine harmonische Unterstützung durch zwei Akkordwechsel des Orchesters von Zählzeit-Eins auf Drei-und, die im Blech durchweg in der Flatterzunge (bis auf die Tuba) gebracht werden. In den Abbau spielt ein Baßklarinetten-Solo, das von einer Abgesangs-Linie der Celli und Kontrabässe begleitet wird. Das war eine sehr lange Höhepunktsphase.

Bei Ziffer 54 tritt eine neuer, sehr grotesker Teil in Erscheinung: *meno mosso*. Diese Musik ist so vielschichtig, daß man gar nicht alles beschreiben kann. Über eine Posaunen-Glissando Figur – *c.s.* – treten Pizzicato-Achtel auf den Plan, die in den Kontrabässen sogar wörtlich den verminderten Septakkord beschreiben. Das, was noch im zweiten Satz eine diffuse Klanglichkeit war, ist nun konkret geworden. In den Kontrabässen sind zwei verminderte Septakkorde im Großterz-Abstand übereinandergelagert: einmal cis\ e\ g\ b, dann f\ gis\ h\ d1. Interessant ist, daß diese Pizzicati einmal vom 1. Fagott in Sechzehntel-Triolen-Repetitionen ausformuliert und mit der 1. Kontrabaßgruppe, die Legatozerlegung des 2. Fagotts aber mit der 2. Kontrabaßgruppe kombiniert werden. Der Ton a1 der ersten zwei Trompeten erscheint *con sordino*. Sie springen im Klein-Septim-Abstand in den Tritonus e2\ b2, auf dem sie zuerst stehen bleiben und dann repetieren. Dieser Vorgang wird von den zweifach geteilten 1. Violinen melodisch ausgefüllt. Das *molto Allegro* führt uns über die Oberton-Glissandi in das Nebenzeitmaß: Achtel gleich 144. Diesen Teil nennen wir: Zwischenspiel. Wie sich bei der späteren Wiederholung herausstellt, beginnt das Zwischenspiel bereits bei Ziffer 55.

Das Thema dieses Zwischenspiels ist deutlich aus a und b abgeleitet. Das Zwischenspiel hat etwas sehr Leichtfüßiges, ja „Flottes". Es ist geradezu lässig. Für das Zwischenspiel werden die Formtermini Stollen, Stollen und Abgesang verwendet, wobei dieser in drei Episoden unterteilt ist. Die Termini sind nicht musikwissenschaftlich wörtlich zu nehmen, die Musik läßt sich aber mit ihnen plastischer erklären. Die Termini sind nur als Worthülse zu verstehen, Schedl hätte sich ganz sicher gegen diese gewehrt! Der 1. Stollen:

Dieses Thema arbeitet sich bis zum c4 hinauf und wird von einem zart instrumentierten Orchestersatz begleitet. Die schnelle Sechzehntelfigur der Baßklarinette in Zweierbindungen, verleiht dem Zwischenspiel an dieser Stelle etwas Schwebendes. Außerdem erscheint ständig ein Taktwechsel vom Dreivierteltakt zum Zweivierteltakt, und agogische Tempomodifikationen kommen hinzu.

Nach dem *molto ritardando* geht es bei Ziffer 56 *a tempo* mit der absteigenden Figur des Protagonisten weiter. Sie wird von kurzen Akkorden der Fagotte mit Kfg., den drei Posaunen und den Streichern unterstützt. Zählzeit-Eins von Ziffer 56 wird durch die vier Tomtoms und die große Trommel deutlich markiert, bricht aber dann in das **p** auf der Eins-und ab. Die Akkorde führen uns in das nächste **f** auf der nächsten Eins und werden durch synkopische Akkordrepetitionen in den vier Hörnern abgelöst, die bis zum sfz auf Zählzeit-Zwei-e-un-de crescendieren. Der Protagonist spinnt seine fließende Linie weiter, die durch das Staccato-Motiv bis zum d1 herabsteigend abgebaut wird. Dieser Abbau wird von Achtel-col-legno-Schlägen des Doppelterzklanges in den Streichern, kombiniert mit den drei Posaunen und dem Sizzle-Becken, eingeleitet. Die 1. Violinen bereiten mit dem Aushalten des b1 gleichzeitig die einen Takt später folgende Übernahme des Motivs durch die 1. Klarinette vor, die dann bei Ziffer 57 die Linie kurz weiterspinnt, um sich dann aber einen Takt später wieder mit dem Protagonisten zu vereinen. Die Viertel-Triole in den Bläsern, die aus einer chromatisch absteigenden Terzquartakkord-Mixtur besteht, führt uns über den Klarinetten-Triller in die erste Klammer. Klanglich sehr gelungen ist hier der Einsatz von Oboe plus Vibraphon, bei gleichzeitig liegendem f1 *Sul G* in der Vl. c und *sul pont.*-Trillern und Tremoli von E1 und E in Vcl. und Kb. im Pianissimo. Sie werden durch das Tremolo der 1. Violine *c. s.* auf d3 unterstützt und vom Flatterzungen-Flöten-Einsatz mit der Groß-Sext-Groß-Sekund-Folge, die mit zweifach geteilten 2. Violinen im Pizzicato gekoppelt sind, abgelöst. Über mehre Glissando-Vorgänge gelangen wir in eine Espressivo-Stelle, die uns mit der Augmentation des Dreier-Motivs in die Obertonglissandi und damit zurück zum Anfang des Nebenzeitmaßes geleitet.

Die zweite Klammer bei Ziffer 59 beschreibt einen einzigen Accelerando-Vorgang mit dem Dreier-Motiv, der von Ganztonakkord-Einwürfen unterbrochen wird und in das *Allegro molto* zurückführt. Dieser Vorgang hat Überleitungsfunktion zum zweiten Stollen.

In der folgenden Strecke wird das Spiel geradezu rasend und von heftigen Akzenten bei Ziffer 61 im Achtelfluß gestört, um dann in der Augmentation und Umkehrung des Dreier-Motivs chromatisch zum *sostenuto* zurückzuführen. Deutlich zu vernehmen ist dabei die chromatisch absteigende Trillerkette in Sechzehntel-Triolen der Piccolo-Flöte, die in den Sextolen-Ketten der Flöten und Oboen mündet. Das Thema wird nun von den Violinen in Oktaven dargestellt, der Protagonist schweigt. Hinzu treten Akkord-Achtel der Hörner, nachschlagende Kleinterzschritte der Tuba und der Kontrabässen. Nach zwei Takten antwortet der Protagonist mit seinen Doppelgriff-Tremolandi im **ff**. Über sie gelangen wir in die erste Klammer, die uns durch das „chromatische Geschlängel" wieder zurück in das Tutti von Ziffer 62 bringt. Die zweite Klammer wird durch unregelmäßige Paukenschläge eingeleitet, die von den Posaunen begleitet werden. Es mischt sich im folgenden Takt das Pianoforte mit Hörnern und Trompeten. Bei Ziffer 63 im Nebenzeitmaß, der 1. Episode im Abgesang, wird die Musik wild und exaltiert. Seit dem II. Satz prägt der Tritonus Klangbild und Motiventwicklung. Der *diabolus in musica* dominiert den gesamten III. Satz.

Die Tritonus-Stelle: Der Protagonist wirft seine Achtel-Doppelgriffe c1\ fis1 und c1\ d1 ein, leitet mit der Zweiunddreißigstel-Figur wieder in sie zurück und steigt nach dem zweiten Mal bis zum g3 in Sprüngen auf. Es sind eigentlich nur zwei verschiedene Modelle, die beide Male einmal wiederholt werden. Den Doppelgriffsprung unterstützen die Hörner. Er wird von sukzessiven Tritoni in der Harfe und dazu unregelmäßig nachschlagenden, „trockenen" Sechzehntel-Tritoni im Pianoforte begleitet. Der erste Tritonus wird von den Pauken mit markiert. Im vierten Takt beginnt dann eine Sechzehntelkette, sich von der Baßklarinette über die beiden Klarinetten hinauf bis zum es3 zu arbeiten. Dabei soll stark beschleunigt werden, denn die 1. Klammer steht im *molto Allegro*. Die Stelle erscheint ohne Hörner, Pauken, Holz und Streicher, um den Rhythmus besser darzustellen:

© Musikverlag Doblinger

Mit der Sechzehntelkette[409] gelangen wir zur 1. Klammer, die uns zurück zu Ziffer 63 bringt.

Die zweite Klammer führt uns ebenfalls in das *molto Allegro*, also in das Hauptzeitmaß zurück. Es wird aber nach zwei Takten zugunsten des sostenuto wieder aufgegeben. Die nächste *sostenuto*-Stelle nimmt unmittelbar auf Ziffer 63 Bezug. Die 2. Episode hat optisch einige Ähnlichkeit mit Ziffer 17:

© Musikverlag Doblinger

---

[409]Kette meint nicht, daß immer die gleichen Intervalle erscheinen. Vielmehr spricht der Autor von Motiven gleicher rhythmischer Struktur! Anm.d.Verf.

Es ist interessant, wie sich diese Tritoni in Oktaven „vortappen" und von der Vl. c. kommentiert werden. Wie wir sehen, ist der Tritonus das zentrale konstruktive Intervall des III. Satzes, und der Autor der vorliegenden Studie zeigt mit seiner Analyse auf, wie vielgestaltig ein Komponist mit dem gleichen Material innerhalb eines Werkes umgehen kann und dabei die nötige Einheit, aber auch die nötige Abwechslung erzielt.

Diese Entwicklung nimmt dann eine schnellere Gangart an und leitet über die zuerst vom Protagonisten, dann von der 1. Oboe aufgegriffenen Variationen von Motiv a, in den Teil „heftiger und wilder", der eine Ableitung von Ziffer 63 und eine Kombination der beiden Tritonus-Zwischenspielepisoden darstellt. Der Protagonist bringt eine triolisierte Fassung seiner Doppelgriff-Attacken, die von der zweiten Episode nach Ziffer 64 begleitet werden. Das ist die letzte, die 3. Episode des Abgesangs.

Sie verdichtet sich immer mehr und leitet über eine zweitaktige Furioso-Strecke des Protagonisten in Ziffer 67 über: „sehr wild und drängender". Sie bezieht sich deutlich auf Ziffer 34. Das alte Motiv (Tritonus-aufwärts, kleine Sekunde-abwärts) wirkt nun durch das Flatterzungen-Unisono der Holzbläser aufgeheizter und wird von Akkord-Repetitionen in Sechzehnteln unterbrochen, die ihrerseits mit einem kräftigen Schlag auf Zählzeit-Zwei und dem Protagonisten wieder das Wort erteilen. Man muß die Kraft des Protagonisten, der sich durch diesen III. Satz kämpft, einfach bewundern. Sein Einwurf ist aus dem zweiten Modell der 1. Episode abgeleitet. Nach seinem Sprung auf das a3 und den Zutaten des Orchesters, setzt ein ziemlich aggressiver Solo-Part ein. Seine Triolen-Raserei wird ab Ziffer 69 nach und nach vom Orchester aufgegriffen und mit der Sechzehntel-Motivik (Fortspinnungsmotive) des Beginns verknüpft.

Der Protagonist bringt im Takt nach Ziffer 69 die triolisierte Fassung des Dreier-Motivs. Dieses chromatische „Geknäuel" löst sich dann in vorwärts treibenden Repetitionen der Ziffer 70 auf: Starke Akkord-Sforzati mischen fügen sich hinzu. Das führt zu einer Kraftzunahme, die dann drei Takte nach Ziffer 70 durch die markanten Viertel-Schläge der Röhrenglocken eine weitere Steigerung erfährt. Diese Entwicklung ist eine Reminiszenz an den Beginn, jedoch ist sie viel einfacher. Wir sehen über das Orchester verteilte Sechzehntel-Repetitionen, die zusätzlich mit Crescendo-Stößen versehen sind. Was so kompliziert aussieht, ist oft viel einfacher, aber sehr wahrscheinlich auch deshalb umso wirkungsvoller. Sezieren wir den Vorgang, so sehen wird: eine Sechzehntelkette, eine Viertel plus Achtel Schicht, auch synkopisch und eine langaushaltende Schicht. Dazu gesellen sich drei unterschiedliche Anschwellvorgänge.

sehr wild

Der Abschnitt endet sehr wirkungsvoll in einem wilden Aufschrei der Hörner: Triller plus Flatterzunge. Dazu kommt ein wildes Durcheinander der Motive: das triolisierte Dreier-Motiv, das Fortspinnungsmotiv und das Tritonus-Quart-Motiv. Die Verdichtung bricht auf der Eins des Taktes nach Ziffer 71 ab, es kommen nochmals Crescendo-Versuche, die aber ebenfalls wieder abbrechen.

Der Protagonist setzt im **ff** an und führt das Orchester dem letzten, dem absoluten Höhepunkt entgegen. Der 3. Höhepunkt ist das Schlagzeug-Solo des Konzertes. Das Schlagzeug-Solo ab Ziffer 74 ist ungeheuer wuchtig. Auch das Orchester hat sich jetzt in einen Schlagapparat verwandelt. Die Rhythmen sind von einer grandiosen Körperlichkeit und es ist zu bewundern, wie gezielt Schedl sie einsetzt. Die Akzente liegen hier auf den Zählzeiten Zwei, Drei-und, Vier-und. Die Tritoni sind im Halbton-Abstand übereinandergelagert. In der folgenden Strecke werden die Tritoni nochmal verarbeitet und erinnern an die erste Episode.

Bei Ziffer 75 geht es mit dem Solo weiter. Wir hören zunächst die Akzente noch einmal auf den gleichen Zählzeiten. Im dritten Takt stößt das Dreier-Motiv hinzu, das sich schnell aufbauscht, um wieder im Schlagzeugsolo zu landen. Die Akzente werden nun auf andere Zeiten verteilt: Eins-und, Zählzeit Drei, und Drei-und, dann Zählzeit-Eins, Eins-und, Zwei-und, Zählzeit-Vier, dann Eins-und, Zählzeit-Drei, Zählzeit-Vier und Vier-und. Wir hatten zuerst zwei gegen drei Takte, anschließend zwei Takte gegen einen Takt und drei Takte gegen fünf Takte. Denn das Schlagzeug-Solo landet nach drei Takten in Ziffer 76, die den absoluten Klimax darstellt.

74

© Musikverlag Doblinger

In diesen Tumult wird von den vier Hörnern und der 1. Trompete das Thema des Zwischenspiels eingeworfen, das mit einer Schlagzeug-Aktion beantwortet wird. Die Viertel-Triolen von Baßklarinette, 1. Posaune und den tiefen Streicher im sechsten Takt nach Ziffer 76 läuten den Beruhigungs-Prozeß ein. In diesen setzt der Protagonist mit seinem fis2 unmerklich ein. Kontrafagott und Kontrabaß führen uns mit ihrer Linie in die Ziffer 77.

Die Oktave D1\ D leitet zusammen mit dem angerissenen Tamtam den Abgesang ein. Das Tempo geht wieder zurück in das Achtel-Tempo. Diese Schicht erinnert uns an den II. Satz, die Flöten nehmen eine Tremolo-Figur in ihrer tiefen Lage auf. Sie ist aus dem 3. Motto abgeleitet. Harmonisch ist dies eine Ganztonschicht auf c. Die Posaunen bringen ihre Ausformulierung des Ganztonraumes aus dem Beginn des II. Satzes. Die Pauken ihrerseits ergehen sich in einem leisen Tritonus-Tremolo. Hinzu spielt die Schlagzeuggruppe sich nicht mehr ändernde Patterns im Hintergrund. Der Solist hat längst sein fis2 ins Trillern und an den Steg gebracht. Die Streicher unterstützen mit ihren Tremoli am Steg die Flöten-Figur. Kontrafagott und Kontrabaß bilden einen Orgelpunkt und bleiben als Grundierung liegen. Nach dem kräftigen Tritonus-Sprung fis3\ g1 des Protagonisten und seiner später folgenden, zum a3 hinaufspringenden Linie, hören wir noch mal ein Solo der Baßklarinette, das uns einen Takt später in eine rein farblich orientierte Klein-Sekund-Fläche führt. Der Ganzton-Raum wurde nun zum Halbton-Raum verengt. Zwei Takte später setzt der aufsteigende Abgesang des Protagonisten ein, nachdem auch die Schlagzeug-Schicht verklungen ist. Wir sind nun in Ziffer 78 angelangt.

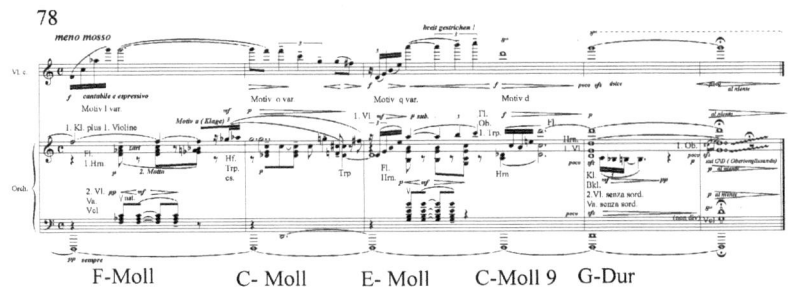

F-Moll   C-Moll   E-Moll   C-Moll 9   G-Dur

Der Schluß ist tonal: Es werden die Säulen des Konzertes F-Moll, C-Moll, E-Moll und ein C-Moll-Nonen-Akkord gebracht. Das Stück klingt in einem „zauberischen" G-Dur aus. Die Flöten und Hörner nehmen, wie bereits erwähnt, das 2. Motto auf. Die Streicher, die alle mit Dämpfern versehen sind, spielen das F-Moll. Das alles geschieht über dem Orgelpunkt D. Wir hören äußerst milde Farben, die durch die tiefen Flöten mit dem ersten Horn, den tiefen F-Moll-Akkorden in den Streichern, die zusätzlich gedämpft sind, und dem Harfen-Arpeggio entstehen. Der Schwebezustand wird dadurch erreicht, daß das Orchester über dem Orgelpunkt spielt, die Streicher ihre Akkorde synkopisch, dabei an- und abschwellend, spielen: Wir haben damit wieder unterschiedliche dynamische Schichten. Der Protagonist singt über diesen Schichten in seiner hohen Lage. Es werden von ihm nacheinander, wie in der Kadenz schon geschehen, die Motive l, o und q in variierter Form gebracht. Damit spannt sich wieder ein Bogen zum I. Satz. Die Linie der Vl. c. steigt bis zum g4 hinauf. Auf dieser Höhe angelangt, verklingt das Konzert in G-Dur. Schedl wagt es ein Konzert in G-Dur zu beenden. Er liefert den Beweis dafür, daß man Dur- und Moll-Akkorde durchaus verwenden kann, wenn man sie jedoch aus dem funktionstheoretischen Zusammenhang löst, sie isoliert. Die Grundtonfortschreitungen dieses Schlusses sind (und Schedl würde sich jetzt sicher weigern, seine Akkorde mit Hilfe der Gárdonyí´schen Grundschritttheorie gedeutet zu sehen; deshalb die „Wiener-Fassung" gleich danach): plagaler Hauptschritt, plagaler Terzschritt, authentischer Terzschritt und plagaler Hauptschritt, oder im Sechsterschen und Brucknerischen Sinne Quintsteigen, Terzensteigen, Terzfallen und Quintsteigen. Wie wir sehen, ist das eine in der Funktionsharmonik nur selten zu findende Grundtonfortschreitung, die nur aus schwachen Schritten besteht. Es sei noch einmal der Formverlauf des III. Satzes dargestellt:

Ziffer 33: sehr ruhig, Beginn des Hauptabschnittes.

Ziffer 34-55: molto Allegro, Hauptzeitmaß Viertel=116 Hauptabschnitt.

Ziffer 48-49 : 1. Höhepunkt

Ziffer 49-51: Anlauf zum zweiten Höhepunkt

Ziffer 51-54: plötzlich viel breiter, 2. Höhepunkt

Ziffer 54-55: Entwicklung zum Zwischenspiel hin.

Ziffer 55-58: Nebenzeitmaß Achtel=144, sostenuto, Zwischenspiel, 1. Stollen

Ziffer 60-62: Überleitung zum 2. Stollen

Ziffer 62-63: 2. Stollen

Ziffer 63-64: a tempo (in Achteln), 1. Episode

2 Takte nach Ziffer 64-66: a tempo (in Achteln), 2. Episode

Ziffer 66-67: Abgesang

Ziffer 67-69: sehr wild und drängender, Reprise des Hauptabschnittes, Verdichtung zum 3. Höhepunkt hin mit Abbruch und Solo des Protagonisten zwei Takte vor Ziffer 69

Ziffer 69 bis 72: molto Allegro, 2. Entwicklung zum 3. Höhepunkt hin mit Abbruch in Z.72

Ziffer 72-74: 3. Entwicklung zum Höhepunkt hin

Ziffer 74-77: 3. Höhepunkt.

Sechs Takte nach Ziffer 76 bis Ziffer 78: ab Ziffer 77 breit und sehr ruhig(wieder in Achteln), Abbau des Höhepunktes.

Ziffer 78: Abgesang des Konzertes.

Wir haben also auch hier drei große Abschnitte: den Hauptabschnitt mit seinen vielen Binnenabschnitten, dem 1. Höhepunkt und 2. Höhepunkt, das dreiteilige Zwischenspiel mit zwei eingeschobenen Episoden, die Reprise mit drei Anläufen zum 3. Höhepunkt hin und den Abgesang als Coda. Es läßt sich feststellen, daß das Vorwärtstreiben dieses Satzes nach dem Muster verfährt: zwei Schritte vor und einer zurück. Das läßt sich aus der Anlage der über den Satz verteilten Höhepunkte sehen, denn im Hauptabschnitt sind gleich zwei Höhepunkte; es folgt eine längere Strecke mit in sich vorwärtstreibenden Elementen und dann in der Reprise erst der 3. Höhepunkt, der selbst zwei Schritte vor und einen zurück geht, um dann richtig loszuschlagen.

Fazit: dramatische Höhepunktentwicklungen müssen sorgfältig kalkuliert und proportioniert werden, um nicht zu verflachen.

Es wurde durch die Analyse folgendes festgestellt:

Das vorgestellte Material in der Kadenz wirkte durch das ganze Konzert hindurch.

Die unterschiedlichen musikalischen Gesten sind vom Material der Kadenz abgeleitet.

Das Material besteht bei Schedl nicht nur aus melodischen oder rhythmischen Motiv-Bildungen, sondern kann genauso gut aus Klangfarben bestehen.

Wir nennen diese Klangfarben dann Klangfarben-Motive, wie diese im I. Satz von der Vl. c. schon im 5. Binnenabschnitt des 1. Haupt-Abschnittes dargestellt wurden.

Die Motive i und j waren klanglich formbildend für den II. und III. Satz.

I. Satz: 5. Binnenabschnitt des 1. Hauptabschnittes

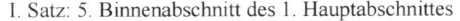
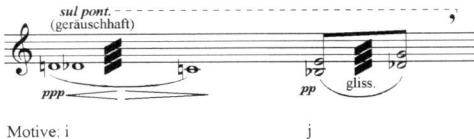

Zum III. Satz kam noch die klangliche Aggressivität des 2. Hauptabschnittes des I. Satzes dazu.

Alle drei Sätze sind von einer Dreiteiligkeit geprägt.

Dem Konzept der Befreiung einer eingeschlossenen Seele wurde voll Rechnung getragen. Wir erleben die Entwicklung von intro- zu extrovertiert mit. Die Entfesselung beginnt in mehreren Versuchen im I. und II. Satz und ist zu Beginn des III. Satzes vollzogen. Die Musik ist ihrer vorformulierten Prämisse überzeugend gefolgt.

Wieder ein „Klangschleier"?

Bereits im 1. Satz ist der „Klangschleier" wieder wahrnehmbar, vor allem als das Moment der Stille! Wie Schedl selbst sagte, stellte er sich diese Musik wie in einem Novembernebel als den „Gesang einer eingeschlossenen Seele"[410] vor. Dieser Nebel in seinen Partikel und Verdichtungen bis hin zur Explosion ist instrumentatorisch bereits ab dem 1. Satz nachweisbar: einerseits durch die Großfermatenpausen zwischen den Sequenzgliedern und andererseits durch Spieltechniken wie *sul ponticello, tremolo*, gebrochenen Intervallen und der Kombination mit den besagten Spieltechniken, sowie Vortragsanweisungen *wie ein Hauch* oder *geräuschhaft*. Man geht nicht zu weit, wenn man die Verdichtungen, die vor allem im zweiten Satz entstehen, auch als Verdichtungen dieses „Klangschleiers" oder *Novembernebels* betrachtet (daß freilich ein Novembernebel sich nicht zu einem Gewitter im wirklichen Leben verdichtet, spielt hier keine Rolle. Wir sind im Reich der Musik.)

---

[410]s.o.

Der „Klangschleier" wirkt auch hier formbildend durch alle drei Sätze hindurch, selbst der Morendoschluß trägt mit seinen instrumentatorischen Raffinessen, die oben beschrieben wurden, Züge des „Klangschleiers".

5.2.6. Zusammenfassung der analytischen Erkenntnisse

Was ließ sich an diesem Stück feststellen?

1. Schedl folgt kompositorisch und programmatisch seinem dramatischen Konzept der „seelischen Befreiung" einer introvertierten Persönlichkeit.

2. Das in der Kadenz vorgestellte Material wirkte das ganze Konzert hindurch. Die Motivverarbeitung ist absolut klassisch,

3. Wir erlebten eine radikale, expressiv-musikalische Sprache, in einem dramatischen Konzept eingebunden. Ratio und Emotion werden zur Einheit. Das war ersichtlich aus dem konsequenten Komponieren am Material, das in den Dienst der expressiven Sprache gestellt wurde.

4. Schedls Interesse am Klang, den „...massiven und zarten Klangblöcken, den Kontrastfarben und den leisen Übergängen..." ist durch die Analyse der Instrumentation deutlich geworden.

5. Wir sahen, daß sich seine Sprache sowohl tonaler Elemente, intervallisch-freitonaler Melodiebildungen bedient. Aus ihnen leiten sich auch die Harmonien und geräuschhaften Elemente ab.

6. Schedl hält an seiner auf einer klangfarblichen Grundierung oder Klangfläche basierenden Komposition, dem „Klangschleier" oder dem „Klangnebel" fest.

5.3. Slow Musik für Violoncello und Orchester

Das dritte große Solokonzert:

Der Autor der vorliegenden Studie hat die Entstehung des 2. Violinkonzerts und von „Slow" aus nächster Nähe mitverfolgen können. Mehr als einmal erläuterte ihm Gerhard Schedl die Arbeit an beiden Kompositionen. Die letzten Werke, die der Autor noch aus nächster Nähe entstehen sah, waren: „Julie & Jean" und „Shortcuts".

Zeichnet sich das Violinkonzert durch den Wechsel von Stille und Ausbruch aus, so braucht es im Cellokonzert diese Ausbrüche nicht mehr. Das ist das vielleicht gelungenste Werk Gerhard Schedls: Es ist mit einfachsten Mitteln komponiert. Schedl schert sich nicht mehr um zeitgenössische ästhetische Forderungen. Er schreibt nur noch seine Musik. Die Vereinigung motivisch-thematischen, seriellen und klangfarblichen Denkens ist gelungen. Jeder Klang, jede Note, jede Geste, jedes dynamische Zeichen, einfach alles ist an seinem Platz. Es herrscht keine Beliebigkeit, schon gar keine formale. Seit Alban Berg hat es keinen vergleichbaren Formarchitekten mehr gegeben. Nichts kann geändert werden, ohne die Musik zu zerstören. Die Musik kann nur so und nicht anders sein. Dies ist in der Neuen Musik leider keine Selbstverständlichkeit! Schedl hat, betrachtet man seine Werke seit der 2. Sinfonie, einen Weg der Reduktion gewählt. Ausbrüche und Höhepunkte sind im Vergleich zu den früheren Werken spärlicher, reduzierter, dafür aber gezielter. Ein fast Webernscher Ansatz ist: die Reduktion des musikalischen Materials zur Steigerung der musikalischen Intensität. Dabei ist das Konzert die Summe der kompositorischen und menschlichen Erfahrungen!

Slow

Musik für Violoncello und Orchester (1997)
Ein Auftrag des österreichischen Rundfunks
Uraufführung: 26.9.1997
„klangspuren 97" Schwaz Tirol
Radiosymphonieorchester Wien, Dirigent: Dennis Russel Davies
Violoncello: Patrick Demenga
Verlegt bei Ludwig Doblinger (Bernhard Herzmansky) KG, Wien-München

Orchesterbesetzung: 2 Flöten (2.auch Picc.)
                             2 Oboen
                             2 Klarinetten in Si
                             Baß-Klarinette in Si
                             2 Fagotti
                             4 Hörner in Fa
                             2 Trompeten in Si
                             2 Posaunen
                             Baß-Tuba
                             4 Pauken
                             Schlagwerk: 3-4 Spieler
                             Vibraphon, Marimbaphon, Röhrenglocken
                             Großes Becken, Kleines Tam-tam, großes Tam-tam
                             4 Tom-toms, große Trommel,
                             Tamburin mit Schellen (Schellenring)
                             Harfe
                             Streicher (chorisch: 14-12-10-8-6)
Aufführungsdauer: ca.17 Minuten

CD: Edition Zeitton
      Neue Musik aus Österreich (II)
      Radio Symphonieorchester Wien
      LC 5103 CD173

5.3.1. Dramaturgische Analyse des Cellokonzertes

Warum der Titel „Slow"?
Christian Baier schreibt im Booklet zur CD, die das Cellokonzert erhält, Gerhard Schedl greife hier auf einen Formtopos des 19. Jahrhunderts zurück.[411][412]

> „In der Hochromantik trat im Werktitel anstelle einer Gattungsbezeichnung (etwa ‚Sonate‘, ‚Symphonie‘) die Bezeichnung des Tempos (z.B. ‚Adagio für ...‘). Das Werk thematisierte – nicht nur im Titel – somit nicht mehr die zugrundeliegende Form, sondern mutierte zur Studie über das Wesen und den Ausdrucksgehalt des gewählten Tempos. Nicht anders verfährt Gerhard Schedl, wenn er sein Werk als ‚Konzertstück in der Ambivalenz zwischen Solo und Orchester‘ bezeichnet, diese Ambivalenz der Form jedoch auch auf die Gegensätzlichkeiten in der Behandlung der Parameter (Dichte, Dynamik, Tonraum, Ausdruck) überträgt. ‚Slow‘ bedeutet für ihn: *langsam, slow motion, akustische Zeitlupe, Zeit- und Bewegungsstrukturen, gleichsame Spurensuche zwischen symphonisch-isolierten Klanggebilden und kammermusikalisch-uniformer Linearität.*"[413]

Schedls Konzerte sind alle wie bereits erwähnt „symphonische" Konzerte. Der Cellist der Uraufführung meinte, Slow sei bestimmt:

> „[...]von der immer wiederkehrenden Lust, Grenzen zu überschreiten. Ein heftig, kraftvoll, expressives Werk, das in seiner Klanglichkeit vom geräuschhaften Flüsterton bis hin zum Romantisch-Sinnlichen und darüber hinaus in die ad absurdum geführte Klangdramatik drängt, die oft zusammenbricht und wieder ins Geräuschhafte versinkt."[414]

Das Konzert ist eine auskomponierte Morphologie des Klanges, die ständig im Wandel begriffen ist – von der Geburt bis zum Tod des Klanges.
Zuerst wird das Werk anhand großformaler Abschnitte aufgeschlüsselt:

T.1-6: *Grave (und sehr heftig)* Viertel = *(Introduktion)*

T.7-26: ruhiger (1.Durchführungsabschnitt ?)

T.27-37: *tranquillo* (1.Durchführungsabschnitt)

T.37-38:1. Zwischenkadenz

---

[411]Vgl. Christian Baier, *Neue Musik aus Österreich (II)*, CD-Booklet, Edition Zeitton, Wien 1998, S.23

[412]Vgl. Christian Baier, *Neue Musik aus Österreich (II)*, CD-Booklet, Edition Zeitton, Wien 1998, S.23

[413]Christian Baier, *Neue Musik aus Österreich (II)*, ebda., S.23

[414]Patrick Demenga in: Christian Baier, *Neue Musik aus Österreich(II)*, ebda., S.24

T.38-65: ruhig (Überleitung)

T.66-100: *tranquillo* (2. Durchführungsabschnitt)

T.101-105: sehr breit und schwer (Überleitung zur 2. Zwischenkadenz?)

T.106-107: (*tranquillo*) (2. Zwischenkadenz)

T.107-110: a tempo. Ruhig (Überleitung)

T.111-126: *tranquillo* (3. Durchführungsabschnitt)

T.127-139: sehr breit (Überleitung zum Höhepunkt)

T.140\141-144: sehr heftig - sehr ruhig – sehr heftig (dramatischer Höhepunkt)

T.145-147: *meno mosso* (Überleitung zum Abgesang)

T.148-169: wieder sehr ruhig (Abgesang=Coda)

Es läßt sich dort folgende „verschachtelte Bogenform" feststellen:

A B C B1 C1 B2 A1 B3

Mit A ist hier die Introduktion bezeichnet, mit B sind die Durchführungen und mit C die Zwischenkadenzen belegt. B3 steht für den Abgesang. Um A1 herum wird die Durchführung frei gespiegelt. Die Introduktion bildet das Fundament, die Durchführungsabschnitte die großen Säulen und die Kadenzen die beiden großen Treppen des Gebäudes.

Introduktion:

Das Stück beginnt mit einer sechstaktigen tosenden, eruptiven Einleitung gleich dem Urknall, aufgebaut auf den Stammtönen ES und F (Keimzelle = Motiv a). Als ob die Elemente ins All geschleudert würden, werden im ersten Takt folgende formbildende Elemente dargestellt: die Stammtöne Es und F als halbe Note, Es im Fagott, in der zweiten Trompete, der zweiten Posaune, der Tuba, der Harfe und den tiefen Streichern, F mit Kleinsekundtriller in der Flöte, der Oboe, Klarinette, den Hörnern, in der ersten Trompete und als Tremolo in der kleinen Sekund F\ Ges kombiniert mit der Klarinette in der Flatterzunge. Die Pauke beginnt mit einer Vorschlagsfigur (Vorschlagfiguren werden im gesamten Konzert motivbildend und damit thematisch) auf F und spielt dann eine Dreiklangbrechung (Motiv b), deren Farbwert für das ganze Stück von entscheidender Bedeutung sein wird, F\ ges\ B\ es\ F.

Es folgen Skalenmodelle (Motiv c): einmal als chromatische Tonleiter, dann auch als Modell einer b-Moll-Tonleiter mit dazwischengeschobenen h als zweiten Ton der Leiter. Die Skalenmodelle werden kombiniert mit Glissandi in Posaunen, Hörnern und schließlich in der Harfe, worauf die Posaunen undefinierte Töne in der Flatterzunge mit Vortragsbezeichnung *crudo* spielen. Die Motivableitungen sind so zahlreich, daß hier nur eine kleine Auswahl oder Deutungsmöglichkeit dargestellt wird:

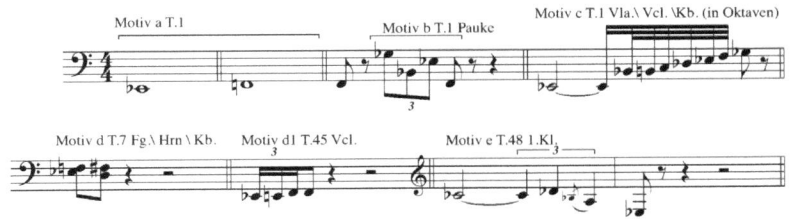

Dieser Komplex mündet in einen sehr dissonanten Akkord in Takt 2 in Hörnern und Trompeten, der folgendermaßen zusammengesetzt ist: ces\ es1\ des1\ f1und c2\ d2. Es ist offensichtlich, daß die Stammtöne Es und F um ihre große Unterterz erweitert wurden, und daraus leitet sich dann das Grundlineament der Durchführungsabschnitte her. Dieses „Getöse" mündet in einen „Schrei". Dieser Akkord ist folgendermaßen zusammengesetzt:

Der „Schrei" wird zweimal wiederholt, wobei die „Antwort", bzw. der Hornakkord jedes Mal verändert wird. Schließlich verebbt diese Introduktion im Geräuschhaften. Man kann darüber streiten, ob die erste Durchführung schon mit Takt sieben beginnt, weil dort das melodische Material exponiert wird, oder erst ab Takt 27, weil diese „*tranquillo*"-Abschnitte eine Klammer um das ganze Werk bilden und das melodische Material hier voll etabliert ist. Dann jedoch wäre dieser Durchführungsabschnitt nur drei Takte lang. Der Autor der vorliegenden Studie steht vor einem Problem: Gerhard Schedl sagte ihm damals im Unterricht, daß in Takt 27 der erste Durchführungsabschnitt beginne, doch sagen seine Tempovorzeichnungen etwas anderes. Vom Hören her läßt sich auch nur schlecht eine eindeutige Lösung finden.

1. Durchführungsabschnitt

Man empfindet wirklich den Durchführungsabschnitt erst ab dem „*tranquillo*"-Abschnitt, wohl deshalb, weil dieser Teil in seiner Farbigkeit anders zusammengesetzt ist und man das Gefühl hat, daß das Material nun zu entwickelt ist, um noch durchgeführt zu werden. Nimmt man jedoch den Beginn der Durchführung bei Takt sieben an, so empfindet man den „*tranquillo*"-Abschnitt mehr als Abschluß der ersten Durchführung. Der Autor der vorliegenden Studie kann sich sehr gut vorstellen wie sehr es Schedl gefreut hat, wenn jemand über seinen Mehrdeutigkeiten brütete. Genau dieses „Dilemma" ist beabsichtigt. Es bleibt ohnehin die Frage, in wieweit man zwischen Durchführungsabschnitt und Episode unterscheiden kann, da das Stück im permanenten Fluß ist. Auf alle Fälle merkt man doch deutliche Formabschnitte. Nach diesem extrovertierten Beginn kommen wir zum introvertierten Punkt, der Stille. Wir befinden uns jetzt im „*ruhiger*"-Abschnitt.

Fagotte, Hörner und Kontrabässe spielen ein für Schedl typisches Motiv (Motiv d), das fast in allen Werken vorkommt und dem wir bereits mehrfach begegnet sind. Es ist gleich einem Eröffnungsgestus: die große Sekunde ES\ F wird geweitet zur großen Terz D\ Fis. Über zarten „Klangschleiern" entsteht das Grundlineament (Motiv a1). In halben Noten und in Flageolett-Tönen beginnt das Solo-Cello, sich vorzustellen. Diese Eröffnung wird von Klarinette und der Harfe, die ebenfalls Flageolett-Töne spielt, kommentiert. Das Ganze ergibt ein verschleiertes, ja trübes und tristes Bild, das vor allem durch seine Zartheit besticht. Dabei ist das „Getöse" noch nicht lange her. Die Explosion des Anfangs wird von einer lange andauernden Zartheit in der Musik abgelöst.

Diese kurze Phrase mündet in einer zauberhaft instrumentierten großen Terz ges1\ b1. Nachdem also Es\ F um zwei Töne zuvor erweitert wurden, nämlich des2\ c3, also um die kleine und große Unterterz, wird die Linie jetzt in Takt zwölf noch mal erweitert und läuft in Achteln fort: ES\ des\ c1\ f1\ as1\ b\ Ces\ Ges. Man kann dies als Erweiterung um Unter- und Oberterzen von Es\F und den schon eingeführten Tönen sehen. Von der Darstellung her erinnert dieser Abschnitt ab Takt 6 sehr an das Violinkonzert von Alban Berg, nur daß dort das Lineament in Quinten abläuft, gegenüber den Septimenschichtungen von Schedl. Diese Schichtungen ergeben sich aus den genannten Erweiterungen.

218

Diese Linie wird mit einer Klangfläche aus 1ES, der Sekunde es1 (Flageolett) und f1 in der Harfe, mit dem Bogen gestrichenem Vibraphon, Marimbaphon und kleinem Tamtam beantwortet. Hinzu gesellt sich ein mit der Bezeichnung „hauchig" gespieltes Triolenmotiv (Motiv d1) in der Baßklarinette, das einen Durchgang von ES und F beschreibt. Dieses Motiv wird für den weiteren Verlauf des Stückes sehr wichtig. Es ist aus d entstanden. Man hat bisweilen das Gefühl, in einem einzigen „Klangschleier" zu sein, der zwar unendlich zart und wehend ist, aber durch den man nicht hindurchblicken kann. Das Lineament wird ab Takt 15 nochmal durch Nebennoten erweitert.

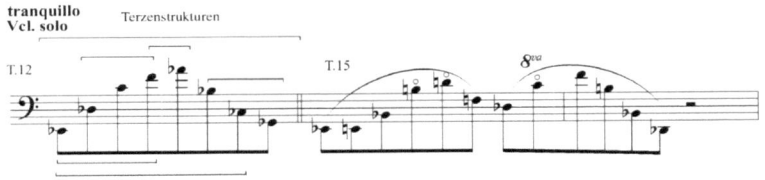

Es beginnt wieder auf dem Ton Es im Solo-Cello und bringt nun die neuen Töne E\ h\ d. Die Linie steigt ebenfalls erneut auf, doch fallen sogleich die chromatisierten Schritte auf, die sich zuvor im Lineament eingeschoben haben. So tritt wieder der „Klangschleier" in Harfe, Vibra- und Marimbaphon und kleinem Tamtam hervor, kombiniert mit dem um eine große Terz transponiertem Motiv in der Baßklarinette. Es sind diese Klangmomente, die das Stück so interessant machen. Alles wirkt folgerichtig, jede noch so kleine Geste hat Gewicht. Es wird deswegen gesagt, „tritt der Klangschleier hervor", da er immer da ist. Er ist auch in den Pausen da. Denn das, was nicht klingt, befindet sich in einem anderen Aggregatzustand, es ist aber dennoch vorhanden. Stille ist oft noch wie ein Rauschen, hört man in der Stille doch das eigene Blut im Ohr. Es ist uns eigentlich ohne Hördefekt nicht möglich, nichts zu hören, auch können wir uns ein wirkliches Nichts nicht vorstellen. Denn selbst das Nichts stellen wir uns als ein Etwas vor, was aber nicht sein kann. Sind wir Sehenden in der absoluten Dunkelheit, so sehen wir noch schwarz. Der Blinde aber sieht nicht einmal das.

Zurück zum Klang: Er wurde nach seinem 1. Auftreten in T.13 durch das Solo-Cello weitergeführt. Dies wird durch die „Flageolettfarbwirkungen" des Solo-Cellos bestätigt. Dieser „Klangschleier" besteht aus einer interessanten Akkordverbindung:

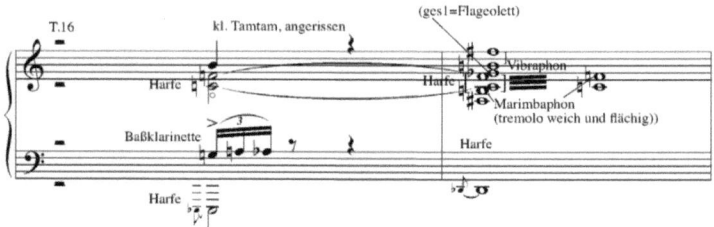

Es folgt eine Antwort des Solo-Cellos, die aus einer Zerlegung des F-Terzquart-
akkordes besteht, von einer Schichtung aus kleinen Septimen in der Harfe beantwortet wird und auf der kleinen Septime f1\ es2 im Solo-Cello *sul ponticello*
stehen bleibt. Diese Septime liegt auf einem uns jetzt schon bekannten Akkord
ges1\ b1\ f2\ h, der nun nicht mehr „schreiend", sondern zart instrumentiert ist.
Endlich kann das Solo-Cello die aufgestaute Energie loswerden und ergibt sich in
einen langen melodischen Fluß, der immer wieder von kleinen Septimen im Orchester kommentiert wird. Zum ersten Mal seit dem *Grave*-Abschnitt erleben wir
wieder ein *forte*. Der melodische Komplex besteht nun aus dem, um Nebennoten
erweiterten, Grundlineament. Diese Art von melodischer Entwicklung erinnert an
den Anfang der Neunten Symphonie von Mahler: nämlich an das Entstehen großer
Bögen aus zunächst unverbindlich aufgestellten Intervallen, deren Verkettung in
unterschiedlicher Reihenfolge immer größere Komplexe bildet. Wir befinden uns
also gerade in einem Prozeß des Werdens. Diese expressive Linie bleibt auf dem
b1 stehen und steigt zum es2 mittels einem langsamen Glissando empor. Gerade
dieses Glissando ist für den Schedl´schen Stil so bezeichnend. Diese Geste hat zugleich etwas Witziges aber auch Gequältes, in der Kombination ergibt das etwas
Groteskes.
Wir erleben nun den großen melodischen Ausbruch im ersten Durchführungsabschnitt wieder beginnend auf Es. Diese Linie ist wieder angewachsen, soll *breit
gestrichen* und *espressivo* gespielt werden. Die dynamischen Verhältnisse sind für
eine exakte Darstellung zu komplex, hier ein kleiner Auszug, der so reichhaltigen
Musik.

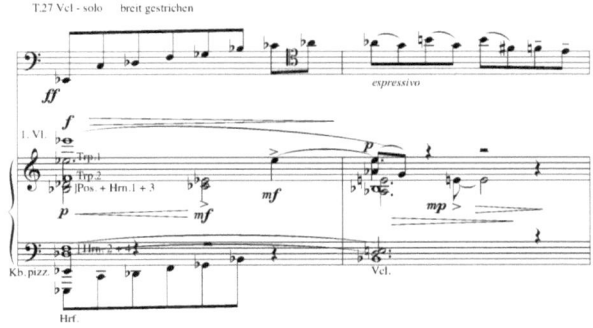

Der Abschnitt mündet nun in einen Komplex, der mit *sehr heftig* überschrieben ist. Das Solo-Cello soll *crudo* seine kleine Sekunde D\ cis spielen und bis zu b1\ as2 glissandieren. Dieser Akkord in Takt 32 bildet den ersten Höhepunkt. Dann steigt die Linie frei krebsgängig wieder herab. Auch das Motiv c ist hier krebsgängig. Es ist sehr interessant zu betrachten, wie sensibel Schedl zwischen Quart- und Quintflageolett im Solo-Cello unterscheidet. In diesem ersten Durchführungsabschnitt hatte man den Eindruck von Sich-Öffnen und -Schließen. Das Solo-Cello bleibt *col legno tratto* auf dem Tritonus A\ ES stehen, eine kurze auffahrende Geste (Motiv c), und wir erreichen die erste Zwischenkadenz, die sich explizit mit den Möglichkeiten der Sekundschichtungen beschäftigt.

1. Zwischenkadenz:

Man hat den Eindruck, als wäre man im Nebel. Das Interessante daran ist aber, daß er nur vom Solo-Cello verursacht wird. Das Grundlineament wird verfremdet, einerseits betrifft das den Tonvorrat, andererseits wird es extrem beschleunigt, bis es durch Glissandieren förmlich „abhebt". Es stellt sich der Eindruck eines „Doppler-Effektes" ein, der von Schedl, als er uns Schülern das Konzert vorstellte, auch so genannt wurde. Darin könnte man einen Realitätsbezug, bzw. einen Bezug zu realen akustischen Phänomenen sehen. Vielleicht ist der Effekt als ein Nachhall gemeint – oder philosophisch – als ein Sich-Entfernen von etwas. Es existiert eine Nähe zu Mahler, man denke an den letzten Satz der 2. Sinfonie, die Kindertotenlieder oder aber auch an den Trauermarsch im Gedenken an einen Feuerwehrmann in den Skizzen zur X. Sinfonie. In der Musik Gustav Mahlers spielt das Sich-Entfernen eine entscheidende Rolle. Auch Schedls Musik trägt jenen Zug des Scheidens aus der Welt. Wie oben dargestellt, sind die Kadenzen entstellte Zeitverläufe im Sinne Strawinskys.[415]

Der dramatische Bogen ist in diesem Stück bis zum Zerreißen gespannt, und man hat ständig das Gefühl von „kafkaesker" Aussichtslosigkeit, des Nicht-Entkommen-Könnens. Das ist ein Phänomen der Zeit. Man spürt letztlich doch wieder die Hoffnung auf Erlösung und sanftes Hinscheiden. Oder ist es ein Alptraum? Ein Wegrennen und Sich-nicht-Fortbewegen-Können, ein Sich-selbst-Einholen? So mannigfaltig sind die Bilder Schedlscher Musik. Fraglich ist, ob man mit solchen Bildern spekulieren darf. Schlimm wäre es, ihn nur auf die Depression zu verengen und gerade dieses zu suchen. Denn aus all dem spricht auch viel Hoffnung, wie z.B. aus der Lyrik Trakls eine Zuversicht auf eine bessere Welt. Es mutet in einer wissenschaftlichen Arbeit vielleicht zu poetisch an, aber: Das ist Poesie in Tönen und sie kommt für Strawinsky und auch für Schedl eigentlich vom „Machen".[416]

Diese Zwischenkadenz muß als Brechung des Durchführungsabschnittes angesehen werden, der etwas heraufbeschwor, was ohne Folgen blieb, gleich einem nicht eingelöstem Versprechen. Man sieht nun immer wieder Vortragsbezeichnungen wie *übergehen in Flüsterton, agitato, geräuschhaft, crudo, mit maximalen Bogendruck.* Diese Zwischenkadenz endet im Nichts. In Takt 38 setzt das Orchester wieder ein, aber die Atmosphäre, die ja vorher noch etwas Trübes, aber dennoch Versöhnliches hatte, ist nun durch die Zwischenkadenz gewandelt. Sie stellt einen statistischen Formkomplex im Sinne Stockhausens oder Debussys dar. Es ist, als bliebe die Zeit stehen oder würde gedehnt. Die 2. Zwischenkadenz ist viel extremer. Die Klangereignisse unterbrechen nämlich den Formablauf der Durchführungen und bergen eine Statik, der Bogen zur 2. Kadenz wird gerade über Klangereignisse, die sich zu einem Ganzen addieren, gespannt!

2. Durchführungsabschnitt

Die Klarinette beginnt mit dem Lineament, das Solo-Cello spielt tonlos im **ppp**. Wir befinden uns nun wieder in „Klangschleiern". Sie bestehen nun nicht mehr ausschließlich aus Großsekund-, sondern auch aus Kleinsekundschichtungen. Das kleine Tamtam wird mit einem Metallstab an der Kante entlang gestrichen. Das Solo-Cello *sul pont.* tremoliert. Dadurch bekommt diese Klangfläche wirklich etwas metallisch Silbernes. Das Solo-Cello kreist mit Vorschlagfiguren, Vibrati, Saltandi, Kleinsekundtrillern, die *quasi glissando* gespielt werden, ständig um den Zentralton Es. Das Triolenmotiv kommt ab T.45 hinzu, das von Baßklarinette und Violoncello gespielt wird. Aus diesem Triolenmotiv wird später die Dreierfigur gewonnen, die für die Zerschlagung des Solo-Cellos verantwortlich sein wird (T.142). Die Klarinette bringt in T.48 eine neue Figur, die eine „Pervertierung"

---

[415]Vgl. Strawinsky, Poetik, S.22

[416]Vgl. Strawinsky, Poetik, S.5

des Grundlineaments darstellt.

Die Atmosphäre wird immer dichter. Die übrigen Holzbläser spielen in der Flatterzunge. Die Flöte nimmt mit ihren Repetitionen des es1 Bezug auf den Anfang. Das Triolenmotiv wird immer mit Paukenglissandi auf F kombiniert. Hier erscheinen wieder die Stammtöne, doch in einem ganz anderen Kontext. In Takt 50 setzt *liberamente* das Solo-Cello mit dem Lineament wieder ein und wird von Motiv d wieder gebrochen. In der 2. Flöte erscheint es nun auch in seiner Umkehrung. Wir sind immer noch im **ppp**. Das Vibraphon spielt ganz deutlich die Sekundschichtung b1\ c2 und die Septimschichtung ges1\ f2. In T.54 treten Motiv d kombiniert mit Motiv b und Motiv a in der Diminution auf. Dieses diminuierte Motiv a ergibt wiederum Motiv c. Die öffnende Phrase von Takt 50, die unterbrochen wurde, wird in T.55 – frei umgekehrt – abgeschlossen, worauf wieder Motiv d nun vom ganzen Orchester erscheint. Interessant ist hier, daß die Flöte in die Piccoloflöte gewechselt hat, die zunächst tief gesetzt wird. Die Trompete kommt in T.53 mit einem neuen Motiv, das aus a abgeleitet ist: Es wird als Motiv e benannt und noch eine größere Bedeutung erlangen. Das 1AS der Posaune in T.56 und das 1GES in T.57 wirken sehr bedrohlich. Das Motiv d wird zum Septolenmotiv erweitert. Das Lineament erscheint nun in den Flöten in der Diminution, außerdem sehen wir immer wieder Einsprengsel von Vorschlagfiguren des Solo-Cellos. In T.59 wird der eröffnende Gestus in den Flöten ebenfalls wieder geschlossen. Dieser Teil gleicht der Zeit unmittelbar vor einem Gewitter. Die ersten elektrischen Entladungen kommen im Solo-Cello in T.60 in der aus Motiv c und d entwickelten Viererfigur, die den Sprung einer verminderten Duodezime wagt, nämlich wieder auf es2(**sffz**). Der überaus expressive Schritt des1-c2-f3 folgt. Nicht mehr erwähnt werden muß, was das bedeutet. Das f3 schwillt vom **ppp** zum **fff** an und bricht ins Tremolo aus, doch wird diese Aktion wieder gewaltsam abgebrochen.

Wir befinden uns auf dem Weg zum eigentlichen Höhepunkt des Stückes, der im Vergleich mit der damaligen zeitgenössischen Musik eine völlig neue Form von Melodisierung und Harmonisierung darstellt. Das alles erscheint wie ein ma(h)lerischer vierstimmiger Satz, den zu komponieren wohl niemand mehr für möglich gehalten hat. Der zweite Durchführungsabschnitt wagt die große Geste und ist von einer Expressivität, von einer Sehnsucht, Erhabenheit und Melancholie, die wirklich ins Herz trifft. Das Metrum wird in den Sechsachteltakt modifiziert, das Solo-Cello singt unser variiertes Grundlineament und ergeht sich in großen Bögen. Alles befindet sich in einem einzigen melodischen Fluß. Das Orchester begleitet das Solo-Cello in fließenden Achtelbewegungen, die ebenfalls aus dem Material des Grundlineaments entwickelt sind. Dieser Abschnitt ist wirklich erzählend. Das Solo-Cello ergeht sich in auffahrenden Gesten, die ständig vom Orchester beantwortet werden. Es ist unvorstellbar, daß Oktavsprünge heute noch möglich sind und dabei so expressiv klingen können. Der Ambitus dieser großen Melodie reicht von C bis zum f3. Das f3 wird in Takt 73 eben durch den Oktavsprung erreicht. Nachdem das Solo-Cello „klagend" absteigt, wagt es eine noch pathetischere Geste in Vierteln und kreist wieder um den Zentralton ES (T.77). In T.79 nimmt es das Motiv e von T.53 auf und arbeitet mit ihm, besser, singt es aus. Schedl verfügt über eine große Palette an Variierungskunst. Er bedient sich der entwickelnden Variation und sagt nichts zweimal:

Hier ist sicherlich einer der Höhepunkte dieses Stückes: Man beachte, wie konsequent Schedl hier sein Material bearbeitet. Alles leitet sich wieder aus der großen Sekunde ab. Man sieht eine kleine Septime aufwärts, dann wieder zurück zum Ausgangspunkt es1 und dann zwei kleine Sekunden abwärts, eine kleine Septime wieder aufwärts, eine kleine None wieder abwärts, eine kleine Sekunde wieder aufwärts. Dann erfolgt ein Sprung einer großen Dezime aufwärts, aufgelöst durch eine große Sekunde abwärts, verminderte Oktave abwärts, kleine Sekunde abwärts und zweistimmige Fortspinnung, tremolierend in Achteln. De Musik war fast immer mit Ausnahme der punktierten Vierteltriole in breiten Vierteln komponiert.

Nach diesem majestätischen, melodischen Ausbruch erfolgt in Takt 86 ein Abgesang des Solo-Cellos, der mit den ersten Violinen parallel geführt wird.

Man beachte auch hier die konsequente Materialbehandlung mit den uns bekannten Intervallen. Dieser Abgesang ist überaus kunstvoll komponiert. Beim genauen Betrachten der Zusammenklänge stellt man fest, daß die Intervalle auch simultan unterschiedlich gehandhabt, dadurch Harmonie und Linie sehr sensibel geführt werden: Von der verminderten Quinte zur großen Septime, von der kleinen Sexte zur kleinen Septime, reiner Quart-Durchgang in der ersten Violine, kleine Terz usw. Das Solo-Cello spielt nun Doppelgriff-Achtelketten, die sehr bald im Geräuschhaften versinken. Es kommt insgesamt von seiner höchsten Lage in die tiefste. Die kurzzeitig verringerte Spannung setzt sofort wieder an: Das Solo-Cello springt nämlich in einen Undezimengriff f2\ b3. Das ist in diesem Stück die höchste Lage im Solo-Cello und musikalisch seine extremste Stelle. Die Spannung, die hier aufgebaut wird, ist atemberaubend.

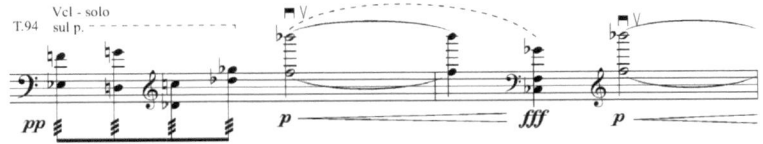

Höchste kompositorische Konzentration ist vorhanden: Man beachte die große None es\ f1. Der Undezimgriff ist wiederum eine Ableitung. Betrachtet man das f als eine Addition im Abstand von zwei Quinten zum Ton es, also es+b+f und kehrt diese zwei Quinten um, so erhält man zwei Quarten f+b+es1. Im Fall der großen None wurde das b ausgelassen. Im Fall der Undezime wurde der Ton es ausgelassen. Man kann das auch so herleiten: Wir kehren die zwei Quinten um, wie oben beschrieben und f bleibt liegen. Der Ton-es steigt um eine Quinte. Somit ergibt sich ein Quart-\Quintklang, bei dem nun die Oktavierung ausgelassen wird. Diese Art und Weise, intervallisch zu denken, führt uns noch zu einer weiteren Erkenntnis: Zwei Quartschritte in die gleiche Richtung ergeben immer eine kleine Septime, die wiederum die Umkehrung der großen Sekunde ist. So hält die Intervallik alles zusammen.

Aus dem Klagen bricht Verzweiflung hervor. In T.99 schlägt die Pauke ihr Motiv b hinein. Anschließend erfolgt der Quartschritt b-es in der Posaune (dies ist der Abschnitt „sehr breit und schwer"), Tuba und Pauke, worauf das übrige Orchester mit Motiv d antwortet und die Hörner den Oktavsprung in halben Noten spielen. Wir befinden uns im **fff**. Die Trompeten antworten mit der Umkehrung von Motiv d. Sie stellt in dieser Weise das Schedl'sche Motiv schlechthin dar. Dieser Komplex mündet in die zweite Zwischenkadenz.

2. Zwischenkadenz

Sie wurde bereits einen Takt vorher durch das Solo-Cello auf seinem as3 im **ppp** eingeleitet. Die Linien versinken nun wieder ins Geräuschhafte. Über die Motive a und d wird phantasiert. Nach den flirrenden, geräuschhaften Bewegungen, die schnell vorbeiziehenden Blitzen oder vielleicht auch Schatten gleichen (es läßt sich mit Worten unglaublich schwer beschreiben), kommen wir in einen Zwischenteil der Kadenz. Bei *zart* wird der Sekundgang es\ f ausgeterzt. Das, was zuerst linear erfolgt, geschieht nun harmonisch: Die große Sekunde wird simultan zur kleinen Septime B\ as und löst sich in die große Sekunde f\ g auf. Harmonisch bedeutet dies den Schritt um eine kleine Terz abwärts. Wo wir vorher einen Sekundschritt aufwärts in Terzen aufwärts hatten, haben wir nun Sekunden im Terzschritt abwärts. Was folgt, ist die Auskomponierung dessen. Diese Linien beziehen sich unmittelbar auf das Grundlineament. Sie sind sehr melancholisch und typisch für Schedl. Solche Momente kommen in fast allen Werken vor, sogar in denen der Frühzeit. Sicherlich ist diese Musik im Detail nicht neu, der Gestus entstammt dem 19. Jahrhundert, doch durch die Beleuchtung in einem veränderten Kontext wird diese Musik neu!

Nach langem Verweilen auf der großen Sekund B\ c wird die Situation von *col legno battuto* Schlägen wieder ins Geräuschhafte gewandelt, bis sich diese Kadenz, unter Wiederaufnahme von Motiv d in ein gewaltsam geräuschhaftes Glissandieren begibt. Wir erleben die Kadenz als einen zweiten statistischen Formkomplex und als entstellte Zeit im Sinne Strawinsky. Der Titel des Konzerts „Slow" bezieht sich ja auf das Zeitverhältnis im Sinne von „Slow Motion", einem Zeitraffer. Es scheint so, als liefe vor Schedls Augen die Musik, das Leben, im Zeitraffer ab.

3. Durchführungsabschnitt

In Takt 107 setzt das Orchester wieder ein. Farben und Stimmung haben sich sehr gewandelt. Z.B. Takt 111: Die Motivreste des Solo-Cellos werden im Pizzicato scharf angerissen. Die ursprüngliche Höhepunktskantilene des 2. Durchführungsabschnittes erscheint nun als Erinnerung in den Oboen, nichts ist mehr so wie vorher. Alles wirkt irgendwie zerfranst, verdreht und verzerrt: aus dem Oben wird ein Unten und umgekehrt. Schedl arbeitet hier außerordentlich sensibel. Die Instrumentation ist äußerst zart gehalten. Das Marimbaphon verleiht dem Geschehen etwas Unwirkliches. Die Musik ist außerordentlich transparent, nicht alles konnte hier im Auszug dargestellt werden:

© Musikverlag Doblinger

Das Geschehen erscheint noch depressiver, noch aussichtsloser. Das Besondere an diesem dritten Durchführungsabschnitt ist, daß die Linien, die das Solo-Cello im zweiten Durchführungsabschnitt gesungen und die Begleitung, die das Orchester dort gespielt hat, einen doppelten Kontrapunkt bilden. Das Solo-Cello spielt die Begleitung im Pizzicato, während das Orchester die große Linie – quasi „zerrissen"

– spielt. Diese wird durchbrochen von der Oboe an die erste Violine weitergegeben und kehrt wieder zurück. Die Dynamik ist sehr zurückgenommen worden gegenüber dem zweiten Durchführungsabschnitt – **ppp** –.
In T.115 singt das Solo-Cello eine Kantilene, die dann einfach durch zwei gewaltsame Schläge unterbrochen wird. Der Versuch zu sprechen und die gewaltsame Unterbrechung finden insgesamt zweimal statt. Beim dritten Mal gelingt es dem Solo-Cello noch einmal sein Lineament zu singen, das in einer Triolenumspielung von As beginnt, bis zum f1 emporsteigt, um auf dem Es zu enden. Das alles bildet eine lose Spiegelung zum Grundlineament. Es kann nicht oft genug wiederholt werden, wie konsequent Schedl an seinem Material festhält, es sind wieder nur Sekunden und aus ihnen gewonnene Ableitungen vorhanden. Betrachten wir die Schichtung der großen Sekunde als Schichtung von zwei Quintschritten mit Auslassung einer Quint, dann wird man die Folgerichtigkeit verstehen!

Höhepunkt

Nun wird in Takt 132 der Bogen zur Introduktion gespannt: Es findet sich der Akkord aus T.3 wieder, die Repetitionen, Motiv d1 soll *crudo* gespielt werden, und die Oboen greifen die aufsteigende Skalenfigur, die aus Motiv a entwickelt ist, auf. Diese Figur wird immer wieder in sich gegenläufig von zwei Oboen eingeworfen.

Die Atmosphäre wird nun auch rhythmisch bedrohlich aufgeheizt: Immer wieder kommen Einwürfe des Schlagzeuges, bis die Pauke ihr Motiv b sozusagen „eindrischt" (T.135\ sehr hart\ **fff**.) Das Solo-Cello nimmt die Zweiundreißigstelfigur aus T.60 auf, spielt mit äußerster Kraft schroffe, unregelmäßige Akzente und versucht sich gegen das aufflammende Orchester durchzusetzen.

Das Motiv d wird nun rhythmisch modifiziert im Orchester, vor allem in den 4 Tomtoms gebracht, weiter aufgeheizt, bis auf einmal von diesem „Gebrüll" nur das Solo-Cello auf der großen None Des\ es im **pp** stehen bleibt, um dann vom Orchester in T.142 mit dem Motiv d erschlagen zu werden. Das ist der dramatische Höhepunkt des Satzes. Interessant ist, daß der typische Schedlsche Dreierhythmus bereits in der Vorschlagsfigur der Pauke im Auftakt dieses Stückes zu finden war.

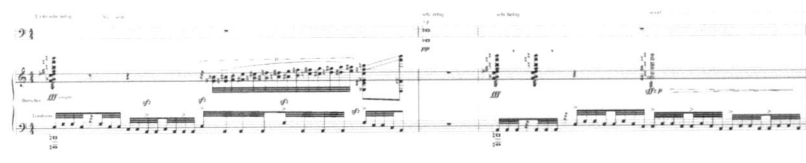

Abgesang = Coda

Dieser Komplex mündet in ein letztes Aufbäumen des Solo-Cellos in T.146 und in einen resignativen Abgesang, der ab T.163 eine frei krebsgängige Augmentation von Motiv a darstellt.

Selbst im Abgesang bleibt Schedl der konstruktive Komponist, der sein Material folgerichtig weiterbearbeitet: Wie ein Steinmetz oder ein Bildhauer arbeitet Gerhard Schedl noch die letzten Konturen aus seinem Material heraus:

Diese Linie beschreibt eigentlich einen es7 Dreiklang. Die umspielte kleine Septime, die Mollterz und die Quinte bilden das Gerüst dieser Linie, die dann auch noch mit dem Quintfall endet. Man kann also sehen, daß das Stück in einem isolierten Es-Moll endet. Dieser letzte Moment mündet in das Ersterben des ganzen Konzertes. Das Konzert beginnt und endet mit „S", dessen Oberterz das „G" ist. Schedls Initialen sind hier eingebrannt.

5.3.2. Der Mahler´sche Adagiotypus in neuer Faktur

Was hat dieses Konzert mit einem Formtopos zu tun, der einer ganz anderen Gattung entstammt und von Komponisten aus dem 19. Jahrhundert geprägt wurde? Beim Adagiotypus eines Bruckner oder Mahler wird der Satz aus großen Formteilen zusammengesetzt, die zwar wiederholt, aber dabei immer variiert werden. Die Variation kann im Detail auch in der Harmonik liegen. Sie kann oft am wenigsten variiert werden, da sie ja den Grundstock bildet, über den melodisch variiert werden kann. Oder die Variation kann in der Melodik, Motivik und vor allem in der Instrumentation geschehen.

Schedl zeigte sich sein ganzes Leben tief beeindruckt von der Kunst Gustav Mahlers. Doch anders als die Mahler-Rezipienten der 70er Jahre interessierte er sich nicht nur für eine neoromantische Gefühlsbekundung, sondern interessierte sich für die Gebrochenheit, die Zerrissenheit dieser Musik und ihre Bedeutung vor allem für das Schaffen Alban Bergs. Mit Mahler teilte Schedl die Auffassung des Dostojewskischen Leidensbegriffes.

An Schedls Cello-Konzert haben wir gesehen, daß das Stück aus einer großformalen Sequenz besteht, deren einzelne Sequenzglieder, die Durchführungsabschnitte, zwar dreimal wiederholt werden, aber jedes Mal stark variiert sind, sowohl in Melodik, Harmonik, Rhythmik und Instrumentation und doch zusammengehalten werden durch das formgebende Material: der großen Sekunde Es\ F.

Im Falle des traditionellen Typus wird die Form zusammengehalten durch tonale Fixpunkte und das Grundlineament. Der Autor der vorliegenden Studie möchte dafür exemplarisch das *Adagio* von Mahlers X. Sinfonie in Fis-Dur (also den 1.Satz) heranziehen, da das Cellokonzert mit diesem Satz deutliche Parallelen aufweist. Zur Zeit der Entstehung dieses Konzertes haben wir im Kompositionsunterricht bei Gerhard Schedl Mahlers Zehnte ausgiebiger Analyse unterzogen!

Die Erkenntnisse stützen sich auf das damals Festgestellte und schriftlich Festgehaltene[417]. Dazu muß gesagt werden: Für diese Studie ist nicht das wichtig, was die Musikwissenschaft nach heutigem Kenntnisstand über die X. Sinfonie Gustav Mahlers veröffentlicht hat, sondern nur das, was Gerhard Schedl analytisch darin sah und welche Erkenntnisse dabei von ihm im Falle des Cellokonzertes kompositorisch übernommen wurden!

Zuerst wird auch hier in einer Einleitung das Material vorgestellt. Im Falle der Mahler´schen Zehnten besteht das Material aus den auskomponierten Intervallen, vornehmlich der großen Sexte\ kleinen Terz. Sie sind in der Introduktion weniger sichtbar, da diese Intervalle dort mehr als Rahmenintervalle für Durchgänge oder Schritte fungieren. Im *Andante* wird erst einmal das Cis definiert, im Schedl´schen Konzert das Es. Dieses Andante wird im Verlauf des Satzes dreimal gebracht und dabei jedes Mal stark variiert. Es bildet den Rahmen des ganzen Satzes. Der Adagioteil exponiert das Material, das vorher noch durch Schritte verdeckt war, nun in nackter Form. Hier wird ein harmonisches Modell geliefert, das zwar den Grundstock zur Variation liefert, dabei aber selbst variiert wird. Der Adagioteil, damit meint der Autor die Hauptthemengruppe, wird im vollen harmonischen Modell, die Dissoziation des Schlusses nicht mit eingerechnet, insgesamt siebenmal gebracht! Die Sequenz ist hier also noch weiter gefaßt. Wir müssen aber berücksichtigen, daß dies ein Kopfsatz einer Symphonie ist und es noch eine zweite Themengruppe gibt, die ebenfalls oft gebracht und dabei auch jedes Mal variiert wird. Die drei Variationen der ersten Themengruppe aus Mahlers X. Symphonie:

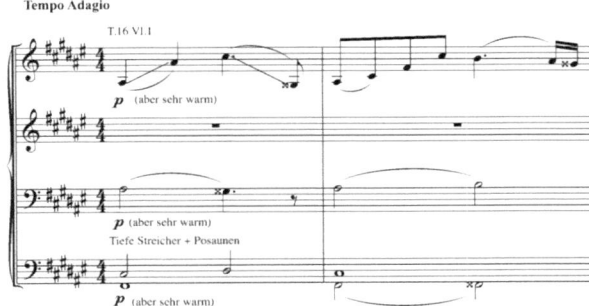

Gustav Mahler "10. Symphonie für Orchester" © Mit freundlicher Genehmigung der UNIVERSAL EDITION A.G., Wien

---

[417]Es gibt nur wenige Skizzen, die der Autor seinerzeit angefertigt hat. Das meiste wurde in der Partitur direkt festgehalten. Wir benutzten damals einen Klavierauszug zu vier Händen. Anm.d.Verf.

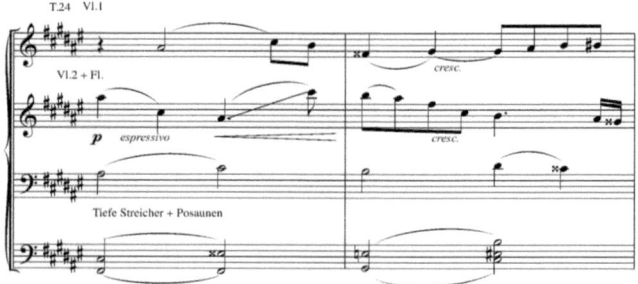

Gustav Mahler "10. Symphonie für Orchester" © Mit freundlicher Genehmigung der UNIVERSAL EDITION A.G., Wien

Gustav Mahler "10. Symphonie für Orchester" © Mit freundlicher Genehmigung der UNIVERSAL EDITION A.G., Wien

Man kann hier deutlich erkennen, daß Schedl und Mahler ihre Themen in Blöcken bringen, diese aber sehr subtil variieren. Wir widmen unsere Zeit kurz den Mahlerschen Blöcken und benennen die drei Blöcke mit Beispiel 1, 2, und 3. Der Unterschied von Beispiel 1 und 2 liegt darin, daß in Beispiel 2 die zweite Violine das Thema spielt, dies aber in der Umkehrung dargestellt wird. Schon ab dem zweitem Akkord finden wir eine andere Harmonisierung vor. In beiden Fällen ist der zweite Akkord funktional schon nicht mehr wirklich bestimmbar. Im ersten Fall ergibt sich dem Klang nach ein halbverminderter Septakkord in als Quintsextakkord auf Zählzeit-Drei. Man könnte ihn als „Sixte ajoutée" der IV. Stufe mit hochalterierter Sexte aber Quinte im Baß sehen, dann stört aber das Cis und außerdem wäre dann hier der Grundton ausgelassen. Eine weitere Möglichkeit, die stichhaltiger wäre: Man betrachtete ihn als hochalterierte II. Stufe von Fis-Dur. In diesem Fall wäre der Akkord ein Gisis-Sekundakkord mit vermindertem

Quinte, verminderter Terz und verminderter Septime. Also dreifach vermindert. Das cis2 wäre Quartvorhalt ohne Auflösung. Es gibt keine einleuchtende Deutung mehr. Wäre das Gisis anders notiert, könnte man ihn als H-Terzquartakkord mit Vorhalten deuten, dann müßte allerdings aus Gisis ein A werden. Es gibt noch die Möglichkeit, Gisis und Dis schlicht als Wechselnoten über Fis zu sehen, da Dis nach Cis und Gisis nach Ais zurückgehen. Dieser Akkord hat nur noch einen Klangwert und ist wohl eher linear gedacht. Für einen H-Kontext spricht der Folgetakt, dort wäre dann aber in einem H-Kontext die Quinte übermäßig.

Im zweiten Beispiel finden wir auf der dritten Zählzeit in T.24 einen ganz anderen Akkord: Im Unterricht haben wir uns damals den Kopf über diesen Akkord zerbrochen. Das Problem ist hier der Ton eisis. Ist der Akkord ein „übermäßiger Septimakkord"? Warum notiert Mahler kein fis, warum eisis? Wie soll man das deuten? Dann geht dieser Akkord auch noch zum Sextakkord von E-Dur. Das harmonische Denken abstrahierte im Spätwerk Mahlers. Der Weg in die „freie Atonalität" und in die „Emanzipation der Dissonanz"[418] ist nicht mehr weit.

Der Autor will nur die harmonische und melodische Variation aufzeigen. Im Beispiel 2 findet sich nämlich auch eine ganz neue Gegenstimme, die aber aus dem gleichen Material besteht.

In Beispiel 3 der X. Sinfonie Gustav Mahlers finden wir auf der dritten Zählzeit die Mediante[419] A-Dur, als entweder tiefalterierte III. Stufe von Fis-Dur, als Anleihe aus der Mollvariante, oder als Anleihe aus der Moll-Unterdominantregion, wo A-Dur auf der VII. Stufe stünde. Es besteht nämlich hier schon das Problem der Mehrdeutigkeiten. Ein Akkord kann entweder aus jener Tonart stammen oder aus dieser, und er kann beiden oder auch keiner angehören. Hier ist die Schwelle zur Freitonalität aufgetan. Der Autor ist bemüht, sich auf keine eindeutige Deutung festzulegen, wo diese auch nicht beabsichtigt war. Zum A-Dur-Akkord, der nämlich ein Quartsextakkord ist, sagte Schedl:

„Nun schert er [Mahler] sich um gar nichts mehr."

Genau diesen Punkt kompositorischer Selbständigkeit erreichte Schedl in seinem Cellokonzert. Zurück zum A-Dur-Akkord:

Dieser A-Dur Akkord in Beispiel 3 wird einfach so als Quartsextakkord hingestellt, wird weder als Durchgangs- noch als Wechselnoten-Quartsextakkord behandelt. Der Vorhalts-Quartsextakkord käme hier schon wegen der Zählzeit nicht in Frage. Dieser Akkord ist isoliert und besitzt nur noch einen primären Klangwert. Die Harmonik ist also hier wieder im Detail variiert, obwohl der Überbau immer noch

---

[418]Arnold Schönberg, Komposition mit zwölf Tönen, in: Stil und Gedanke, Frankfurt am Main 1992, S.107

[419]Schedl sprach bei allen Terzverwandschaften pauschal von Medianten. Er unterschied auch nicht zwischen Akkordbezeichnung und Tonartenregion. Deswegen wird hier „schönbergisch und schedlsch" von der Anleihe aus der Unterdominantregion gesprochen. Anm.d.Verf.

das Fis-Dur ist, das sich bei diesen Formteilen auch immer deutlich zu erkennen gibt. Dieser Formteil tritt auch in keiner anderen Tonart auf. Nun spielt die erste Violine zwar wieder das Thema in seiner Grundgestalt, doch finden wir im Violoncello eine neue Gegenstimme. Was sollte dargestellt werden?

Schedls Musik entstammt der Tradition der Wiener-Schule mit ihren Vorvätern Bruckner, Brahms[420] und Mahler. Schedls Auseinandersetzung mit Mahler brachte ihn zur Wiederbelebung des Adagiotypus und zur kompositorischen Einverleibung der Technik der „entwickelnden Variation". Die Technik der „entwickelnden Variation" soll noch einmal anhand des Beginns der IX. Symphonie Mahlers und am Beginn des Cellokonzerts dargestellt werden. Wer immer noch nicht glaubt, daß Schedl seine Technik der „entwickelnden Variation" von Mahler entlehnt hat, der wird hier eines besseren belehrt.

Hier die Motive aus dem Anfang der IX. Sinfonie in D-Dur Gustav Mahlers:

Gustav Mahler "9. Symphonie für Orchester"

und weiter:

Gustav Mahler "9. Symphonie für Orchester"

---

[420] Auch wenn Schedl Brahms nicht sehr schätzte, äußerte er sich über Brahms meistens negativ im Unterricht, verdankt er ihm doch kompositorisch sehr viel. Anm d. Verf.

Sehr organisch wird diese Linie aus ihrem Grundmaterial[421] entwickelt, das in den zuvor gespielten Motiven nämlich schon angelegt wurde. Es besteht aus der großen Sekunde und der kleinen Terz. Schon am Anfang sieht man, wie die große Sekunde dargestellt wird. Darauf folgt ihr dann die kleine Terz. Dann werden kleine Sekunde und große Terz miteinander kombiniert. Der Ambitus wird so lange erweitert, bis das Intervall der Quinte erreicht ist. Sie kann als Addition von großer und kleiner Terz angesehen werden oder schlicht als Umkehrung der Quarte, die ja schon im Hornmotiv des Beginns exponiert wird. Im Nachsatz wird die kleine Terz zur großen Sexte umgekehrt. Im Nachsatz werden die Intervalle wieder unterschiedlich miteinander verbunden. Hier sollte das Entstehen großer Linien aus der unterschiedlichen Verkettung von kleinen Motivsplittern aufgezeigt werden. Das ganze gleicht einer Evolution in Tönen. „Slow" ist (wie auch die 2. Sinfonie) eine komponierte Morphologie des Klanges, der sozusagen mit dem „Urknall" geboren wird, sich entwickelt, eine Körperlichkeit annimmt und erstirbt. Es sei noch einmal die Entwicklung der Schedl´schen Linie dargestellt. Die „Urlinie":

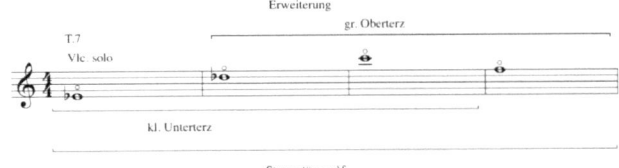

und die 1. Ausformulierung,

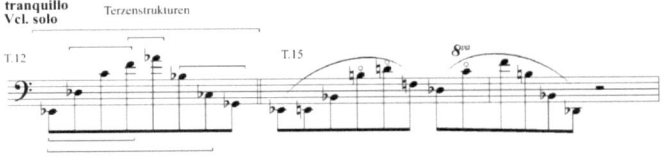

[421] Der Unterschied zu Brahms besteht bei Mahler und Schedl vor allem darin, daß Mahler und Schedl ihr Material nach und nach entwickeln und verketten. Die Kombinationen und Entwicklungen sind bei Brahms viel gedrängter und kompakter. Sie stürzen wie bei Beethoven sogleich los. Bruckner, Mahler und Schedl entwickeln aber langsamer, ketten aber die Intervalle zu immer länger werdenden Linien zusammen. Schedl empfahl (wie bereits weiter oben erwähnt) das Buch: „Bruckner, Mahler, Schönberg" von Dika Newlin. Anm.d.Verf.

sowie deren Variation.

Ebenso wie bei Mahler wird die Linie durch die Einführung von Nebennoten erweitert, die durch die unterschiedliche Verkettung der Intervalle gewonnen werden. Man sieht deutlich, wie aus der Schichtung kleine Septime und reine Quarte in T.12, die Schichtung große Sexte plus kleine Sekunde wird, indem diese zwei Töne einfach vertauscht wurden. Dieser einfache Eingriff bewirkt schon eine Variation des Ganzen. Nun wird aus dem Quartsprung c1-f1 der Sprung des-f. Es sind genau dieselben Töne wie in T.12, aber die Anordnung ist verändert und damit eben auch die Anordnung der Intervalle. Die eingeschobenen Nebennoten finden sich in T.15, wo das E auch durch das schon beschrieben Verfahren der „Aus-Terzung" gewonnen wurde. Wir sehen die Linie in T.12, in der schon wesentlich mehr Töne exponiert wurden als noch in T.7. Hierbei handelt es sich schon um die dargelegten Erweiterungen um Ober- oder Unterterzen. Der dritte Ton in T.12 ist das c1, dessen große Oberterz ist das e1. Es handelt sich bei E also nur um die Transposition um zwei Oktaven. Das c1 ist wiederum die kleine Unterterz von es1. Das h muß als ces gelesen werden. Damit wäre das die große Unterterz von es1, was in T.12 auch bewiesen wird. Es fehlt noch d1, das die Unterterz von f1 darstellt. So sind also die Töne hergeleitet. Wir sehen, wie starke Musik gestützt wird von einer ebenso starken Konstruktion. Im folgenden sei der Formaufbau der X. Symphonie Gustav Mahlers dargestellt.[422] (Die Introduktion sei mit der Variable A, die erste Themengruppe mit B und die zweite mit C belegt.)

Zum Aufbau des Adagios der X. Symphonie Gustav Mahlers:

T.1: A Andante (Introduktion)

T.16: B (erste Themengruppe)

T.24: B1

T.28: C (zweite Themengruppe)

T.40: A1 Andante come prima (Introduktion = fast eine Zwischenkadenz)

T.49: B2 Tempo Adagio

---

[422]Dies ist nur eine Möglichkeit der formalen Deutung, wenngleich eine anfechtbare. Es ist die Deutung aus dem Geiste der Neuen Musik, historisch natürlich vollkommen irrig, im direkten Vergleich zum Werke Schedls aber brauchbar. Diese Deutung ist extrem kleingliedrig und negiert die klassischen Termini. Deshalb wird anschließend auch noch die formale Deutung Constantin Floros´ gebracht, die mehr dem traditionellen Formdenken entspricht und auch weniger anfechtbar ist. Anm.d.Verf.

T.58: B3

T.68: B4

T.81: C1

T.92: C2

T.105: A2 Andante (aber im Adagio)(zweite Zwischenkadenz)

T.112: C3

T.128: C4

T.134: Kombination von A und B

T.141: B5

T.153: C5

T.178: B6

T.194: A3 erster Höhepunkt (Linie ist aus der Introduktion abgeleitet.)

T.199: C6

T.203: Aufbau des dreizehnstimmigen Akkordes Zweiter Höhepunkt

T.213: B7

T.217: C7

T.230: B8

T.243: A4 Thema der Introduktion in der Augmentation

T.262: B9 Abgesang

Hier die Deutung von Constantin Floros, Floros sieht hier drei selbständige Themen und sechs Teile:„

1. Teil („Exposition")

T. 1-15 Thema I (*Andante*), tonartlich nicht eindeutig bestimmbar

16-27 Thema II (*Adagio*), Grundtonart: Fis-dur

28-39 Thema III, Grundtonart: fis-moll

2. Teil (variierte Wiederholung der „Exposition")

40-48 Thema I (*Andante come prima*)

49-80 Thema II (*Tempo Adagio*), Grundtonart: Fis-dur; T.75-80 in den ersten Violinen ein Segment aus Thema I

81-104 Thema III (*fließend*) in fis-moll und dann in b-moll

3. Teil (Durchführung)

105-111 Thema I

112-140 Verarbeitung von Motiven aus Themen II und III

4. Teil (variierte „Reprise")

141-152 Thema II, Grundtonart: Fis-dur

153-171 Thema III, Grundtonart: fis-moll

172-177 Rückgriff auf die Durchführung (T.118-125)

178-183 Thema II

184-193 Thema I (*Etwas zögernd*)

5. Teil (Höhepunkt)

194-212 Choral und danach Neuntonklang

6. Teil (Koda)

213-275 Auflösungsfeld (die Motivik entstammt allen drei Themen)[423]

Auch bei Floros´ Formanalyse wird die Gruppierung in große, variierte und variierende Abschnitte sichtbar, auch die latente Bogenform. Nimmt man Floros´ 3. Teil als Zentrum an, so stellt sich eine leichte Bogenform ein, so wie bei Schedl eigentlich die zweite Durchführung ein Zentrum darstellt. Bei beiden Werken ist der Höhepunkt vor der Coda angesiedelt! Es gibt keinen Beleg, daß Schedl sich diese Symphonie zum Vorbild[424] genommen hat, doch sieht man hier die formbildenden Kriterien des Adagiotypus: große Formblöcke deren Variation auch in der Anordnung bestehen kann, nicht nur in den musikalischen Parametern. Erkennbar ist auch, wie Elemente der Introduktion auf das ganze Stück wirken. Das wurde in der Analyse des Cello-Konzertes klar dargelegt. Auch in der Mahler´schen Symphonie ist im großen eine Dreiteiligkeit spürbar, nur ist sie hier stärker durchbrochen, da noch ein Themendualismus – nach Floros´ Auffassung sogar ein Thementrialismus – herrscht, den es bei Schedl so nicht mehr gibt. Man merkt jedoch, daß Schedl sich mit diesem Adagiotypus stark auseinandergesetzt hat.

Das Auftreten der Introduktion bei Mahler, das in der Analyse des Autors der vorliegenden Studie als Zwischenkadenz erwogen wurde, ist natürlich von Mahler überhaupt nicht so gedacht gewesen, aber die Parallele zum Cello-Konzert kam gleich beim ersten Anhören beider Werke. Es ist nämlich eigenartig, daß wir Schüler damals bei Schedl diese Symphonie analysierten, während er das Cello-Konzert komponierte. Bei allem vorhandenem Abstand zum Stile Gustav Mahlers nimmt Gerhard Schedl Bezug auf dieses *Adagio*.[425] Man könnte aber auch genauso gut

[423]C. Floros, *Gustav Mahler III Die Symphonien*, Kassel 1985, S.300

[424]Bemerkt muß werden, daß Schedl diese Symphonie zur Zeit der Entstehung des Cellokonzerts mit uns im Unterricht analysierte. Anm. d.Verf.

[425]Vielleicht nimmt Schedl auch Bezug auf die außermusikalischen Inhalte der X. Symphonie. Mahlers Eheprobleme, die Auseinandersetzung mit dem Tod, etc. Diese Fragen sind aber nur spekulativ zu beantworten. Die musikalische Sprache und Semantik beider Werke scheint aber so kongruent, daß die Bezugnahme auf die Inhalte der X. wahrscheinlich ist. Denn das Stück stammt auch aus den letzten Lebensjahren Schedls, in denen sich private und berufliche Krisen häuften. Anm.d.Verf.

das Adagio der III. Mahler heranziehen, um Parallelen aufzuzeigen. Was der Autor aber nur darstellen wollte ist, daß das Cello-Konzert ein abstrahierter und in unsere heutige Sprache übersetzter Adagiotypus ist. Man sieht das großformale Denken in einer Art von Architektur. Schedl sagte selbst immer über große Formabschnitte in seinen Stücken, sie hätten die Funktion von Säulen. Diese Säulen werden bei Mahler durch das Wiedererreichen des Fis-Dur markiert. Bei Schedl durch die Rückkehr zu den Zentraltönen Es\ F.

Beiden Stücken ist die spezifizierte Art von Polyphonie gemeinsam, die sich bei Schedl vor allem im 2. und 3. Durchführungsabschnitt abspielt. Die polyphone Handhabung ist natürlich von der Mahlers sehr verschieden, aber beide sind in ihrer Art von gleicher Radikalität und Novität. Bei Mahler und Schedl entstehen die harmonischen Gebilde durch die Kollision von Linien, deren Zusammenklang erst die Harmonie bildet. Das hat Vorrang gegenüber einer durch Harmonik verursachten Linearität. Beide Stücke haben im Formaufbau noch gemein, daß sie um einen dramatischen Höhepunkt konzipiert sind und in loser Spiegelform in den (aus dem Material der Durchführungsabschnitten, bzw. der ersten Themengruppe gebildeten) Abgesang enden. Gemeinsam ist beiden die unbedingte Aussage, die Expressivität der Klangsprache, das Farbenbewußtsein und natürlich die kammermusikalische Durchbildung des Orchesterapparates, die Schedl bei Mahler immer so sehr schätzte und auf seine eigene Art adaptierte. Natürlich kommt noch hinzu, daß Schedl auch Anhänger des Zwei-Welten-Modells war. Auch er sagte, daß alles, was in dieser Welt erlebt, in der künstlerischen Welt sublimiert wird. „Der Wille zur Gestaltung setzt die Sublimierung des Unterbewußten voraus."[426]

Das ist die Weiterentwicklung der Mahler´schen Ästhetik! Es ist legitim, zu sagen, daß die Schedl´sche Musik in der Mahler´schen- und damit der Wiener-Tradition steht. Das läßt sich allein schon an handwerklichen Gesichtspunkten darlegen, wie den beschriebenen Formaufbau, der Entwicklung aus einem Grundlineament heraus, aus einem konstruktiven Intervall (das geschieht übrigens auch bei Bartók, den Schedl ebenfalls verehrte). Dann hat seine Musik etwas inne, das sich mit dem Begriff „Wiener-Sound" gut beschreiben läßt. Dazu gehört nämlich die kammermusikalische Durchbildung des Orchesterapparates, die der Schönberg-Schule recht nahestehende Melodik, die aber nicht unbedingt dodekaphonisch sein muß, jedoch auf ein ausgewogenes Verhältnis der zwölf Töne achtet. In der Melodik läßt sich ein Vergleich zu Alban Berg anstellen. Die Farbigkeit in der Musik Schedls ist auf alle Fälle von Berg und Debussy geprägt. Dazu gehört auch das Formen einer Grundierung, auf der die anderen Farben zusätzlich aufgetragen werden. Diese Grundierung bildet hier im Cellokonzert der „Klangschleier". So nannte der Autor der vorliegenden Studie ihn.

---

[426]G. Schedl, *Musik ist eine Sucht*, in: ÖMZ, 9\1997, S.9

5.3.3. Der „Klangschleier"

Den „Klangschleier" findet man zusätzlich in zahlreichen Variationen. Die Veränderungen sind sehr subtil. Im Klanggebilde aus T.13 stellt man fest, daß kaum Instrumentarium vorhanden ist und das auch nur sehr wenig zu spielen hat. Der Klang entsteht nur durch das Durchinstrumentieren des Tones-es, der in zwei verschiedenen Registern vorkommt: in der Kontra-Oktave und in der eingestrichenen Oktave. Durch die Flageolett-Töne es1 und f1 wird der Klang heller. Dadurch, daß die Perkussionsinstrumente mit Bogen gestrichen werden müssen, bekommt der Klang etwas verschleiertes. Die große Sekunde ist sowieso eine milde Dissonanz, allerdings wird diese in T.14 eingetrübt durch die übermäßige Prim im Vibraphon. Das e war allerdings schon in der Baßklarinette vorhanden, als diese die große Sekunde chromatisch durchschritt. Hier also das erste Instrumentationsbeispiel:

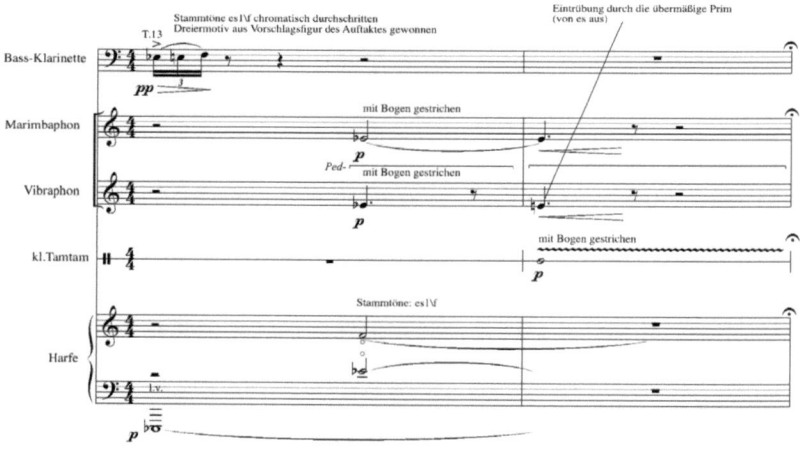

© Musikverlag Doblinger

Hier das zweite Instrumentationsbeispiel: die klangliche Änderung ergibt sich einmal aus der Simultaneität der Instrumenteneintritte als gesammelter Klang, aber auch aus der Tatsache, daß einmal dabei das Tamtam angerissen wird, sowie eine „Fortschreitung" durch neue Klänge im Folgetakt stattfindet. Im Marimbaphon findet sich der Akkord im *tremolo – weich und flächig* auszuführen –, die Harfe spielt wie zuvor die oberen Akkordtöne als Flageolett, das Violoncello solo mit seinen Flageoletts wurde hier ausgelassen:

240

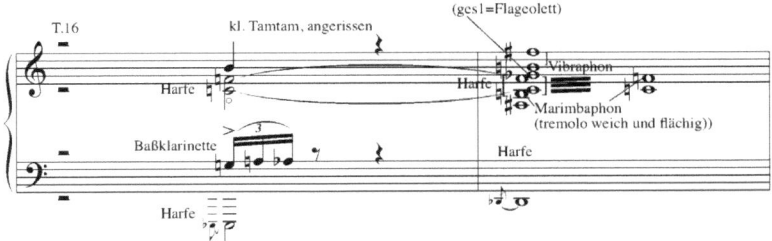

Das dritte Instrumentationsbeispiel wirkt verzerrt: Die Harfe reißt die Saiten an, das kleine Tamtam muß mit einem Metallstab an seiner Kante entlang streichen, das große Becken wird mit Bogen gestrichen, die Klarinetten spielen im Flageolett simultan g2\ f3 in der Flatterzunge und die Harfe spielt ein Großsekundtremolo. Das Solo-Cello tremoliert sehr dicht auf dem Ton Es, das Ganze wird zudem durch *sul ponticello* ins Geräuschhafte verwandelt. Und nun das dritte Instrumentationsbeispiel (das Solo-Cello konnte aus graphischen Gründen nicht dargestellt werden, es tremoliert sehr dicht geräuschhaft während dieser Takte auf ES):

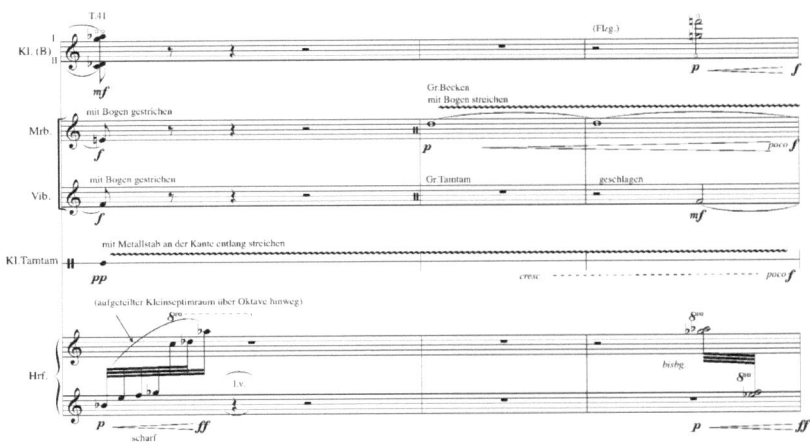

Was für eine subtile, atmosphärische und doch mit so einfachen Mitteln komponierte Fläche ergibt sich da. Sie ist zusammengesetzt aus Klarinetten im Flageolett, einer hohen Harfe und mit Bogen oder Metallstab gestrichenen Perkussionsinstrumenten und einem am Steg tremolierenden Cello, das hier nicht dargestellt werden konnte. Das kleine Tamtam wird mit einem Metallstab an der Kante gestrichen, das große Becken wird ebenfalls gestrichen. So kommt eine metallische und obertonreiche Farbe zustande: Die Klarinetten sind die im Flageolett komponiert und spielen dann in T.43 in der Flatterzunge. Dadurch kommt der Klang mit dem Harfenbisbiglando in ein Flirren. Es ist nicht mehr an tonalem und klanglichen Material vorhanden und dennoch – oder gerade deshalb – entsteht eine überaus atmosphärische Musik. Wir finden nur sieben simultan definierte Tonhöhen (wenn man es genau nimmt nur sechs). Gerade die große Sekunde trägt mit zur Klangwirkung bei. Dieser Akkord besteht ja eigentlich nur aus einer Schichtung von Sekunden. Man kann sie als das Ergebnis von Quintschichtungen betrachten. Das, was ansonsten übrig bleibt, ist eigentlich nur noch Klang, Farbe. So einfach und doch so meisterhaft ist dieses Stück komponiert. Mit so einfachen Mitteln kommt man zu interessanten Farben. Diese Farbgrundierung bildet – was die Instrumentation betrifft – den Grundstock der farblichen Wirung des Werkes. [427]
Das nächste Beispiel stammt aus dem Abgesang. Interessant sind hier vor allem die Kontrabässe, die sechsfach geteilt wurden. Harmonisch gesehen spielen sie zwei übereinander gelagerte Quartenakkorde in der Konstellation Quarte plus Tritonus. Der Quartenakkord der ersten drei ist in Quartflageoletts aufgeteilt. Dieser Akkord liegt auf dem 1E der Tuba. Darüber liegt eine Fläche in Vierteltriolen aus Harfe und großem Tamtam, das Vibraphon spielt den Quartenakkord der Harfe eine Oktave höher in Achteltriolen, das Marimbaphon figuriert diesen Akkord eine Oktave tiefer in Sechzehnteltriolen. Wir haben es also mit drei übereinander gelagerten Quartenakkorden zu tun. Jedoch klingt diese Klangfläche keineswegs dissonant. Es ergeben sich im Gegenteil eher milde Farbwirkungen: Das liegt vor allen Dingen an den Registern. Auch muß man bedenken, daß zwei Quarten wie E\ A\ d das Rahmenintervall kleine Septime ergeben und damit die durch den Tritonus gebildete große Septime aufweichen. Hier sei zuerst einmal der Akkordaufbau dargestellt, das as3 des Solocellos wurde als Verdopplung des gis1 weggelassen, aber das f2 des Solo Cellos belassen: Die Klangfläche wirkt „rund" und „pochend". Es ist schwer, solche Sachverhalte zu verbalisieren.

---

[427]Wie bereits erwähnt, erklärte mir Gerhard Schedl das Instrumentieren als Malerei auf einer Grundierung wie im Impressionismus anhand eines impressionistischen Bildes, wahrscheinlich von Monet, im Wiener Belvedere. Anm. d. Verf.

Akkordaufbau T.158

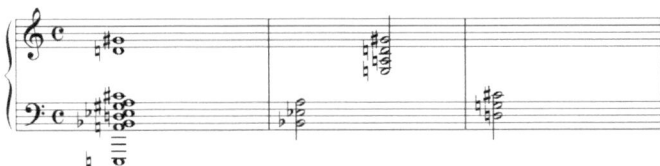

Und nun schließlich das Instrumentationsbeispiel hierzu: T.158

5.3.4. Zusammenfassung

1. Gerhard Schedl vereinigt im Cellokonzert auf der einen Seite einen strikten kompositorischen Prozeß der Materialgewinnung aus einer Keimzelle, einem Intervall, das durch die „entwickelnde Varation" fortgesponnen wird, auf der anderen Seite aber geschieht das auch auf der klanglichen\ instrumentatorischen Ebene.

2. Der historische Adagiotypus wird auf das späte 20. Jahrhundert übertragen, dabei auf die kompositorischen, vor allem aber formalen Notwendigkeiten der Schedlschen Musik umgeformt, wobei der Gestus des Adagios des späten 19. und frühen 20. Jahrhunderts bewußt gesucht wird. Serielles oder aleatorisches Denken spielt dennoch eine Rolle, so bleibt sich Schedl beispielsweise im Parameterdenken treu, indem er jeden Parameter bewußt gestaltet und alles an Motivik aus einer Grundreihe oder Grundformel abzuleiten sucht. Seine Musik ist nicht polymateriell oder heterogen gestaltet. Dabei wird die

Technik der „entwickelnden Variation" bemüht. Schedl teilt mit Mahler die kontrastierende Gegenüberstellung solcher Komplexe, sowie das Moment der Zerrissenheit in der Musik.

3. Schedl hält an der Komposition des sich verändernden „Klangschleiers" im Hintergrund fest. Selbst die beiden Solokadenzen entpuppen sich, obwohl man sie der aleatorischen Beliebigkeit überführen könnte, als Ausformulierung des Klangschleiers im Solo und der Ausformulierung des tonalen Grundmaterials. Sie sind eine Variation des „Klangschleiers". Es werden aber auch psychoakustische Effekte (Dopplereffekt) komponiert: Sie werden nicht künstlich herbeigeführt, sondern in das dramatische und formale Konzept als obligat eingebunden. Von den Vertretern der Wiener-Schule unterscheidet sich Schedl durch die auskomponierten geräuschhaften Phänomene. Sie sind zwar bereits z.B. „Lyrischen Suite" Bergs zu finden, wären aber in der Art und Weise ohne die Musik Pendereckis undenkbar wären. Schedl setzte sich mit ihr intensiv auseinander.[428] Jedenfalls ist diese Form von Klangkomposition oder Klanggenese der Musik der Wiener Schule fremd.

4. Schedl komponiert statistische Formkomplexe im dynamischen Gesamtkomplex.

---

[428] Es ist interessant, daß Penderecki Schedl ungemein näher lag als Lachenmann, obwohl Penderecki in seiner kompositorischen Ausarbeitung ein sehr grobschlächtiger Komponist ist und sowohl Lachenmann als auch Schedl „kompositorische Feinmechaniker" sind. Wahrscheinlich war jenes „slawische Temperament" und die unmittelbare Emotionalität Pendereckis der ausschlaggebende Faktor, daß Schedl sich von dieser Musik angezogen fühlte. Später distanzierte er sich aber von Penderecki. Schedl liebte auch Dvořák und Janáček.Anm.d.Verf.

6. Kammermusik

6.1. Das 3. Streichquartett

Das Streichquartett bildete für Gerhard Schedl die absolute Königsdisziplin. Winbeck sprach immer vom „Virtuosenkonzert" des Komponisten. Deswegen ist es kaum verwunderlich, daß Schedl sein 1. Quartett, das er schrieb, ohne das kompositorische Rüstzeug dafür zu haben, immer zurückziehen wollte. Das 2. Quartett in seiner absoluten Farbigkeit und Emotionalität und in seinem Strukturmangel in traditioneller Hinsicht – die wesentlichen Ereignisse spielen sich auf einer Metaebene ab – kann und will sich mit dem 3. Quartett nicht vergleichen, denn Schedl betrachtete das 2. Quartett als eine romantische Paraphrase.

Mit dem 3. Quartett rückt er auf zu den großen Quartettkompositionen von Webern, Berg, Schönberg, Brahms, bis hin zu Schubert und Beethoven.[429] Allen drei Quartetten ist ein außermusikalischer Hintergrund eigen: war das 1. Quartett „Nächtliche Szenen" benannt, handelte das 2. Quartett von „Der Tod und das Mädchen" Schuberts und wurde auch in seiner „Schubert-Oper" wiederverwendet. Dort ist es nach der Meinung des Autors der vorliegenden Studie auch besser aufgehoben ist als im Konzertsaal.[430] Das 3. Quartett handelt von Kafkas „Der Prozeß." Es ist ein Stück, mit dem Schedl an einem Abgrund steht wie „a cinque"[431]. Auch bei Schedl können Stücke autobiographischen Charakter haben, aber es ist nicht die einzige Ebene. Es ist die Aufgabe dieser Studie, das zu zeigen.

---

[429]Dies soll nicht heißen, er hätte die Quartette Lachenmanns, Pendereckis oder Ligetis nicht gekannt, denn wir haben sowohl das 2. Pendereckiquartett als auch das 2. Ligetiquartett im Unterricht genauestens untersucht. Anm.d.Verf.

[430]Hätte Schedl länger gelebt, so hätte er mit Sicherheit noch die ersten beiden Quartette zurückgezogen und das 2. nur noch in seiner Oper belassen. Er äußerte sich im persönlichen Gespräch mehrals sehr kritisch über das 1. Quartett, und das 2. schien ihm in der Kombination mit der Aktion auf der Bühne sowie mit seiner starken Geräuschentwicklung – vom Tonband kommend – in seiner dramatischen bildhaften Aussage zu wenig absolut, als daß es für sich im Konzert einen geeigneten Rahmen gehabt hätte. Qualitativ hielt er es immerhin für so gelungen, es in einer seiner Großopern unterzubringen. Das 3. ist viel mehr absolute Musik, als es die programmatische Vorschrift ahnen läßt. Anm.d.Verf.

[431]Schedl stand bereits mit „a cinque" an einem Abgrund, den er durchschritt und mit trüber Hoffnung wieder emporkam. Mit diesem Quartett steht er wieder an einem Abgrund. Nur das Geschehen ist ein anderes. Auch hier finden wir am Ende Hoffnung, doch es ist eine Hoffnung im Sterben. Daß Schedl im Lauf seines Lebens immer wieder in persönlichen Krisen am Abgrund stand und sich diese musikalisch auch niederschlug, wird nicht bestritten. Es ist aber nicht die einzige Ebene in seiner Musik. Anm.d.Verf.

Natürlich beschreibt Schedl auch seine psychischen Probleme. Aber Komponisten besitzen sie alle. Sie sind vermutlich ein Quell der Schaffenskraft, ohne sie würden sie ja nicht komponieren. Deswegen ist es auch nichts Besonderes, darüber analytisch zu berichten, sensationslüstern darauf hinzuschielen, wo Schedl seinen Suizid geplant haben könnte, wo er ihn beschreibt, wie er ihn beschreibt, etc.

Mit dem 3. Quartett verbindet den Autor dieser vorliegenden Studie einiges. Denn einerseits erlebte er hautnah den Kompositionsprozeß mit, andererseits hörte er die 1. Radioübertragung des Mitschnitts der Uraufführung vom 9. Juni 1997 und schrieb dieses Quartett ab. Anstatt Schedls Lob erntete er den Satz: „Aber das hätte man doch [photo]kopieren können." Trotz der detaillierten musikalischen Kenntnis blieb dem Autor aber damals der eigentliche Schlüssel zum tieferen Verständnis verwehrt. Schedl stellte bloß einige Sätze aus Franz Kafkas Roman „Der Prozeß" dem Werk voran, ohne näher auf die Beziehungen zwischen dem literarischen und dem musikalischen Werk einzugehen.

Bei der Sichtung des Nachlasses Gerhard Schedls, der katalogisiert werden sollte, um ihn an die Österreichische Nationalbibliothek zu übergeben (es wäre ohne die hervorragende Sortierarbeit des österreichischen Komponisten Wolfram Wagner nicht möglich gewesen), stieß der Autor dieser Studie unfreiwillig auf ein Blatt. Es enthält den Schlüssel zum 3. Quartett. Der Vorgang war gespenstisch: Das Blatt fiel von selbst aus einem größeren Stoß hinaus, so als sollte es geradezu gefunden werden. Wegen der intimen Formulierungen auf diesem Blatt folgten einige Diskussionen, nicht nur mit der Familie Schedls, sondern auch mit meinen Professoren. Dabei stellten sich folgende Fragen:

1. Ist dieses Blatt mehr als nur eine literarische Bezugnahme?

2. Darf man einen Text, der den Selbstmord behandelt und ihn als sinnlos bezeichnet, verwenden, (zumal Schedl sich umgebracht hat)?

3. Wird nicht dann seine Musik nur als musikalischer Ausdruck seiner Autobiographie bewertet werden; schadet man Schedl damit nicht? Da auf diesem Blatt nicht nur Sätze enthalten sind, die vom Selbstmord handeln, sondern auch Zahlen, die aus der Anzahl der Wörter gebildet werden, die wiederum entscheidend für die Komposition sind, ist hinter diesem Blatt eine intellektuelle Anstrengung und Auseinandersetzung mit dem Roman Kafkas zu sehen. Das wiederum fördert das Verständnis des Werkes, sofern man es nicht einfach als ein mysteriöses Werk abtut. Da der Auffindungsprozeß dieses Blattes die Komponisten Hensel und Winbeck sehr beschäftigt hat – Winbeck meinte, es solle nicht verwendet werden – entschied sich der Musikwissenschaftler Hensel dafür, das Blatt zu verwenden. Er sieht es lieber in der behutsamen Obhut eines ehemaligen Schülers als eines Fremden, der es eventuell sensationslüstern ausschlachtet. Merkte man schon der Musik an, daß Schedl hier an einem Abgrund steht, so bekommt dieses Phänomen durch das gefundene Blatt eine tiefere

Dimension. Das Blatt sei nun im folgenden hier abgedruckt:

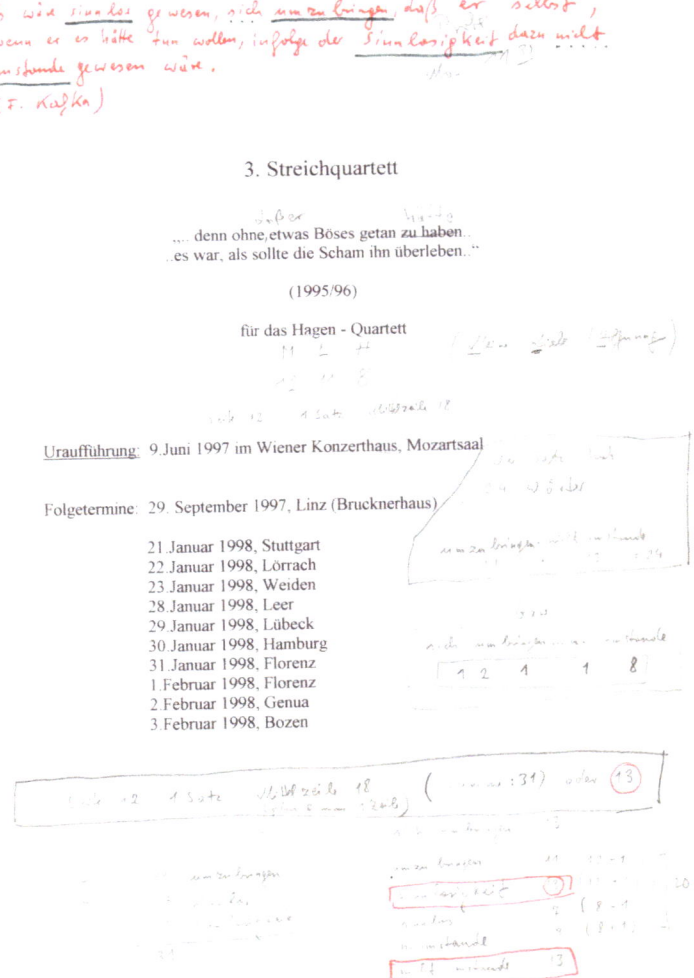

3. Streichquartett

„... denn ohne etwas Böses getan zu haben..
..es war, als sollte die Scham ihn überleben.."

(1995/96)

für das Hagen - Quartett

Uraufführung: 9.Juni 1997 im Wiener Konzerthaus, Mozartsaal

Folgetermine: 29. September 1997, Linz (Brucknerhaus)

21.Januar 1998, Stuttgart
22.Januar 1998, Lörrach
23.Januar 1998, Weiden
28.Januar 1998, Leer
29.Januar 1998, Lübeck
30.Januar 1998, Hamburg
31.Januar 1998, Florenz
1.Februar 1998, Florenz
2.Februar 1998, Genua
3.Februar 1998, Bozen

Schedl nahm sich also aus Kafkas Werk den Satz heraus:

„Es wäre sinnlos gewesen, sich umzubringen, daß er selbst, wenn er es hätte tun wollen, infolge der Sinnlosigkeit dazu nicht imstande gewesen wäre."[432]

Dabei unterstreicht Schedl die Worte „sinnlos", „umzubringen", „Sinnlosigkeit" und „imstande". Bezeichnend ist, daß dieser Satz entgegen den anderen mit Rotstift geschrieben wurde. Anschließend findet sich auf dem Blatt der Satz aus Kafkas Roman, den er dem Quartett auch offiziell voranstellte:

„...denn ohne, daß er etwas Böses getan hätte"[433] „...es war, als sollte die Scham ihn überleben.."[434]

Interessant ist:
Der zurückgezogene Satz findet sich auf S.12, 1. Satz, Mittelzeile 18, der Kafka-Ausgabe, die Schedl benutzt hat. Schedl spielt nun mit den Zahlen: Er ordnet die Zwölf nach dem lateinischen Alphabeth gematrisch dem Buchstaben M zu. Dieses M steht für das Wort „Meine".
Anschließend zieht er die Eins mit der Eins der Achtzehn zusammen, sodaß sich eine Elf ergibt. Diese 11 steht für das L, welches wieder für „Liebe" steht. Die übriggebliebene Acht steht für das H, das für „Hoffnung" steht. Es ergibt sich somit der Ausspruch: „Meine Liebe Hoffnung." Die Lösung ist hier ganz einfach: Schedls Frau heißt Jutta. Nach dem lateinischen Alphabeth ergibt ihr Vorname gematrisch 48. 48 geteilt durch 2 ist 24. Jutta Schedl ist also Schedls liebe Hoffnung. Mit der 24 geht es im Folgenden weiter:
„Der Satz hat 24 Wörter." Nun zählt er gar die Buchstaben seiner Schlüsselworte. Daraus ergibt sich:
umzubringen. nicht imstande
11   +   13   = 24
Er bringt die 24 somit wieder in Übereinstimmung mit den 24 Wörtern. Anschließend führt er das nochmals weiter mit „sich umbringen" und „n. imstande", indem er Buchstaben streicht.
sich umbringen...n.   imstande
12   1   1   8
Als gingen diese Spielereien – das sind nur Spielereien, es hat nichts mit Mathematik zu tun – nicht weit genug, führt Schedl sie noch so fort, als wollte er geradezu seine Schicksalszahl, die 13, finden: Er addiert nun die Zahlen aus „Meine Liebe Hoffnung", also die „Ortsangaben" des zurückgezogenen Satzes. Er kommt dabei auf die Zahl 31, die er spiegelbildlich umstellt und so auf die 13 kommt.

---

[432]Franz Kafka, „Der Prozeß", Frankfurt am Main 1994, S.17
[433]Franz Kafka, „Der Prozeß", ebda., S.9
[434]Franz Kafka, ebda., S.241

Seite 12 1 Satz. Mittelzeile 18   (Summe : 31) oder (13)
Man addiert also 12+1+18.

Nun stellt er wieder die Übereinstimmung der 13 mit der Anzahl der Buchstaben von „sich umbringen" her. Die folgenden eingerahmten Worte „Sinnlosigkeit" und „nicht imstande" haben jeweils wieder 13 Buchstaben. Links findet sich eine Addition von LHM. 11+7+13. Das ergibt wieder die 31, der Spiegel der 13. Das Wort „umzubringen" hat elf Buchstaben, das Wort „sinnlos" hat sieben, „Sinnlosigkeit" hat dreizehn Buchstaben. Schedl bringt also hier die Anzahl der Buchstaben in Übereinstimmung mit den unterstrichenen Worten des zurückgezogenen Satzes.

Anschließend findet sich noch eine Additionsreihe, in der Schedl diese unterstrichenen Wörter des zurückgezogenen Satzes wieder auf die Koordinatenzahlen 12+11+8 beziehen will. Er betrachtet die 11 von „umzubringen" (elf Buchstaben) als 12-1. „Sinnlosigkeit" betrachtet er als 12+1, „sinnlos" als 8-1, „n.imstande" als 8+1. „Sinnlosigkeit"+„sinnlos" ergibt somit 20, wie auch „umzubringen" und „n.imstande." Wofür diese 20 steht, bleibt ungewiß.

Es bietet sich folgender Deutungsversuch an: die 2 ist eine gerade Zahl. Eine Zahl ohne Konflikte. In der Potenz ist sie die 4. Schedl sprach immer von der Gegenüberstellung der weltlichen 2 und 4 (vier Elemente, vier Jahreszeiten, etc.) gegen die göttliche 3. Die 13, die auch schon in der 2. Sinfonie eine entscheidende Rolle spielte, könte somit durch die „Sinnlosigkeit" „sich umzubringen" in der Addition dieser beiden Elemente eine Lösung, eine Aussöhnung erfahren. Das wäre ein versöhnender, positiver Ansatz. Und gerade wegen dieses Ansatzes sei dieses Blatt auch dargestellt. Die große Bedeutung der Zahl 11 ergibt sich für Schedl aus der gematrischen Addition seines gesamten Namens im lateinischen Alphabeth, wodurch er auf die Zahl 110 kommt. Er betrachtet sie auch als eine 11+0. Somit würden sich Gerhard Schedl und Jutta Schedl im Wort „Liebe" entsprechen und vereinen. Ein schöner Gedanke!

Interessant ist, daß M.L.H. als Monogramm auf der 2. Seite der veröffentlichten Partitur als Widmungsträger nach dem Hagenquartett benannt wird. Was Schedl noch aus Kafkas Werk zitiert, werden wir gleich sehen. Dieses Blatt ist jedoch eine Art Dechiffriercode für das ganze Werk. Es soll nun untersucht werden, inwiefern Schedl diesem Zahlenspiel folgt.

3. Streichquartett

„...denn ohne daß er etwas Böses getan hätte..[435]

...es war, als sollte die Scham ihn überleben..“[436]

F. Kafka

..gab es Einwände, die man vergessen hatte? Gewiß gab es solche.[437]

Die Logik ist zwar unerschütterlich, aber einem Menschen,

der leben will, widersteht sie nicht.[438]

Wo war der Richter?[439]

Wo war das hohe Gericht?[440]

Ich habe zu reden.

Ich hebe die Hände.

für das Hagen-Quartett

und M. L. H.

Aufführungsdauer: ca. 22 Minuten

Im Auftrag des Hagen-Quartetts, des Wiener-Konzerthauses und mit
Unterstützung

des Bundesministeriums für Unterricht und Kunst, Wien.

---

[435]Kafka, „Der Prozeß", ebda., S.9

[436]Kafka, ebda., S.241

[437]Ebda.

[438]Ebda.

[439]Ebda.

[440]Im Original am angeführten Ort auf S.241 heißt es: „Wo war das hohe Gericht bis zu dem
er nie gekommen war? Er hob die Hände und spreizte alle Finger. Die Sätze „Ich habe zu
reden. Ich hebe die Hände." sind die Sätze Gerhard Schedls! Anm.d.Verf.

6.1.1. Analyse

Schedl unterscheidet in seinen Tempo- und Vortragsbezeichnungen zwischen einfach unterstrichenen und zweifach unterstrichenen. Listen wir sie alle gesondert auf, kommen wir zu folgendem Ergebnis:

Einfach unterstrichen:

1. (T.1-29) sehr langsam und seelenvoll (fast statisch), Viertel=ca. 44-46
2. (T.30-32) etwas fließender
3. (T.33-41) sehr ruhig
4. (T.81-85) drängender (piu mosso)
5. (T.86-90) (etwas schneller)
6. (T.91-96) meno mosso
7. (T.97-99) sehr ruhig und zart
8. (T.99-115) langsam und seelenvoll
9. (T.116-117) heftig
10. (T.138-167) fahl und rasend
11. (T.182-186) meno mosso
12. (T.187-198) a tempo (Achtel=184)
13. (T.237-267) Allegro e molto agitato (in 4!)
14. (T.268-271) meno mosso (in 2!)
15. (T.320-325) meno mosso (breit und brutal)
16. (T.326-382) Presto (punktierte Achtel=184)
17. (T.383-395) furioso
18. (T.396-413) con sforza
19. (T. 414-441) sehr langsam und seelenvoll (sehr flächig) (Bogen zu T.1!)
20. (T.442-443) etwas fließender (Bogen zu T.30)
21. (T.444-458) sehr ruhig (Bogen zu T.33)
22. (T.459-460) Tempo primo
23. (T.461-465) so langsam wie möglich (ein Abgesang!)
24. (T.466-501) Prestissimo (possibile) (punktierte Achtel=192-200)
25. (T.502-504) so schnell wie irgend möglich
26. (T.505) Stille!

Die einfach unterstrichenen Abschnitte bilden 26 Abschnitte, die nicht mit den 24 Wörtern des zurückgezogenen Satzes korrespondieren, wohl aber mit dem Wort „Hoffnung": Der Zahlenwert des Buchstaben H ist 8. Nehmen wir nun die 26 und stellen sie uns als 2+6 vor, so erhalten wir die 8 für „Hoffnung". Das Wort „imstande" hatte 8 Buchstaben. Gehen wir nun zur Multiplikation über, so erhalten wir bei 2*6 die Zahl 12, also eine der Kernzahlen sowohl für das Wort „Meine" als auch die Buchstabenanzahl für „sich umbringen." Wenn wir noch 1 dazu addieren, bekommen wir wieder 13. 13*2=26, also 26 Abschnitte. Das ist bei dem

Zahlenhintergrund sicherlich kein Zufall. Sehen wir uns nun die Anzahl der doppelt unterstrichenen Bezeichnungen an:

1. (T.42-46) erregter
2. (T.47-59) a tempo
3. (T.60-58) erregter
4. (T.59-80) a tempo
5. (T.117-124) sehr breit
6. (T.126-167) Presto (punktierte Achtel=176-184)
7. (T.168-181) Allegro e molto agitato (Achtel=184 (Viertel=92) in 4!)
8. (T.272-285) a tempo (in 4!)
9. (T.288-289) con sforza
10. (T.290-291) meno mosso
11. (T.291-320) a tempo (in 4!), T.317 dynamischer und klanglicher Höhepunkt.

Die doppelt unterstrichenen Abschnitte bilden exakt 11 Teile. Die Zahl 11 war auch eine unserer Kernzahlen, nämlich die Zahl für L=Liebe.

Es bleiben allerdings Abschnitte ohne Unterstreichung übrig:

1. (T.199-236) Presto
2. (T.286-287) a tempo (eingerahmt), mit maximalem Druck (doppelt unterstrichen)

Ordnet man das „mit maximalem Druck" den doppelt unterstrichenen zu, kommt man auf die Zahl 12. Es wäre sinnvoll, das jeweils als 12+1, das nicht unterstrichene dazu addiert, zu betrachten. Denn so erhält man nach Schedls Blatt das Wort „Sinnlosigkeit".

Es gibt noch zwei eingeklammerte Bezeichnungen:

1. (T.214-219) punktierte Achtel=Achtel
2. (T.220-237)Achtel=punktierte Achtel

Bezeichnung am Schluß in Anführungszeichen:

„Kalter Klang" senza vibr. (kaum hörbar) sul tasto.

Hier nochmal eine Gesamtübersicht über die formalen Abschnitte:

Mit den eingeklammerten Bezeichnungen kommt man somit auf 41 Abschnitte, ohne diese auf 39. 39 als 3+9 ergäbe wieder 12. Aber auch die 41 macht nach dem Arbeitsblatt Sinn, wenn man sie als 4 * 1 betrachtet. Denn die 4 wäre als 4/2 die Lösung des Konflikts, als 4*2 die Hoffnung, als 4*3 Meine. Betrachtet man die 41 als 4+1, so ergibt sich die 5. 12-5 wäre die 7, die wir für das Wort „sinnlos" finden, anhand der Anzahl der Buchstaben. Solche Zahlenspielereien gehen allerdings zu weit, bzw. sind immer möglich und damit sinnlos. Addiert man allerdings alle diese Bezeichnungen, so kommt man auf die Zahl 42, als 4*2 ergibt das wieder die Zahl 8. Ist das mehr als nur Spekulation? Weniger zufällig und spekulativ ist die Anzahl der Takte:

Wir haben 505 Takte. Betrachten wir diese nun als 5+5, so kommen wir zur Zahl 10. Der Name Gerhard Schedls ergibt gematrisch 110. Teilen wir diese 110 durch

10, so kommen wir wieder auf unsere Kernzahl 11, die für Jutta Schedl und da Wort „Liebe" steht!

Es bleibt noch zu erwähnen, daß der Name „Gerhard" den Zahlenwert 61 hat. Als 6+1 ergibt sich aber die 7, die wir auf dem Arbeitsblatt für das Wort „sinnlos" finden. Der Name „Schedl" hat den Zahlenwert 49, als 4+9 ergibt 13, die wir wiederum bei „Sinnlosigkeit" und „nicht imstande" finden. Der Name Jutta aber hat den Zahlenwert 48 und ergibt als 4+8 die Zahl 12, unsere Kernzahl! Somit ist der biographische Hintergrund mit den Zahlenwerten des Ehepaars hinreichend belegt! Die Detailanalyse:

Dem Anfang des Satzes ist ein Satz vorangestellt: „...denn ohne, daß er etwas Böses getan hätte ... es war, als sollte die Scham ihn überleben."

Das Stück beginnt mit einem Kanon im Viervierteltakt. Die Überschrift ist einfach unterstrichen: *sehr langsam und seelenvoll (fast statisch)*. Der Kanon ist ein sich verfolgendes Moment: Er beginnt unten in der Tiefe und steigt ganz nach oben, so als würde sich die Scham durch den ganzen Raum ausbreiten und den Protagonisten tatsächlich überleben. Es gehen aber auch die Zahlenspiele weiter. Der Kanon besteht aus sechs Phrasen, ob es sieben Phrasen sind, ist strittig:

Die erste Phrase hat sieben Striche (Schedl dachte wie Bach oft auch in Anschlägen, die er zählte), die zweite fünf, die dritte sechs die vierte dreizehn Striche, die fünfte vier und die sechste hat dreizehn Striche oder „Anschläge". Interessant ist hier die Addition. Addiert man diese Striche, kommt man auf die Zahl 48. Multipliziert man das mit der Anzahl der Musiker, so kommt man auf 192 Striche. Zerlegt man die 192 nach dem Muster 1+9+2, ergibt sich die Zahl 12. Lassen wir einmal den Zahlenwert 48 für den Namen Jutta außer acht: Dividiert man die 48 durch die Anzahl der Musiker, so kommt man auch wieder auf die Zahl 12, unsere Kernzahl! Zerlegt man die 12 in 1+2, so erhält man bekanntlich die 3. Unser 1. Intervall ist allerdings auch wieder eine Terz, also eine musikalische 3.

Addiert man nun die Intervallfolge ohne Unterscheidung zwischen großem, kleinem vermindertem oder übermäßigem Intervall, so ergibt sich: Terz plus Prime, plus Sekunde, plus Prime, plus Terz, plus Sekunde, d.h. 3+1+2+1+3+2=12. Schedl bewegt sich hier ganz in der Tradition Bachs und Schönbergs! Die Intervallfolge der zweiten Phrase bildet mit 10+3+6+2=21 den Zahlenspiegel von 12. Betrachten wir uns beide Phrasen, mit dem Anfang von großer Terz bei der 1. und der kleinen Terz oder kleinen Dezime der zweiten, so haben wir wieder Schedls Grundmotiv, wie wir es aus den Kantilenen der 2. Sinfonie kennen. Die Intervallfolge der 3. Phrase ergibt mit 2+3+2+2+1=10. Hier haben wir die Schedlzahl. Denn L=11, also Liebe multipliziert mit 10 ergibt den Zahlenwert Gerhard Schedls 110. Die 10 wiederum ist mal 2 genommen Bestandteil der 20, die Schedl als Summe von „umzubringen" + „n. imstande" und von „Sinnlosigkeit" + „sinnlos" betrachtet. Die nächste Phrase ergibt mit 2+3+6=11. Hier haben wir wieder die Zahl der

Liebe. Es hat den Autor immer beschäftigt, warum die letzte Kanonphrase mit dem Es – das freilich wieder für Schedl steht – so fragend endet. Der Schlüssel liegt auch hier in der Intervallfolge: Die Addition der Intervalle ergibt 30. Nach Schedls Schema wäre die 31 als Spiegelzahl der 13 zu erwarten gewesen. Es kommt aber die 30. Man könnte mit der 3 als Gegensatz zur 2 argumentieren. Aber: Alle diese Intervallfolgen ergeben in der Addition 84.

84 ist die Spiegelzahl von 48, der Zahl Jutta Schedls. 84 ergibt aber als 8+4 auch wieder die 12. 84 dividiert durch die vier Spieler ergibt 21, also die Spiegelzahl von 12. Interessanter ist aber folgende Rechenoperation: 84 geteilt durch die Spiegelzahl 48 ergibt 1,75. Betrachtet man diese Zahl als 1+7+5, ergibt das die Zahl 13. Berücksichtigt man das Arbeitsblatt Schedls, sind die Rechenspekulationen des Autors der vorliegenden Studie anhand der Partitur nicht allzu weit hergeholt. 84 geteilt durch die Anzahl der Wörter des versteckten Satzes, nämlich 24, ergibt 3,5: also 3+5=8. Man könnte berechtigt kritisieren, daß das Intervall des Phrasenanschlußes nicht hinzuaddiert wurde, es ergäben sich dadurch ganz andere Summen. Der Autor bekam die hier dargelegte Vorgehensweise von Schedl selbst im Kompositionsunterricht vermittelt. Deshalb muß das Ehrenwort des Autors genügen, nichts Unnötiges hinzu- oder hineindichten zu wollen.[441]
Der Kanon hat 28 Takte plus 2 Takte Coda. Schedl bezog auch Pausen in seine Rechenoperationen ein. Die Anzahl der Pausen in diesem Kanon+Coda beträgt 61. Die Zahl 61 ist die gematrische Summe aus Gerhard! Allerdings hat Schedl die Pausen vorausberechnet, denn er vergißt eine Achtelpause in der Bratsche in T.23, die in die Operation ergänzt wurde. Im Autograph stehen somit 60 Pausen. Die Zahlenbesessenheit geht sogar bis in die Auswahl des Anfangstones: DES. Das ist der auf der Klaviatur der 17. Ton, also 1+7=8. Das Stück beginnt mit dem „Zahlen-Ton" für Schedls H, der „Hoffnung". Auch die Metronomisierung weist auf die 8 hin: 44, ergibt als 4+4=8. Maximal soll der Kanon im Tempo 46 gespielt werden. Hier wäre die Summe 10, als unsere Zahl 20 des Arbeitsblattes dividiert durch 2. Freilich ist es fraglich, ob Schedl auch in den Metronomzahlen soweit ging, möglich wäre es. Im folgenden Notenbeispiel wurde die Tempobezeichnung „sehr langsam und seelenvoll (fast statisch), Viertel =ca. 44-46" aus Gründen der besseren Lesbarkeit der Analyse weggelassen.

---

[441]Gerhard Schedl wäre sicherlich nicht damit einverstanden gewesen, dieses Wissen zu verbreiten. Anm.d.Verf.

3. Streichquartett. Anfang

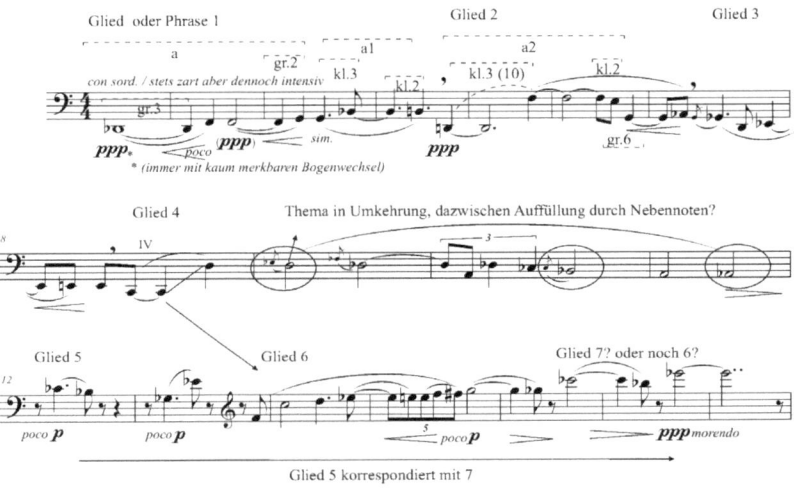

© Musikverlag Doblinger

Die musikalische Beschreibung:

Der Kanon beginnt *sehr langsam* auf dem Des im Cello, im **ppp**. Alle Streicher sind mit Dämpfern versehen. Die Intervallfolge ergibt bis zur 5. erscheinenden Note einen halbverminderten Akkord in Terzquartstellung. Wie er dasteht, würde er im tonalen Rahmen der II. Stufe von f-Moll entstammen. Der Einsatz der anderen Stimmen erfolgt immer nach fünf Takten. Die Melodik ist außerordentlich reichhaltig, intensiv und expressiv. Es wird insgesamt ein Ambitus von Des bis (einschließlich der Coda) c5. Das Cello beendet seine Phrase in T.18. Folgte Schedl seinem Schema, so müßte die 2. Violine in T.26 (2+6=8) einen Sprung vom ges4 zum ces5 folgen.

Schedl bricht hier aber aus spieltechnischen und kompositorischen Gründen ab, um den Kanon zu beruhigen und ins Statische zu überführen. Insgesamt hat der Kanon 28 Takte. Die nächsten Flageoletts f4 und c5, die ersterbend verklingen, sind eine Coda oder Codetta. Die Atmosphäre war die ganze Zeit über mysteriös und geheimnisvoll, als könne man etwas nicht glauben (so wie K. nicht glauben kann, daß er abgeholt wird, ohne etwas getan zu haben). Dazu kommt das Moment der Scham: So wie die Instrumente den Raum durchkreuzen, zieht sich die Scham durch alle Bereiche, wie oben bereits angemerkt. War dieser Kanon sehr konkret, so wird es im folgenden surreal: In T.30 setzt das Cello wieder mit Des ein, nun ohne Dämpfer am Steg und bildet einen Orgelpunkt. Auf Zählzeit-Eins von T.31 (kein Zufall!) setzt die Viola mit einem Miniaturkanon auf g ein, die anderen Spieler folgen ihr in jeweils eigenem Tempo. Durch ein gliss. lento. von a2 nach c3 wird der surreale Eindruck verstärkt. Die c´s verklingen ins Nichts. Auch dieser Kanon hat sich aus der Tiefe in die Höhe gearbeitet. Es ist, als verschwimme einem die Welt vor den Augen. Die Intervallfolge ergibt folgende Summe: 4+2+3+7+7+11+3=37. 3 mal 7 ist bekanntlich 21, also die Spiegelzahl von 12.

Nun setzt das Cello mit einem Halbtontriller auf dem Des ein. War das Intervall des Zusammenklangs aus Cello und Bratsche die übermäßige Quart, so ist es nun im Zusammenklang in T.32 von 1. Violine (as3) und Cello D (Halbtontriller mit Es) die verminderte Quint. Salopp gesagt wurde der Tritonus um einen Halbton nach oben transponiert. Mit T.32 arbeitet sich ein ähnlich verschwimmender Kanon wieder nach unten und endet auf dem ces1, worauf noch während des Verklingens das Cello mit einem aus dem 1. Kanon abgeleiteten Motiv in einen neuen, mehr akkordisch orientierten Teil führt. Diese Intervallfolge ergibt als 4+2+3+7+7+11+3 ebenfalls wieder 37: Es ist eine um einen Halbton aufwärts transponierte Umkehrung.

Die folgende Stelle „sehr ruhig" wird wieder, bis auf das Cello, via sordino ausgeführt. Sie bildet eines der harmonischen Siegel, wie wir sie von Gerhard Schedl aus den anderen Werken kennen. Es ist eine tonale, harmonische Fortschreitung mit „falschen Tönen". Harmonisch besehen ist es eine Fortschreitung b-Moll\ as-Moll\ es-Moll\ F-Dur, also I-VII-IV-V. Die Oberstimme im Flageolett der 1. Violine steht klar über diesem harmonischen Hintergrund, sie hat erstens piano zu spielen und zweitens hat sie im Gegensatz zu den anderen drei Spielern, die con dolore zu spielen haben, die Anweisung, die Linien misterioso auszuführen. Es kommt dabei zu einem 6-#5 Vorhalt im ersten Takt in Halben, zu einem 7<-6# im zweiten Takt (also T.34) und zu einem #6-#5-#8-Durchgang in Halbetriolen im 3. Takt. Interessant ist, daß die melodische Wendung (ohne Oktavierung) g-fis-d-cis-c-h-e-b auf Zählzeit-Zwei-und in T.37 wie eine Reihe permutiert und bis T.40 notengetreu wiederkehrt, wobei sich die Harmonisierung und die Rhythmisierung ändert, letztere wird aus Halbetriolen+Viertelquintolen gebildet, die Harmonisierung lautet nun ebenfalls wie vorher ganztaktig: Sextakkord as-Moll\ Quartsextakkord es-Moll.

Waren die fallende große Terz nach dem Halbton, sowie die fallende Quint nach einem Ganzton für das 1. Modell charakteristisch, so wird aus der fallenden großen Terz eine steigende kleine und aus der fallenden Quint des 1. Modells eine steigende in T.40. Sie war in der Variation in T.39 bereits zur steigenden Quarte umgekehrt worden. Die Harmonisierung in T.40 lautet Sextakkord F-Dur-Quartsextakkord b-Moll. Interessant ist instrumentatorisch der Wechsel von nat.

nach *sul. pont.* und zwar von T.37-42. Bereits bis hierhin hörten wir eine überaus atmosphärisch dichte und geheimnisvolle, aber gequälte Musik. Auffallend ist auch wieder die große thematische Geschlossenheit.

Man könnte wie in herkömmlichen Analysen eine Auflistung der verschiedenen Themen und Motive und deren Ableitungen erstellen, doch geht es mir mehr darum, hier eines der wichtigsten Werke Schedls erzählend darzustellen. Der Autor der vorliegenden Studie wagt die These, daß das Quartett sogar neben „Im Innersten" von Wolfgang Rihm zu den bedeutendsten Quartetten, die in den letzten 30 Jahren geschrieben wurden, zu zählen ist. Groß ist die Meisterschaft in der kompositorischen Faktur. Wir sahen es anhand des Kanons und der Zahlenstrukturen, kompromißlos die musikalische Aussage, „unerhört" der Expressionismus, der uns in die innersten Seelenlandschaften Schedls führt, groß die thematische Geschlossenheit. Wir können das Werk nicht einfach als „Seelenerguß" abtun. Das Stück kann seinen Platz in der Quartettliteratur behaupten.

Mit „erregter" geht es nun in einen kontrastierenden Abschnitt, der wie ein kurzes Auflodern der Bedrohung erscheinen will. Eines merkt man dem Stück allerdings an: aus der Kafkaschen „Bedrohung von außen" macht Schedl die „Bedrohung von innen"! Dieser kurze auffahrende Abschnitt mündet wieder in das *a tempo*, es ergibt sich auch hier wieder der b-Moll-Eindruck. Die Akkordfortschreitung wurde allerdings anders instrumentiert. In T.52 führt die 2. Violine aus dem F-Dur mittels einer Sextolenfigur b-ces-ces, etc., aus dem F-Dur heraus, diese Figur wird am Steg gespielt und mündet in einen Triller b2-ces3, über welchem sich ein verlangsamender Quartentriller c2\f2-des2\ ges2 durch die 1. Violine ergeht. Das so verfremdete F-Dur erstirbt.

Anschließend folgt wieder ein kurzer, erregter Abschnitt. Neu ist nun das Pizzicato. Nach dem Glissando im Cello in T.58 setzt das *a tempo* erneut ein. Nun findet im Kontext eine Vermengung aus dem *a tempo*-Abschnitt und dem „erregter" statt. Auffallend sind die beiden Fermaten, nach welcher jeweils das Material aus dem erregten Abschnitt aufgegriffen wird. In T.81 setzt mit „drängender" ein neues Moment ein: Der Seufzer in der 1. Violine als Oktave wird beantwortet von der 2. Violine. Darunter bringen Viola und Cello ein zerlegtes b-Moll. Interessant ist, daß der Seufzer der 1. Violine auf g und d stattfindet. Schedl beliebte mit seinem Vornamen musikalisch zu spielen. Eigentlich sind das hier Variationen über die Akkordfortschreitung, ähnlich kennen wir das aus den Schubertquartetten, so ist z.B. im großen G-Dur Quartett der Sonatensatz eigentlich aus Variationsreihen gebildet. Legen wir eine solche Variation zugrunde, so sehen wir:

T.33-37=Modell

T.38-41=1. Variation (transponiert)

T.47-53=2. Variation

T.59-69=3. Variation

T.76-79=4. Variation
T.81-85=5. Variation
T.86-90=6. Variation

Modellschema

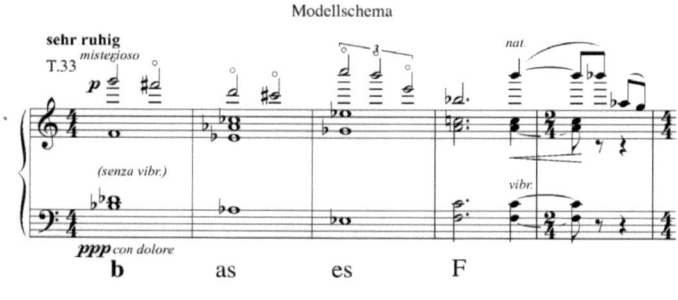

© Musikverlag Doblinger

Man sieht, daß das Modell im Verlauf zunehmend mit Bewegungsmodellen durch-setzt und dabei auch sehr frei die vorigen Modellformen variiert. Den *meno mosso*-Abschnitt von T.91 könnte man sicherlich als eine „Verknappung" des Akkord-modells ansehen. Einerseits ist die Fortschreitung fast aufgehoben, andererseits ist die Sextolenfigur zur Repetition geworden. Der Abschnitt *„sehr ruhig und zart"* führt uns in einen jener Mahlerschen Ostinatoabschnitte mit Vorschlagfiguren, wie sie oben geschildert wurden. Das Cello bringt ein Ostinatomodell, das erst einmal vier Takte benötigt, um sich zu etablieren, bis es in T.103 im Pizzicato seine gültige Gestalt findet. Über diesem Ostinato findet sich ein sehr schöner zweistimmiger Kanon in der Duodezime zwischen Viola und 2. Violine, der von der 1. Violine mit einer freien Gegenstimme, einer zarten Kantilene beantwortet wird.

Es ist dies eine sehr gekonnte und unglaublich stimmungsvolle Stelle, die aller-dings einen Bogen zum Kanon des Anfangs spannt. Der Kanon endet in T.110. Es folgt ein „Klagegesang" zwischen 1. und 2. Violine, das Ostinato wurde von der Viola übernommen. Dieser Gesang führt uns über geräuschhafte Glissando-aktionen der drei Streicher in ein Solo des Violoncellos: mit großer Leidenschaft. Das ist sehr expressiv und wird in T.116 – *„heftig"* – vom Rest des Quartetts akkordisch beantwortet. Es kommt nun zu ebensolchen Espressivobemühungen der anderen Streicher, die wie eine Stauung wirken, um dann nach der Fermate in T.120 losgelassen zu werden. Ein 1. wirklicher Höhepunkt, mit einer Gestik, die aus Schönbergs „Verklärter Nacht" kommen könnte, führt uns über T.121-125 in das *Presto* – eine atemberaubende Stelle. Harmonisch bildet sie eine Achse zum Kanon des Anfangs. Es ist wie ein kurzer Moment der Freiheit nach der Gefangenschaft durch die unweigerlichen Gesetze des Kanons.

Die Freiheit währt nicht lange. In T.125 wird in ein anderes Geschehen überblendet: Wäre dies eine Filmszene, so könnte man sagen, daß allmählich die Farben ausgeblendet werden, bis nur noch ein graues, flirrendes Bild übrig bleibt. Das *Presto* soll am Steg *„fahl und rasend"* ausgeführt werden. Es ist ebenfalls wieder kontrapunktisch orientiert. Man kennt diesen Musiktypus z.B. aus Schedls Oper „GLH", denn die Musik des 1. Intermezzos ist ebenfalls von solchen chromatischen Linien, die aufflirren, geprägt. Die Musik des Quartetts ist gekonnter, auch besser proportioniert. Sie ist vor allen Dingen kürzer und wird von kontrastierenden Abschnitten durchbrochen. Damit verliert sie den „Etüdencharakter", der ihr im 1. Intermezzo aus GLH noch anhaftete, freilich war dort auch das Metrum ein anderes.

Im folgenden haben wir es mit einer sehr gewaltvollen und aggressiven Musik, mit heftigen Sforzato-Akzenten zu tun. Diese Musik ist sehr zerrissen, bedient sich einiger moderner geräuschhafter Mittel zum Zwecke des Ausdrucks. Sie wirkt wie das Irrewerden an den Zuständen der Verfolgung, sei es der inneren oder äußeren Bedrohung. Ihre Emotionalität ist unmittelbar. Ob Schedl das wollte oder nicht: der Verfasser der vorliegenden Studie vermutet, daß Schedl hier durchaus auf die Filmmusik aus Hitchcocks „Psycho" anspielt. Es gibt viele analoge Stellen, die daran erinnern, sei es T.246 oder T.383. Schedl, der sich im Gespräch immer von der Filmkunst fasziniert zeigte und auch ein großer Kenner war (er schwärmte immer von Ingmar Bergmann Filmen)[442], hat hier sicherlich ironisch angespielt. So beginnt das *Allegro e molto agitato* mit einem aggressiven Pizzicato im Cello mit der kleinen Septime D\ c und der Sechzehntelfigur in der Viola, die variiert von der 2. Violine und in freier Umkehrung von der 1. Violine aufgegriffen wird. Es ergibt sich aus dem Wechsel von *arco* und *pizz.* eine gewalttätige Musik, insgesamt auffahrend und mit einem starken marcato im Unisono der beiden Violinen und absteigend in der Viola. Der Einwurf von Flageoletts, zuerst durch das Cello in T.170 später durch die 1. Violine, bringt der Musik etwas Gleißendes.

Die Sechzehntelfigur im Cello in T.171 wird anschließend variiert weitergeführt und fast ostinat behandelt, sieht man vom Wechsel der Artikulationen ab. In T.173 kommt es zu starken Anschwellakzenten, alles sekundorientiert, die Sechzehntelkette im Cello wird mit **sfz** versehen, in T.173 wird die Musik durch das Flageolett der 1. Violine fast surreal weitergeführt. Mit einem heftigen Akzent im Folgetakt wird diese Erscheinung wieder unterbrochen, es ist insgesamt alles sehr dissonant. Zwischen den Außenstimmen ergeben sich immer wieder melodisch aufsteigende Fortschreitungen, die eine Weiterführung der Anschwellakzente sind. In T.178 gesellt sich in der 1. Violine eine Phrase in Septimen in der Reihenfolge große+ kleine+verm. Oktav+kleine+kleine Septime, freilich eine Ableitung aus

---

[442]Auch zeigte sich Schedl vom Filmschaffen Stanley Kubricks tief beeindruckt. Das Filmschaffen Edgar Reitz´ jedoch kannte er nicht aus eigener Anschauung. Anm.d.Verf.

dem Pizzicato des Cellos aus T.168, hinzu. In jenem Takt stellte die Sechzehntelfigur der Viola schon eine Ableitung aus diesem Pizzicato dar. In T.182 ist ein erster Halt erreicht, „*feroce*" im *fff* hält die 1. Violine krampfhaft ihr h1 fest (ein Schedlscher Buchstabe, im Vor- wie im Nachnamen!).

Es wird alles auf der III. Saite ausgeführt. Durch das *molto vib.* wird der Charakter nochmals verstärkt, um in der Fermate zurückzugehen und im Folgetakt am Steg tremolierend das Szepter an die Viola mit ihrem C abzugeben, nachdem das Cello den Krebs der Violinenfigur aus T.182 ebenfalls gewaltsam eingeworfen hat. Der nächste Halteton ist dann das „Des" des Cellos, der Zentralton des Kanons. Die folgenden Aktionen im *a tempo* mit ihren Glissandi, Bartókpizzicati und Pizzicatoglissandi, die wiederum mit „*brutal*" unterschrieben sind, sprechen für sich. Es sind Zustände höchster Exaltation, höchster Seelenzuspitzungen, Fang- und Fluchtaktionen, könnte man meinen, mit größtem thematischem Zusammenhalt. So sind z.B. die Mehrklänge, die dort glissandierend gezupft werden, wieder aus den Tönen des Kanons abgeleitet. Einheit in der Vielfalt, wie so oft bei Schedl, eigentlich fast immer. Das letzte Glissando führt uns in den Presto-Teil zurück, in dem die Flucht scheinbar erneut heraufbeschworen wird.[443]

Die folgenden Abschnitte ab T.199 sind noch extremer, noch zerrissener, aber auch thematisch noch kombinierter: Die beiden Violinstimmen werden in sich polyphon behandelt, als ob sich alles aufsplitterte, als ob es noch mehrere Verfolger würden, die K. hinterherjagen. Dies nur als Bild, nicht als programmatische Deutung! Wie bereits erwähnt, die „Psycho"-Anspielung mit dem detáche in T.245 ist allzu deutlich. Thematisch finden wir wieder Klein- und Großterz, kombiniert mit der kleinen Sekunde, also die Intervallkombinationen, die wir von Schedl kennen. Es finden immer mehr Sforzatoeinwürfe statt, die Raserei beschleunigt sich, die Sechzehntel werden zu in Sechzehntel unterteilte Vierteltriolen verkürzt. Konflikthaft agierende Oktaven kommen darunter in Sekundfortschreitungen durch Viola und Cello.

Nach einer Fermate und einem Obertonglissando am Steg durch die 1. Violine setzt das Geschehen zerklüftet neu an und mündet in Pizzicato und Pizzicatoglissandoaktionen in T.272, in Klängen, die einen Bogen nach T.196 spannen. Es scheint, als sei der Kanon mit jenen Tönen komprimiert an uns „vorbeigesaust" – wie ein Geschehen in unserer Vorstellung, das verzerrt schnellstens abgerufen und schleunigst wieder vergessen wird.

Erneutes Ansetzen erfolgt in T.273, diesmal in Sechzehnteltriolen, dabei zwischen Cello und Viola verteilt. Das Cello wird dabei von der Viola in der Umkehrung beantwortet. Die Violinen bringen eigene Aktionen, bis in T.277 ein Kul-

---

[443]Interessant ist, daß die Töne des Kanons oder des letzten Akkordes fast identisch sind mit dem Anfang des Klavierstückes „Wald" nach H. C. Artmann, das Schedl gute zwei Jahre später zu dessen Geburtstag schrieb. Er schenkte dem Autor eine Photokopie. Anm.d.Verf.

minationspunkt erreicht ist, die beiden tiefen Streicher zu Zweiunddreißigsteln verkürzt werden. Die hohen Streicher halten mit dissonanten Akkorden dagegen: Die 1. Violine in Septimen und die zweite in Oktaven steigern sich, führen nach oben fort, verkürzen dabei, so daß in T.280 ein erneutes Ansetzen dieses Komplexes stattfindet. Es erscheint gefestigter und systematischer, um dann in T.285 ins Irrationale und Brutale abzugleiten. Der Klang, mit dem die Pizzicatoglissandi getätigt wurden, den man übrigens auch als Zusammenziehung der Akkorde aus dem *„sehr ruhig"* betrachten könnte, soll mit maximalem Druck gespielt werden.

Jene Akkordzerlegung, die an Schönberg gemahnen, tauchen von Pausen unterbrochen wieder auf. Das Geschehen wird nun fieberhaft weitergeführt, verliert sich dabei in unendlich großartig gestaltete Klangzaubereien ab T.301 (wir kennen sie aus dem Bratschenkonzert) und gleitet ab in Glissandoaktionen, die wiederum den surrealen Charakter unterstreichen und in heftige Akzentaktionen münden: Sie gehen in ein intensives Tremolo über und erreichen den dynamischen Höhepunkt dieser Entwicklung. In *ffff*, *„feroce"*, entlädt sich in Glissanditremoli die ganze Wut, Verzweiflung, Enttäuschung in einem Cluster von oben nach unten h3\ b3\ a2\ fis2\ g2\ f2. Auf einer langen Fermate bleibt der Klang stehen mit der Vorschrift, sehr intensiv, mit Abstrich und Aufstrich kombiniert. Das Geschehen reißt ab.

Mit einem Imitationsgeschehen setzt das *„meno mosso* („breit und brutal")" ein und bleibt ebenfalls auf einem dissonanten Akkord stehen. Allerdings wird hier dynamisch neu ausgeholt, denn in T.323 finden sich nach dem **sfz** auf Zählzeit-Eins sofort auf Zählzeit-Eins-e ein *pp* sub. und ein *molto crescendo*, das in T.325 in ein Diminuendo, ausgeführt am Steg, mit Glissandi kombiniert, wieder ins Presto *„fahl und rasend"* führt. Nebenbei bemerkt ist T.317 als dynamischer und klanglicher Höhepunkt in Übereinstimmung mit Schedls Zahlenspiel zu sehen: 3+1+7=11, eine unserer Kernzahlen. Die 11 steht hier unweigerlich für „sich umbringen" und für „Liebe". Der neue Prestoabschnitt ist noch rasender und dichter als der vorhergehende, aber das furioso in T.389 bringt eigentlich einen „Abbau".[444] Zwar wird mit *con forza* zu erneutem Aufbäumen angesetzt und tatsächlich in der 1. Violine ein Climaxton c5 nach Vorhalt von des5 erreicht, im folgenden baut sich das Geschehen aber sehr rasch, ein wenig chromatisierend, damit zerfallend, ab.

Der neue Teil ab T.414 sehr langsam und seelenvoll ist eine gekonnte Variation des Kanons. Dieser wird nun assoziativ durch verwandte Töne und zusammengezogene melodische Splitter zu Klängen komponiert und erinnert uns an die Poesie des Cellokonzertes, das in der Komposition später folgen soll. Dieser Teil ist aber ein echter Kanon.

Hier ist ein unglaublicher Grad an Abstraktion erreicht, der Kanon ist so stark

---

[444]Diesen Terminus gebrauchte Gerhard Schedl immer für sich in der musikalischen Spannung abbauende oder auflösende Entwicklungen. Anm.d.Verf.

variiert, daß er nunmehr als das Paradoxon einer verzerrten, verklärten Erinnerung erscheint.

Reprise des 1. Kanon, Violoncello

Somit erweist sich das Quartett in latenter Sonatenstruktur:
Es ist möglich T.1-32 als „Hauptsatz", T.33-90 als „Seitensatz" in sechs Variationen zu sehen. T.91-98 könnte eine „Überleitung" sein, T.99-443 wäre dann eine „Durchführung" mit unterschiedlichen Variationsteile. Überhaupt besteht das Quartett aus Variationsteilen. T.444 wäre als „Reprise" möglich.

T.466 könnte man als „Coda" betrachten. In T.442 setzt folgerichtig der Kanon „etwas fließender" an, diesmal abwärts gerichtet. Schedls Variationskunst und Ökonomie in der Behandlung des thematischen Materials ist im zeitgenössischen Kontext außer Konkurrenz. Allein alle thematischen Verknüpfungen dieses Quartetts detailliert aufzuzeigen, wie es in der Analyse nur ansatzweise geschah, würde den Rahmen der Arbeit sprengen, so vielfältig ist seine Kunst.

Der Betrachter möge einmal T.444 mit T.33 vergleichen, um zu sehen, was der Autor der vorliegenden Studie hier meint. Folgerichtig setzt nun auch das „sehr ruhig" ein. Damit wirkt das Presto wie sein Spiegel. Die Reihenfolge der Geschehnisse ist zwar gleich, es ist keine Spiegelform, aber die Ebenen sind vertauscht. Aus oben wird unten. Auch die Gefühlsebenen sind vertauscht, nichts ist wie es mal war. In das „sehr ruhig" mischt sich ein wunderschönes con dolore des Cellos. Ausgerechnet in T.444, 4+4+4=12, das „Meine". Aber 4*4*4=64. Teilt man diese wieder durch 8, so erhält man die Kernzahl 8 für Hoffnung. (Übrigens ist der Zahlenwert von Franz Kafka =89. 8+9=17=1+7= 8!)

Wir sind hier eigentlich schon in einem Abschnitt des Sterbens: Einerseits wird das Leben, an dem man festhalten will, beweint, andererseits kann man sich nicht wehren und läßt den Dingen ihren Lauf. Der Klang driftet immer wieder ins Fahle ab, erstirbt, bäumt sich intensivst auf. Bemerkenswert die dissonante übermäßige Prim dabei in T.453 in der 1. Violine. Ein Aufschrei in T.456. Eine letzte brutale Aktion ist in T.459, dann kommt der Ausklang. Nun setzt in T.466

(4+6+6=16=16/2=8!) das „*Prestissimo possibile*" ein. Dies ist die „Coda". Sie rast bis T.500.

In T.495 kommt es zum Ausbruchsversuch „*verzweifelt*", dann setzt das Cello „mit äußerster Kraft" ein und entschwindet mit seiner Sechzehntelfigur ins **pp**. Nach einer langen Fermatenpause kommt ein erneuter Einsatz „*so schnell wie irgend möglich*". Der Klang wird nochmals aus dem Fahlen ins Natürliche überführt, es folgt ein heftiger Einsatz der Quartetts, Abbruch auf Zählzeit-Zwei, Stille. Das Des, unser Zentralton, bleibt liegen, dazu bringt die Bratsche ihr Flageolett C. Auf Zählzeit-Drei setzen dann die Violinen ein, die 2. mit der kleinen Septime g-f1 und die 1. mit der übermäßigen Prime b2\ h2. Schedl schrieb dazu ",Kalter Klang", *senza vibrato* (kaum hörbar), *sul tasto*". Der Tod mit seiner Kälte hat uns eingeholt. Bedenken wir, daß das Quartett auf die Hoffnung anspielte, so kann das nur eine Hoffnung im Sterben oder im Tode sein. Es ist keine Hoffnung des Lebens. Zum Leben gehört Mut und dieser braucht Hoffnung und Zuversicht.

Das Stück hat 505 Takte und wurde am 5. 5. in Eppstein beendet. Zählt man nun das gesamte Datum zusammen: 5. 5. 1996 = 5+5+1+9+9+6=35=3+5=8, dann endet das Stück auch rechnerisch mit der „Hoffnung im Tode"! Die These des Autors ist damit bestätigt. Trotz der Gefahr, sich zu wiederholen, schauen wir uns die Form noch einmal genau an:

T.1-90=Exposition

  T.1-32=Hauptsatz

    T.1-30=1. Kanon

    T.30-32=2. Kanon

  T.33-90=Seitensatz in sechs Variationen

    T.33-37=Modell

    T.38-41=1. Variation (transponiert)

    T.47-53=2. Variation

    T.59-69=3. Variation

    T.76-79=4. Variation

    T.81-85=5. Variation

    T.86-90=6. Variation

  T.91-98=Überleitung

T.99-414=Durchführung

  T.99-114=Durchführung des1. Kanons

  T.115-124=Ausbruch

  T.126-167=Presto in Variationen=Modell

  T.168-198=1. Durchführung des „erregter" von T.54

  T.199-211=1. Variation des Presto

  T.212-219=2. Durchführung des „erregter"

  T.220-237=2. Variation des Presto

T.238-267=3. Durchführung des „erregter"
T.268-272=1. Durchführung des „sehr ruhig" von T.33
T.273-285=3. Variation des Presto
T.291-325=4. Durchführung des „erregter", Durchführung des Ausbruchs von T.115, Höhepunkt in T.317
T.320-325=Durchführung des „sehr ruhig" von T.33
T.326-413=4. Variation des Presto
T.414-465=Reprise
    T.414-443=Reprise des Hauptsatzes
    T.414-414=Reprise des Kanons, stark variiert
    T.441-443=Reprise des 2. Kanons, variiert
    T.444-458=Reprise des Seitensatzes
    T.458-465=Überleitung zur Coda
T.465-505=Coda

Das ist ein unglaublich dramatisches Werk und vollendet komponiert, wie man an der Darstellung der Kontrapunktkünste und der überaus aufwendigen Formkonstruktion sehen konnte. Das Phänomen des Klangschleiers oder der Klangfläche ist freilich auch im Quartett omnipräsent. Die Morphologie des Klanges wird oft durch die Vortragbezeichnungen angedeutet und durchläuft fast alle Möglichkeiten des Quartettklanges, wenn man von ein paar Ausnahmen wie sie für Lachenmann und Penderecki typisch wären, absieht. Andererseits wirkt das Stück wie hinter einem Vorhang gespielt. Das geschieht durch den Gebrauch der Dämpfer. Es ist fast, als schaue man einen Stummfilm: einerseits scheinen die Farben aus einer Ansammlung von Grautönen zu bestehen, andererseits ist die Expressivität der Bilder überragend. Die Schnitt-Technik scheint dabei wieder der Filmwelt zu entstammen, weil wir Szenenfolgen haben, die mal schneller, mal langsamer von Bild zu Bild wechseln. Das kam bei den Kameras der 20er Jahre, die noch keine Motoren hatten und konsequent für 25 Bilder pro Sekunde aufnehmen konnten, vor. Der Kameramann kurbelte mal schneller, mal langsamer. Solche Phänomene haben Schedl nachweislich im Cellokonzert beschäftigt, auch hier im „Prozeß." Daß Schedl bildhaft dachte, wurde oben im Interview von ihm selbst dargelegt. Es ging hier nicht um eine herkömmliche musikwissenschaftliche Analyse der verschiedenen Motive – das geschah in der Analyse des Violinkonzerts – sondern um zu einem tieferen Verständnis des Quartetts beizutragen.

Teil III.
Fazit

7. Schlußbetrachtung

Das Problem der Kategorisierung stellt sich bei Schedl wie bei jedem Komponisten. Ist er der „Neuen Einfachheit" zuzuordnen? Den „Jungen Wilden"? Bringen uns diese Schlagworte irgend etwas? Steckte man ihn in eine jener Schubladen wie z.B. „Neoexpressionismus" oder „Postmoderne", bezeichnete man ihn als Individualisten. Ist aber nicht jeder Komponist zugleich ein Individualist? Ist nicht jede authentische Musik individualistisch? Für Vergleiche mit anderen Komponisten müßten zum Zwecke der Wissenschaftlichkeit wiederum Analysen von deren Werken dargestellt werden. Das ist hier nicht möglich. Es kann nur geschildert werden, was durch die Analyse erworben wurde. In Schedls Wirken findet und finden sich:

1. Ein eindeutiges Bekenntnis zur „europäischen" Tradition in der Musiksprache;

2. eine geglückte Symbiose aus den Erfahrungen der Neuen Musik und der Auseinandersetzung mit der Tradition, vor allen Dingen der Musik Gustav Mahlers, Alban Bergs und Anton Weberns;

3. ein permanent dramatisches Konzept;

4. Konstruktion als Voraussetzung der „Lust am Subjektiven";

5. Formdenken und Architektur im Sinne Bergs, geschlossene Formen statt offener wie zum Beispiel bei Wolfgang Rihm;

6. motivisch-thematisches Komponieren im Sinne Bergs-Schönbergs und des späten Mahlers, damit in der Linie rückwärts zu Bruckner, Brahms und Beethoven;

7. eine instrumentationstechnische Annäherung an die Klanglichkeit Weberns und Alban Bergs;

8. rhythmische Blockgestalten aus der Auseinandersetzung mit Strawinsky gewonnen (Bartóksche Rhythmen finden ebenso ihren Niederschlag), Ligeti´sche Polyrhythmik und Ligeti´sche polyrhythmische Klanggewebe werden im Laufe der Zeit immer seltener, verschwinden jedoch nie ganz;

9. Klangkomposition im Sinne Edgar Varéses als Klangmorphologie, jedoch ein Klangkonzept durch alle Instrumentengruppen hindurch;

10. Schnitt- und Überblendtechniken aus der frühen Filmkunst, akustische Phänomene wie der Doppler-Effekt;

11. Instrumentationsdenken gleich dem Farbendenken aus der Malerei;

12. Kontrapunktkünste und Zahlenspiele im Sinne J.S. Bachs;

13. Eine Reifeperiode mit zunehmend subjektivierter Sprache von 1988-1997, danach Umbruch in zunehmende Objektivierung.

Für den Autor der vorliegenden Studie liegt das typisch Österreichische in der Symbiose von Melancholie und übersteigerter Rationalität mit Zahlenspekulationen im Sinne des weiter oben von Adorno Geschilderten. Es ist eine Reflexion der Musik vor allen Dingen des späten 19. und frühen 20. Jahrhunderts, die Schedl kompositorisch mit dem Bewußtsein aus den Erfahrungen der Musik seit 1950 tätigt. Das Alte im Geiste des Neuen wird so zu einem neuen Ganzen. In seiner Reifeperiode erreicht Schedl im Rahmen der motivisch-thematischen Arbeit eine absolute Einheit in der Vielfalt der durch konsequente Ableitung gewonnenen Motiv-Gestalten. Diese Einheit in der Vielfalt verquickt Gerhard Schedl mit seiner „Lust am Subjektiven", dem Stillen seines Ausdrucksbedürfnisses.

7.1. Schlußwort

Seine letzten beiden Opern „Zwerge, Riesen, Menschenfresser" und „Julie & Jean", die Kammermusikwerke „Shortcuts" und „a due" werden in der Reihenfolge zunehmend objektivierter und zunehmend konstruktiver. Die Gleichungen umso emotionaler = umso konstruktiver und „umso besser ein Stück ist, umso weniger merk´ ich die Konstruktion drinnen[...]"[445] gelten und wirken nicht mehr. Die Ebenen Konstruktion und Emotion driften auseinander. Es ist vielleicht durchaus eine Parallele zur psychischen Entwicklung Schedls unmittelbar vor seinem Tode: ein Zurückziehen von sich selbst und ein Zurückziehen von dieser Welt. Doch das muß Gegenstand anderer Untersuchungen bleiben, wie auch der wahrscheinliche Ursprung des „Klangschleiers" im Brucknerschen Tremolo.

Schedls Cellokonzert ist für den Autor der vorliegenden Studie der Abschied des Komponisten von dieser Welt.

---

[445]Gerhard Schedl im Interview, s.o.

Teil IV.

Anhang

8. Nachtrag

8.1. Ein Interview mit Erich Urbanner

Ein Interview mit Erich Urbanner wird zitiert (s.u.), das Heinz Rögl mit Urbanner im April 2010 geführt hat und das einigen Aufschluß über die Zeit im Nachkriegs-Wien und die serielle Musik in Darmstadt gibt:

[...]

H.R.: Ihre umfangreiche Werkliste beginnt

E.U.: *... 1956, ab dem Studium. Die ersten Stücke, die da entstanden sind, sind zum Teil natürlich Übungsstücke, für Formen, die wir studieren mussten. Einige habe ich dann viel später auch in meinen Werkkatalog übernommen, aber es gibt eine Menge, die ich nicht aufgenommen habe und auch sicher nicht würde. Man hat sich sukzessive ja dann mit anderen Aufgaben konfrontiert und beschäftigt und die Auseinandersetzung mit traditionellen Formen, etwa mit Kontrapunkt, war natürlich vorübergehend nicht Thema Nummer Eins. Dann kommt einmal der Moment, wo die Rückbesinnung auf neo-klassizistische Traditionen wieder in den Vordergrund tritt, auf etwas, was man ja eigentlich gelernt hat. Bin ich überhaupt noch imstande, einen polyphonen Satz zu schreiben, eine Form zu gestalten? Man sieht, dass auch die frühe Auseinandersetzung doch etwas gebracht hat, zu einem als Komponisten gehört und auch vertreten werden kann. Der Nebeneffekt ist natürlich der, dass ich viele meiner Stücke als Interpret auch uraufgeführt habe. Vor allem die erste Sonatine [Anm.: 1956] habe ich uraufgeführt und selber sehr oft gespielt. Schiske etwa hat immer gemeint, es sei ein gutes Stück und spiel es, wo du kannst. Es ist so, dass dieses Stück eigentlich bis heute, seit ich es wieder an die Öffentlichkeit gebracht habe, immer wieder gespielt wird. Es ist auch für Interpreten, die in meiner Musik nicht so geschult sind, sicherlich eine Aufgabe, die man nachvollziehen kann. Man versteht die Form.*

H.R.: Es gibt ja bereits mehrere Generationen von Interpreten und vor allem auch Komponisten, die sich an Ihnen geschult und herausgebildet haben, man könnte eine Menge von Namen nennen – manche, etwa Gerhard Schedl, muss man ja bereits in die Annalen eintragen ... Aber vielleicht können wir zunächst ein wenig mehr Ihren eigenen Werdegang schildern auch, welche Phasen da auszumachen wären? – Sie kamen nach Wien und waren zunächst bei Joseph Marx (1882-1969) ...

E.U.: *Ja, ja. (Beide lachen). Aus einer heutigen Sicht kann ich aber sagen, dass das für mich gar nicht so uninteressant war. Es hat mir in mehrfacher Hinsicht etwas gegeben. Am wenigsten natürlich, was die Sache des kompositorischen Handwerks betrifft.[...] Die „Schuld", warum ich nach Wien gekommen bin, war eigentlich die eines Philosophieprofessors aus Wien, der in Tirol im Sommer einen Urlaub gemacht hat, in der Nähe gewohnt hat und in Mariathal – das ist eine Wallfahrtskirche – an einem Sonntag einen Gottesdienst besuchen wollte. W[...]. Er wollte mich unbedingt kennen lernen und hat gemeint, ich solle in Wien studieren, er kenne den Präsidenten der Musikakademie Hans Sittner und Joseph Marx gut und könne mich bei den beiden Herren vorstellen. Er hat mir den Weg dorthin geebnet und ich habe auch dem Sittner vorgespielt, als es so weit war. Ich sollte zu Alfred Uhl kommen, hat dann aber gemeint, vielleicht sei es für den Jungen doch besser, wenn das Karl Schiske macht, denn er ist der jüngere Lehrer und für mich besser geeignet. So war es auch!*

Aber Marx wurde ich auch vorgestellt, habe ihm ein Variationswerk für Klavier vorgespielt, das ihn offensichtlich interessierte und er hat gesagt, gut, ich nehme Sie privat und unentgeltlich. Das war natürlich für mich eine tolle Sache, obwohl ich schon an der Musikakademie inskribiert hatte. Aber ich bin ein halbes Jahr regelmäßig jede Woche einmal bei Marx gewesen. Was ist da passiert? – Er hat bald gesehen, nachdem ich ihm die Harmonielehrebeispiele brachte, na ja, Sie können das eh und hat mir aus seinem Leben erzählt. Er hatte eine Menge Bekanntschaften mit Komponisten der damaligen Zeit, mit Richard Strauss oder Ravel, mit Respighi ... das war ja unglaublich. Der Ravel habe zu ihm sehr persönlich gesagt, der „Bolero", das wäre ja ein gutes Stück geworden, wenn die Idee des Stückes wirklich von ihm wäre. Und Marx sagte, sehen Sie, das ist die Bescheidenheit dieses großen Komponisten ... Und dann kam es so, dass ich Marx meine Klaviersonatine zeigen wollte, die nicht gerade in Zwölftontechnik, aber doch atonal angelegt worden war. Da lag auf seinem Klavier eine Komposition von Johann Nepomuk David, der auch ein Schüler von Marx war – dessen Violinkonzert. Und Marx sagte nur, wenn sie auch so einen Mist komponieren, wie das was da liegt, dann brauchen Sie gar nicht mehr kommen! Dabei ist es ein ganz harmloses Stück, gut gemacht, aber überhaupt in keiner Weise ein „Aufreger". Ich habe sofort mein Stück wieder in der Tasche verschwinden lassen, ich wusste dann, das geht nicht. Und irgendwann, nachdem er mir immer wieder dasselbe erzählte, habe ich mir gesagt, da kann ich nicht mehr hingehen. Darüber hinaus war er ja auch sehr selbstherrlich. Und wir waren halt damals eine aufstrebende junge Gruppe, Schwertsik, Zykan, Neuwirth, wir haben uns natürlich zusammengetan und auch Schiske hat uns sehr unterstützt. Wir erregten aber auch das Missfallen der alten Leute im Komponistenbund oder der ÖGZM, auch des Herrn Marx. Überdies waren auch etliche komponierende Funktionäre darunter, die uns auch nicht gerade Wohlwollen entgegenbrachten.

H.R.: Und die IGNM und Erwin Ratz (1898-1973) und Josef Polnauer (1888-1969)?

E.U.: *Ja...Das war ganz interessant. Polnauer war sehr Schönberg-orientiert und hat immer das vertreten, was auch wichtig war, nämlich die „Wiener Schule" einem interessierten Kreis bekannt zu machen. Damals gab es ja kaum Informationen. Bei Ratz war es ähnlich – Schönberg, Schönberg. Ratz war ein großer Choleriker. Er ist regelmäßig in unsere Kompositionsabende gekommen, die Schiske organisierte. Er ist spätestens in der Pause dann ausfällig geworden, regelmäßig. Er war ja Professor für Formenanalyse, hat seine Beethoven-Ausgabe, die ja toll ist, im Unterricht vertreten. Ratz war schnell in der Höh', wenn seine Schüler nicht gleich etwas kapiert haben. Mir ist es auch so ergangen; ich hab mit ihm über ein Formgebilde gestritten, er hat gesagt, das ist eine Periode, ich konnte das nicht nachvollziehen und sagte, ich tendiere eher zu einem Satz. Darauf hat er mich zusammengeputzt, ihr typischen Komponisten, ihr versteht überhaupt nichts. Darauf sagte ich ihm, warum greifen Sie uns immer als Komponist an, das ist unfair. Nachdem er sich beruhigt hatte, bot er sich an, mich mit dem Auto mitzunehmen und sagte dann, wissen Sie ich bin ein cholerischer Typ und hab's nicht so gemeint. In der Folge hat er mich sehr gefördert und knapp vor seiner Emeritierung mich sogar gefragt, ob ich sein Nachfolger werden will. Worauf ich sagte, das ehrt mich sehr, aber ich bin eingedeckt, habe schon meine Funktion in der Akademie (anfänglich Partiturspiel). Dann sind wir übereingekommen, Karl Heinz Füssl [1924-1992] als Nachfolger vorzusehen.*

H.R.: Kommen wir noch einmal zu Karl Schiske (1916-1969) ...

E.U.: *Ich kann vor allem über die Zeit sprechen, als ich Student bei ihm war. Sein Hauptaugenmerk galt der polyphonen Musik, er hatte den Kontrapunkt als ganz wichtig erachtet. Er hatte eine ganz bestimmte Vorstellung von guter Stimmführung, auch von Dodekaphonie. Extrem dürrer punktueller Musik gegenüber war er skeptisch, für ihn war wichtig Substanz. Es war ihm bewusst, dass es vor allem in Darmstadt zu einer ganz anderen Ästhetik kam. Aber er war überzeugt, dass irgendwann wieder eine starke Wieder-Zuwendung zu Kontrapunkt erfolgen wird ... Darauf warte ich allerdings bis heute. Es gab die Mikro-Polyphonie, aber zur Wiederbelebung des Kontrapunkts ist es nicht gekommen. Es gibt vielleicht gewisse Tendenzen in der „Neuen Einfachheit" oder der „neuen schönen Musik". Noch etwas muss ich über Schiske sagen: Wir waren ja von der Schule her einen autoritären Stil gewohnt, am Gymnasium in Kufstein gab es noch viele nationalsozialistisch geprägte Lehrer. Man hat gelernt still zu sein, zu gehorchen – man lernte „Disziplin". Und auch die Clique um Marx hat ihre Position den Studenten gegenüber ausgenützt, um zu unterdrücken. Bei Schiske gab es diese Offenheit und Toleranz. Man konnte immer ganz offen seine Meinung vertreten. Ich habe mich oft gewundert, dass er zu einem Stück, wenn man es ihm gezeigt hat, fast nichts gesagt hat. Dass er das voll akzeptiert hat, was ich gemacht habe, dass er mir die Möglichkeit gab, zu eigenen Vorstellungen zu kommen, mein eigenes Ich und meine eigene Persönlichkeit zu entwickeln. Das ist etwas, das ich als Lehrer hundertprozentig übernommen habe. Das erste ist Toleranz, das zweite Eingehen auf einen Studenten, damit man ihn*

*in den Möglichkeiten, die er hat optimal unterstützt. Und nicht seine Persönlichkeit
mit Vorgaben zu untergraben, die mir vielleicht genehm sind. Das erfordert natürlich
große Flexibilität. Die muss man sich nach und nach aneignen und im Unterricht
geordnet einsetzen, was fast wie ein Widerspruch klingt. Wo sind die Stärken und
was ist das, das zu fördern ist. Schön behutsam einspringen und nicht mit der Faust.*

H.R.: Wie haben Sie in der Beziehung Darmstadt erlebt? Man musste ja was tun
dort, im Mindesten „Reihen zählen" . . . .

E.U.: *Das war für uns ein Schock dort. Ersten einmal lernten wir Dinge und Techniken kennen, die uns bislang nicht bekannt waren, und der Informationsfluss war
schon sehr schnell. Das ist auch ganz bewusst geschehen. Es gab ja auch keine Edi-
tionen vorher, ein Sammelheft der Universal Edition mit modernen Stücken, oft nur
ausschnittweise. Wir Österreicher haben uns dort sozusagen wie Zaungäste gefühlt,
wie Aufsteiger. Wir haben uns das dort angehört und es ist aufgefallen. Bei den Se-
minaren ist uns aufgefallen, dass die Vortragenden – wie Boulez, Nono, Stockhausen
– teils unglaublich von sich eingenommen dort Dinge vertreten haben, Dinge, die so
sein müssen und nicht anders. Stockhausen war auch unglaublich arrogant, er hat
überhaupt nichts gelten lassen was neben ihm passiert, Boulez war unnahbar, er hat
zwar von sich Sachen analysiert, wie er sie gemacht hat, aber nahe konnte man ihm
nicht kommen. Intellektuell war er spannend.*

H.R.: Der Luigi Nono?

E.U.: *. . . war ein sehr interessanter, aber auch sehr impulsiver Komponist, hatte
damals bereits seine radikale politische Einstellung und ist einen Weg gegangen, der
ihm à la longue seine Position in Darmstadt gekostet hat. Beim Henze war's auch
so, aber anders. Er meinte ganz offen, was ihr da macht ist doch ein Wahnsinn, so
kann man sich doch nicht präsentieren.*

H.R.: Und Bruno Maderna (1920-1973)?

E.U.: *Ja, den wollte ich gerade nennen. Vor allem er wurde von uns als der Musiker
gesehen, er hat auch sehr viel dirigiert. Und sehr beeindruckend war für mich, wie er
Werke analysierte, was es heißt, sehr komplex zu komponieren, wie es vom Klanglichen so abgestuft werden kann, dass es an Plastizität gewinnt und auch hörbar wird.
Er hat immer auch den Interpreten mit einbezogen und hat gesagt, wenn Sie diesen
Teil realisieren, dann müssen Sie wissen, welche Funktion Sie darin ausüben, sonst
geht gar nichts. Das bedeutet für die Komponisten sicherlich den Hinweis, zu beach-
ten: Wenn ich einen sehr dichten Satz komponiere, muss ich mir auf der anderen
Seite versuchen vorzustellen, was Gefahr läuft zugedeckt zu werden. Maderna ist ja
oft auch in Wien gewesen, hat hier viel dirigiert, was ich sehr genossen habe. Auch
kam es vor, dass wir mit ihm die ganze Nacht durchgezecht haben, und es konnte
schon passieren, dass bei der ersten Probe am nächsten Tag eine falsche Partitur
am Dirigentenpult lag. Das Orchester begann zögernd zu spielen . . . was ist das?
Das ist ja ein anderes „Stuck". Maderna hat auch von mir ein Stück uraufgeführt.*

Im Symphoniker-Zyklus.

H.R.: Die Symphoniker haben ihn sehr verehrt.

E.U.: *Ja, ja. Er hat gesagt, er liebt die Symphoniker und sie lieben ihn. Maderna war eine internationale Größe, die auch für uns Wiener ein Ohr hatte. Denn in Darmstadt hatten wir das Gefühl, man nehme die Österreicher nicht ganz ernst.*

H.R.: Wobei es ja bei allen Österreichern, die in Darmstadt waren – Schwertsik, Cerha, Zykan und so weiter – doch auch erstaunliche Entwicklungen gab!

E.U.: *Diese ganzen Erfahrungen in Darmstadt führten dazu, dass wir uns natürlich auch mit diesen seriellen Techniken beschäftigt haben.*

H.R.: Und Schwertsik ging zu Stockhausen und sagte dann irgendwann einmal, so will ich das nicht mehr machen ...

E.U.: *Ich habe mir gegenüber meinen Kollegen auch einmal den Spaß erlaubt und habe etwas so geschwind hingeschrieben, ohne zu überlegen, was. Ich hab es als streng serielles Stück ausgegeben, den Kollegen gezeigt und die meisten sind darauf hineingefallen – ah, damit kann man interessant arbeiten und damit ... bis ich endlich sagte, dass das alles gar nichts bedeutet, es ist nichts. Daran sieht man, wie problematisch von der Wirkung her pure Pseudo-Serialität sein kann. Aber abgesehen davon: Es haben sich eigentlich alle meine Kollegen die in Darmstadt waren, davon in irgendeiner Weise wieder distanziert.*

H.R.: Und Adorno schrieb seinen Aufsatz „Vom Altern der Neuen Musik" ...

E.U.: *Was natürlich noch mehr verunsichert hat. Aber dann ist folgendes passiert. Im Jahr 1958 – da kam der Cage. (lacht). Diese Darbietungen von ihm... und alle haben darüber gelächelt oder laut gelacht, aber in der Retrospektive, später, wenn man das Ganze dann verdaut hat, war für mich, auch für meine Kollegen, wichtig einen Weg zur Freiheit zu finden, das ganze Korsett, das so wenig Gelegenheit dazu gegeben hat, einfach abzustreifen. Auch das Zwölftonseminar meines zweiten Lehrers Hanns Jelinek [...] war zu sehr auf die Einhaltung strenger Regeln ausgerichtet. Aber ich wollte Reihen auch anders stellen, oder ganze Bereiche aus der Dodekaphonik herausnehmen, oder ganz andere Harmonien schreiben. Und mit der Zeit wurde mir auch das Konzept, wie es Frank Martin oder Berg verwendet haben, noch immer zu eng. Ich habe durchaus schon als Student, noch ehe die ganze Welle der Improvisation über uns hereinbrach, einmal ein Stück geschrieben für zwei Klaviere, wo Improvisationen drinnen sind. Aber das Stück ist so schlecht, dass ich das nicht weiter verfolgt habe. Auch was Aleatorik betrifft, wollte ich die Vorgänge nie völlig aus der Hand geben. Auch freie Gestaltung des Interpreten soll sich innerhalb eines gesteckten Rahmens abspielen. Ich habe auch eine Strecken-Notation entwickelt, die es in der Form meines Wissens noch nicht gab. Ich notierte einen Zeitrahmen von sagen wir zwei Sekunden und auch – mit der Stärke der Balken – die Dynamik. Da konnte man schon von der Optik her sehr modulationsfähig gestalten. Die Musik wurde lebendiger und hat den Spieltrieb der Musiker in doppelter Weise gefördert.*

Nur – je mehr Leute es sind, im Extremfall das Orchester, umso schwieriger funktioniert das. Das hat mich zu der etwas provokanten Äußerung veranlasst, dass ein kleines Ensemble, wo auch solistische Aufgaben drinnen sind, das Intelligenteste, das „dümmste" das Orchester sei. Ich habe damit auch die Erfahrung gemacht, da ich einmal Gelegenheit hatte, ein Orchesterkonzert zu dirigieren, wo ich ganz absichtlich ein Stück von dem Komponistenkollegen István Zelenka angesetzt habe, der sich sehr mit verbaler Notation beschäftigte, so Bezeichnungen wie „hüpfend" oder „wie ein Ruf" und Linien, alles nur mit relativen Tonhöhen. Es war für mich interessant, was soll man da proben? Nach vielen Erklärungen wusste jeder, wann er kommt, was er zu tun hat, jetzt spielen wir das in einem Fluss. Die Musiker waren so ad hoc mit den Bezeichnungen beschäftigt, dass sie gar nicht auf die Idee kamen, sich einen Spaß daraus zu machen. Der Komponist war ganz angetan davon, es war dramatisch und ich war selber erstaunt. Und bei der Aufführung war es eine Katastrophe, also ist das nur durch die Einmaligkeit zu erzielen.[446]

H.R.: Was waren und sind die Ensembles, mit denen Sie am liebsten gearbeitet haben, wer hat damals Ihre Stücke gespielt?

E.U.: *Das war schon auch die „reihe", aber es war vor allem die Tätigkeit in Innsbruck. Der damalige Musikchef Othmar Costa vom Landesstudio Tirol hat mir viel freie Hand gelassen im Rundfunk, erstens einmal weil ich ein Tiroler bin und zweitens, weil er meine Experimente unterstützen wollte und konnte. Costa war interessiert, das Landesstudio Tirol in Sachen Neuer Musik zu einem führenden Studio zu machen – in den sechziger, siebziger Jahren. Er hat auch die Zentrale im Rundfunk genötigt, das zu unterstützen. Und ich hatte hier Musiker, die weniger aus dem Orchester kamen, sondern vor allem Lehrer am Konservatorium waren, und die der Sache sehr zugetan waren. Da konnte ich Musiker auch motivieren, einmal etwas frei zu machen. Wir hatten Möglichkeiten und genug Zeit, auch sehr schwierige Stücke wirklich gut zu produzieren, etwa das Violinkonzert oder das Kontrabasskonzert mit Ludwig Streicher als Solisten.*

[...]

H.R.: Gehen wir nach Wien. Ein wichtiges Ensemble, das ihre Werke aufführte, war und ist jahrelang Keuschnigs Ensemble „Kontrapunkte".

E.U.: *Keuschnig war auch an der Hochschule, hat mir auch manchmal ausgeholfen bei Kompositionsabenden und das Ensemble führt immer wieder Sachen von mir auf. Ich war immer sehr angetan von der Ernsthaftigkeit seiner Arbeit, von der Qualität der Musiker. Er wollte auch einmal auch etwas uraufführen. Das Kammerkonzert habe ich für ihn geschrieben, das jetzt uraufgeführt werden wird (12.04.2010, Brahms-Saal im Musikverein). Ein Vorzug Keuschnigs ist, dass er immer auch Komponisten spielt, die einer älteren Generation angehören, mitunter auch vernachlässigt werden, selbstverständlich auch junge interessante Leute.*

---

[446]Von diesem Stück berichtete uns Gerhard Schedl immer in lebhafter Erinnerung. Anm.d.Verf.

H.R.: Viele Komponisten Österreichs nach 1945 sind vergessen worden. Auch einiges von dem Musikdramatiker Gerhard Schedl ...

E.U.: *Ich habe eines Tages Keuschnig gesagt, da habe ich einen jungen Komponisten – Gerhard Schedl, schau ihn dir an. Daraus hat sich eine lange Zusammenarbeit entwickelt. [...]*[447]

8.2. Urbanner und Schedl, ein Handschriftenvergleich

Gerade bei der Streckennotation ist es interessant zu beobachten, daß Gerhard Schedls graphische Besessenheit soweit ging, daß das Notenbild seiner Streckennotation, wie z.B. in seinen „Zwölf Impressionen", von der Urbanners auf den ersten Blick hin kaum zu unterscheiden ist. Beide Musikerhandschriften ähneln einander sehr. Was nicht heißen soll, Schedl habe Urbanner kopiert, aber Urbanner muß auf den jungen Gerhard Schedl solch einen Eindruck gemacht haben, daß das, was er mit seinem Auge in den Werken Urbanners sah, sich ihm einbrannte. Schaut man sich die Handschriften Schedls an, die er vor seinem Studium bei Urbanner anfertigte, so wird die Diskrepanz deutlich. Im Studium bei Urbanner entwickelte sich – was eigentlich selbstverständlich ist – die Notenschrift Gerhard Schedls, sie wurde professionell und verlor die linkischen und kindlichen Züge. Ihre Grundstruktur folgt der Notenschrift Erich Urbanners. Gerne hätte der Autor auch die frühen Handschriften gezeigt, aber mit Rücksicht auf den Willen Schedls, der einer Veröffentlichung niemals zugestimmt hätte, werden nur die reifen Handschriften verglichen.

Hier ein Beispiel aus Urbanners 3. Streichquartett[448]:

---

[447]Heinz Rögl, mica-Interview mit Erich Urbanner, http://www.musicaustria.at/musicaustria/neuemusik/mica-interview-mit-erich-urbanner

[448]Schedl schenkte ein Exemplar dieser Partitur dem Verfasser zum Abschied, als dieser sein Kompositionsstudium in Würzburg antrat. Anm.d.Verf.

3. STREICHQUARTETT

ERICH URBANNER, 1972

© Copyright 1980 by Ludwig Doblinger (Bernhard Herzmansky) KG, Wien – München
Printed in Austria

D. 16 244

Und hier ein Beispiel aus Gerhard Schedls „12 Impressionen für Klavier":

© Mit freundlicher Genehmigung des Musikverlages Doblinger, Wien-München.

Schedl adaptierte Urbanners Streckennotation in seinem Klavierstück vollkommen. Das einzige, worin sich beide unterscheiden, ist die Größe der Notenköpfe, die Balken sehen bei beiden ziemlich gleich aus. Zur Erläuterung: lange Balken bedeuten lang ausgehaltene Töne, kurze Balken gleich kurze Töne, dünne Balken bedeuten leise Lautstärke und dicke Balken laute Lautstärke, dünner werdende Balken gleich decrescendo, dicker werdende Balken gleich Crescendo. Ein ganz einfaches Prinzip. Hierbei geht es darum, Musik graphisch-plastisch zu visualisieren. Die Verwandtschaft der Handschriften von Lehrer und Schüler sind so offensichtlich, daß sie keiner weiteren Erklärung mehr bedürfen.

9. Schedls Skizzen zu Texten und Werken

Dem Autor war es möglich, zahlreiche Manuskripte Schedls im Hause seiner Witwe einzusehen. Hierunter befanden sich auch Skizzen zur Formulierung des Textes „Der formale Gedanke", „Musik ist Zahl", sowie Skizzen zu Projekten. Die rechtliche Frage ist zum jetzigen Zeitpunkt allerdings ungeklärt, denn das Referat „Die Welt ist Zahl und die Musik auch" ist im Auftrag einer Firma Ploenzke im Congresszentrum Alpbach entstanden, so daß es nicht so einfach abgedruckt werden kann. Die Recherchen gestalteten sich als so schwierig, um Ansprechpartner für eine Abdruckgenehmigung dieses Referats zu finden, daß hier letztlich darauf verzichtet werden mußte. Da es zu dem Zeitpunkt der Einsicht nicht möglich war, die Skizzen zu scannen, sondern sie nur abphotographiert werden konnten, entspräche auch die Qualität modernen Maßstäben nicht. Es werden hier nur die erträglichen Photographien dargestellt. Auch der Versuch der digitalen Bearbeitung mußte entfallen: Das Bild wäre manchmal beschnitten worden und der Text manchmal zerstört. Das gesamte Skizzenmaterial wurde der Österreichischen Nationalbibliothek übergeben und ist in Zukunft dort einsehbar.
Hier das Referat im Original zur 2. Sinfonie:

2. Sinfonie

Form : 3-teilig : Elegie I — quasi Marcia funebre — Elegie II

		A	B	A'
formale Proportion	Takt:	1 – 93	94 – 249	250 – 319
	Anzahl:	93 :	156 :	69
	(: 3	31 :	52 :	23) × 3
Gesamtproportion	≈	3 :	5 :	2
Detailproportion	≈	2 : 3	, 2 :	1

Elegie I

	a		b	
Takte:	50		43	

$$18 + (1) + 7 \quad | \quad 17 + 7 \quad | \quad 12 + 6 \quad | \quad 11 + 6 \quad | \quad + \underset{(7 + 1)}{8}$$

Hauptgruppe   Seitengruppe   Climax / Überleitung

Harmonische

Grundtönigkeit: Es/E   As→E ‖ Es/E   F/As ‖ As/E   As→E | As→E   A/B ‖ As → E/Es
                                                                [C] |[C]

Elegie I

Takt	Hauptgruppe	
1 - 4	1.) Exposition der Klangfläche (Klang + Geräusch) (tief Holzbläser / gr.Tr. +2Tamt+Pfk+Arf)	Bspl. 1
5 - 6	Erweiterung : Auffächern des Akkordes in den zwei geteilten Celli und geteilten Kb.	Bspl. 2
7 - 10	Exposition des zentralen musikalischen Gedankens . (1. Horn) „Haupt motiv"	Bspl. 3
10 - 14	Veränderung und Abbau der Klangfläche (Flageolett akkord der Vcl/Kb in ad-lib- Glissando)	
14 - 18	Exposition des Gegensatzes aus dem Hauptmotiv (Solo- Cello) (vesitative Fortspinnung)	Bspl. 4
19	G.P	
20 - 25	3 Akkord schläge (Transposition auf As) und Exposition der ostinaten Bariton folge . (in Transposition und Grund form	Bspl. 5/6
26 - 27	Exposition der Grund akkord folge (Oboen) verbunden mit Variation des „ Hauptmotivs' (Solo- Cello)	Bspl. 7/8
27 - 30	Entwicklung von Polytonalen Strukturen (geteilte Celli)	Bspl. 9
31 - 36	Entwicklung von polyphonen Strukturen aus Motiv- partikel und ihren Transpositionen; in Hauptstimme und Nebenstimmen · (Verschiedene Bewegungs modelle)	Bspl. 10
37 - 43	Höhepunkt des 1. Abschnittes . Harmonische Anreicherung zum Vollakkord.	Bspl. 11
44 - 50	Rückentwicklung zur verkürzten Klangfläche	
	formale Prinzip :	Taktanzahl
	Exposition der Hauptgruppe	18+(1)+7} 26
	Entwicklung – Höhepunkt	17
	Rückentwicklung	7

Takt	Seitengruppe	
51-59	Chromatischer Baß-Ostinato [6/8]	
	Exposition einer melodischen, 2-stimmig motivierten Linie	Bspl. 12
	in den geteilten Bratschen. (Vorbereitet von 1. Cello)	Bspl. 13
	(vergleiche T. 14 ff.)	
60-62	3-taktiger Einschub. (Rhyth., dyn. Crescendo in Fermatenakk.)	Bspl. 14
63-67	Verkürzte und veränderte Wiederholung.	
68	Verkürzter und veränderter Einschub (Cresc. in Fermaten akk.)	
69-79	1. Durchführungsabschnitt: °) Baß-Ostinato wird gedehnt (Pft)	Bspl. 15
	°) Umkehrung des abwärts gerichteten Ostinatos	
	in sequenzierte Aufwärts bewegung	Bspl. 16
	°) Engführung der Bewegungslinien	
80-85	2. Durchführungsabschnitt: °) Variante des ostinaten Rhythmus	Bspl. 17
	°) Hinzufügung des aufgespaltenen	
	Hauptmotivs (transponiert)	
	(Der gesamte Durchführungsabschnitt ist gekennzeichnet von	
	einem permanenten Aufstieg vom tiefen Register zum hohen	
	Register, vom pp zum fff zur größten Intensität (3-geteilte	
	Celli, gestopfte Hörner, und hohe Oboen zur Klangverstärkung)	
85/86 -	Höhepunkt (Climax) der Elegie I.	Bspl. 18/19
- 92		
93	Abbau und Überleitung. (Solo-Bratsche)	Bspl. 20

formales Prinzip	Takt anzahl
Exposition des kontrastierenden Seitengedankens	12 + 6 } 18
Sofortiger Abbau und Vermischung (ultis praktikel)	17+6 } 17
Durchführung; gleichzeitiges Aufbau des Höhepunktes	7 + 1
Höhepunkt und Überleitung	

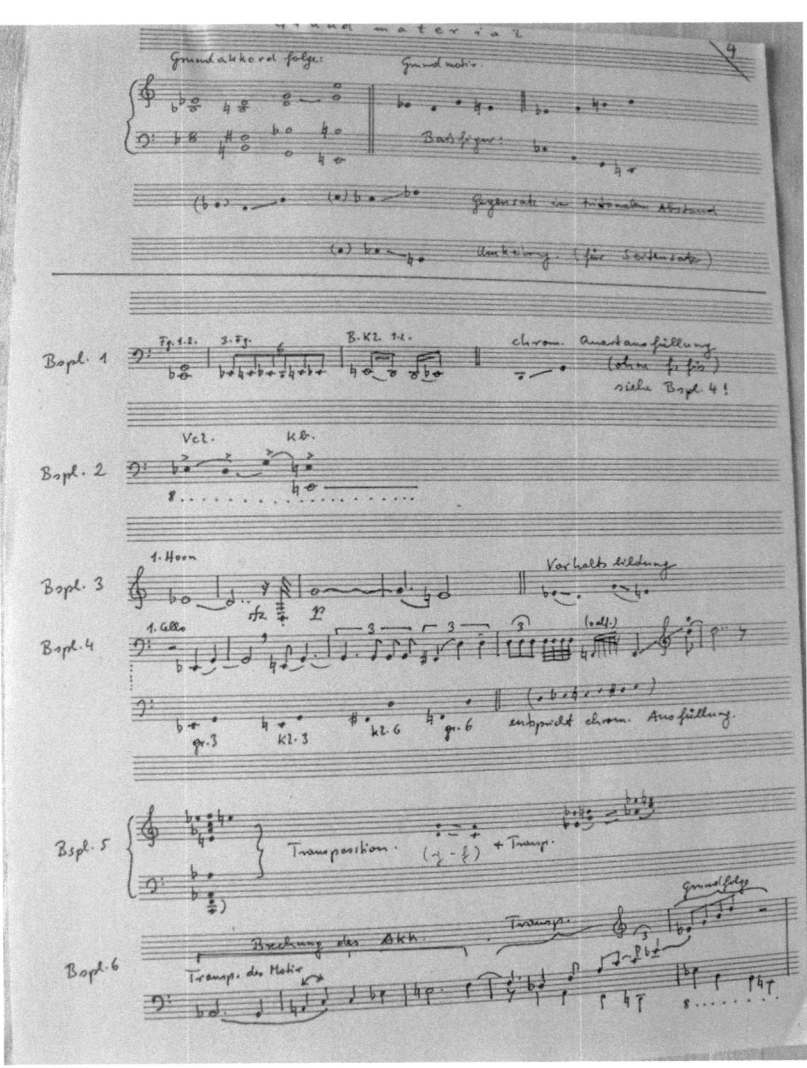

286

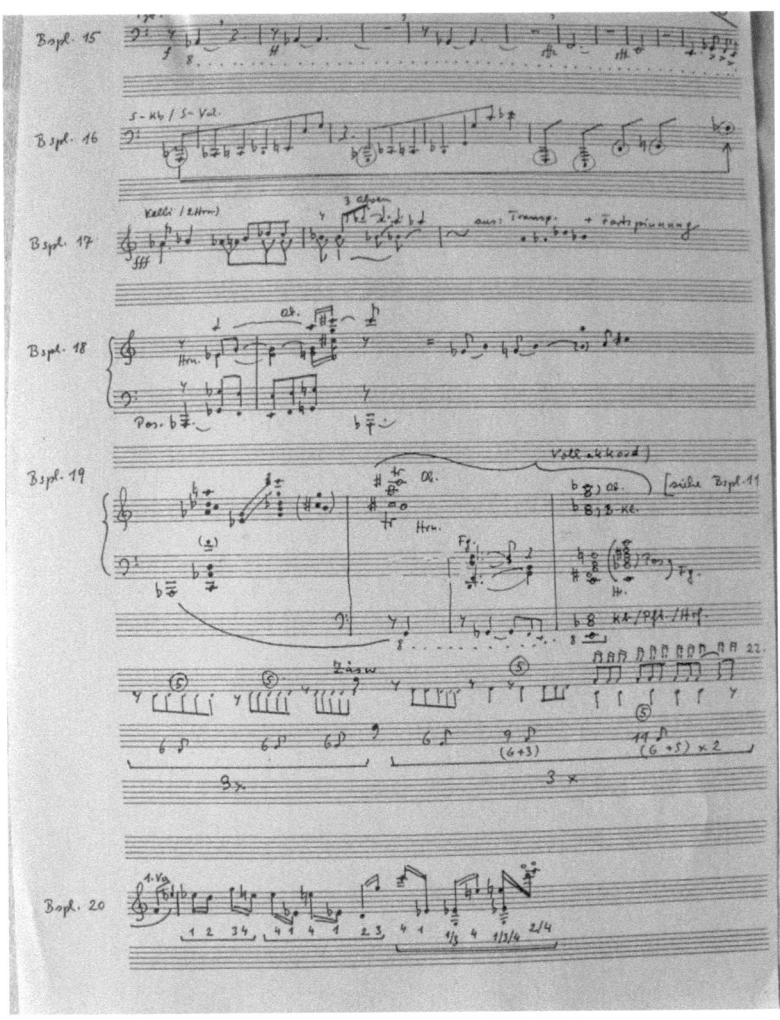

Hier ein Skizzenblatt zum Vortrag zur Uraufführung des oben behandelten Violinkonzerts:

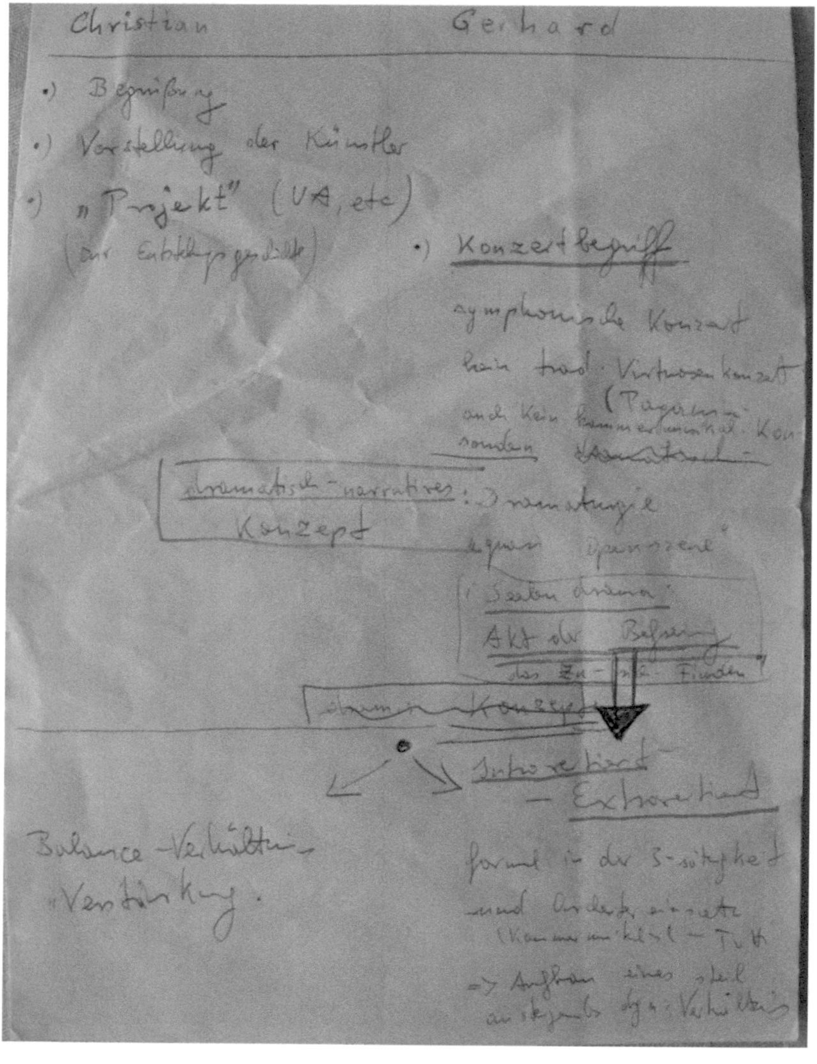

Christian   Gerhard

•) Begrüßung
•) Vorstellung der Künstler
•) „Projekt" (UA, etc)
    (der Entstehung geschuldet)   •) Konzertbegriff

                                         symphonische Konzert
                                         kein trad. Virtuosenkonzert
                                         auch kein [Paganini]
                                         sondern [...]

┌─ dramatisch-narratives ─┐   :) Dramaturgie
│   Konzept   │   „opern szene"
└─────────────────────────┘   ┌─ „Seelen drama" ─┐
                              │ Akt der Befreiung │
                              │ des En... Finden │
┌── [...] Konzept ──┐ ▼
                              Interpretiert
                              – Extrovertiert

Balance-Verhältnis   formal in der S-...keit
„Verstärkung"   und An...
                             (Kammermusik — Tutti)
                             ⟹ Aufbau eines ...
                             an ... dys. Verhältnis

Christian   Gerhard

Spezielle Eigenheiten des
1. Satzes (Keine Kadenz)   Gesten:
                                  _____

sondern „der" 1. Satz   unikalisch-gehaltene
                         ⟶
                    ⟵   Rhetorik: „Selbstgespräch
                                  einer „in sich geschlossenen
Interpretation   Seele". (allein, vielleicht auch d...
des 2. und 3. Satzes   manchmal verzw...
                                  Komposition in mehreren Schichten

                              3.) Emotionale Palette:

Der Solist ist   Der Haupt held des
gleichsam der   „Romans", der Opernszene"
„Hauptheld" der Romans,
der Protagonist der „Opernszene
                              2.) Farbpalette
                                  Das (musik.) Ambiente
normatives Konzept   1.) Visuelle Vorstellung
„Selbstgespräch   „Landschaft im
eine eingeschlossenen   November nebel",
         Seele   fast toten-still"
allein   - grau - braun - grün
vielleicht auch   jedes gemischt und
manchmal verzweifelt"   ! hört Puls schlag
                          ! selbst das Atmen
      Abgesang   Einsamkeit

allmähliche Metamorphose in das
Genre „Nachtstück" (gleich einem
blauen Sommerabend)

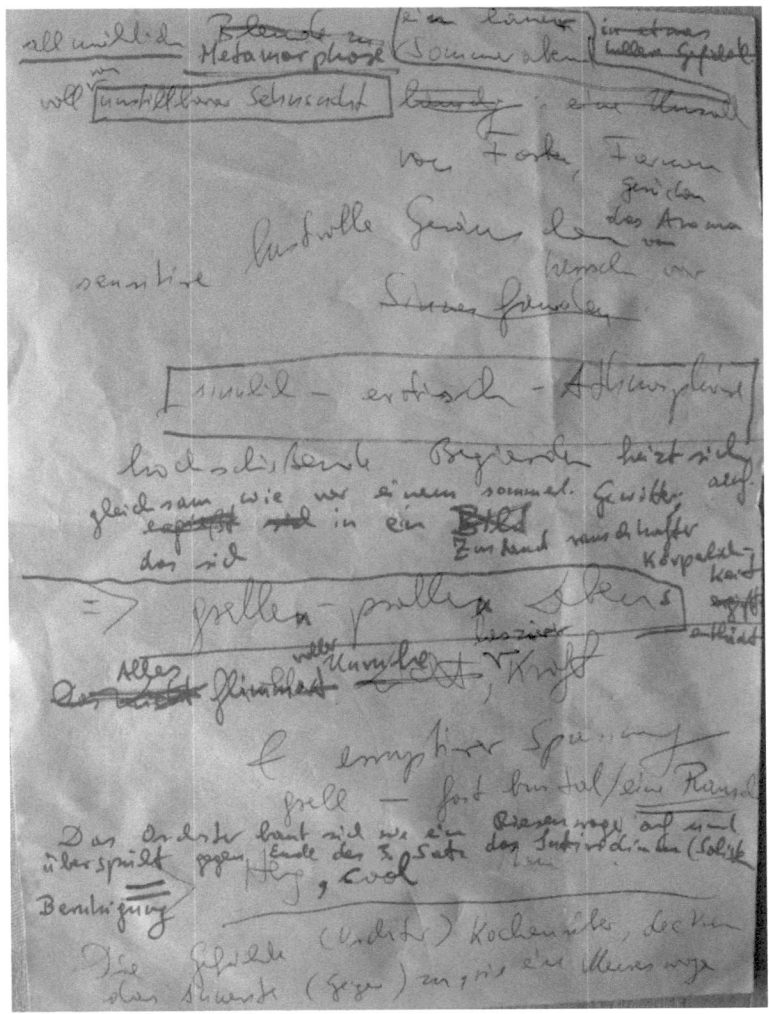

Die folgenden Skizzen sind die Formskizzen zur unvollendeten IV. Sinfonie, die auf der Grundlage von Daten der irischen Geschichte konzipiert werden sollte:

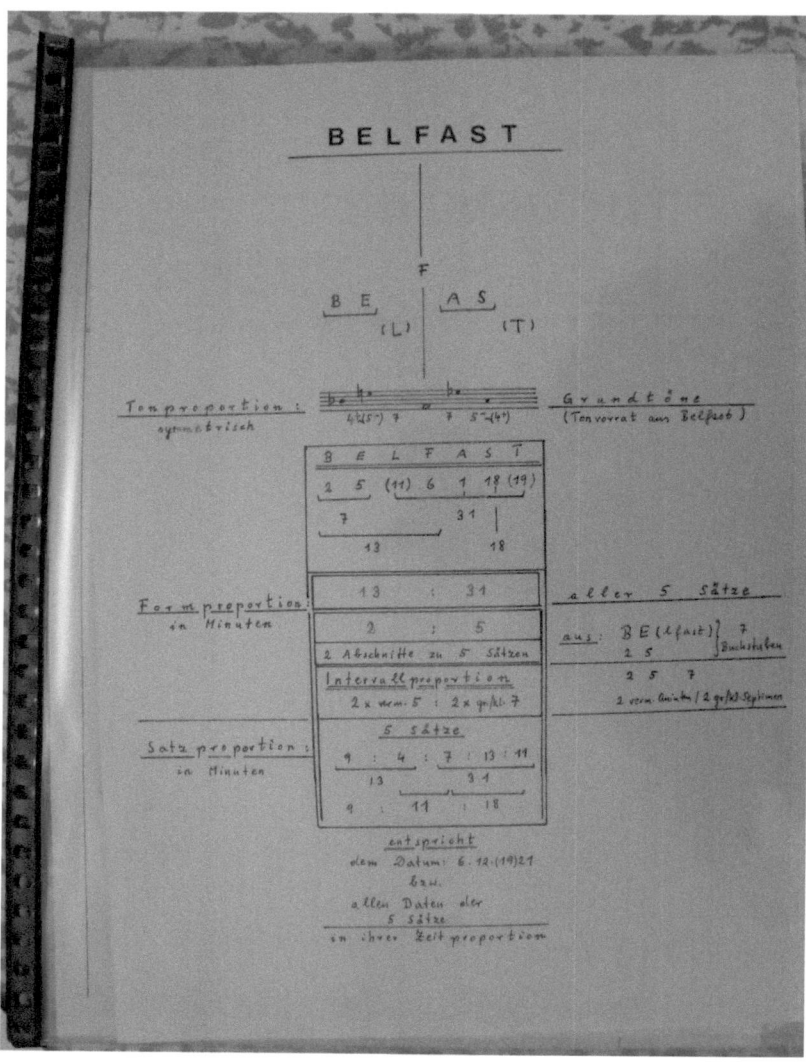

292

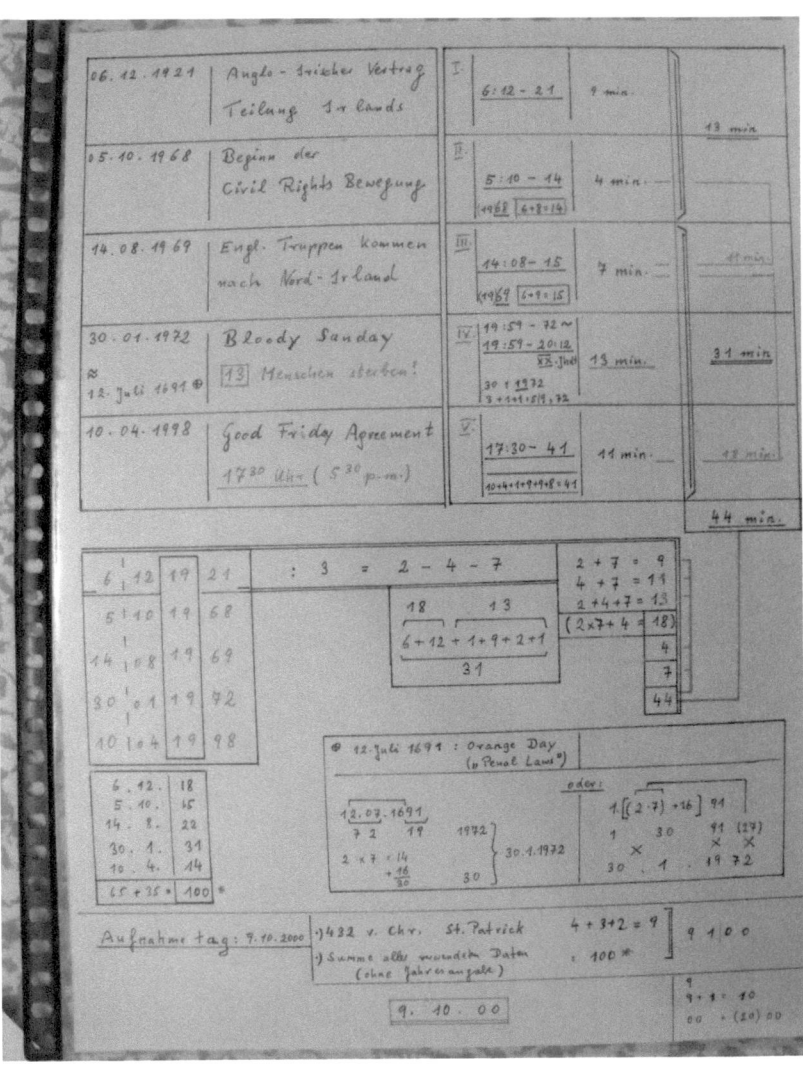

06.12.1921	Anglo - irischer Vertrag Teilung Irlands	I.	6:12 - 21	9 min.
				13 min.
05.10.1968	Beginn der Civil Rights Bewegung	II.	5:10 - 14 1968 [6+8=14]	4 min.
14.08.1969	Engl. Truppen kommen nach Nord-Irland	III.	14:08 - 15 1969 [6+9=15]	7 min.
30.01.1972 ≈ 12. Juli 1691 ⊕	Bloody Sunday [13] Menschen sterben!	IV.	19:59 - 72 ≈ 19:59 - 2011⅔ XII. Juli 30 ↑ 1972 3+1+9+5/9,72	13 min.
10.04.1998	Good Friday Agreement 17³⁰ Uhr (5³⁰ p.m.)	V.	17:30 - 41 10+4+1+9+9+8=41	11 min.

44 min.

6 12 19 21   : 3 = 2 - 4 - 7   2 + 7 = 9
5 10 19 68   4 + 7 = 11
14 08 19 69   18   13   2 +4+7= 13
30 01 19 72   6 + 12 + 1+9+2+1   (2×7+ 4 = 18)
10 04 19 98   31   4
                                             7
                                            44

⊕ 12. Juli 1691 : Orange Day
                  („Penal Law")

6 . 12 . 18   oder
5 . 10 . 15   12.07.1691   1.[(2·7) +16] 91
14 . 8 . 22   72   19   1972}   1   3.0   91 (27)
30 . 1 . 31   } 30.1.1972 ×   × ×
10 . 4 . 14   2 ×7 = 14   30   30 . 1 . 19 72
65 + 35 = 100 *   + 16
                     30

Aufnahme tag: 9.10.2000   •)432 v. Chr. St. Patrick   4 + 3+2 = 9   9 1 0 0
                          •) Summe aller runden Daten   = 100 *
                             (ohne Jahresangabe)
                                                                      9
                             [9 . 10 . 00]   9 + 1 = 10
                                                         00 - (10) 00

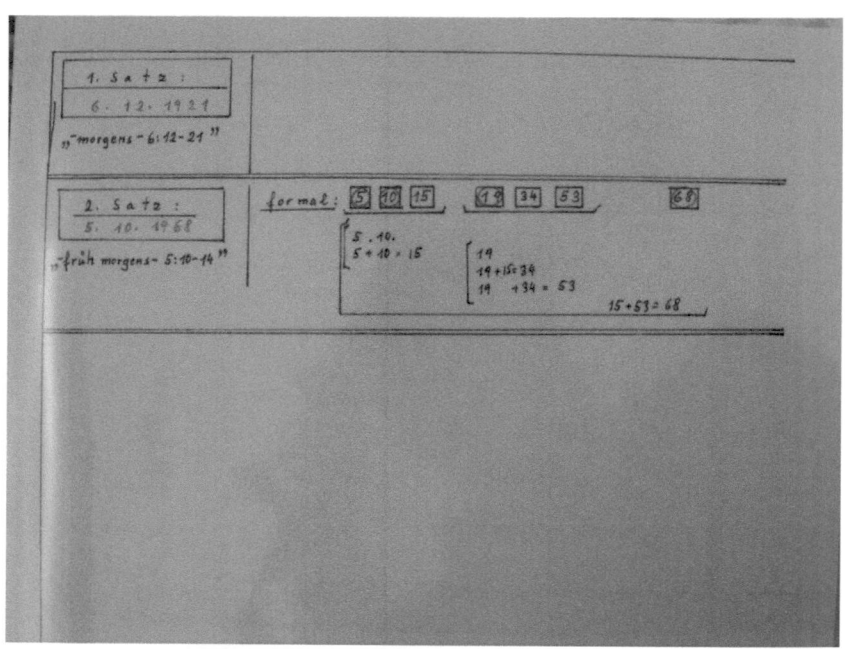

1. Satz :

6 . 12 . 1921

„morgens - 6:12-21 "

2. Satz :

5 . 10 . 1968

„früh morgens - 5:10-14 "

formal : [5] [10] [15]   [19] [34] [53]   [68]

5 . 10.
5 + 10 = 15

19
19 + 15 = 34
19   + 34 = 53

15 + 53 = 68

294

10. Quellennachweis:

Verzeichnis der analysierten Werke

Schedl, Gerhard: 2. Sinfonie, Partitur, D 17400, Wien-München, Doblinger 1987
Schedl, Gerhard: „Slow", Musik für Violoncello und Orchester, Partitur, D 18648, Wien-München, Doblinger 1997
Schedl, Gerhard: 3. Streichquartett, Partitur, D 18539, Wien-München, Doblinger 1996
Schedl, Gerhard: Konzert für Viola und Orchester, Partitur, D 17542, Wien-München, Doblinger 1990
Schedl, Gerhard: Violinkonzert, Partitur, D 18359, Wien-München, Doblinger 1995

Werkverzeichnis

Solowerke, die bei Doblinger verlegt sind:
Sonate für Violoncello solo (1975, revidierte Fassung 1980)
Fantasie über einen ostinaten Baß für Gitarre solo (1976)
Zwei lyrische Stücke für Klavier solo (1979)
Zwölf Impressionen nach einem Landschaftszyklus von Ulrich Doege für Klavier solo(1980)
Rhythmen für Gitarre solo (1980)
Variationen über einen Walzer von A. Diabelli für Klavier aus dem Sammelband: „Diabelli 81" (1981)
Sonate für Flöte solo (1981)
Passacaglia für Orgel (1982)
Action - Meditation. Aleatorische Improvisation für Orgel (1983)
Rondeau für Gitarre solo (1983)
Preludes für Klavier (1984) - Ms. Quasi una Fantasia für Laute (1990) - Doblinger

Kammermusik:
Musik für Klarinette, Tuba und Klavier (1977) - Ms.
Musik für Klarinette, Kontrabaß und Klavier (1977) - Ms.
Alle bei Doblinger verlegten Werke:
Nächtliche Szenen. Skizzen für Streichquartett (1977)
Concertino für Viola und Klavier (1980)
Der Totentanz von Anno Neun nach dem Gemälde von Albin Egger-Lienz. Septett für Flöte, Oboe, Klarinette, Baßklarinette, Violine, Violoncello und Kontrabaß (1980)
Nachtstück für Bläserquintett (1982)
GESÄNGE ÜBER „DEH VIENI ALLA FINESTRA" für Violine, Violoncello und Klavier (1983)
„A TRE". Variationen für Klarinette, Violine und Klavier (1984)
Schattenbilder. Vier Sätze für Violoncello und Klavier (1985)
I. Irrlicht; II. Verklingende Lieder; III. Ein Hauch von Klang; IV. Die Sehnsucht nach dem verlorenen Klang.
Streichquartett. Romantische Paraphrase über „ Der Tod und das Mädchen" (Franz Schubert, Lied op.7, Nr.3) (1986)
Melodram. Ein elegischer Gesang (instrumentale Einkreisung) für Baritonsaxo-

phon und sechs Schlagzeuger (1989)

„Der welcher wandert diese Straße voll Beschwerden...". Lamento für Violine, Violoncello und Klavier (über Mozarts Zauberföte, 28. Auftritt) (1991)

Streichtrio (1991)

Divertimento für 2 Violinen und Kontrabaß (1992)

Sonata da Camera für Saxophonquartett (1993) – Apollo Verlag

„A Cinque" für Klarinette, Violine, Viola, Violoncello und Klavier (1996\1997) - Doblinger

Concertino für Violine und Klavier (1998) - Doblinger

Soloinstrument(e) und Ensemble\ Orchester:

Cappricio für Klavier und kleines Orchester (1977) - Ms.

Alle bei Doblinger verlegten Werke:

Konzert für Violine und 9 Streicher (1979)

Konzert für Gitarre und Jazzensemble (1983)

Doppelkonzert für Violine, Violoncello, 10 Streicher und Cembalo (über Johann Sebastian Bachs Sinfonia 9, f-Moll, BWV 795) (1987)

Konzert für Viola und Orchester (1988)

Konzert für Violine und Orchester (1994\95)

„Slow". Konzert für Violoncello und Orchester (1997)

Kammerorchester\ Orchester:

Drei Miniaturen für Orchester (1980) - Doblinger

Tango für Orchester (1981) - Doblinger

(1.) Sinfonie (1982) - Doblinger

Kontrapunkt IV für großes Orchester und Tonband (1984) - Doblinger

2. Sinfonie „Fleur du Mal" (1987) - Doblinger

Figures in the Dark für Big-Band (1988) - Ms.

CONCERTO DA CAMERA für Kammerorchester (1991) - Doblinger

FÜNF INTERMEZZI aus der Oper„Glaube Liebe Hoffnung" für Orchester (1995) ebda.

Vokal, alle bei Doblinger verlegt:

MAGNIFICAT für gemischten Chor a cappella (1982)

PATER NOSTER in der phrygischen Tonart für 16 Stimmen (4 Chöre) a cappella (1983)

TE DEUM für Soli, Chor, Orgel und Orchester

„...SO ZU LICHT UND LUST GEBOREN...". Poesie für Bariton und großes Orchester (1986) Text: Friedrich Hölderlin („Diotima")

BÖSE SPRÜCHE. Farce für Kammerchor und 3 Bläser (Alt-Sax., Trp., Pos.) (1988)

3. Sinfonie für Bariton und Orchester (1990) Text: Friedrich Hölderlin („Diotima") CONCERTO DA CAMERA II für hohe Stimme und Kammerensemble

(1994)
Szenische Werke:

Der Schweinehirt. Kinderoper (Text. Attila Böcs) (1980) - Breitkopf & Härtel

Der Großinquisitor. Szenisches Oratorium für Baßstimme, Violoncello, Sprecher, gem. Chor, Orgel und Kammerorchester (1980) Text: Attila Böcs nach Texten a.d. Roman „Die Brüder Karamasoff" von Fedor M. Dostojewskij, Kontrabaß. Kammeroper (Text: Attila Böcs) (1982) - Breitkopf & Härtel

Alle bei Doblinger verlegten Werke:

SCHALL UND RAUCH oder DAS LEBEN IST HART GENUG. Drei Parodien für einen Schauspieler und Kammerensemble (1983)

TRIPTYCHON. Kammeropern - Trilogie (1989) I. Pierre et Luce ; II. Kontrabaß ; III. „S. C. H. A. S. . . .“

PIERRE ET LUCE. Lyrische Kammeroper nach einer Novelle von Romain Rolland (1989) Text: Attila Böcs

„ **S. C. H. A. S. ...“**. Skurriles Musiktheater (1986\1988) Text: nach dem Gleichnis „ Erlaubent, Schas, sehr heiß, bitte" von H.C. Artmann

GLAUBE LIEBE HOFFNUNG. Oper nach dem Drama von Ödön v. Horvath (1991\92) Text: Ödön v. Horvath, Einrichtung: Attila Böcs

„...FREMD BIN ICH EINGEZOGEN...“. Ein Tanz- und Musiktheater für Tänzer, Sänger, Schauspieler, elektronische Bänder, Chor und Orchester (1996) Text: nach verschiedenen Schubert - Liedern sowie von Qualtinger, Jandl, Artmann, Rühm, Bayer und Wiener

DER FICUS SPRICHT. Minidrama für A, B, einen Volkssänger, ein Blumenmädchen und einen Gummibaum (1998) Text. Franzobel

Julie & Jean. Ein Match in zwölf Runden nach Motiven von August Strindbergs „Fräulein Julie" (1999) Text: Bernhard Glocksin

Riesen, Zwerge, Menschenfresser. Jugendoper (Text: Herbert Vogg nach Oscar Wilde´s „Der selbstsüchtige Riese") (1998) - Ms.[449]

---

[449]Alle Angaben zum Werkverzeichnis sind der Webseite des Musikverlages Doblinger entnommen. http://www.doblinger-musikverlag.at/dyn/kataloge/wv_SCHEDL.pdf

Tonträger

Compact Discs:

EDITION ZEITTON, ORF: Neue Musik aus Österreich II, LC 5103, ORF - CD173, Wien 1998

EDITION ZEITTON, ORF: Neue Musik aus Österreich III, LC 5103, ORF - CD 249, Wien 2000

EDITION ZEITTON, ORF: Neue Musik aus Österreich IV, LC 11428, ORF - CD 325, Wien 2003

EDITION ZEITTON, ORF: Gerhard Schedl, LC 11428, ORF - CD283, Wien 2001

Weblinks

Heindl, Christian: Gerhard Schedl, Portrait auf der Doblinger Webseite und im Katalog:
http://www.doblinger-musikverlag.at/dyn/kataloge/wv_SCHEDL.pdf

Portrait Gerhard Schedl bei musicaustria:
http://db.musicaustria.at/node/63742
Portrait auf der Doblinger Webseite:
http://www.doblinger-musikverlag.at/Komp/cmp_detail.php?compID=164&sp=1

Heindl, Christian: Erich Urbanner, Portrait auf der Doblinger Webseite,
http://www.doblinger-musikverlag.at/Komp/cmp_detail.php?compID=206&sp=1

Rögl, Heinz: mica-Interview mit Erich Urbanner,
http://www.musicaustria.at/musicaustria/neue-musik/mica-interview-mit-erich-urbanner

Radiosendungen

Über die Entwicklung der Neuen Musik nach 1945

Köhler, Armin: Komponieren ist immer ein Wagnis

SWR2 Sendereihe vom April 2006 bis Mai 2007

Adornos Furcht vor der Banalität oder Vom Schönen und Wahren, Virtuelle Gesprächsrunde, Stuttgart 29.5.2006

Kann man Stille verkaufen? oder Von der gewaltfreien Revolution des Komponierens – Spiegel John Cage Virtuelle Gesprächsrunde, Stuttgart 10.4.2006

Von gesprengten Opernhäusern und roten Fahnen Pierre Boulez, Stuttgart 17.4.2006

Von geschlachteten Stimmen und Gerichtsprozessen oder Komponieren ist immer ein Wagnis Karlheinz Stockhausen, Stuttgart 24.4.2006

„Wegen schlechten Wetters fand die Revolution in der Musik statt" oder Vom blinden Glauben an den Fortschritt, Virtuelle Gesprächsrunde, Stuttgart 1.5.2006

Kann man Stille verkaufen? oder Von der gewaltfreien Revolution des Komponierens – Spiegel John Cage Virtuelle Gesprächsrunde, Stuttgart 29.5.2006

„Ich will immer Abstand" oder Von ideologiefreien Zonen György Ligeti, Stuttgart 5.6.2006

The serial camp. Pfadfinderlager oder Feudalstaat? Die „komponistische" Internationale oder die Darmstädter Ferienkurse Virtuelle Gesprächsrunde, Stuttgart 26.6.2006

Komponisten aller Länder vereinigt euch! oder Ich drücke mich aus, also bin ich Die serielle Kompositionsmethode I Virtuelle Gesprächsrunde, Stuttgart 3.7.2006

Die Ästhetikpolizei auf der Schulter oder Der weiße Mantel des Technikers Die serielle Kompositionsmethode II, Virtuelle Gesprächsrunde, Stuttgart 17.7.2006

Zentrum der Moderne? – Die zwölf Töne, Virtuelle Gesprächsrunde, Stuttgart 4.9.2006

Ich bin Fußgänger oder Wie man sich aus Sackgassen befreit Wolfgang Rihm, Stuttgart 11.9.2006

„Da ist ein Fleischtopf, da gehst du hin!" oder Vom Denken in Lagern, SWR2, Stuttgart 2.10.2006

Jeder ist sein eigener Affe geworden Oder Vom Authentischen und Neuen, Virtuelle Gesprächsrunde, Stuttgart 6.11.2006

„Du gleichst dem Geist, den du begreifst" oder Individualität in der Postmoderne, Virtuelle Gesprächsrunde, Stuttgart 20.11.2006

„Wer ist hier vom Fach?" oder Von Gesprächen mit Sinustongeneratoren Gottfried Michael Koenig, Stuttgart 4.12.2006

Der Fortschritt lebt davon, die Erinnerung zu tilgen Oder Von Dogmen und Banalitäten, Moden und Diktaturen Wilhelm Killmayer, Stuttgart 29.01.2007

Über Gerhard Schedl:

Strubinsky, Ursula: Porträt Gerhard Schedl - Eine neue CD in der Reihe Edition Zeit-Ton würdigt das Schaffen dieses vorletztes Jahr aus dem Leben geschiedenen Komponisten, ORF, Wien 18. Februar 2002

Literaturverzeichnis

Adorno, Theodor Wiesengrund: Philosophie der neuen Musik, Gesammelte Schriften Band 12 (1. Auflage 1975), 7. Auflage, Frankfurt am Main, Suhrkamp 1995

Adorno, Theodor Wiesengrund: Berg. Der Meister des kleinsten Übergangs, Frankfurt am Main 1971, 1. Auflage, Suhrkamp 1995

Baier, Christian: *Neue Musik aus Österreich (II)*, CD-Booklet, Edition Zeitton, Wien 1998

Berg, Alban: Glaube, Hoffnung und Liebe, Schriften zur Musik, Leipzig, Reclam 1981

Blumenröder, Christoph von: „Ein weitverzweigtes Spinnenetz" – Ligeti über Webern, in: György Ligeti-Personalstil-Avantgardismus-Popularität, Studien zur Wertungsforschung, Band 19, Otto Kolleritsch (Hg.), Wien-Graz, Universal Edition 1987

Brendel, Alfred: Musik beim Wort genommen, Über Musik, Musiker und das Metier des Pianisten, Piper-Schott, München 1992, Neuausgabe 1995

Brendel, Alfred: Nachdenken über Musik, Serie Musik, Piper-Schott, München 1977, Ausgabe März 1992

Boulez, Pierre: Leitlinien, Gedankengänge eines Komponisten, aus dem Französischen übersetzt von Josef Häusler, Kassel, Bärenreiter\ Metzler 2000

Bruckner, Anton: Vorlesungen über Harmonielehre und Kontrapunkt, hrsg. von Ernst Schwanzara, Wien, Österreichischer Bundesverlag für Unterricht, Wissenschaft und Kunst, 1950

Burde, Wolfgang: Strawinsky, Monographie, 1. Auflage, B. Schott´s Söhne Mainz, Goldmann 1982

Busoni, Ferruccio: Entwurf einer neuen Ästhetik der Tonkunst, kommentierte Neuausgabe, hrsg. von Martina Weindel, Wilhelmshaven, Noetzel, Heinrichshofen-Bücher 2001

Busoni, Ferruccio: Von der Einheit der Musik, von Dritteltönen und junger Klassizität, von Bühnen und Bauten und anschließenden Bezirken, Berlin, Max Hesses

Handbücher 1922

Cossé, Peter: Milieu-Studie per Totentanz. Glaube Liebe Hoffnung– Gerhard Schedls Oper in Salzburg uraufgeführt, in: ÖMZ, 49\1994, Heft 1

Craft, Robert: Igor Strawinsky, Erinnerungen und Gespräche mit Robert Craft, Frankfurt am Main, Fischer Verlag 1982

Deutsch, Max: Das dritte der „Fünf Orchesterstücke" opus 16 ist eine Fuge, in: Musik-Konzepte, die Reihe über Komponisten, hrsg. von Heinz-Klaus Metzger und Rainer Riehn, Sonderband Arnold Schönberg, München 1980

Eggebrecht, Hans Heinrich: Musik im Abendland, Prozesse und Stationen vom Mittelalter bis zur Gegenwart, 1. Auflage September 1996, 2. Auflage, München, Piper 1998

Ehrler, Hans: Eine unbändige Lust am Subjektiven. Der Komponist Gerhard Schedl: Die Suche nach den Möglichkeiten einer zeitgenössischen Sinfonie, Frankfurt am Main, Frankfurter Allgemeine Sonntagszeitung 24.01.1991

Eidringer, Walter: „Die Welt ist aus den Angeln" GERHARD SCHEDL: KAMMEROPERN–PREMIEREN 2007, Pierre et Luce und S.C.H.A.S.: zwei Werke aus Gerhard Schedls Kammeropern-Triptychon an der Hamburgischen Staatsoper und der Neuen Oper Wien, in klangpunkte, Herbst 23 | 06, Doblinger Verlagsnachrichten, Wien-München, Musikverlag Doblinger 2006

Feil, Arnold: Metzlers Musik Chronik. Vom Frühen Mittelalter bis zur Gegenwart, Stuttgart, Metzler 1993

Floros, Constantin: Gustav Mahler I Die geistige Welt Gustav Mahlers in systematischer Darstellung, 1977 1. Auflage, 2. Auflage, Wiesbaden, Breitkopf & Härtel 1987

Floros, Constantin: Gustav Mahler II Mahler und die Symphonik des 19. Jahrhunderts in neuer Deutung, Zur Grundlegung einer zeitgemäßen musikalischen Exegetik, 1977 1. Auflage, 2. Auflage, Wiesbaden, Breitkopf & Härtel 1987

Floros, Constantin: Gustav Mahler III Die Sinfonien, Wiesbaden, Breitkopf & Härtel 1985

Freud, Sigmund: Drei Abhandlungen zur Sexualtheorie, Leipzig und Wien, Franz Deuticke 1925

Frisius, Rudolf: Personalstil und Musiksprache, Anmerkungen zur Positionsbestimmung György Ligetis, in: György Ligeti-Personalstil-Avantgardismus-Popularität, Studien zur Wertungsforschung, Band 19, hrsg. von Otto Kolleritsch, Wien-Graz, Universal Edition 1987

Gárdonyi, Zsolt und Nordhoff, Hubert: Harmonik, Wolffenbüttel, überarbeitete, erweiterte Neuausgabe, Wolffenbüttel, Möseler 2002

Gárdonyi, Zsolt: Kontrapunkt. Fugenstrukturen bei J.S. Bach., Wolffenbüttel, Mösler 1991

Grassl, Markus: Dialogo della musica antica e della moderna. Friedrich Cerhas Beziehung zur alten Musik – eine Bestandsausnahme, in: Friedrich Cerha Analysen-Essays-Reflexionen, hrsg. von Lukas Haselböck, Freiburg im Breisgau, Berlin, Wien, Rombach Verlag 2006

Grassl Markus, Kapp, Reinhard und Rathgeber, Eike: Österreichs neue Musik nach 1945: Karl Schiske, von Markus Grassl, Reinhard Kapp und Eike Rathgeber (Hg.), Wien-Köln-Weimar, Böhlau 2008

Haley, Christopher: Ernst Kanitz, Kulturlage eines „Selberaners", in: Österreichs Neue Musik nach 1945: Karl Schiske, hrsg. von Markus Grassl, Reinhard Kapp und Eike Rathgeber, Wien-Köln-Weimar, Böhlau 2008

Heister, Hans Werner: Sackgasse oder Ausweg aus dem Elfenbeinturm?, Zur musikalischen Sprache in Wolfgang Rihms Jakob Lenz, in: Zur „Neuen Einfachheit" in der Musik , Studien zur Wertungsforschung, Bd.14, hrsg. von Otto Kolleritsch, Wien-Graz, Universal Edition 1981

Heher Hannes: EIN PLÄDOYER FÜR PLURALISMUS UND TOLERANZ Die Kompositionsklasse Urbanner an der Wiener Musikuniversität, in: Österreichische Musikzeitschrift, Ausgabe 10/2002

Huber, Nicolaus A.: Luigi Nono: Il canto sospeso VI a,b, in: Musik-Konzepte, die Reihe über Komponisten, Heft 20, Luigi Nono, hrsg. von Heinz-Klaus Metzger und Rainer Riehn, München, edition text + kritik Juli 1981

Kafka, Franz: „Der Prozeß", Textgrundlage ist Franz Kafka ‚Der Prozeß', Kritische Ausgabe, hrsg. von Malcolm Pasley, Frankfurt am Main: S. Fischer Verlag 1990, Frankfurt am Main, Fischer Taschenbuch Verlag GmbH November 1994

Köhler, Armin: Erlebte Geschichte, Aufbrüche Rückblicke Zeitläufte, Sendereihe des SWR2Koenig, Gottfried Michael: Ligeti und die elektronische Musik, in: György Ligeti-Personalstil-Avantgardismus-Popularität, Studien zur Wertungsforschung, Band 19, hrsg. von Otto Kolleritsch, Wien-Graz, Universal Edition 1987

Lachenmann, Helmut: Anton Webern, in: Anton Webern, von Hanspeter Krellmann, Hamburg, Rowohlt 1975

Lachenmann, Helmut: Offener Brief an Hans Werner Henze, in: Musik-Konzepte 61/62, Helmut Lachenmann, hrsg. von Heinz-Klaus Metzger und Rainer Riehn, München, edition text + kritik Oktober 1988

Mauser, Siegfried: Vom Modell zum Prozess. Zur Entwicklung der Klavierstücke Wolfgang Rihms, in: Musik - Konzepte, die Reihe über Komponisten, Sonderband, Wolfgang Rihm, hrsg. von Ulrich Tadday, München, edition text + kritik XII/ 2004

Metzger, Heinz-Klaus: Strawinsky und die Nekrophilie, in: Musik - Konzepte, die Reihe über Komponisten, hrsg. von Heinz-Klaus Metzger und Rainer Riehn, Heft 34/ 35, Igor Strawinsky, München, edition text + kritik Januar 1984

Meyers Taschenlexikon Musik in 3 Bänden, hrsg. von Hans Heinrich Eggebrecht in Verbindung mit Meyers Lexikonredaktion unter Leitung von Gerhard Kwiatkowski, Mannheim/Wien/Zürich, B.I.-Taschenbuchverlag 1984

Michels, Ulrich: dtv - Atlas Musik, Band 2, Musikgeschichte vom Barock bis zur Gegenwart, 1. Auflage Oktober 1985, München, Deutscher Taschenbuch Verlag 11. Auflage Mai 1999

Newlin, Dika: Bruckner Mahler Schönberg, Wien, Bergland Verlag 1954

Nono, Luigi: Texte Studien zu seiner Musik, hrsg. von Jürgen Stenzl, Zürich, Atlantis 1975

Ratz, Erwin: Einführung in die musikalische Formenlehre, Dritte, erweiterte und neugestaltete Ausgabe, Wien, Universal Edition 1973

Ratz, Erwin: Über die Bedeutung der funktionellen Harmonielehre für die Erkenntnis des Wohltemperierten Klaviers, in Wege der Forschung Band CCLVII, Zur Musikalischen Analyse, hrsg. von Gerhard Schuhmacher, Darmstadt 1974

Revers, Peter: Verinnerlichte Eruptionen. Gerhard Schedls dritte Symphonie, in: ÖMZ, 47\1992 Heft 1

Reich, Willi: Arnold Schönberg oder der konservative Revolutionär, 1. Auflage 1968, München, dtv 1974

Rihm, Wolfgang: Die Klassifizierung der „Neuen Einfachheit" aus der Sicht des Komponisten, in: Zur Neuen Einfachheit in der Musik, Studien zur Wertungsforschung, Bd.14, hrsg. von Otto Kolleritsch, Wien-Graz, Universal Edition 1981

Rihm Wolfgang: Offene Enden, Denkbewegungen um und durch Musik, hrsg. von Ulrich Mosch, München-Wien, Carl Hanser Verlag 2002

Ringer, Alexander L.: Arnold Schönberg, Das Leben im Werk, Stuttgart Weimar, Verlag Metzler\ Bärenreiter 2002

Sabbe, Hermann: Die Einheit der Stockhausen Zeit . . . , in: Musik-Konzepte, die Reihe über Komponisten, Heft 19, Karlheinz Stockhausen ... wie die Zeit verging ..., hrsg. von Heinz-Klaus Metzger und Rainer Riehn, München, edition text +

kritik Mai 1981

Schäfer, Thomas: anwesend/ abgekehrt, Notizen zu Wolfgang Rihms Komponieren der 1970er Jahre mit Blick auf Gustav Mahler, in: Musik-Konzepte, die Reihe über Komponisten, Sonderband, Wolfgang Rihm, hrsg. von Ulrich Tadday, München, edition text + kritik XII/2004

Schedl, Gerhard: Der formale Gedanke im permanenten Konflikt der zeitgenössischen Material-Klang-Diskussion, in: Musikalische Gestaltung im Spannungsfeld von Chaos und Ordnung, hrsg. von Otto Kolleritsch, Studien zur Wertungsforschung, Band 23, Wien, Graz, Universal Edition 1991

Schedl, Gerhard: Musik ist eine Sucht, in: Österreichische Musikzeitschrift, Ausgabe 9\1997

Scherliess, Volker: Neoklassizismus, Dialog mit der Geschichte, Kassel, Bärenreiter 1998

Schönberg, Arnold: Harmonielehre, 1922, Wien, Universal Edition Auflage 1986

Schönberg, Arnold: Stil und Gedanke, 1.Auflage 1976, Frankfurt am Main, Fischer Verlag 1992

Schönberg, Arnold: Meine Gegner, 5.X.1932, in: Arnold Schönberg 1874-1951, Lebensgeschichte in Begegnungen, (hrsg.) Nuria Nono-Schönberg, Klagenfurt und Wien, Ritter Verlag 1998

Schuhmacher, Gerhard: Notwendige Ergänzung. Ein Forschungsbericht, in: Wege der Forschung, Band CCLVII, Zur musikalischen Analyse, Wissenschaftliche Buchgesellschaft Darmstadt 1974

Schwertsik, Kurt: die anfänge der reihe, in: M. Grassl: Friedrich Cerhas Beziehung zur alten Musik, in: Friedrich Cerha Analysen-Essays-Reflexionen, hrsg. von Lukas Haselböck, Freiburg im Breisgau, Berlin, Wien, Rombach Verlag 2006

Schwinger, Wolfram: Offengelegte Innenwelt ein paar Bemerkungen zu Heinz Winbecks Musik, in: Heinz Winbeck, Erste Sinfonie, Deutscher Musikrat, Edition Zeitgenössische Musik, CD WER 6509-2, Booklet

Schwindt-Gross, Nicole: Musikwissenschaftliches Arbeiten Hilfsmittel Techniken Aufgaben, Bärenreiter Studienbücher Musik, hrsg. von Silke Leopold und Jutta Schmoll-Barthel, Band 1, 4. völlig neu bearbeitete und erweiterte Auflage, Kassel, Bärenreiter 1999

Stephan, Rudolf: Zur Deutung von Strawinskys Neoklassizismus, in: Musik-Konzepte, die Reihe über Komponisten, hrsg. von Heinz-Klaus Metzger und Rainer

Riehn, Heft 34/35, Igor Strawinsky, München, edition text + kritik Januar 1984

Stockhausen, Karlheinz: Texte zur elektronischen und instrumentalen Musik, Band 1, Aufsätze 1952-1962 zur Theorie des Komponierens, Köln, Verlag M. DuMont Schauberg 1963

Stockhausen, Karlheinz: Texte zu eigenen Werken zur Kunst Anderer Aktuelles, Band 2, Aufsätze 1952-1962 zur musikalischen Praxis, Köln, Verlag DuMont Schauberg 1964

Stockhausen, Karlheinz: Zum 15. September 1955, in Kommentare zur Neuen Musik 1, Wien, Universal Edition 1955-1960

Strawinsky, Igor: Musikalische Poetik, Übersetzt von Heinrich Strobel, B. Schott´s Söhne Mainz 1949, Insel Verlag 1960

Stroh, Wolfgang Martin: Anton Webern Symphonie op.21, in: Meisterwerke der Musik, München 1975

Trojahn, Manfred: Formbegriff und Zeitgestalt in der „Neuen Einfachheit", in: Zur „Neuen Einfachheit" in der Musik, Studien zur Wertungsforschung, Bd. 14, Universal Edition, hrsg. von Otto Kolleritsch, Wien-Graz, Universal Edition 1981

Vogg, Herbert: 1876-1976: 100 Jahre Musikverlag Doblinger, Wien-München, Doblinger 1976

Weinreb, Friedrich: Die jüdischen Wurzeln des Matthäus Evangeliums, Weiler im Allgäu, Thauros Verlag 1991

Zimmermann, Bernd Alois: Intervall und Zeit, Aufsätze und Schriften zum Werk, Mainz, Edition Schott 1974

Daniel Hensel

Wilhelm Friedemann Bach

Epigone oder Originalgenie,
verquere Erscheinung oder großer Komponist?

ISBN 978-3-8382-0178-8
258 S., Paperback, € 24,90

Erhältlich in jeder Buchhandlung
oder direkt bei

ibidem

Er war der Erstgeborene Johann Sebastian Bachs. Den Bach-Söhnen galt er als erneuertes Genie des Vaters, seinen Zeitgenossen als der größte Orgelspieler Deutschlands und genialer Improvisator. Doch er starb verarmt.

Wilhelm Friedemann Bach schrieb als junger Mann einen für die Zeit hypermodernen Stil, ganz in der Abkehr von der Musik seines Vaters, und kehrte im Alter zur Fuge zurück. Seine Fugenkompositionen werden von der Musikwissenschaft belächelt - doch sind sie tatsächlich stümperhaft oder vielmehr eine folgerichtige Weiterentwicklung? Steht Friedemann zwischen den Welten von Barock und Klassik, wie immer gesagt wird? Und wie sahen die Zeitgenossen generell die Musik im 18. Jahrhundert? Das Privatleben Wilhelm Friedemann Bachs, das als skandalös galt, bot genügend Stoff für eine Gründgens-Verfilmung.

Daniel Hensel, Komponist und Musikwissenschaftler, nimmt sich in seinem Buch der komplexen Persönlichkeit Wilhelm Friedemann Bachs an und überprüft Urteile und Vorurteile über Leben und Werk des Künstlers. Dabei behandelt er neben zeitgenössischen Originalquellen die Stellung Wilhelm Friedemann Bachs als Romanfigur, die Quellenlage des Werkes und auch in exemplarischen Analysen einige seiner Klavierwerke. Diese Analysen des Werkes Friedemann Bachs durch einen Komponisten sind bislang einzigartig. Hensel vermittelt bei seiner detaillierten Beschreibung einen lebendigen Blick auf das 18. Jahrhundert, auch abseits der Wiener Klassik, einem Jahrhundert voll von gesellschaftlichen und musikalischen Umbrüchen. Durch das Studium zeitgenössischer Theoretiker kommt er zu einer Neubewertung der Musik der Mitte des 18. Jahrhunderts, abseits der Termini „Barock", „Vorklassik" oder „Klassik", was auch den Blick auf die Wiener Klassik verändern könnte. Bei den Analysen stößt er auf zwei überraschende Ergebnisse: Friedemann Bach steht kompositorisch durchaus in der Kette der Musikgeschichte, er war nur seiner Zeit voraus. Die Klassik überspringt er und schaut direkt in die Romantik. Seine exzessive Materialverarbeitung lässt an Brahms, der ein Werk Friedemanns bearbeitete, und Arnold Schönbergs Technik der entwickelnden Variation denken. Seine Fugenkompositionen erinnern in ihrer musikalischen Aussage an das Spätwerk Liszts, technisch sind sie dem Vater als weiterentwickeltes Erbe zumindest ebenbürtig.

Das Buch richtet sich an Interessierte aller Coleur, an ausübende Musiker, Musiktheoretiker und interessierte Laien.

ibidem-Verlag • Melchiorstr. 15 • 70439 Stuttgart • Tel.: 0711/9807954 • Fax: 0711/8001889
ibidem@ibidem-verlag.de

ibidem-Verlag

Melchiorstr. 15

D-70439 Stuttgart

info@ibidem-verlag.de

www.ibidem-verlag.de
www.ibidem.eu
www.edition-noema.de
www.autorenbetreuung.de